PROCÈS-VERBAUX

DE

LA CONFÉRENCE D'ALSACE-LORRAINE

TOME PREMIER

PARIS

IMPRIMERIE NATIONALE

MDCCCCXVII

PROCÈS-VERBAUX

DE

LA CONFÉRENCE D'ALSACE-LORRAINE

PROCÈS-VERBAUX

DE

LA CONFÉRENCE D'ALSACE-LORRAINE

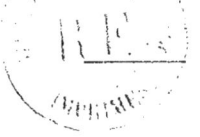

TOME PREMIER

PARIS

IMPRIMERIE NATIONALE

———

MDCCCXVII

I

PROCÈS-VERBAUX

DE

LA CONFÉRENCE D'ALSACE-LORRAINE.

PREMIÈRE SÉANCE

TENUE AU MINISTÈRE DES AFFAIRES ÉTRANGÈRES

SOUS

LA PRÉSIDENCE DE M. BARTHOU

LE 10 FÉVRIER 1915.

Membres présents :

MM. VIVIANI, *Président du Conseil;*
Louis BARTHOU, *Président;*
S. PICHON, Sénateur;
TOURON, Sénateur;
Justin GODART, Député;
Denys COCHIN, Député;
PAINLEVÉ, Député;
BALLOT-BEAUPRÉ, Premier Président honoraire de la Cour de cassation;
Théodore TISSIER, Conseiller d'État, Directeur du Cabinet du Garde des Sceaux, Ministre de la Justice;
LIARD, Recteur de l'Université de Paris;
WEILL;
WETTERLÉ;
LAUGEL;
HELMER;
SOUCHON, Professeur à la Faculté de droit;
Capitaine PICHAT, du Grand Quartier général des armées;
Lieutenant TIRARD, du Grand Quartier général des armées.

M. LE PRÉSIDENT DU CONSEIL expose l'objet de la Conférence : Préparer des documents, étudier des solutions en vue du régime administratif futur de l'Alsace-Lorraine réunie à la France. Il remercie « nos compatriotes alsaciens » présents à la séance de s'être, dès l'ouverture des hostilités, joints à ceux dont la force seule les avait séparés et de collaborer à leurs travaux.

La réunion de l'Alsace-Lorraine à la France soulèvera des questions nombreuses et délicates : personne ne peut songer à appliquer, sans délai ni adaptation, la législation et le régime administratif français aux territoires recouvrés. Les Alsaciens tiennent à leurs traditions, à leurs coutumes, qui leur ont permis de conserver leur intégralité et leur indépendance sous la domination allemande.

Au cours des quarante-quatre années qui ont suivi la prise de possession allemande, des législations civiles, judiciaires, administratives, cultuelles, fiscales, etc., ont été élaborées qui ont créé des situations de droit et de fait, des droits acquis qu'il convient de respecter, notamment en matière confessionnelle. Des études préalables approfondies s'imposent donc en vue de préparer, dès aujourd'hui, le régime futur de l'Alsace-Lorraine, le maintien ou l'évolution des lois et règlements qui la régissent.

Soucieuse de respecter les conventions de La Haye qu'elle a signées, la France entend, pendant l'occupation, assurer le maintien et le respect de la législation actuelle de l'Alsace.

Dès aujourd'hui, par la vaillance de nos armées, elle occupe des territoires dont l'étendue encore restreinte n'en comporte pas moins l'administration d'environ 100,000 habitants.

L'autorité militaire assure l'administration des territoires occupés, et le Grand Quartier général s'est inspiré dans ses directives et du respect des conventions internationales et du double souci de ne porter atteinte ni aux traditions locales, ni aux prérogatives du Gouvernement qui aura à statuer sur le régime ultérieur de l'Alsace-Lorraine. Les représentants du Grand Quartier général pourront exposer à la Commission les situations de fait et de droit qui ont été réglées et les questions que soulèvent dès aujourd'hui l'administration et la réglementation des territoires occupés.

Pour des motifs faciles à dégager, les travaux de la Conférence devront demeurer secrets.

M. Louis BARTHOU, *Président de la Commission*, remercie M. le Président du Conseil d'avoir tracé le cadre des travaux de la Commission et d'avoir affirmé, avec toute l'autorité de sa fonction, les principes dont le Gouvernement entend s'inspirer. La France, fidèle à ses traditions libérales et généreuses, respectera les coutumes et les sentiments des Alsaciens-Lorrains. Il serait aussi injuste qu'impolitique de prétendre, d'un coup, placer les provinces reconquises sous le régime de lois et règlements auxquels elles ne sont pas préparées et de ne pas tenir compte des régimes politiques, juridiques, sociaux, cultuels, scolaires ou fiscaux sous lesquels depuis quarante-quatre ans elles ont vécu.

M. Louis BARTHOU remercie les membres alsaciens de la Conférence dont la présence émeut profondément leurs collègues.

Après le départ de M. le Président du Conseil, M. Louis Barthou prend la présidence.

Il propose la nomination d'un bureau.

M. Pichon est désigné comme vice-président.

Sur l'indication de ses collègues alsaciens, M. Helmer est également nommé vice-président.

M. Souchon et M. Tirard rempliront les fonctions de secrétaires jusqu'à désignation d'agents des Affaires étrangères et d'un ou plusieurs auditeurs au Conseil d'État.

Sur l'ordre des travaux, M. Laugel propose de traiter, par raison d'urgence, d'abord les matières qui devraient faire l'objet d'insertions dans le traité de paix, les questions d'ordre intérieur venant en seconde urgence.

M. LE PRÉSIDENT objecte que cette méthode ferait sortir la Conférence du cadre de sa mission, à savoir l'étude législative et réglementaire du régime futur de l'Alsace-Lorraine.

Les questions intéressant les conventions diplomatiques et les traités internationaux pourront d'ailleurs être spécialement soulevées et faire l'objet de vœux lors de la mise à l'étude des matières qu'elles concernent.

Il est convenu que la prochaine séance sera consacrée à l'exposé par les représentants du Grand Quartier général des dispositions prises par les autorités militaires qui ont la charge de l'administration des territoires occupés.

La Conférence se réunira tous les lundis à 2 heures de l'après-midi.

DEUXIÈME SÉANCE

TENUE AU MINISTÈRE DES AFFAIRES ÉTRANGÈRES

SOUS

LA PRÉSIDENCE DE M. BARTHOU

LE 15 FÉVRIER 1915.

M. LE PRÉSIDENT, après avoir dit que la lecture du dernier procès-verbal sera remise à la prochaine séance, donne la parole au lieutenant Tirard qui doit exposer ce qu'a été l'action administrative, judiciaire et économique du commandement français dans les parties de l'Alsace déjà occupées par nos troupes.

M. TIRARD commence par indiquer quelle a été la situation générale dès le début des hostilités dans la vallée de Saint-Amarin et de Thann, et dans le cercle de Dannemarie, situation qui a nécessité une intervention administrative active de la part des autorités militaires.

La vallée de Saint-Amarin a été très vite comme isolée du monde entre les Vosges et les tranchées allemandes. Pour le cercle de Dannemarie les communications, grâce à Belfort et à la Suisse, restaient plus faciles.

Mais partout, les difficultés étaient grandes. Les hommes mobilisables, même ceux du landsturm, avaient été emmenés par nos troupes. Les fonctionnaires allemands avaient disparu. Les habitants manquaient d'argent. La misère aurait été très grande, et le désordre considérable, sans l'intervention très heureuse des grands industriels des environs de Thann et de Massevaux, qui, d'accord avec l'autorité militaire, sont venus en aide aux familles de leurs ouvriers, fidèles à des traditions anciennes et à des conceptions sociales élevées, et ont même été amenés pour y mieux parvenir à faire circuler du papier-monnaie privé, dont certains types ont été présentés par M. Tirard à la Commission.

Une action morale considérable pouvait aussi être exercée par le clergé catholique. Son influence est grande au milieu des populations rurales, qui paraissent très préoccupées de l'avenir réservé à leurs prêtres.

Malgré les bonnes volontés locales, le ravitaillement aurait été impossible sans l'aide de l'armée, de son intendance et de ses transports. Il a fallu improviser toute une administration. Le commandement a voulu qu'elle fût entre les mains d'officiers ayant une incontestable valeur militaire, mais en même temps préparés par leur vie civile à des fonctions importantes.

M. TIRARD montre par quelques exemples avec quel soin ont été faits les choix de personnes, jusque pour les secrétaires; il rappelle des morts glorieuses.

On s'était demandé s'il ne conviendrait pas d'employer à la nouvelle administration des officiers exclusivement originaires de l'Alsace. Mais il est apparu qu'ils pourraient, en raison des opinions de leurs familles, être suspects d'inféodalité à tel ou tel parti; on s'est efforcé de choisir des hommes préparés par leurs relations à la connaissance des choses d'Alsace et ayant des attaches ou des liens indirects ou de second degré avec le pays. A la tête des municipalités on a pu maintenir la plupart des bourgmestres, qui ont montré des sentiments très français. Mais on a prescrit de ne pas les inviter à des manifestations publiques, de nature à les compromettre dans le cas d'un retour provisoire des Allemands, par exemple de les requérir de faire eux-mêmes disparaître les drapeaux de leurs mairies.

De très larges devoirs d'assistance ont engendré des charges financières relativement lourdes. On y a pourvu dans certains cas par voie d'emprunts municipaux, et le Gouvernement français a réservé un fonds de cinq cent mille francs pour des avances aux communes et au budget local. Il faut remarquer, du reste, que ces avances seront aisément remboursées plus tard, les communes alsaciennes étant le plus souvent propriétaires de forêts importantes.

Les ressources ainsi obtenues permettent de donner des indemnités aux familles soit des Alsaciens engagés en France, soit de ceux qui ont dû être emmenés en France à cause de leur âge, soit même des Alsaciens mobilisés en Allemagne, dont les familles ne touchent plus les allocations du Gouvernement allemand.

A la question financière est lié le problème monétaire. Il n'a pas été non plus sans difficultés. Les agents du Trésor français ont payé avec des pièces de notre monnaie. Elle s'est donc trouvée dans la circulation en face de la monnaie allemande. Les nécessités du change se sont multipliées, avec des incertitudes et des variations de cours considérables. Il conviendrait d'établir un cours officiel de change, qu'on fixerait en tenant compte des conditions du marché de l'argent sur la place de Bâle. C'est d'autant plus important que la levée des impôts donnera à la question un intérêt nouveau.

D'après les règles de la dernière convention de La Haye, l'armée occupante a le droit de lever tous les impôts ordinairement perçus dans le pays occupé par son Gouvernement. Pour ce qui est des impôts directs, nous avons les rôles nécessaires à leur perception. Mais, en fait, cette perception ne serait pas possible à l'heure actuelle en raison de la situation économique. On ne peut guère exiger que les patentes et licences des marchands de vin et des débitants, bientôt peut-être les impôts sur la terre, les profits des cultivateurs et des détaillants le plus souvent n'étant pas compromis, tout au contraire.

M. TIRARD donne ensuite quelques indications sur diverses taxes indirectes particulièrement sur les droits de douane, sur les impôts de consommation, puis sur l'enregistrement et le timbre. Il indique aussi dans quelles conditions a pu être assuré le service des postes.

En matière d'enseignement, il n'y a eu jusqu'à présent que des questions d'école primaire. La première difficulté a été d'avoir des instituteurs. La plupart de ceux en fonctions avant la guerre ont disparu. Les uns sont en Allemagne. Les autres ont été conduits en France, parce qu'ils étaient mobilisables.

On s'efforce d'ailleurs d'en faire revenir le plus grand nombre possible. En leur absence, les classes sont faites soit par des instituteurs militaires, soit par les sœurs de la Congrégation de Ribeauvillé. Dans le cercle de Thann les écoles sont fréquentées par 1,800 élèves. Il y en a 2,100 pour le cercle de Massevaux, et 2,600 pour celui de Dannemarie. Une grande difficulté a été celle des livres, notamment en raison de la question de langue.

Il a fallu penser aussi à l'administration de la Justice, question étudiée par M. le capitaine Pichat.

Conformément aux règles de La Haye, on aurait laissé en fonctions les magistrats locaux s'ils étaient restés à leur poste. Mais presque tous étaient partis. Des officiers ont dû les remplacer. Les conseils de guerre sont d'ailleurs compétents pour toutes les infractions aux lois pénales. Dans l'ordre civil, les principes du droit international privé sont appliqués. On tient compte, pour le statut personnel, de la nationalité de chacun. Mais la procédure française est employée. Les litiges qui dépassent la compétence des juges de paix sont réservés.

De grands efforts ont dû enfin être faits pour le rétablissement de la vie économique. On a d'abord assuré la régularité des transports de marchandises. On a facilité le retour des ouvriers nécessaires à la bonne marche des usines. Des commandes importantes ont été données à nombre d'industriels. Ces commandes ont porté surtout sur des obus et sur des étoffes, particulièrement des flanelles.

M. HELMER demande si des mesures ont été prises pour l'application des lois sociales allemandes dans les parties de l'Alsace que nous occupons.

M. LAUGEL souligne l'importance de la question.

M. Tirard répond que cette importance n'a pas échappé au commandement et que des ressources spéciales ont été prévues pour le payement des pensions dues par le Gouvernement allemand, sans que d'ailleurs les versements faits ainsi puissent faire préjuger la solution définitive de difficultés juridiques très délicates. On a notamment assuré le service des rentes dues aux anciens militaires d'avant 1870.

MM. Laugel et Helmer remercient le Grand Quartier général et le Commandant en chef d'avoir répondu aux vœux des Alsaciens-Lorrains par les principes généraux dont ils se sont inspirés dans les mesures qu'ils ont prises.

M. le Président remercie M. Tirard et s'associe aux témoignages d'approbation qui ont marqué la fin de son rapport. Il constate, comme les représentants de l'Alsace, que les mesures prises ont trouvé une expression de satisfaction unanime de la Commission et ont été confirmées par les déclarations de M. le Président du Conseil devant la Commission.

Il donne ensuite la parole à M. Helmer, chargé d'apporter les observations des représentants de l'Alsace dans la Commission.

M. Helmer affirme d'abord que le traité de Francfort, entaché de violence, doit être considéré comme nul et non avenu.

En conséquence, il ne saurait être question, dans le traité de paix à intervenir bientôt, d'une cession par l'Allemagne de l'Alsace-Lorraine à la France. Pareille cession impliquerait, en effet, la reconnaissance de la spoliation dont nous avons été les victimes en 1871.

Au fur et à mesure que notre armée s'avance en Alsace, les territoires occupés sont français *ipso facto*. Les habitants recouvrent en même temps tous les droits, et retrouvent tous les devoirs qui sont ceux de nos nationaux. Les dispositions de la Convention de la Haye prescrivant le maintien de la législation nationale dans les pays occupés ne sont donc pas applicables.

D'autre part, s'il y avait annexion de l'Alsace par la France, à la suite de cette annexion, tous les habitants seraient mis en face des mêmes opinions au point de vue de la nationalité. Mais il ne saurait en être ainsi dès l'instant que vont seulement s'effacer les conséquences de fait d'un acte de violence. Les immigrés ne devront pas être considérés comme Français. Les anciens Alsaciens et leurs descendants auront de plein droit notre nationalité. Personne en Alsace ne comprendrait ni admettrait une autre solution.

Par ailleurs, la France rentrant dans ses droits de souveraineté sur l'Alsace n'aura aucune obligation ni de maintien ni de retraite envers les fonctionnaires allemands. La plupart, du reste, sont des immigrés, qui nous sont violemment hostiles. Pour ceux qui sont Alsaciens, il appartiendra à notre Gouvernement de statuer en tenant compte des cas individuels. Enfin, puisqu'il n'y aura pas lieu à annexion, un plébiscite serait inconvenable. M. Helmer insiste sur ce point en faisant remarquer qu'une consultation donnant les véritables sentiments de l'Alsace serait impossible. Cette consultation serait d'abord faussée par la présence dans les pays d'Empire d'un grand nombre d'immigrés. Puis les Alsaciens réfugiés en France, au nombre de 300,000, n'y pourraient prendre part.

M. Helmer se place ensuite en face de la question des rapports particuliers de la France et de l'Alsace-Lorraine.

Il dit, en premier lieu, combien les Alsaciens ont été heureux d'entendre le Généralissime, bientôt confirmé par le Président de la République, proclamant la volonté française de maintenir les traditions et les libertés d'Alsace.

Mais M. Helmer proclame que ses amis et lui ne souhaitent en aucune façon l'autonomie. Leur seul désir est de reprendre leur place dans la famille française, au même titre que les autres Français. Si, en d'autres temps, les Alsaciens ont pu paraître attachés à l'idée d'autonomie, c'était comme à un programme minimum, capable de leur donner quelques garanties contre la tyrannie des Allemands.

En face de la France, ils n'ont plus besoin de pareilles précautions. Il faut seulement que, dans sa pratique administrative, le Gouvernement français ait le soin de garder tous les ménagements d'ordre matériel et d'ordre religieux que comporte une situation de fait ayant duré pendant près d'un demi-siècle. M. Helmer termine en rappelant que lors des événements de 1870 les Allemands, dès leur entrée en Alsace, ont soumis à un régime spécial les territoires qu'ils entendaient garder définitivement. Quelques jours après la bataille de Frœschwiller, ils nommaient un Gouverneur d'Alsace, dont l'autorité allait s'exercer en face de celle des commandants militaires. M. Helmer se demande s'il conviendrait à la France de s'inspirer d'un pareil précédent.

M. LE Président remercie M. Helmer. Il dit sa profonde émotion, celle de tous les membres de la Commission, entendant pour la première fois une voix alsacienne dans une réunion officielle française.

M. LE Président ajoute que cette émotion a été grandie encore par les déclarations de M. Helmer sur le traité de Francfort et sur son irrémédiable nullité.

M. Barthou estime, comme M. Helmer, que, lors du retour de l'Alsace à la France, il n'y aura place pour aucun plébiscite. M. le Président ne veut engager que lui-même; mais il veut marquer là une particulière insistance.

M. le Président est également du même avis que M. Helmer en ce qui concerne l'absence de tout droit contre la France chez les fonctionnaires allemands, et, pour ce qui est de la nationalité, il fait remarquer que sur ce dernier point, notre Code civil est susceptible de donner satisfaction aux vœux des Alsaciens.

Mais il faut décider aussi que les règles de La Haye sur l'application de la législation nationale en pays occupé doivent être considérées comme inapplicables en Alsace. Il y a là une question très délicate, qu'il faut étudier, sur laquelle M. le Président ne peut pas dès l'abord prendre parti avec M. Helmer.

Il indique ensuite quelle est à son sens la méthode de travail à adopter par la Commission. On doit distinguer entre les questions d'aujourd'hui et celles de demain, les unes étant de nature à se poser vu le temps de l'occupation, les autres seulement au moment de la Paix.

M. le Président estime que la Commission doit se mettre immédiatement à l'étude des questions d'aujourd'hui. Elles pourront d'ailleurs être assez vite résolues; et leur examen ne retardera pas longtemps l'étude des plus grands problèmes sur lesquels aura à statuer la Commission.

Il y aurait donc lieu de grouper, d'après leurs affinités, les questions à mettre de suite à l'étude, et de désigner une sous-commission pour chaque rubrique.

M. Weil propose d'adopter la nomenclature des ministères d'Alsace-Lorraine. Il pose dès maintenant une question particulière à l'ordre fiscal en remarquant qu'en Alsace une législation locale et des lois d'Empire sont superposées et en demandant si l'armée occupante devra lever les impôts généraux comme ceux du Reichsland.

M. Tirard prend la parole pour répondre sur ce point spécial. En principe, dit-il, tous les impôts peuvent être perçus par l'armée occupante. Mais il ne saurait être question de rien de pareil à l'heure actuelle. M. Tirard se réfère à ce qu'il a indiqué déjà sur l'impossibilité de lever la plupart des impôts. Il donne ensuite quelques explications relatives aux bouilleurs et aux recherches entreprises pour trouver des contrôleurs des chapeaux d'alambic.

M. Liard fait remarquer qu'on ne saurait sans modifications adopter le cadre des ministères alsaciens-lorrains. Il estime que les questions d'enseignement et celles d'ordre religieux doivent être étudiées ensemble, la législation sur les cultes et celle sur les congrégations ayant des retentissements nécessaires sur l'organisation scolaire.

M. l'abbé WETTERLÉ appuie l'opinion de M. Liard et se demande si en matière d'enseignement les questions d'aujourd'hui et celles de demain pourront être facilement séparées. Il insiste sur la nécessité de dispositions à prendre relativement au gymnase de Mulhouse dès la rentrée de nos troupes dans cette ville.

Quelques observations sont, à ce sujet, échangées entre M. Liard et M. l'abbé Wetterlé sur l'organisation secondaire en Alsace.

M. LE PRÉSIDENT conclut en se ralliant à l'idée émise par M. Liard que les questions de culte et d'enseignement ne peuvent pas être séparées.

En conséquence la Commission décide que les sous-commissions seront ainsi composées :

1° *Intérieur, affaires communales et finances* : MM. HELMER, MORAIN, Théodore TISSIER, WEILL, BLUMENTHAL, LAUGEL, GODART, SOUCHON, TOURON, SERGENT et KAMMERER.

2° *Justice* : MM. BALLOT-BEAUPRÉ, HELMER, Théodore TISSIER, KAMMERER, SOUCHON et BLUMENTHAL.

3° *Instruction publique et cultes* : MM. BARTHOU, PICHON, BLUMENTHAL, Denys COCHIN, LIARD, WEILL, WETTERLÉ et KAMMERER.

4° *Agriculture, travaux publics et application des lois sociales* : MM. GODART, SOUCHON, TOURON, WETTERLÉ, LAUGEL et KAMMERER.

M. Théodore TISSIER remarque qu'il serait urgent de déterminer la situation juridique des territoires occupés et à occuper par les troupes françaises en Alsace, au point de vue de l'application des règles de La Haye et la validité juridique de la thèse de M. Helmer sur la restitution de l'Alsace-Lorraine, lors de la paix sans annexion, avec ses diverses conséquences. Il paraît à M. Tissier que cette détermination juridique ne ressort pas avec une certitude suffisante des observations qui ont été échangées.

M. TIRARD fait observer que les dispositions de La Haye sont de termes très souples, que d'ailleurs en bien des cas le maintien de la législation nationale sera impossible, que par conséquent l'intérêt de la question de principe est limité par les faits.

MM. WEILL et TOURON apportent ensuite des observations qui tendent au respect en Alsace de toutes les règles de la Convention de La Haye.

M. Touron est particulièrement préoccupé des représailles dont pourraient être victimes les habitants de nos départements envahis.

La Commission décide qu'il y aurait lieu d'entendre le jurisconsulte des Affaires étrangères, et M. Berthelot veut bien se charger de convoquer M. Renault pour la prochaine séance.

Le rapport du Grand Quartier général est, en outre, annexé au procès-verbal.

TROISIÈME SÉANCE

TENUE AU MINISTÈRE DES AFFAIRES ÉTRANGÈRES

SOUS

LA PRÉSIDENCE DE M. BARTHOU

LE 22 FÉVRIER 1915.

Absents et excusés : MM. Pichon, Helmer, Denys Cochin, Souchon, Painlevé.

M. le Président exprime dès l'ouverture de la séance toute sa sympathie et son émotion à la nouvelle du malheur qui a frappé M. Denys Cochin dans ses affections les plus chères, et se charge d'être auprès de lui l'interprète des sentiments unanimes de douleur de la Conférence d'Alsace.

M. Barthou veut bien ensuite souhaiter la bienvenue aux membres nouvellement adjoints à la Conférence, MM. Sergent et Kammerer.
Il donne la parole à M. Tirard pour la lecture du procès-verbal de la deuxième séance, établi par M. Souchon et qui résume en termes clairs le rapport détaillé sur l'organisation des territoires en Alsace-Lorraine, lu par M. Tirard à la séance précédente.
Ce procès-verbal est adopté avec quelques modifications de détail notamment en ce qui concerne la composition des sous-commissions.

M. le Président donne ensuite la parole à M. Louis Renault pour exposer son avis sur les questions qui lui ont été posées à la demande de la Conférence par M. Berthelot.

M. Renault rappelle que la question qui lui a été soumise est de savoir si l'Alsace-Lorraine doit être assimilée par nous à un territoire occupé ennemi ordinaire, c'est-à-dire s'il y a lieu d'y appliquer les règles ordinaires de la Convention de La Haye en matière de territoire occupé, ou si, au contraire, du fait que l'Alsace a fait partie du territoire français, il y a lieu d'y appliquer un régime différent.

D'après lui, ce serait une idée séduisante que d'admettre comme l'a développé

M. Helmer dans ses articles du *Temps*, que l'Alsace-Lorraine reviendrait dès à présent à la France sans aucune cession et par réunion pure et simple. En d'autres termes, on devrait considérer que, du fait de la déclaration de guerre de l'Allemagne à la France, du 3 août 1914, en Alsace nous sommes en France, et par suite que nous y appliquons les lois françaises, le traité de Francfort étant rompu du fait de l'Allemagne, ce qui nous ramène à la situation antérieure à ce traité, bien que, sur la majeure partie du territoire alsacien, subsiste encore l'occupation allemande.

Si l'on adopte ce point de vue, il y aurait lieu d'écarter l'application des règles de La Haye concernant les territoires occupés.

M. RENAULT estime qu'il serait excessif de vouloir faire, à tous les points de vue, table rase du traité de Francfort. S'il y a eu rupture en droit de ce traité, du fait de l'Allemagne et conformément à la règle admise par l'Allemagne elle-même dans l'article 2 du traité, cependant l'on ne peut agir comme si jamais l'Alsace-Lorraine n'avait été allemande. Cela présenterait des inconvénients, même au point de vue alsacien. M. Renault estime, au point de vue du droit international, pour lequel seul il est compétent, que nous devons nous comporter en Alsace-Lorraine comme en territoire occupé ennemi. Nous reprenons notre bien, il est vrai, mais sans que cela implique une modification aux règles d'occupation applicables, d'autant plus qu'en écartant l'application de règles prescrites par le droit international, quelles que soient les idées strictement juridiques que nous puissions invoquer, nous nous exposons aux reproches faits avec tant de raisons à l'Allemagne, de violer les conventions internationales. Il ne paraît pas que, dans la pratique, nous ayons intérêt à rien changer aux règles de l'occupation, telles qu'elles ont été définies à La Haye, ces règles étant assez souples pour que nous puissions, en nous basant sur elles, faire face à tous les risques et tenir compte, complètement, de tous nos intérêts et de tous nos besoins. Le principe applicable, en effet, est le maintien, dans les territoires occupés, de la législation et de l'organisation judiciaire de l'ennemi, sauf, bien entendu, dans tous les cas où cela présenterait des inconvénients militaires, cas dont l'occupant est seul juge. C'est ainsi, notamment, qu'en matière de tribunaux, M. Renault a été amené à donner son avis au Ministère de la Guerre. En tant que jurisconsulte il a exprimé l'opinion que dans les pays occupés d'Alsace, les tribunaux locaux ayant disparu du fait de la fuite des juges, c'est à l'autorité française qu'il appartenait de rendre la justice, et cela, au nom du peuple français, mais en appliquant la législation locale, comme l'ont fait en 1870 les Allemands sur les territoires occupés en France, dans leurs tribunaux de guerre. Ce point de vue n'a pas été accepté complètement par le Ministère de la

Guerre, par exemple, en ce qui concerne le droit pénal, pour la raison qu'un tribunal français ne pourrait être tenu en toutes circonstances à appliquer les lois pénales étrangères : il a mis en avant le cas de lèse-majesté. Mais cette raison n'a pas convaincu M. Renault, car les conséquences envisagées dans le cas de lèse-majesté, et dans bien d'autres, seraient facilement écartées comme présentant des inconvénients d'ordre militaire ou politique, tandis que, dans son opinion, l'application de la loi pénale française en Alsace, alors qu'il n'y a pas eu promulgation de cette loi, ne se concevrait pas et serait contraire aux principes les plus élémentaires du droit criminel.

M. Renault donne lecture, pour appuyer la fin de sa démonstration, d'une note qu'il a rédigée à la demande du Ministère de la Guerre.

M. le Président remercie M. Renault de la netteté de son exposé et croit devoir résumer les deux théories juridiques en présence quant à la situation des territoires occupés, la première, exposée en détail par M. Helmer, est que, l'Allemagne ayant manifestement déchiré le traité de Francfort, l'Alsace en *droit* est redevenue terre française et le redeviendra peu à peu en *fait*.

La seconde théorie est que, jusqu'à nouvel ordre, nous sommes, en Alsace, en territoire occupé et qu'il y a lieu, par suite, d'y appliquer, en ce qui concerne l'occupation, le règlement de La Haye qui en lui-même comporte tous les tempéraments nécessaires. C'est à cette seconde théorie que se rallie, et sauf réserve de ces tempéraments, M. Renault. Il faudrait savoir quelles seront, au point de vue du traité de paix, les conséquences juridiques découlant de cette seconde théorie.

M. L. Renault déclare ne pas rejeter complètement l'idée d'après laquelle le traité de Francfort est déchiré : la France, en reprenant l'Alsace, opère bien une *réunion*, non pas une *annexion*, et cette distinction a de l'importance au point de vue international. Il partage l'idée fondamentale développée par M. Helmer, mais trouve qu'on lui donne une portée excessive en en déduisant que l'Alsace occupée n'est pas du tout territoire ennemi et qu'il n'y a pas lieu d'y appliquer le règlement de La Haye. A son avis, le traité de paix devra constater la réunion, parce qu'il est impossible de faire abstraction complètement du traité de Francfort; mais il serait monstrueux d'envisager l'idée d'un plébiscite comme on pourrait le faire dans le cas d'une annexion proprement dite, il serait également inadmissible d'appliquer les règles ordinaires d'après lesquelles tous les habitants d'un pays réuni à la France auront la nationalité française. L'idée que le traité de Francfort est déchiré doit amener à cette conséquence de rendre la nationalité française à ceux qui en ont été privés, par le fait du traité comme à leurs descendants, mais non aux autres, aux immigrés, et M. Helmer a eu soin d'expliquer qu'il y aurait de graves inconvénients à considérer comme Français tous ceux qui vivent sur le territoire alsacien réuni à la France. Ce serait à la fois contraire à leurs sentiments et à nos intérêts.

M. LE PRÉSIDENT résume comme suit les conséquences que M. L. Renault attache à son point de vue basé sur le fait que le traité de Francfort a été déchiré par l'Allemagne : La première conséquence est qu'il n'y aura pas de plébiscite. La seconde vise une question de nationalité trop délicate pour être envisagée ou discutée aujourd'hui. La troisième serait que l'on ne peut appliquer dès maintenant, *hic et nunc*, la législation française en Alsace-Lorraine et qu'il y a lieu de considérer comme obligatoire le Règlement de La Haye.

M. L. RENAULT déclare que c'est bien ainsi qu'il envisage les choses.

M. Théodore TISSIER donne lecture d'une dépêche adressée à propos d'une question douanière par le Ministre de la Guerre au Garde des Sceaux, et dans laquelle se trouve développée, au sujet du caractère juridique des territoires d'Alsace-Lorraine occupés par nos troupes, la thèse opposée à celle que vient de soutenir M. Louis Renault. Le Département de la Guerre estime, et il croyait pouvoir, à cet égard, s'appuyer sur l'avis de M. Louis Renault, que ces territoires redeviennent, de plein droit, français au fur et à mesure de leur réoccupation.

M. Théodore TISSIER ajoute que la question examinée par M. Louis Renault, des lois à appliquer devant les juridictions fonctionnant dans les territoires d'Alsace-Lorraine occupés par nous est indépendante de la question fondamentale du régime juridique desdits territoires. En effet, même si ces territoires doivent être encore considérés, pendant la période transitoire qui précédera la conclusion de la paix, comme allemands, on peut soutenir que les juridictions locales ayant cessé de fonctionner par suite du départ des juges, les juridictions françaises qui leur sont substituées auront à appliquer, sinon dans le domaine du droit civil, du moins en matière pénale, les lois françaises. Il rappelle que la Cour de Cassation a, par de nombreux arrêts rendus à propos de l'occupation par nos troupes de pays étrangers, tels que la Crimée, le Mexique et Rome, décidé que, du moment que les juridictions locales ont disparu, les troupes d'occupation doivent assurer leur sécurité par leurs moyens propres, c'est-à-dire par le fonctionnement des conseils de guerre aux armées. Cette jurisprudence très hardie ne repose sur aucun texte ; elle découle uniquement de nécessités d'ordre supérieur.

Les conseils de guerre fonctionnent en pareil cas avec juridiction sur la totalité des habitants du pays occupé. Ils appliquent une seule législation, celle de la

France, celle du Code de justice militaire et des lois auxquelles il se réfère. M. Théodore Tissier demande s'il existe en Alsace, en matière pénale, d'autres juridictions que les conseils de guerre.

M. Tirard répond que toute la matière répressive et pénale relève des conseils de guerre sauf exception peu importante en ce qui concerne les contraventions.

M. Théodore Tissier dit que, de toute manière, c'est à l'armée qu'il appartient d'assurer sa sécurité et elle y pourvoit en s'appuyant sur la jurisprudence de la Cour de Cassation. C'est d'ailleurs une question spéciale et qui est, en dehors de celle du régime juridique de l'Alsace-Lorraine, actuellement en discussion.

M. l'abbé Wetterlé demande qui exerce le pouvoir souverain dans les territoires occupés par la France et si ce pouvoir souverain comporte aussi le pouvoir législatif.

M. L. Renault répond que c'est la France qui y détient la souveraineté de fait, mais, si l'on admet avec trop de netteté que les pays occupés sont territoire français, on arrive à des conséquences inadmissibles. Par exemple, considérera-t-on que l'organisation notariale allemande a disparu de plein droit ?

M. Blumenthal estime que la thèse de M. Helmer va trop loin au point de vue juridique et pratique. Cette thèse doit être soutenue si on se place au point de vue purement politique, mais l'on ne peut aller jusqu'à faire abstraction du traité de Francfort. Il pense comme M. Renault qu'on arrivera à des complications si on considère comme français les territoires occupés au fur et à mesure de leur occupation. On ne pourrait, par exemple, admettre que la franchise douanière accordée à l'entrée en France aux fabrications d'usines alsaciennes soit étendue à des usines purement allemandes établies dans la même région. L'Alsace doit donc être considérée comme territoire allemand, et sur les parties occupées, l'essentiel est l'affirmation de M. L. Renault que le Règlement de La Haye est suffisamment souple pour ne jamais mettre en péril nos intérêts, de quelque nature qu'ils soient.

Le traité de paix devra forcément mentionner la réintégration de l'Alsace dans le territoire français. Il n'y aurait alors pas beaucoup d'inconvénient à admettre que nous sommes, en Alsace, en territoire allemand et que les lois allemandes y restent applicables dans la mesure où cela n'est pas contraire à nos intérêts. Au point de vue civil, il n'y a aucun inconvénient, il y a même des avantages à appliquer la loi allemande sur la base de laquelle ont été faits tous les contrats ainsi que l'organisation de la propriété foncière et immobilière.

M. Blumenthal demande à M. Renault son avis sur la forme dans laquelle devrait, d'après lui, se faire la réintégration du territoire alsacien au moment de la paix.

M. L. Renault. — « On éviterait toute expression pouvant impliquer une cession de territoire par l'Allemagne, mais il faudrait que, sous une forme ou sous une autre, l'Allemagne reconnaisse que l'Alsace est française. »

M. Weill estime, comme M. Blumenthal, que le droit civil allemand doit être appliqué par nos juridictions jusqu'à la paix, mais ne s'explique pas que la procédure employée soit celle de la loi française.

M. L. Renault croit que les tribunaux institués peuvent, faute d'auxiliaires de la justice allemande, régler eux-mêmes leur procédure.

M. Tirard rappelle qu'au point de vue pénal, il n'existe en Alsace occupée que des conseils de guerre français, même pour les civils, mais qu'au civil il a été institué un juge de paix à compétence étendue appliquant la loi allemande au nom du peuple français.

Ce juge de paix est cependant compétent pour les contraventions, mais à titre tout à fait provisoire; il applique le Code pénal français.

M. L. Renault croit devoir répliquer que cependant l'on considère d'habitude les contraventions comme ayant avec la législation locale et le territoire un rapport plus étroit que le droit pénal ordinaire.

M. le capitaine Pichat rappelle que toutes les fois qu'il s'agit de l'intérêt de l'armée, les contraventions sont jugées par les prévôtés militaires qui appliquent le droit français.

M. Louis Renault se retire après avoir été remercié par le Président de la clarté et de l'étendue de ses explications.

M. le Président dit que, de la discussion qui vient d'avoir lieu, se dégagent deux ordres de problèmes à résoudre.

Il y a une question générale visant la situation juridique de l'Alsace en présence de la rupture du traité de Francfort;

Et une question plus spéciale visant la législation applicable dès maintenant en Alsace.

Sur la question générale, il semble y avoir unanimité à se rallier à l'opinion de M. Renault que le traité de Francfort a été déchiré par l'Allemagne elle-même. M. Barthou propose, pour faire état dès maintenant de cette unanimité, qui est essentielle, un texte de motion qu'il vient de rédiger pour servir de point de départ et de base à la discussion.

La Conférence d'Alsace émet à l'unanimité l'avis que la déclaration de guerre de l'Allemagne à la France a entraîné la rupture du traité de Francfort. Elle en déduit cette double conséquence que, l'idée d'annexion ou de rétrocession devant être juridiquement et politiquement écartée:

1° *L'Alsace-Lorraine, qui a toujours protesté contre la conquête allemande, est réintégrée dans la souveraineté française;*

2° *Tout plébiscite ou tout autre mode de consultation ne répondrait ni à une obligation de droit ni à une nécessité de fait.*

M. Tirard demande si ce texte ne préjuge pas la question de l'application aux territoires occupés du Règlement de La Haye.

M. le Président déclare qu'il serait expressément entendu que cette question reste entièrement réservée.

M. Berthelot demande si cette formule n'impliquerait pas l'application, dès maintenant, de toutes les lois françaises en Alsace occupée.

M. le Président répond que non : l'expression « est réintégrée » n'implique pas qu'il s'agisse d'une réintégration immédiate. Il s'agit uniquement de savoir si le pays peut être annexé ou s'il doit être simplement incorporé ou réuni à la France.

La Conférence décide que la formule proposée, dont chacun de ses membres a noté le texte exact, sera examinée à nouveau et discutée au début de la prochaine séance, fixée au lundi 1ᵉʳ mars.

QUATRIÈME SÉANCE

TENUE AU MINISTÈRE DES AFFAIRES ÉTRANGÈRES

SOUS

LA PRÉSIDENCE DE M. BARTHOU

LE 1ᵉʳ MARS 1915.

Présents : MM. BARTHOU, PICHON, TOURON, GODART, BALLOT-BEAUPRÉ, SOUCHON, Théodore TISSIER, SERGENT, LIARD, BERTHELOT, BLUMENTHAL, HELMER, LAUGEL, WEILL, l'abbé WETTERLÉ, TIRARD et KAMMERER.

M. LE PRÉSIDENT donne la parole à M. Kammerer pour la lecture du procès-verbal de la troisième séance.
Ce procès-verbal est adopté.

M. LE PRÉSIDENT donne à nouveau lecture du texte proposé à la dernière séance pour servir de base à la discussion de la situation juridique de l'Alsace-Lorraine, ainsi libellé :

« La Conférence d'Alsace émet à l'unanimité l'avis que la déclaration de guerre de l'Allemagne à la France a entraîné la rupture du traité de Francfort. Elle en déduit cette double conséquence que, l'idée d'annexion ou de rétrocession devant être juridiquement et politiquement écartée :

« 1° L'Alsace-Lorraine, qui a toujours protesté contre la conquête allemande, est réintégrée dans la souveraineté française ;

« 2° Tout plébiscite ou tout autre mode de consultation ne répondrait ni à une obligation de droit ni à une nécessité de fait. »

Cette formule contient, dans l'opinion de M. Barthou, toutes les idées exprimées antérieurement devant la Conférence ; cependant il a reçu de M. Liard un projet de motion plus concis, contenant toute la substance de la précédente dans un minimum de mots auquel il déclare donner lui-même sa préférence et son adhésion, ainsi libellé :

« La Conférence d'Alsace-Lorraine émet à l'unanimité l'avis que la déclaration de guerre de l'Allemagne à la France a entraîné la rupture du traité de Francfort.

« En conséquence,

« L'Alsace-Lorraine, qui a toujours protesté contre la conquête allemande, est de *plein droit* réintégrée dans la souveraineté française, sans rétrocession, sans annexion, sans plébiscite ou autre mode de consultation. »

La formule nouvelle est, à l'unanimité, substituée à l'ancienne comme base de discussion.

M. le Président donne lecture de la note suivante qu'il a reçue du Ministère des Affaires étrangères, visant, dans la motion proposée à la troisième séance, la substitution aux mots « l'Alsace-Lorraine est réintégrée » de la rédaction « l'Alsace-Lorraine ne peut qu'être réintégrée ».

NOTE

sur la formule proposée à la Conférence d'Alsace.

Le texte proposé : « L'Alsace... est réintégrée dans la souveraineté française » risque d'offrir dans sa rédaction à l'indicatif présent, divers inconvénients en fait et en droit.

I. *Inconvénients de fait.*

Ce texte empiète à première vue sur les événements. Nous n'occupons réellement que 2 1/2 p. 100 de la superficie totale de l'Alsace-Lorraine et il est difficile de déclarer dans ces conditions que l'Alsace est réintégrée dès maintenant. Ce serait nous donner l'apparence de constater un état de fait qui n'existe pas encore, et tous ceux qui pourraient aujourd'hui ou plus tard avoir connaissance de cette rédaction risqueraient d'en être frappés.

II. *Inconvénients de droit.*

A. D'après les explications échangées, le texte proposé doit mettre en relief l'opposition et la différence de principe existant entre une annexion ou une rétrocession, d'une part, et une réintégration dans la souveraineté française, de l'autre.

Mais si l'on pouvait admettre que l'Alsace est réintégrée dans la souveraineté française dès maintenant, soit tout entière, soit même au fur et à mesure de sa réoccupation, il en résulterait en droit que les lois françaises y sont applicables *ipso facto*, au fur et à mesure tout au moins de la réoccupation. Tous les membres de la Conférence ont admis qu'il était impossible d'aller jusque-là, surtout en se plaçant au point de vue de nos propres intérêts (question de la nationalité des immigrés, du régime foncier, du notariat, de l'organisation judiciaire, etc.).

Le jurisconsulte du Ministère des Affaires étrangères a d'ailleurs rappelé que le défaut de promulgation des lois françaises dans le territoire occupé rendrait illégale, jusqu'à présent, l'application générale des lois françaises (observation qui ne s'applique pas, bien entendu, à la juridiction militaire en territoire occupé).

B. Le texte proposé risque, dans sa forme actuelle, de transformer en déclaration de droit ce qui est et doit être une déclaration de principes.

Au point de vue des *neutres*, cela peut avoir des inconvénients d'ordre pratique : par exemple, au point de vue de la Suisse qui a une fraction commune avec l'Alsace occupée par nos troupes. La Suisse reste liée envers l'Allemagne à la reconnaissance du traité de Francfort et ne se risquerait sans doute pas à nous reconnaître sur la zone occupée d'autres droits que ceux de l'occupation militaire. Il en sera autrement dès que l'Allemagne aura été contrainte de reconnaître que l'Alsace est réintégrée dans la souveraineté française. Un acte juridique unilatéral dans cet ordre d'idées ne serait pas accepté par les neutres et resterait inopérant.

Une légère modification à la formule proposée permettrait, semble-t-il, d'éviter les inconvénients ci-dessus. Ce serait de remplacer les mots : « l'Alsace... est réintégrée » par ceux-ci... « l'Alsace ne peut être que réintégrée ».

Par là, la complète opposition qui existe entre une annexion ou rétrocession et une réintégration se trouverait maintenue en pleine lumière, sans que la déclaration puisse paraître en contradiction avec les faits.

M. LE PRÉSIDENT soumet la note ci-dessus à la discussion générale et déclare accepter la modification de forme proposée pour éviter toute équivoque sur les intentions de la Conférence.

MM. TIRARD, BLUMENTHAL et l'abbé WETTERLÉ, puis les autres membres de la Conférence expriment successivement un avis conforme. *La Conférence décide à l'unanimité l'adoption dans la rédaction proposée par M. Liard (à laquelles les observations du Ministère des Affaires étrangères s'appliquent exactement) de la formule :* « *l'Alsace-Lorraine ne peut qu'être réintégrée* » *pour remplacer celle* « *l'Alsace... est réintégrée* ».

M. Théodore TISSIER demande s'il ne serait pas avantageux, même pour donner tout leur développement aux considérations de la note du Ministère des Affaires étrangères, d'insérer une formule plus explicite, telle par exemple que : « l'Alsace-Lorraine ne peut être réunie à la France que par réintégration ».

M. LE PRÉSIDENT pense que l'idée n'est pas changée; la formule très concise de M. Liard a toutes ses préférences.

Une courte discussion s'engage ensuite sur la phrase « l'Alsace est de *plein droit* réintégrée ». M. Helmer estime que les mots « de plein droit » sont de trop. MM. Barthou et Théodore Tissier sont du même avis. Ces trois mots risqueraient de réintroduire l'équivoque signalée par la note du Ministère des Affaires étrangères. Ils soulèvent en outre l'ensemble des problèmes que la Conférence est chargée de résoudre.

La suppression de ces trois mots est décidée à l'unanimité. Aucune observation nouvelle n'étant produite, l'ensemble de la motion est mis aux voix sous la forme définitive suivante : *La Conférence d'Alsace-Lorraine émet à l'unanimité l'avis que la déclaration de guerre de l'Allemagne à la France a entraîné la rupture du traité de Francfort.*

« En conséquence,

« *L'Alsace-Lorraine, qui a toujours protesté contre la conquête allemande, ne peut qu'être réintégrée dans la souveraineté française, sans rétrocession, sans plébiscite, ou tout autre mode de consultation.* »

M. LE PRÉSIDENT donne ensuite lecture d'un second projet de motion ainsi libellé :

« La Conférence d'Alsace-Lorraine estime, en ce qui concerne le régime politique et administratif à appliquer en Alsace-Lorraine pendant la durée de la guerre, conformément d'ailleurs aux instructions du Général en chef, qu'il y a lieu d'observer les règles posées en matière d'occupation militaire par la Convention de La Haye, au bas de laquelle la France a apposé sa signature qu'elle entend respecter en toute occasion.

« L'observation des règles posées à La Haye se concilie en même temps avec le respect des mœurs et traditions d'Alsace. »

M. BARTHOU expose que, d'après lui, ce texte vise deux ordres d'idées : le premier concerne la période intermédiaire de l'occupation, c'est-à-dire celle qui s'étendra jusqu'au traité; il s'agit de savoir s'il y a lieu d'appliquer ou non les règles posées par la Conférence de La Haye en matière d'occupation militaire. Le second ordre d'idées vise la période postérieure au traité. Il s'agit de savoir si la Conférence admet dès maintenant le principe du respect des mœurs et traditions de l'Alsace.

M. l'abbé Wetterlé demande si l'application des principes de la Conférence de La Haye implique le maintien par la puissance occupante des fonctionnaires en service.

M. Tirard donne lecture de l'article 43 de la Convention de La Haye du 18 octobre 1907, ainsi conçu : « L'autorité du pouvoir légal ayant passé en fait entre les mains de l'occupant, celui-ci prendra toutes les mesures qui dépendent de lui en vue de rétablir et d'assurer, autant *qu'il sera possible*, l'ordre et la vie publique, en respectant, *sauf empêchement absolu*, les lois en vigueur dans le pays. »

Ce texte ne parle pas des fonctionnaires; d'autre part, le commentaire officiel prescrit en substance qu'en pays occupé l'occupant ne requerra pas le concours des fonctionnaires de l'ordre politique, tels que les préfets ou sous-préfets, mais cherchera à maintenir en service les fonctionnaires agents d'exécution ou techniques. L'occupant jouit en somme, d'après les textes, d'une liberté complète et n'est tenu à rien d'absolu; il s'inspire de ses intérêts.

M. Barthou rappelle que M. Renault a exprimé avec force l'idée que la Convention de La Haye dans sa rédaction est assez souple pour garantir tous nos intérêts.

M. Tirard donne ensuite lecture de l'article 48 qui règle la question des impôts : « Si l'occupant prélève les impôts, droits et péages établis au profit de l'État, il le fera, autant que possible, d'après les règles de l'assiette et de la répartition en vigueur et il en résultera pour lui l'obligation de pourvoir aux frais de l'administration du territoire occupé dans la mesure où le Gouvernement légal y était tenu. » Là encore les règles de La Haye nous laissent une grande latitude et le texte de motion soumis à la discussion ne limite pas davantage notre liberté.

M. Barthou demande si cette motion soulève des objections sur le fond.

M. Théodore Tissier voudrait faire préciser que la motion laisse intacte la question de la détermination des lois applicables sur le territoire occupé. Il est indispensable d'organiser des juridictions locales, du moment que les anciennes ont disparu. Or la Convention de La Haye ne précise pas les lois à appliquer en pareil cas.

M. Barthou propose à M. Tissier de saisir la Conférence d'un texte de motion tendant à la précision désirée, mais de toute manière, cette question reste entière d'après la motion proposée dont il donne à nouveau lecture.

M. Théodore Tissier se déclare satisfait par cette constatation et présente une observation au sujet de la formule : « Il y a lieu d'observer les règles prévues en matière d'occupation militaire par la Convention de La Haye. » Il y a deux manières d'appliquer la Convention de La Haye. On peut admettre qu'elle nous oblige juridiquement et que nous sommes tenus de nous y conformer. On peut aussi partir de l'idée que c'est volontairement et spontanément que nous appliquerons la Convention de La Haye, étant donné qu'elle n'a pas prévu expressément le cas de la réoccupation d'un territoire ayant appartenu antérieurement à la puissance occupante et dont celle-ci prétend reprendre possession à un titre tout autre que l'annexion.

Or, si l'on veut adopter cette seconde thèse, il serait nécessaire de modifier la motion de manière à spécifier que nous agissons de notre plein gré et non comme étant liés par la Convention de La Haye.

M. Ballot-Beaupré ne pense pas nécessaire d'introduire cette idée que nous agissons de notre plein gré. Il montre, en reprenant les mots de l'article 32 de la Convention de La Haye, que cet article consacre dans tous les cas la liberté d'action de l'occupant.

M. Weill estime légitime le scrupule de M. Tissier, car la formule risquerait d'être en opposition avec la thèse principale soutenue, que le territoire alsacien n'est pas exactement dans le même cas que d'autres territoires ennemis occupés. Il serait bon de spécifier que l'application, en l'espèce, des règles de La Haye provient non de leur caractère obligatoire, mais d'un acte spontané et facultatif de la France.

M. Barthou rappelle que c'est pour tenir compte de la thèse soutenue par M. L. Renault et de la note du Ministère des Affaires étrangères qu'on n'a pas cru devoir maintenir les mots : « l'Alsace... est réintégrée ». On a voulu distinguer nettement la formule juridique de la réintégration avec la situation actuelle de fait résultant de l'occupation. La motion en discussion vise uniquement les matérialités actuelles. Il ne faut pas oublier que l'Allemagne, aussi, occupe des territoires chez nous et que la non-application, en fait, des règles de La Haye en Alsace pourrait avoir des conséquences graves. M. Touron a déjà rappelé cette situation qui nous impose une grande prudence.

M. Weill constate que personne, dans la Conférence, ne discute la nécessité de respecter en fait les règles de la Convention de La Haye.

M. Liard estime que la motion discutée, bien que séparée de celle votée tout à l'heure, lui fait cependant suite dans une certaine mesure. On pourrait peut-être la faire débuter ainsi : « En attendant la conclusion du traité de paix, la France tiendra, conformément d'ailleurs aux instructions du Général en chef, à appliquer les règles posées... ».

M. BARTHOU. — En somme l'ordre des idées est le suivant :

1° Constatation de la rupture du traité de Francfort et conséquences de cette rupture. C'est l'objet de la motion déjà votée.

2° Régime de la période d'occupation, c'est-à-dire application des règles de La Haye.

3° Régime postérieur au traité, c'est-à-dire respect des mœurs et traditions de l'Alsace ; ces deux dernières idées sont contenues et liées dans la seconde motion.

M. LIARD dit que l'ordre d'idées exprimé par la seconde phrase (respect des mœurs et traditions de l'Alsace) a bien plus d'importance et de portée que celui contenu dans la première phrase et risque de dépasser le cadre de cette première phrase, ce qui amènerait à croire que le respect des mœurs et traditions de Alsace pourrait être limité à la période transitoire d'occupation. Or, nos travaux se placent sous une double invocation : la première est l'affirmation de la réintégration de l'Alsace dans la souveraineté française, la seconde est la déclaration que la France respectera les mœurs et traditions de la province réintégrée.

Il serait préférable de faire de cette seconde affirmation l'objet d'une motion séparée.

D'après M. BARTHOU, l'ordre des idées tel qu'il résulterait de l'explication de M. Liard serait le suivant :

1° Rupture du traité de Francfort et ses conséquences ;

2° Respect des traditions et mœurs de l'Alsace ;

3° Application en Alsace, pendant la période précédant la paix, des règles de La Haye.

M. WEILL se rallie au développement de M. Liard. Déclarer que l'application des règles de La Haye est la conséquence, non pas du respect dû aux neutres, mais du respect accordé à l'Alsace, c'est déclarer par avance implicitement le respect absolu et le maintien après la paix en Alsace de la législation actuelle et du statut local.

La deuxième phrase de la motion exprime une idée entièrement distincte de la première. Elle devrait, par conséquent, faire l'objet d'une motion distincte contre laquelle des objections de principe devraient d'ailleurs être élevées.

M. Barthou propose que la Conférence tranche d'abord la question soulevée en ce qui concerne le respect des mœurs et traditions de l'Alsace, pour reprendre ensuite celle de l'application des règles de La Haye pendant la période transitoire.

D'après M. Weill on peut en finir rapidement avec l'application des règles de La Haye sur laquelle tout le monde est d'accord.

M. le Président relit la première phrase qui est adoptée à l'unanimité avec la rédaction suivante :

Jusqu'à la conclusion du traité de paix, la France tiendra, conformément d'ailleurs aux instructions du Général en chef, à appliquer dans les régions occupées d'Alsace-Lorraine les règles posées en matière d'occupation militaire par la Convention de La Haye, au bas de laquelle la France a apposé sa signature qu'elle entend respecter en toute occasion.

M. Barthou propose la discussion de la seconde phrase visant le respect des mœurs et traditions de l'Alsace.

M. Weill demande qu'on spécifie ce que l'on entend par « mœurs et traditions de l'Alsace ». Ce n'est qu'après cette précision que la discussion sera possible.

M. Barthou dit qu'il a été frappé par les remarques de M. Liard. La déclaration de ce respect des mœurs et traditions de l'Alsace est un frontispice qu'il faudra ne mettre sur l'édifice que quand il sera construit. C'est de la série des rapports des travaux des sous-commissions que se dégageront des conclusions générales sur lesquelles sera bâti cet édifice. Il estime que tout le monde est d'accord en principe pour reconnaître qu'il sera dû le plus grand respect aux mœurs et traditions de l'Alsace, mais une telle formule est prématurée et trop générale, elle engage trop de questions. Il propose que la discussion de ce paragraphe soit laissée en suspens pour être reprise plus tard.

La Conférence décide à l'unanimité d'ajourner la discussion sur le deuxième paragraphe de la motion.

M. l'abbé Wetterlé annonce qu'il a préparé un exposé de la situation financière et fiscale en Alsace, en suite des travaux de la sous-commission des Finances.

Il est décidé que ce rapport sera examiné et discuté d'abord par ladite sous-commission, dont les conclusions seront soumises à l'examen de la Conférence plénière à sa prochaine réunion, c'est-à-dire le lundi 8 mars.

M. BERTHELOT propose que M. Kammerer fasse partie de toutes les sous-commissions (qui, autant que possible, se réuniraient à des moments différents) et soit chargé, en tant que secrétaire, de tous les procès-verbaux, ainsi que de la centralisation des documents et dossiers tant de la Conférence que des sous-commissions. Il assurerait le service de dactylographie et servirait, en outre, de lien entre le Grand Quartier général et les membres de la Conférence pour les convocations et pour tous renseignements; il préparerait l'étude des questions pouvant se présenter au jour le jour.

Cette proposition est adoptée.

M. BARTHOU demande à M. Théodore Tissier de bien vouloir se charger de rapporter, dans la sous-commission de la justice, la question des juridictions, dans les mêmes conditions où M. Liard a bien voulu accepter de rapporter celle des écoles dans la sous-commission de l'Instruction publique.

M. Théodore TISSIER accepte cette mission.

M. TIRARD expose qu'il s'est préoccupé de former un recueil de traductions des lois allemandes en vigueur en Alsace-Lorraine. Ce recueil est très avancé et pourra être distribué prochainement en épreuves aux membres de la Conférence.

La Conférence s'ajourne au lundi 8 mars, à 2 h. 30, pour la discussion du rapport financier de M. Wetterlé et l'audition, s'il est possible, des exposés de MM. Liard et Tissier.

CINQUIÈME SÉANCE

TENUE AU MINISTÈRE DES AFFAIRES ÉTRANGÈRES

SOUS

LA PRÉSIDENCE DE M. BARTHOU

LE 8 MARS 1915.

Présents : MM. BARTHOU, PICHON, Denys COCHIN, Ferdinand DREYFUS, BALLOT-BEAUPRÉ, LIARD, BERTHELOT, LAUGEL, HELMER, PICHAT, BLUMENTHAL, MORAIN, SOUCHON, Théodore TISSIER, WETTERLÉ, WEILL, SERGENT et KAMMERER.

M. le capitaine PICHAT, absent à la séance précédente, demande à rectifier certaines déclarations que lui prête le procès-verbal de la séance du 22 février, au sujet des prévôtés militaires. Il n'a pas dit que toutes les contraventions intéressant la sécurité de l'armée sont justiciables des conseils de guerre, mais seulement que certaines contraventions commises par des personnes à la suite des armées sont justiciables des conseils de guerre et jugées selon le droit français.

M. LE PRÉSIDENT lui donne acte de cette *rectification qui sera reportée au procès-verbal du 22 février.*

M. LE PRÉSIDENT donne la parole à M. Kammerer pour la lecture du procès-verbal.

M. LIARD pense que la formule adoptée pour la seconde motion votée à la séance du 1er mars touchant l'application des règles de La Haye n'est pas celle qui figure au procès-verbal, mais celle dont il avait donné le libellé et qui débute différemment. Le texte voté est le suivant : « Jusqu'à la conclusion du traité de paix, la France tiendra, conformément d'ailleurs aux instructions du Général en chef, à appliquer, dans les régions occupées d'Alsace-Lorraine, les règles posées en matière d'occupation militaire par la Convention de La Haye au bas de laquelle la France a apposé sa signature, qu'elle entend respecter en toute occasion. »

Il est décidé que ce texte sera substitué dans le procès-verbal du 1er mars à celui qui y figure.

Le procès-verbal est ensuite adopté.

M. le Président souhaite la bienvenue à M. Ferdinand Dreyfus, nouveau membre de la Conférence, dont l'expérience et la compétence seront très utiles aux travaux de la Commission.

Il dit à M. Denys Cochin qu'il a été chargé par la Conférence de lui exprimer les douloureuses condoléances de ses collègues, auxquelles il joint les siennes propres, à propos de la perte irréparable qu'il a faite en la personne de son fils, tué à l'ennemi dans les conditions les plus glorieuses, pour la défense de la Patrie.

M. Laugel manifeste de son côté à M. Barthou ses sentiments de profonde sympathie en raison du pèlerinage émouvant que ce dernier vient d'accomplir par son voyage sur la terre d'Alsace, à laquelle il est lié maintenant par le plus poignant des souvenirs.

M. Barthou remercie M. Laugel de ses sentiments et dit que, si quelque chose pouvait le consoler d'avoir perdu son fils tué à Thann, ce serait le sentiment qu'il a donné sa vie pour la défense de la France et la reconquête de l'Alsace.

Il désire faire connaître à la Conférence l'impression profondément réconfortante qu'il a rapportée de ce voyage au point de vue patriotique. Il a visité tous les centres de quelque importance actuellement occupés, Saint-Amarin, Bitschviller, Thann, Massevaux, Dannemarie. Partout, les populations montrent un courage tranquille, un sang-froid parfait malgré les bombardements et les avions. Partout règne un sentiment de confiance inébranlable. Dans les écoles l'impression de ceux qui ont assisté aux débuts modestes de notre enseignement et les comparent avec la situation actuelle, est celle d'un grand progrès accompli sous la direction d'instituteurs pris dans l'armée à des titres divers, ou même de sœurs ou d'instituteurs alsaciens qui font leurs classes en français. Les principaux industriels, la plupart âgés, manifestent des sentiments extrêmement patriotiques. Enfin tous les témoignages recueillis (et ils ont été spontanés) ont reconnu la façon élevée, libérale à la fois et prudente, ferme et compétente de la nouvelle administration française. Le personnel a été choisi autant pour son expérience pratique de l'administration française que pour sa bravoure éprouvée. Il montre un tact remarquable. Il a su justifier complètement la confiance du commandement militaire dont il relève et celle des populations locales qui apprécient en même temps son courage militaire et son courage civique. Aussi est-ce avec une absolue confiance que ces populations reviennent à la France; beaucoup de personnes interrogées ont laissé échapper des phrases patriotiques d'une grande portée morale et M. le Président rappelle notamment qu'une jeune fille complimentée par lui sur la beauté de la vallée s'est écriée : « Elle est bien plus belle encore, maintenant que c'est la France ! »

M. Laugel remercie, au nom de ses compatriotes, M. Barthou des paroles si rassurantes qu'il a bien voulu prononcer. Il savait que l'impression rapportée par lui de son voyage serait bonne et il en prend acte avec joie.

M. le Président donne la parole à M. l'abbé Wetterlé pour la lecture de son rapport sur les impôts directs, qui a été distribué en copie.

La discussion s'engage sur la première partie de ce travail, c'est-à-dire sur l'exposé.

M. Blumenthal demande qu'une réserve soit inscrite au procès-verbal. Le rapport de M. Wetterlé a été établi de mémoire, et sans qu'il ait les textes des lois sous les yeux, il pourrait s'y être glissé des erreurs matérielles. Cette réserve n'a pas pour objet de contredire ou de diminuer en quoi que ce soit la valeur du rapport de M. Wetterlé, mais simplement de préciser, si des erreurs s'y sont glissées faute de textes, que la Conférence n'a pas eu les textes sous les yeux. Ceci montre une fois de plus la nécessité d'obtenir rapidement la distribution du recueil de législation alsacienne actuellement à l'impression.

M. l'abbé Wetterlé dit que son rapport n'est pas très détaillé et ne cite comme chiffres que quelques taux d'impositions bien connus sur lesquels les erreurs sont improbables.

Il est décidé que le procès-verbal mentionnera la réserve faite par M. Blumenthal ainsi que son désir, auquel tout le monde s'associe, d'obtenir rapidement la livraison du recueil de lois dont l'impression est en cours à l'Imprimerie nationale.

M. Laugel remarque qu'en parlant de l'impôt sur la propriété surbâtie, M. Wetterlé a dit que le taux fixé à 3,50 p. 100 est prélevé sur la valeur locative : en réalité ce n'est pas sur la valeur locative, mais sur la valeur d'utilisation; c'est ainsi que lorsqu'un bail fixe la valeur locative d'un immeuble à 1,000 marks, le fisc peut considérer que cette valeur est inférieure à la valeur réelle et surimposer l'immeuble à la valeur réelle d'après son estimation.

Il donne ensuite des explications sur certains taux des impôts directs allemands qui ont l'air très arbitraires : par exemple l'impôt professionnel ou impôt sur la productivité des industries, fixé à 1,90 p. 100. La raison en est que, lors de son établissement, cet impôt devait remplacer les patentes et rapporter la même somme mais pas davantage. On a donc établi le total du rendement de l'impôt des patentes et après des évaluations touchant la productivité des industries, par application d'une simple règle de trois, l'impôt nouveau a été fixé à 1,90 p. 100.

M. Helmer estime qu'après conclusion des travaux de la Conférence, le rapport définitif qui sera établi sur les impôts devra contenir des développements historiques plus complets que celui de l'abbé Wetterlé.

M. Weill observe que le rapport de M. Wetterlé ne traite comme impôts directs que les cinq impôts cédulaires (qui correspondent aux quatre vieilles françaises) plus l'impôt spécial de guerre. Mais il y a en réalité d'autres impôts directs à caractère spécial, par exemple celui sur les industries minières : ces impôts seront examinés en même temps que les impôts indirects.

M. Ferdinand Dreyfus propose que le rapport de M. Wetterlé prenne pour titre : *Les impôts cédulaires d'Alsace-Lorraine.*

Ce titre est adopté.

M. Barthou constate qu'il n'y a plus d'observation en ce qui concerne l'exposé du rapport de M. Wetterlé. Il propose à la Conférence de passer à l'examen des conclusions. La première conclusion est celle-ci : la sous-commission propose :
..... 1° Maintien de tous les impôts existants.

M. le Président fait observer en même temps que cette proposition ne vise que la période d'occupation.

M. le capitaine Pichat précise qu'il ne peut s'agir là que du principe et non des applications. On ne peut savoir encore quels impôts seront réellement susceptibles de perception. Il y a donc lieu de n'affirmer le principe que sous réserve des réalisations possibles.

M. Barthou dit que la réserve de M. Pichat sera inscrite au procès-verbal.

M. Berthelot demande s'il ne convient pas, pour mieux appuyer la réserve, de dire: *maintien en principe* de tous les impôts existants. On marquerait par là que cela n'implique pas qu'on pourra lever en fait tous les impôts.

M. Barthou montre qu'il ne faut pas confondre les impôts avec les personnes appelées à les payer. L'impôt peut être dû sans qu'il soit payé.

M. Berthelot renonce à l'adjonction des mots « en principe ».

M. Barthou met aux voix la formule suivante :
1° *Maintien de tous les impôts existants.*
Cette motion est adoptée.

M. LE PRÉSIDENT invite la Conférence à discuter la question de l'impôt de guerre.

M. Ferdinand DREYFUS demande des précisions sur le fonctionnement de l'impôt de guerre et les exemptions proposées par M. Wetterlé.

M. WETTERLÉ explique que cet impôt a été fixé à 1 p. 100 de la fortune acquise libre de toutes charges, au-dessus de 50,000 marks. Cela n'a pas présenté de difficultés dans les États allemands où fonctionnait déjà l'impôt sur le revenu, mais ailleurs l'application n'était possible qu'après une enquête qui pour l'Alsace n'était pas encore terminée au moment de la guerre. Le premier tiers a dû être payé en Alsace vers le mois de décembre, le 2ᵉ tiers vient à échéance au 1ᵉʳ avril prochain et le 3ᵉ tiers ne sera payable qu'au 1ᵉʳ avril 1916.

On s'est demandé à la sous-commission des Finances s'il y avait lieu de faire cadeau de cet impôt aux entreprises industrielles allemandes d'Alsace-Lorraine : on a pensé que les Allemands devaient le supporter tandis que les Alsaciens en seraient dispensés autant que possible.

M. Ferdinand DREYFUS demande qui se chargera de la discrimination entre les industries alsaciennes et allemandes.

M. WETTERLÉ répond qu'on sait en général très exactement quels sont les capitaux engagés dans les industries et que rarement le doute sera possible.

M. SERGENT remarque qu'en parlant de dégrever les Alsaciens de l'impôt de guerre, M. Wetterlé a employé le mot *exemption*; il ne faut pas confondre l'exemption et la remise. Ce sont les rôles qui servent de base à la perception de l'impôt (aussi bien de celui de guerre que des autres). Par suite, la dette des contribuables existe déjà dans son entier. Elle est constatée par les rôles. Il ne peut s'agir d'exemption : en dispensant les Alsaciens, selon la proposition de la sous-commission, on pratiquera des *remises*. Tous les contribuables resteront portés sur les rôles, mais ils pourront faire des demandes de remises et, en fait, ces remises seront accordées largement aux Alsaciens.

M. BLUMENTHAL. — La sous-commission avait décidé que l'impôt de guerre serait dû à la France par tout le monde, parce que c'est un impôt qui ne diffère nullement des autres dans sa nature et son principe. Il n'en diffère que par sa destination, et c'est à cause de sa destination qu'il a paru nécessaire de trouver un mode d'exonération pour les Alsaciens : M. Blumenthal est d'accord avec M. Sergent pour dire que cette exonération aura le caractère d'une remise.

M. Liard propose que la rédaction du rapport fasse de cette remise une obligation. Par exemple, on spécifierait que les autorités devront prévoir des remises très larges pour les contribuables indigènes.

M. Barthou demande si la Conférence est d'accord sur le principe que, l'impôt de guerre ayant été édicté contre la France, les Alsaciens ne le doivent pas.

M. Blumenthal répète que, à son avis, cet impôt est dû, en principe, à la France, comme tous les autres et par tout le monde. On ne devrait pas faire une situation privilégiée à ceux qui ne l'ont pas encore payé vis-à-vis de ceux qui l'auraient payé par avance en totalité, selon la pratique de certains contribuables. La France d'ailleurs a d'énormes dépenses de guerre et a le droit de percevoir en Alsace les impôts établis dont fait partie l'impôt de guerre.

M. Wetterlé indique que, malgré ce droit théorique, de grands tempéraments sont indispensables. En effet, nous occupons environ 110 communes alsaciennes dont aucune n'a payé encore le premier tiers de l'impôt de guerre. Faudrait-il donc lever de suite, dans ces communes dont la population ne contient que peu d'immigrés, la part échue de l'impôt ?

M. Souchon appuie l'opinion de M. Wetterlé. Ce qu'il faut, c'est accorder, sous une forme ou une autre, une remise totale aux indigènes.

M. Weill, au contraire, appuie l'opinion de M. Blumenthal qui estime que l'impôt de guerre sera exigible de tout le monde sans distinction; le raisonnement de M. Wetterlé serait applicable à tous les impôts. Il faut affirmer le principe, quitte à ne pas l'appliquer aux Alsaciens grâce à une modalité. M. Weill ajoute qu'à son avis l'impôt de guerre a un caractère tellement complexe qu'il devrait être disjoint de l'examen des autres impôts directs cédulaires et être renvoyé, à cause de ses répercussions, à un nouvel examen de la sous-commission qui s'occupe des affaires communales.

MM. Théodore Tissier et Helmer appuient cette dernière proposition.

La Conférence décide que la question de l'emprunt de guerre sera soumise à un nouvel examen de la sous-commission des finances et affaires communales.

M. Barthou propose aux délibérations la conclusion n° 2 du rapport de M. Wetterlé : « Établissement des rôles du 1ᵉʳ avril 1915 au 31 mars 1916. On considérerait comme valables les quittances des payements effectués au fisc allemand dans les communes encore occupées par les Allemands. »

M. WETTERLÉ explique qu'il s'agit, dans la première partie de la phrase « établissement des rôles du 1er avril 1915 au 31 mars 1916 », uniquement de maintenir un usage que l'on n'a aucune raison de changer pendant la période d'occupation.

M. SERGENT observe que, du moment que le principe voté tout à l'heure du maintien des impôts existants ne s'applique pas encore à l'impôt de guerre qui vient d'être disjoint des impôts directs cédulaires, la décision sur l'établissement des rôles ne devra pas davantage être applicable à l'impôt de guerre.

M. WETTERLÉ explique que l'impôt de guerre n'est pas un impôt cédulaire et est levé sur d'autres bases que les quatre vieilles.

M. LE PRÉSIDENT met aux voix le début de la conclusion n° 2 ainsi libellé :

2° *Établissement des rôles du 1er avril 1915 au 31 mars 1916.*

Cette rédaction est adoptée.

La discussion s'établit sur la seconde partie de la première phrase de la conclusion n° 2 : « on considérerait comme valables les quittances des payements effectués au fisc allemand dans les communes encore occupées par les Allemands ».

M. Théodore TISSIER demande si ce n'est pas poser une règle pour des communes que nous n'occupons pas encore.

M. LE PRÉSIDENT répond que non : la règle serait appliquée seulement au fur et à mesure de l'occupation.

M. SERGENT trouve que les mots « dans les communes occupées » sont inutiles.

M. BLUMENTHAL voudrait qu'on puisse atteindre ceux qui, dans l'intérêt de l'Allemagne et volontairement, auraient payé avant qu'elles soient échues leurs contributions, par exemple les grosses sociétés de la région minière.

M. WETTERLÉ dit qu'il paye souvent d'un seul coup, et dès réception de ses feuilles d'imposition, la totalité de ses impôts annuels; il trouverait dur de faire payer deux fois ceux qui, pour des raisons personnelles et sans arrière-pensée, pratiquent le même système.

M. SERGENT estime qu'il n'y a là aucune fraude; le payement par douzième est une facilité, mais le rôle constitue débiteur le contribuable pour la totalité de la somme qui y figure. D'ailleurs, en temps de guerre, le cas envisagé par M. Blumenthal ne se produira pas.

M. Berthelot propose, pour permettre d'examiner dans chaque cas les conditions dans lesquelles ont été faits les payements, de rédiger la phrase comme suit : *on considérera, en principe, comme valables les quittances des payements effectués au fisc allemand.*

Cette rédaction est adoptée.

M. le Président lit la seconde phrase de la deuxième conclusion du rapport de M. Wetterlé d'après laquelle les percepteurs qui auront fait disparaître leurs rôles passeront en conseil de guerre. Cette phrase constitue seulement un vœu, non une résolution ferme.

M. Sergent trouve cette disposition dangereuse. Nous avons recommandé aux fonctionnaires français des régions envahies d'emporter leurs rôles. Le vœu de la sous-commission pourrait avoir des répercussions à titre de représailles.

M. Liard ne pense pas que l'expression du vœu proposé soit indispensable.

M. Laugel se range à cet avis. La suppression vaut mieux. D'ailleurs les percepteurs ne seraient pas seuls en cause, mais aussi les contrôleurs des contributions directes et les fonctionnaires des mairies.

M. Barthou estime que, dans ces conditions, il vaut mieux laisser toute liberté au commandement militaire.

La suppression de ce vœu est mise aux voix.

La Conférence décide de ne pas émettre de vœu concernant la traduction en conseils de guerre des fonctionnaires des perceptions qui auraient emporté ou fait disparaître leurs rôles.

M. Barthou propose la discussion de la troisième conclusion du rapport de M. Wetterlé : 3° Payement des impôts en marks. Le payement en francs sera toutefois admis selon le cours du change établi périodiquement par les autorités compétentes. Les rôles devront être établis en monnaie allemande.

M. Sergent demande si l'on est d'accord pour que les rôles soient établis en marks.

Personne ne demande la parole.

L'établissement des rôles en marks est mis aux voix et adopté.

M. Barthou demande si la Commission est également d'accord pour le payement des impôts en marks, le payement en francs étant toutefois admis.

M. le capitaine Pichat estime que cette question est intimement liée à la question générale du change qui, à son point de vue, doit être réservée pour le moment.

M. Barthou pense que bien qu'une question de change soit soulevée, elle a un caractère spécial et que rien ne s'oppose à ce que la question générale du change soit réservée.

M. Weill est aussi d'avis que cela laisse intacte la question générale du change. Il donne des explications sur les débats de la sous-commission. Les contribuables devraient l'impôt en marks, mais seraient admis à payer en francs. On avait d'abord proposé que le taux soit fixé à 1 fr. 25 par mark. Puis l'on a pensé que, parmi les Alsaciens, beaucoup auraient déjà subi une perte en échangeant leurs marks contre des francs. Ce serait leur infliger une nouvelle perte en même temps que donner une valeur trop haute au mark (d'où pourrait résulter un relèvement du cours de la monnaie allemande), que de fixer à 1 fr. 25 la parité avec le mark. On a donc décidé que le taux serait variable et fixé par l'autorité compétente, celle-ci paraissant peut-être pour l'instant, sans qu'il soit nécessaire de le spécifier, l'autorité militaire, qui s'en rapporterait sans doute au cours de Bâle.

M. Pichat prend acte que *la question générale du change est réservée.*

M. le Président dit que *cette réserve sera inscrite au procès-verbal.*

La première phrase de la conclusion n° 3 du rapport de M. Wetterlé est mise aux voix dans son ensemble et telle qu'elle figure ci-dessus. Elle est adoptée.

M. le Président lit la dernière phrase de la conclusion n° 3 : *Les administrateurs des territoires occupés devraient être autorisés à accorder des remises d'impôts dans les parties du territoire qui ont été ou seront encore particulièrement éprouvées par la guerre.*

Cette phrase ne soulevant pas d'objection est mise aux voix et adoptée.

M. Weill propose que le rapport de M. Wetterlé au lieu de porter le titre de « Impôts directs » prenne comme titre « Les principaux impôts directs en Alsace-Lorraine » qui répond mieux à son contenu, puisque l'impôt de guerre et quelques impôts directs ont été réservés.

Cette proposition est adoptée.

M. Barthou constate que la discussion sur le rapport financier de M. Wetterlé est terminée. Avant de passer à la partie de ce rapport qui vise les fonctionnaires, il propose que M. Dreyfus, nouveau membre de la Conférence, participe aux travaux de certaines sous-commissions.

M. Ferdinand Dreyfus s'inscrit aux sous-commissions : 1° de l'agriculture et lois sociales; 2° des finances et affaires communales; 3° de l'instruction publique.

M. Barthou demande à MM. Wetterlé, Weill et Blumenthal de se mettre d'accord pour faire un exposé de la question cultuelle et religieuse en Alsace pour les trois cultes.

La Conférence passe à la discussion du rapport de M. Wetterlé sur les *fonctionnaires*, rapport dont ce dernier donne lecture.

M. Barthou remarque que ce rapport ne comporte pas, comme le rapport financier, des conclusions rédigées comme des formules, mais bien plutôt des développements aboutissant à des vœux généraux.

M. Théodore Tissier demande si ce rapport vise la période d'occupation ou la période postérieure.

M. Wetterlé répond qu'il s'agit de la période postérieure à l'occupation.

M. Théodore Tissier répond que, dans ce cas, le renvoi de tous les fonctionnaires en service va de soi : l'on n'est pas tenu de les conserver.

M. Barthou constate que la question tourne autour du premier alinéa du rapport : « La sous-commission est d'avis que les fonctionnaires devront tous être licenciés sauf à être ensuite réengagés individuellement. »

M. Pichat tient à préciser *qu'il s'agit uniquement de la période postérieure au traité et non de la période d'occupation.*

M. Barthou dit que *cette réserve sera inscrite au procès-verbal.*

L'accord s'établit pour accepter le principe du licenciement et du réengagement individuel des fonctionnaires. M. le Président met aux voix la motion suivante :

Les fonctionnaires d'Alsace-Lorraine devront être licenciés sauf à être ensuite réinvestis individuellement, s'ils présentent au Gouvernement de la République toutes les garanties désirables et s'ils acceptent les conditions nouvelles qui leur seront faites.

Cette motion est adoptée.

M. Wetterlé pense que cette première motion est inséparablement liée aux développements sur la question de la péréquation des traitements.

D'après M. Liard, la justice exige que les années de service antérieures au traité de paix soient comptées pour la retraite des fonctionnaires conservés. Les fonctionnaires réintégrés recevraient le même traitement que les fonctionnaires français, mais la péréquation de leurs traitements nouveaux avec leurs traitements anciens s'impose. Il préférerait une indemnité compensatrice de la diminution de traitement subie plutôt qu'une compensation basée sur un avancement exceptionnel. Des cas de ce genre se sont produits en France quand il a fallu procéder à la réorganisation de certaines carrières. On a tenu compte des droits acquis par l'allocation d'indemnités compensatrices. Cela a été le cas notamment pour les appariteurs de facultés. Les indemnités compensatrices sont assimilées aux traitements et soumises à retenue pour la pension.

M. Liard insiste fortement pour que les fonctionnaires maintenus ne subissent aucune perte d'argent du fait de leur diminution théorique de traitements; il ne faut pas qu'aucune catégorie d'agents ait à perdre à devenir Français. Tous les instituteurs français le comprendront. Il s'en porte garant pour eux.

Une péréquation basée sur un avancement exceptionnel aboutirait à d'énormes difficultés quant aux règles de l'avancement et à de sérieuses complications.

M. Sergent dit que la sous-commission, en pensant à une péréquation par l'avancement, n'avait pas du tout voulu favoriser les agents conservés dans l'avenir, mais avait vu là seulement un moyen pratique de sortir d'embarras, basé sur la disparition immédiate de beaucoup de fonctionnaires allemands. Il n'était pas question de poser des règles différentes d'avancement pour des catégories semblables de fonctionnaires.

M. Barthou pense qu'il serait prématuré d'établir dès maintenant des règles générales et absolues touchant les traitements. Il faudrait examiner la situation des intéressés, catégorie par catégorie.

Il propose la disposition suivante : « *La Conférence examinera ultérieurement la situation faite aux fonctionnaires qui auront été réinvestis par le Gouvernement français.* »

Cette proposition est adoptée.

M. Théodore Tissier remarque que la deuxième phrase du rapport sur les fonctionnaires soulève une question de nationalité.

M. Barthou pense que, puisqu'on parle de la nationalité, la Conférence devrait prier un de ses membres qualifiés, de faire un rapport sur cette question. M. Souchon serait désigné par sa compétence juridique.

M. Souchon dit que la question se complique du fait que le Ministère de la Justice a été saisi d'un projet nouveau sur la nationalité, et ce projet pourrait avoir des répercussions en Alsace.

M. Ballot-Beaupré dit que le Comité consultatif de législation du Ministère de la Justice a été également saisi de questions touchant la nationalité et la naturalisation.

M. Théodore Tissier estime que, malgré l'existence de nouveaux projets de loi, le problème spécialement alsacien de la nationalité ne se confond pas avec le problème général de la nationalité française.

M. Souchon accepte de présenter un rapport sur la nationalité en Alsace-Lorraine.

M. Barthou demande à la Conférence de passer à l'examen de la question des *pensions de retraites*.

M. Wetterlé dit qu'en Alsace-Lorraine les fonctionnaires sont fonctionnaires d'Empire, nommés par l'Empereur. C'est donc l'Empire qui devra supporter leurs pensions.

M. Barthou pense qu'une motion pourrait être rédigée comme suit : « La Conférence estime que la charge des pensions de retraite des fonctionnaires d'Alsace-Lorraine devra être imposée à l'Allemagne au moment de la paix. »

M. Ferdinand Dreyfus propose d'examiner la question catégorie par catégorie. Il y a, d'après lui :

1° Des pensions déjà liquidées actuellement. Qui les supportera ? Ce sera sans aucun doute l'Allemagne.

2° Des pensions dont la liquidation sera demandée pendant la période d'occupation. Qui les payera ? Ce sera sans doute encore l'Allemagne.

3° Enfin des fonctionnaires qui seront en service pendant la période de l'occupation et dont les droits en matière de pensions devront être précisés.

M. Blumenthal dit qu'il ne faut pas oublier de parler des traitements de disponibilité qui jouent en Allemagne un rôle très important : c'est ainsi que le prince de Hohenlohe, pour avoir déplu à l'Empereur il y a quelques années, touche 10,000 marks de traitement en disponibilité. Ce sont de véritables traitements allant jusqu'aux 3/4 du traitement d'activité et qui durent très longtemps.

Une discussion s'engage à laquelle prennent part MM. Weill, Blumenthal, Pichat. *Il est décidé que la question des pensions de retraite sera réservée et examinée à nouveau à la prochaine séance.*

La Conférence passe à l'examen du rapport de M. Wetterlé sur la question du tabac.

M. WETTERLÉ rappelle que la fabrication du tabac est libre en Alsace.

M. SERGENT propose de remplacer la rédaction de M. Wetterlé par la rédaction suivante :

La Commission est d'avis d'introduire immédiatement, dans les pays occupés, le monopole français des tabacs et allumettes. Elle estime qu'il n'y a pas lieu d'établir en Alsace-Lorraine le régime des zones.

Cette rédaction est adoptée.

M. SERGENT demande qu'on émette un vœu permettant aux débitants d'écouler leurs stocks. Ce vœu, qui servira à les rassurer, ne présente pas d'inconvénients car dans les pays où les troupes séjournent, les stocks de tabac s'épuisent rapidement. De plus, la Régie a déjà institué dans les pays occupés certains bureaux de tabac sur le type français.

La Conférence adopte le vœu que les débitants soient autorisés à écouler leurs stocks.

M. le PRÉSIDENT dit qu'il reste à examiner la question des indemnités éventuelles aux débitants qui se verront retirer le droit de vente après écoulement de leurs stocks.

M. BLUMENTHAL explique qu'en Alsace la plupart des débitants ne sont pas intéressants. Ils se recrutent en grande partie, au moins dans les villes, parmi les anciens sous-officiers et sont enragés contre la France. C'est le cas notamment à Strasbourg.

M. HELMER dit qu'il est imprudent de généraliser : M. Samain est aussi débitant de tabac.

La Conférence décide de réserver la question des indemnités aux débitants.

Il est rappelé en fin de séance que :

La sous-commission des finances et affaires communales se réunira le samedi 13, à 3 h. 30.

La prochaine Conférence d'Alsace-Lorraine se réunira le lundi 15 mars, à 2 h. 30, avec l'ordre du jour suivant :

1° Rapport de M. Godart sur l'indemnisation des dommages de la guerre ;

2° Exposé de M. Liard sur la question de l'instruction publique en Alsace ;

3° Examen, s'il est possible, des questions réservées à la présente séance, c'est-à-dire celles des pensions de retraite et des indemnités aux débitants de tabac.

SIXIÈME SÉANCE

TENUE AU MINISTÈRE DES AFFAIRES ÉTRANGÈRES

SOUS

LA PRÉSIDENCE DE M. BARTHOU

LE 15 MARS 1915.

Présents : MM. Barthou, Pichat, Godart, Ferdinand Dreyfus, Liard, Laugel, Ballot-Beaupré, Helmer, Tirard, Souchon, Blumenthal, Wetterlé, Morain et Kammerer.

M. le Président donne la parole à M. Kammerer pour la lecture du procès-verbal de la cinquième séance tenue le 8 mars.
Ce procès-verbal est adopté.

M. le Président lit une lettre par laquelle M. le Président du Conseil lui a adressé un rapport de M. Coquet constituant une étude économique détaillée sur l'Alsace-Lorraine. Ce rapport est remis pour examen à M. Helmer, président de la sous-commission financière.

M. Barthou rappelle à la Conférence qu'elle ne doit pas se laisser retarder dans ses travaux par les questions concernant la période d'occupation pendant laquelle on ne peut que s'en remettre au Commandement militaire pour prendre les mesures locales nécessaires. En outre, la Conférence a pris des décisions en ce qui concerne la période transitoire (application des règles de La Haye) et n'a pas à y revenir. Elle ne doit pas oublier que le Gouvernement lui a demandé de se préoccuper du régime à instaurer après la paix et c'est là l'essentiel de son travail.

M. Tirard apporte à la Conférence un certain nombre d'exemplaires en épreuves du Recueil de législation alsacienne réclamé à plusieurs reprises. Il s'excuse des imperfections que peut contenir ce travail, et prie les membres de les lui signaler rapidement, afin que les rectifications nécessaires puissent être faites avant la signature du bon à tirer. La première partie du recueil, la seule déjà préparée, est un exposé général; la seconde partie sera une simple collection de textes usuels à mettre entre les mains des administrateurs. D'ailleurs pour ceux qui auraient des recherches à faire, ces textes se trouvent *in extenso* à l'Office de législation étrangère du Ministère de la Justice, qui possède le Bulletin d'Alsace-Lorraine.

M. Tirard signale les services rendus, pour la confection de ce recueil, par l'éminent juriste qu'est M. Dubois, directeur de cet office.

M. Barthou s'associe à l'hommage rendu à M. Dubois et dit que ce dernier pourrait être convoqué toutes les fois que des éclaircissements viendraient à être nécessaires.

M. le Président demande que la Conférence règle d'abord une question laissée en suspens à la dernière séance, à savoir : celle des pensions de retraite des fonctionnaires d'Alsace-Lorraine. Il rappelle qu'à la dernière séance, des décisions ont été prises, touchant ces dernières, par les motions suivantes :

« Les fonctionnaires devront tous être licenciés sauf à être ensuite réinvestis individuellement par la France. »

Il faut déterminer la manière dont seront réglés les droits à pension des fonctionnaires que la France réinvestira. M. Liard lui a proposé la rédaction suivante :

Les années de service accomplies avant l'investiture française par les fonctionnaires réinvestis leur seront comptées pour la retraite sans qu'ils aient à verser rétroactivement les retenues exigées par les lois françaises sur les pensions civiles.

Cette rédaction est mise aux voix et adoptée.

M. Barthou dit qu'il reste à régler le sort des fonctionnaires qui ne seront pas réinvestis.

Deux motions avaient été proposées par M. Liard : l'une, sous la forme affirmative suivante : « Aucune des pensions de retraite acquises au service de l'Allemagne ne sera payée par la France »; l'autre, sous une forme négative qui a toutes les préférences de M. Barthou, ainsi libellée : « La France ne sera pas tenue de payer les pensions de retraite acquises au service de l'Empire allemand ».

M. Blumenthal estime indispensable d'ajouter : « ou de l'Alsace-Lorraine ». En effet, il y a, dans le Pays d'Empire, deux espèces de fonctionnaires, ceux d'Empire (appartenant, par exemple, aux Douanes) et ceux de l'Administration locale d'Alsace. Tous sont nommés par l'Empereur et ont le caractère de fonctionnaires d'Empire, mais c'est l'Alsace-Lorraine qui assume la charge des pensions pour les fonctionnaires locaux, tandis que c'est l'Empire qui assume celles des fonctionnaires des services généraux.

M. Barthou dit que la Conférence comprend parfaitement cette distinction; pour éviter toute erreur d'interprétation, la formule de M. Liard est mise aux voix sous la rédaction suivante :

La France ne sera pas tenue de payer les pensions de retraite acquises au service de l'Empire allemand ou de l'Alsace-Lorraine.

Cette rédaction est adoptée à l'unanimité.

M. le Président donne la parole à M. Helmer pour la lecture d'une note qu'il a préparée.

M. Helmer signale dans son travail certains faits dont sont victimes les Alsaciens-Lorrains dans l'interprétation des lois et décrets touchant les intentions de la France de ne pas les traiter comme des belligérants ennemis.

Les plaintes recueillies portent en général : 1° sur la suspicion à laquelle les Alsaciens-Lorrains se heurtent chez certains fonctionnaires français qui ne sont pas en mesure de faire la distinction entre de vrais Alsaciens et des Allemands; 2° sur le refus ou le retrait fréquemment injustifié du permis de séjour; 3° sur les difficultés qu'ils éprouvent à rentrer dans leurs foyers, même hors de la zone des armées; 4° sur la mise sous séquestre de leurs biens; 5° sur les conditions de leur réintégration dans la nationalité française.

Cette note se termine par les propositions suivantes.

« Il me paraît urgent :

« 1° De donner aux fonctionnaires français des instructions formelles sur l'application des lois et décrets se rapportant aux Alsaciens-Lorrains;

« 2° De rendre les supérieurs responsables de l'inapplication des lois et décrets par leurs subordonnés;

« 3° De hâter par tous les moyens possibles la solution des affaires pendantes;

« 4° De communiquer à l'Agence Havas des notes pour calmer la population et combattre l'injuste suspicion dont souffrent beaucoup d'Alsaciens-Lorrains en France;

« 5° De créer une commission permanente de trois ou cinq membres chargée de statuer en dernier ressort sur le refus d'un permis de séjour et sur toute autre question concernant la différence de traitement entre les Allemands et les Alsaciens-Lorrains;

« 6° D'attacher à chaque corps militaire opérant en Alsace-Lorraine ainsi qu'à l'Administration civile, des Alsaciens-Lorrains ayant habité le territoire annexé jusque dans ces derniers temps et étant par conséquent au courant des choses du pays, et notamment de l'attitude prise par les notabilités vis-à-vis du régime allemand. Ces personnes devront être pourvues d'un grade militaire leur assurant l'autorité indispensable. »

M. LE PRÉSIDENT demande si cette note est présentée d'accord avec les autres membres alsaciens de la Conférence.

La réponse étant positive, M. le Président dit que la note signale des faits dont la Conférence n'a pas connaissance et qu'elle n'est pas en mesure de discuter. Ce serait d'autant plus sortir de sa compétence qu'elle n'a aucun moyen d'y porter remède. Il propose que cette note soit dactylographiée et transmise à M. le Président du Conseil par une lettre appelant son attention sur les faits signalés en le priant de les faire examiner par les différents départements intéressés. Les représentants directs de l'Alsace auront par là le moyen de faire entendre leur voix autorisée. Il met aux voix la motion suivante :

La Conférence d'Alsace-Lorraine, sans ouvrir une discussion sur le rapport de M. Helmer, croit devoir appeler l'attention de M. le Président du Conseil sur les faits signalés par ce rapport.

Cette motion est adoptée.

M. LE PRÉSIDENT donne la parole à M. Laugel pour la lecture d'une seconde note qui vient à propos pour servir d'illustration à certains des faits signalés par M. Helmer et qui résume les constatations faites par le premier au cours d'un voyage d'inspection des dépôts d'internés dans le département de la Manche.

La note de M. Laugel expose que dans beaucoup de cas les Alsaciens-Lorrains n'ont pu faire reconnaître leur qualité et ont été maintenus dans les camps d'internés, pêle-mêle avec des Allemands qui les narguent en soulignant le traitement de défaveur dont ils sont victimes quoique Alsaciens-Lorrains.

M. LE PRÉSIDENT propose que soit appliquée à la note de M. Laugel la même procédure adoptée quant au rapport de M. Helmer; les deux pièces seront transmises en même temps, comme se complétant l'une l'autre, à M. le Président du Conseil.

Cette proposition est adoptée.

M. HELMER donne lecture de la seconde note suivante :

DEUXIÈME NOTE.

L'excellent rapport par lequel M. Tirard nous a renseignés sur ce qui a été fait jusqu'à présent en Alsace-Lorraine ne contient qu'un aperçu général. Le travail de la Commission suppose au contraire une connaissance plus détaillée de ce qui a été fait et ne peut prendre pour base de ses appréciations et de ses propositions que les mesures dans leurs formes authentiques. Il paraît, en outre, indispensable que la population en reçoive également une communication authentique et non passagère. Il semble inadmissible d'appliquer des lois qui n'ont pas été promulguées, dont la teneur est ignorée du public et dont l'observation par les autorités repose sur un ordre secret.

En 1870, les Allemands ont créé une feuille officielle dès le mois d'août 1870 (les « amtliche Nachrichten für das Generalgouvernement Elsass »). Elle contenait les décrets, ordonnances, avis, etc., ayant un caractère général et devant être observés par la population.

J'ai par conséquent l'honneur de proposer la motion suivante :

« La Conférence d'Alsace-Lorraine prie le Gouvernement de lui communiquer dans leur forme authentique les décrets, ordres, instructions et avis ayant un caractère général et devant être observés par la population. La Conférence considère comme urgente la création d'un bulletin officiel pour les pays occupés d'Alsace-Lorraine, lequel publierait dans les deux langues les documents sus-indiqués et dont l'abonnement serait obligatoire pour les autorités, les municipalités et les officiers ministériels. »

M. TIRARD explique que le commandement militaire n'a pas trouvé opportun, jusqu'à présent, vu la petite superficie de l'Alsace occupée, de publier une feuille officielle. Des arrêtés ont été pris dans les cas où la chose a paru indispensable. On les a portés à la connaissance des populations par les voies appropriées. Vu le caractère purement militaire actuellement de l'occupation, il lui paraîtrait prématuré de prendre une résolution touchant la publication d'une feuille officielle. C'est une question qui, pour l'instant, est du ressort exclusif du commandement militaire.

M. LE PRÉSIDENT et la CONFÉRENCE constatent qu'en effet cette question est actuellement du domaine de l'autorité militaire.

M. HELMER donne lecture d'une troisième note concernant la langue à employer en matière de testament.

TROISIÈME NOTE.

L'Alsace-Lorraine a lutté pendant quarante-quatre ans pour le respect de la langue française qui est la langue maternelle d'une notable partie de la population et dont la connaissance était désirée par la grande majorité du peuple. L'Allemagne s'est opposée de toutes ses forces à cette prétention.

Néanmoins, l'Allemagne, tout en n'admettant que la langue allemande comme langue officielle, a prévu une exception dans sa législation. Quand le testateur ne comprend pas l'allemand, le testament se fait dans la langue qu'il connaît.

L'Administration française dans les territoires occupés a ordonné d'une façon générale l'emploi de la langue française et a interdit l'usage de l'allemand.

Il ne faut pas que l'Administration française risque de passer pour moins libérale que la législation allemande.

D'ailleurs lesdits testaments paraissent devoir être considérés comme nuls en droit.

J'ai l'honneur de proposer à la Commission la motion suivante :

« La Commission d'Alsace-Lorraine, considérant que le respect de la langue maternelle doit être considéré comme une des libertés garanties à l'Alsace-Lorraine par le général Joffre et le Président de la République, considère comme inadmissible de faire rédiger des actes de l'importance d'un testament dans une langue incomprise du testateur. »

M. Tirard se déclare d'accord avec M. Helmer. Le cas signalé, d'ailleurs absolument spécial, n'avait certainement pas été envisagé. S'il y a eu des instructions quelconques interdisant en matière de testaments l'emploi de l'allemand, c'est une erreur qui sera redressée.

M. Barthou retient la note de M. Helmer comme un vœu auquel M. Tirard donne son adhésion ainsi que la Commission.

M. le Président propose de passer à l'examen de la question de la réparation des dommages causés par la guerre aux propriétés des Alsaciens-Lorrains en Alsace.

M. Godart, chargé de présenter à la Conférence la résolution votée le 6 mars 1915 par la sous-commission des finances expose que, dans sa séance du 22 décembre 1914, la Chambre a voté le principe de l'indemnisation des pertes subies pendant la guerre par les particuliers. Une loi est en préparation. Celle du 26 décembre 1914 a prévu, en attendant, un crédit de 300 millions pour faire face aux besoins les plus urgents; un décret du 4 février a fixé la procédure de la constatation des dommages. La sous-commission des finances a examiné la question et voté à l'unanimité une résolution tendant à faire reconnaître le principe que les Alsaciens-Lorrains doivent être compris dans la répartition des indemnités et participer aussi à la répartition des 300 millions alloués pour les besoins les plus urgents. Cette résolution indiquait sommairement que c'est à l'autorité militaire à prendre les mesures nécessaires touchant les constatations matérielles qui ne peuvent être faites exactement selon la procédure prévue en France.

M. TIRARD est heureux de pouvoir annoncer que l'autorité militaire a d'elle-même pris, il y a quinze jours, la même initiative. Quoiqu'il soit à peu près impossible de faire actuellement les constatations matérielles dans la plupart des communes alsaciennes (qui sont sous le feu direct de l'ennemi), cependant dans trois communes cette procédure n'a pas paru irréalisable.

Aussi le général commandant l'armée des Vosges a-t-il préparé un projet d'arrêté instituant une Commission de constatation sur des bases aussi rapprochées que possible de celles du décret du 4 février, tenant compte naturellement des circonstances et notamment du fait que l'élément préfectoral prévu à ce décret ne peut pour l'instant intervenir.

Le Grand Quartier général ne méconnaît pas l'importance de la question et s'en préoccupe déjà. C'est lui qui fera au Gouvernement des propositions d'ordre pratique en faveur des Alsaciens-Lorrains victimes de la guerre. Ils ne seront pas oubliés dans la répartition des 300 millions.

M. LE PRÉSIDENT constate que la Conférence paraît d'accord pour donner sa sanction aux vœux de la sous-commission. Il propose, pour renforcer l'idée, de remplacer les mots : « Il appartiendra au Gouvernement » par ceux de : « Il appartient au Gouvernement ».

Le vœu est mis aux voix sous la forme suivante :

La Conférence d'Alsace-Lorraine émet l'avis que les Alsaciens-Lorrains non immigrés doivent obtenir la réparation des dommages matériels résultant des faits de guerre et, en attendant, doivent être compris dans la répartition des crédits ouverts par l'article 1er de la loi du 26 décembre 1914 pour les besoins les plus urgents.

Il appartient au Commandant de l'armée française d'occupation de faire les constatations nécessaires et de fixer les indemnités qui pourraient être immédiatement versées dans les cas les plus urgents.

Ce vœu est adopté à l'unanimité.

A l'occasion de cette rédaction, M. Ferdinand Dreyfus demande si l'expression d'« immigré » est suffisamment précise. Il rappelle que le projet de loi présenté au Sénat sur le retrait des naturalisations emploie une tournure de phrase spéciale : « Ces dispositions ne s'appliquent ni aux Alsaciens et Lorrains nés en France avant le 10 mai 1871, ni à leurs descendants. »

M. SOUCHON estime qu'il est trop tôt pour entamer une discussion sur l'expression d'immigré, laquelle engage toute la question de la nationalité.

M. WETTERLÉ dit que, pour les Alsaciens d'origine, l'expression d'immigré a un sens très net : il n'y a doute que pour le demi-alsacien, ceux qui n'ont qu'un père ou une mère originaire d'Alsace.

M. HELMER dit que de toute manière la date du 10 mai 1871 est inexacte. Il faudrait inscrire celle du 2 mars 1871.

La Conférence décide de laisser pour le moment en suspens la définition du mot d'immigré.

M. LE PRÉSIDENT, avant de passer à l'audition de l'exposé sur l'enseignement en Alsace-Lorraine de M. Liard, dit à la Conférence *qu'il se propose d'envoyer à M. le Président du Conseil les rapports de MM. Helmer et Laugel ainsi que le vœu sur la réparation des dommages qui vient d'être voté. Il adressera en outre à M. Viviani les procès-verbaux des séances passées de la Conférence et lui demandera si la procédure de ses travaux a l'agrément du Gouvernement.*

Cette proposition est adoptée.

M. LE PRÉSIDENT donne la parole à M. Liard pour son exposé sur l'enseignement en Alsace-Lorraine.

M. LIARD se propose d'indiquer les grandes lignes sur lesquelles repose l'état actuel de l'instruction publique en Alsace-Lorraine et d'établir parallèlement, au fur et à mesure de son développement, les questions qui d'après lui se poseront à la Conférence eu égard à la réintégration de l'Alsace dans la souveraineté française.

I. *L'Organisation générale*. Elle est allemande, mais coulée dans le cadre français. Il y existe les trois degrés de notre enseignement :

L'enseignement supérieur ;
L'enseignement secondaire ;
L'enseignement primaire.

La liberté de l'enseignement n'y est pas reconnue, en ce sens que, bien qu'il y ait des établissements d'enseignement à caractère privé, tous sont soumis à l'autorisation qui peut toujours être retirée, et au contrôle de l'État, lequel ne porte pas seulement sur l'hygiène et la moralité, mais aussi sur l'enseignement des maîtres et les matières enseignées.

L'autorité supérieure est celle du Statthalter auprès duquel se trouve l'Inspecteur supérieur de l'enseignement (qui a des pouvoirs analogues à ceux d'un sous-secrétaire d'État), assisté par un Conseil supérieur des écoles siégeant à Strasbourg.

Après la disparition du régime allemand, il n'y aura plus de Statthalter ni d'Inspecteur supérieur, ni de Conseil, mais un Recteur et une académie.

Les questions qui se poseront à notre examen sont les suivantes :

1° Quelle devra être la circonscription de l'académie de Strasbourg ? Comprendra-t-elle les deux départements du Haut et du Bas-Rhin, comme avant 1870, ou bien aussi celui de la Moselle ? Au contraire la Moselle sera-t-elle rattachée à l'Université de Nancy ?

2° Y aura-t-il lieu de maintenir en Alsace la liberté de l'enseignement instituée en France par la loi de 1850 pour l'enseignement secondaire, par celles de 1875-1880 pour l'enseignement supérieur et par celles de 1850 et 1886 pour l'enseignement primaire ?

II. *L'Enseignement supérieur.* — Il est représenté par l'Université de Strasbourg qui est sous l'autorité directe du Statthalter et se compose des six facultés suivantes :

Théologie protestante ;
Théologie catholique ;
Droit et Sciences d'État ;
Médecine ;
Lettres ;
Mathématiques et Sciences de la nature.

Il y a en outre une École de pharmacie rattachée à cette dernière faculté.

Au point de vue matériel, cette Université est splendide. Elle a coûté environ 38 millions de marks, sans parler de la bibliothèque. Elle a ouvert ses portes en 1872 avec 212 étudiants et en comptait, en 1914, 2,138 dont 1,172 étaient nés en Alsace, sans qu'il soit facile de dire combien étaient de vrais Alsaciens-Lorrains.

Le budget de l'Université est d'environ 2 millions de marks.

Le régime des études est le régime allemand, c'est-à-dire celui de la liberté des maîtres et des élèves. Beaucoup des étudiants ne vont pas jusqu'au Doctorat et se bornent à suivre les cours pendant le nombre de semestres nécessaires pour pouvoir passer les examens d'État. Les grades universitaires ne sont recherchés en général que par ceux qui suivent des carrières scientifiques.

La bibliothèque est fort belle, et fait oublier par ses richesses celle que les Allemands ont détruite en 1870. Elle s'enrichit surtout par le dépôt légal des nouveaux livres. Cet établissement n'est pas dépendant de l'Université sauf pour les services qu'il lui rend. Il est surtout une bibliothèque nationale d'Alsace.

Les questions qui se poseront touchant l'enseignement supérieur sont les suivantes :

1° Y a-t-il lieu de maintenir l'Université de Strasbourg ?

2° Lui appliquera-t-on le statut des Universités françaises ?

3° De combien de facultés devra-t-elle être constituée ?

4° Y aura-t-il des facultés de théologie protestante et catholique ?

5° Les certificats allemands de maturité, délivrés dans les établissements d'enseignement secondaire d'Alsace-Lorraine, seront-ils admis à égalité avec le baccalauréat français pour l'immatriculation dans l'Université française de Strasbourg ?

6° Le régime français des études et des examens sera-t-il appliqué immédiatement dans les facultés nouvelles ?

7° Au contraire ménagera-t-on un régime transitoire pour les étudiants qui auront commencé leurs études sous le régime allemand des examens d'État ?

8° L'enseignement sera-t-il donné en français dans toutes les chaires de la nouvelle Université, ou certains enseignements pourront-ils continuer à être donnés en allemand, soit par mesure transitoire, soit par mesure définitive ?

9° La bibliothèque sera-t-elle maintenue comme établissement autonome ou rattaché à l'Université ?

III. *L'Enseignement secondaire.* — Il y a lieu de distinguer l'enseignement des *garçons* et celui des *filles*.

Garçons. — Les établissements d'enseignement secondaire de garçons appartiennent à l'État, sauf de rares exceptions. L'État subvient à toutes les dépenses.

Il y a :

3 lycées classiques enseignant le latin et le grec ;
11 gymnases classiques enseignant le latin et le grec avec un enseignement de 9 années ;
1 progymnase avec latin et grec (6 années) ;
6 Oberrealschulen sans latin (9 années) ;
7 Realschulen sans latin (9 années) ;
6 établissements ecclésiastiques privés autorisés en vertu de la loi de 1873. L'un de ces établissements est le fameux séminaire de Saint-Thomas qui remonte au XVI° siècle, les autres sont des établissements épiscopaux. En principe, ces

4.

établissements ne reçoivent pas de subventions. Mais le chapitre de Saint-Thomas, qui avait de gros revenus, subvenait aux frais de 6 chaires de la Faculté de théologie protestante et s'était engagé à verser 36,000 marks au gymnase de Saint-Thomas; n'ayant plus été en mesure de payer cette subvention, l'État a consenti à assumer une charge de 25,000 marks pour ce dernier établissement. Pour maintenir l'égalité confessionnelle il a été entraîné à verser aussi 25,000 marks au collège épiscopal de Metz.

La statistique de l'enseignement secondaire donne sommairement les chiffres suivants :

Lycées et gymnases : 389 maîtres; 5,082 élèves;
Oberrealschulen et Realschulen : 329 maîtres; 4,471 élèves;
Écoles ecclésiastiques : 178 maîtres; 2,673 élèves.

L'enseignement n'est pas gratuit, mais les rétributions scolaires sont faibles : de 125 à 150 marks pour l'enseignement classique et de 80 à 100 marks pour l'enseignement sans latin. Elles sont perçues ainsi qu'en France, au profit du Trésor, et comme des contributions directes.

Le plan d'études est analogue au système prussien et comprend 9 classes.

L'enseignement a le caractère confessionnel, dans le sens que l'enseignement religieux est obligatoire quoique les maîtres appartiennent à une religion quelconque. L'instruction religieuse, c'est-à-dire l'histoire sainte, est donnée par les maîtres, mais le catéchisme de chaque religion, qui est obligatoire, est donné par des ecclésiastiques de chaque religion. Ils ont le droit d'entrer dans les écoles.

Le terme de l'enseignement est l'examen de maturité correspondant au baccalauréat. Il est subi par les élèves non dans une faculté, mais dans l'école à l'intérieur, sous la surveillance d'un examinateur de l'État, mais par les maîtres de l'élève. C'est plus et mieux que le livret scolaire français.

Les questions qui se posent à propos de l'enseignement secondaire sont :

1° Y a-t-il lieu de maintenir des lycées et collèges partout où il y a des lycées et gymnases?

2° Les établissements publics d'enseignement secondaire allemand n'ayant pas d'internat, y a-t-il lieu de les rétablir?

3° Les lycées et gymnases, Realschulen et Oberrealschulen constituant des établissements distincts, y a-t-il lieu de maintenir cette distinction, ou au contraire convient-il, comme en France, d'organiser les deux enseignements dans les mêmes établissements?

4° L'enseignement religieux doit-il être maintenu comme dans les lycées de France, à titre facultatif, selon le vœu des familles?

5° Convient-il d'établir immédiatement dans les grands lycées et dans certains collèges, les classes préparatoires aux écoles du Gouvernement, telles que Polytechnique, Saint-Cyr?

6° Convient-il de maintenir pour une période à déterminer les programmes allemands pour les élèves en cours d'études?

7° Corrélativement, convient-il de maintenir pour ces élèves, pendant une période à déterminer, le régime intérieur du certificat de maturité analogue à notre baccalauréat?

8° Convient-il d'établir dès la première année pour les débutants, le programme français et d'en poursuivre progressivement d'année en année l'application?

9° Convient-il de donner immédiatement en français tous les enseignements dans toutes les classes?

10° Convient-il de maintenir l'emploi de l'allemand pour certains enseignements, soit comme mesure transitoire, soit comme mesure définitive, par exemple en se rapprochant du lycée bilingue de la ville de Luxembourg?

Filles. — Il n'y a pas en Alsace d'enseignement secondaire de jeunes filles organisé dans des établissements distincts, mais on en est arrivé peu à peu à la coéducation. Les jeunes filles sont admises dans les lycées, gymnases et écoles réelles de garçons. Au point de vue statistique il y avait en 1912 :

131 jeunes filles dans les gymnases et lycées, 95 jeunes filles dans les écoles réelles, la plupart de ces jeunes filles sont des filles de fonctionnaires ou des israélites. Les problèmes qui se poseront en matière d'enseignement secondaire seront les suivants :

1° Convient-il d'établir des lycées et collèges de filles suivant le type français?

2° Dans les villes où il n'en serait pas établi, convient-il de laisser aux jeunes filles l'accès des lycées, gymnases et écoles réelles de garçons?

IV. *L'Enseignement primaire.* — 1° *Écoles :*

Voici d'abord quelques renseignements statistiques :

Écoles maternelles : nombre,..... 51; élèves, 32,007; institutrices, 586, dont 254 laïques.

Écoles élémentaires publiques : nombre, 2,841; élèves, 258,737; instituteurs, 3,228, dont 3,211 laïques; institutrices, 2,697, dont 1,321 laïques.

Écoles élémentaires privées (autorisées) : nombre, 69 ; élèves, 3,724 ; instituteurs, 30, dont 23 laïques ; institutrices, 89, dont 19 laïques.

Cours complémentaires : nombre, 454 ; élèves, 14,004 ; instituteurs, 658, dont 651 laïques ; institutrices, 192, dont 100 laïques.

Écoles intermédiaires ou moyennes (Mittelschulen) : nombre, 53 ; élèves, 8.223 ; instituteurs, 188, dont 173 laïques ; institutrices, 83, dont 56 laïques.

Écoles primaires supérieures : nombre, 67 ; élèves, 11.386 ; instituteurs, 215, dont 127 laïques ; institutrices, 613, dont 333 laïques.

Totaux : écoles, 3,995 ; élèves, 320,101 ; instituteurs, 4,319, dont 4,185 laïques ; institutrices, 4,168, dont 2,031 laïques.

Il est à remarquer que la constitution d'une école élémentaire est obligatoire pour la commune, mais que celle de l'école intermédiaire ne l'est pas. D'ailleurs cette dernière qui remplace souvent l'école élémentaire et a une réputation supérieure donne un enseignement légèrement supérieur aussi et procure à ceux qui en sortent des avantages tels que l'aptitude au volontariat d'un an. Les cours complémentaires ne sont annexés à aucune école, ils sont indépendants et ouverts en général seulement pendant les mois d'hiver. Enfin il y a des écoles postscolaires (Fortbildungsschulen) qui ont un caractère communal, mais sans aucun rapport avec l'école communale. Certaines visent à la culture générale, d'autres ont un caractère professionnel.

En Alsace-Lorraine, l'école n'est pas gratuite. Les conseils municipaux peuvent édicter la gratuité s'ils le veulent, mais ils peuvent aussi percevoir des rétributions scolaires qui sont très faibles, 4 marks par mois dans les communes au-dessous de 2,000 habitants et 6 marks dans les autres. Elles sont recouvrées comme les impôts sauf à l'égard de ceux qui sont reconnus indigents. L'assiduité est obligatoire et assurée par des pénalités bien plus strictes qu'en France.

Les problèmes qui se poseront en matière d'enseignement primaire seront es suivants :

1° Faudra-t-il maintenir les différentes catégories d'écoles instituées ?

2° Faudra-t-il maintenir les cours complémentaires comme indépendants ?

3° Maintiendra-t-on les écoles moyennes qui ont un caractère intermédiaire se surajoutant aux écoles élémentaires ?

4° Convient-il de maintenir la gratuité des écoles comme en France ?

5° Faut-il instituer l'obligation à l'assiduité ou l'atténuer et l'amener au régime français?

6° Les écoles ayant actuellement un caractère confessionnel (c'est-à-dire, qu'en principe chaque école ne devrait recevoir que les élèves appartenant au même culte), faut-il leur maintenir ce caractère ou appliquer le régime français?

7° Étant donnée la présence d'un personnel congréganiste important, faudra-t-il laïciser complètement l'enseignement ou maintenir, par exemple avec un délai, le système en vigueur?

Ce système se lie accessoirement à celui des congrégations.

8° Par qui, ou dans quels locaux, sera donné l'enseignement religieux, partagé aujourd'hui entre les maîtres qui enseignent l'histoire sainte et les ecclésiastiques qui font le catéchisme?

9° Comment sera fait le choix des livres de l'enseignement (c'est une question des plus délicates)?

10° Faudra-t-il introduire immédiatement, ou avec des tempéraments, l'enseignement unique en français et quelles seront les mesures transitoires?

2° *Formation des maîtres.*

Il y a en Alsace-Lorraine :

5 écoles normales d'instituteurs avec 445 élèves, dont 432 internes ;
2 écoles normales d'institutrices avec 176 élèves, dont 155 internes ;
4 écoles préparatoires d'instituteurs avec 234 élèves, dont 217 internes ;
1 école préparatoire d'institutrices avec 32 élèves, dont 31 internes ;
4 écoles normales privées d'institutrices avec 432 élèves, dont 432 internes.

Les titres de capacité requis pour enseigner dépendent de l'enseignement visé :

Il y a le certificat de capacité pour l'enseignement primaire, le certificat de capacité pour l'enseignement secondaire, et le certificat de capacité pour l'enseignement du sacerdoce.

Les nominations sont faites par les préfets, les conseils municipaux entendus.

Les questions qui se poseront sont les suivantes :

1° Y a-t-il lieu de limiter le nombre des écoles normales à 2 par département comme en France (1 pour les instituteurs et 1 pour les institutrices)?

2° Y a-t-il lieu de maintenir des écoles préparatoires aux écoles normales?

3° Y a-t-il lieu de maintenir par mesure transitoire les écoles normales privées?

4° Les instituteurs réinvestis le seront-ils avec leur titres allemands de capacité?

5° Y a-t-il lieu d'exiger de tous les autres des titres de capacité français?

6° Y a-t-il lieu de maintenir, pendant une période transitoire, des équivalences de titres de capacité?

7° Y a-t-il lieu d'admettre les élèves en cours d'études dans les écoles normales, à subir leurs examens d'après la loi d'Alsace-Lorraine et les programmes allemands?

8° Y a-t-il lieu d'organiser immédiatement les comités départementaux prévus par la loi française?

9° En ce qui concerne la discipline, y a-t-il lieu de prévoir une période transitoire pendant laquelle les peines disciplinaires (sauf l'interdiction qui devra toujours faire l'objet d'un jugement du Conseil départemental, avec appel au Conseil supérieur de l'Instruction publique) seraient prononcées par l'autorité publique sans intervention du Conseil départemental?

10° L'école dans les communes étant sous la surveillance des comités communaux comprenant notamment le bourgmestre, le curé, le pasteur, le rabbin et l'instituteur, y aura-t-il lieu de maintenir ces comités avec leurs attributions actuelles?

11° Y aura-t-il lieu quant à la nomination des instituteurs de maintenir la consultation préalable des conseils municipaux?

12° Y aura-t-il lieu d'appliquer, sauf réserve d'une indemnité compensatrice pour les instituteurs réinvestis, le régime français des traitements?

13° Les instituteurs pourront-ils continuer à être secrétaires de mairie et organistes?

M. LE PRÉSIDENT présente à M. Liard les remerciements de la Conférence pour la clarté de ce magistral exposé de la question de l'enseignement en Alsace-Lorraine.

M. LAUGEL demande si les problèmes de l'enseignement professionnel seront examinés par la sous-commission de l'Instruction publique.

La Conférence décide que ces questions seront étudiées d'abord par la sous-commission des lois sociales.

Il est rappelé :

Que la sous-commission de l'Instruction publique et des Cultes se réunira le samedi 20 mars, à 2 h. 30;

Que la Conférence d'Alsace-Lorraine se réunira le 22 mars, à 2 h. 30.

SEPTIÈME SÉANCE

TENUE AU MINISTÈRE DES AFFAIRES ÉTRANGÈRES

SOUS

LA PRÉSIDENCE DE M. BARTHOU

LE 22 MARS 1915.

Excusés : MM. Morain et Pichat.

Présents : MM. Barthou, Pichon, Denys Cochin, Laugel, Ballot-Beaupré, Tirard, Souchon, Liard, Wetterlé, Ferdinand Dreyfus, Théodore Tissier, Sergent, Blumenthal et Kammerer.

M. le Président annonce qu'il a reçu de M. Eccard, avocat à Strasbourg, des notes sur l'introduction en Alsace-Lorraine de la législation française. Il remet, pour examen, ces notes à M. Ballot-Beaupré.

M. le Président rappelle que la sous-commission de l'Instruction publique a tenu le 20 mars une séance au cours de laquelle elle a pris, en suite de l'exposé magistral de M. Liard sur l'Instruction publique en Alsace-Lorraine, un certain nombre de résolutions touchant les mesures à prendre dans les pays annexés en cette matière après la guerre.

M. Liard donne lecture de ces résolutions qui sont soumises l'une après l'autre à la discussion de la Conférence.

La première est la suivante :

Questions générales : I. L'Académie de Strasbourg aura la même circonscription qu'avant 1871.

M. Wetterlé pense que, du moment que la circonscription actuelle doit être partagée entre les académies de Strasbourg et de Nancy, il faudra prévoir des mesures transitoires. Il aurait préféré le maintien de tout le territoire actuel de l'Alsace-Lorraine dans la circonscription de Strasbourg.

M. Liard dit que tel était bien son propre avis. Il s'était mépris toutefois sur l'opinion de M. Wetterlé. Il avait même préparé une rédaction toute différente dont il donne lecture.

Cette formule ainsi libellée est mise aux voix :

I. *Bien que l'Alsace et les parties annexées de la Lorraine ne soient pas destinées, une fois redevenues françaises, à constituer une unité administrative, quarante-quatre années de malheur commun ont créé entre elles des liens qu'il importe de ne pas rompre tous. Les liens à conserver sont en particulier ceux qui présentent un caractère moral, comme l'administration de l'enseignement. Aussi conviendra-t-il de comprendre, dans l'académie de Strasbourg rétablie, les territoires qui forment actuellement l'Alsace-Lorraine.*

La résolution est adoptée à l'unanimité.

M. LE PRÉSIDENT lit la deuxième résolution générale.

II. *Il y aura lieu d'appliquer aux territoires formant aujourd'hui l'Alsace-Lorraine les lois françaises relatives à la liberté de l'enseignement au degré primaire, au degré secondaire, au degré supérieur.*

Cette rédaction est adoptée.

M. LE PRÉSIDENT donne lecture de la résolution qui suit :

Enseignement supérieur.

I. *Il conviendra d'établir à Strasbourg une Université investie de tous les droits et privilèges résultant des lois et règlements français sur les Universités, de la composer d'une faculté de droit et de sciences politiques; d'une faculté de médecine; d'une faculté des sciences; d'une faculté des lettres; d'une école supérieure de pharmacie empruntant à la faculté de médecine et à la faculté des sciences certains de leurs enseignements.*

M. SOUCHON demande pourquoi le nom de la faculté de droit de Strasbourg ne sera pas le même que celui porté par les facultés similaires de France.

M. LIARD répond que c'est parce qu'il vaut mieux maintenir le nom actuel qui est plus complet. L'enseignement des sciences politiques est également donné dans les facultés françaises, et, à cet égard, le changement de titre n'impliquerait aucune différence. Une des raisons qui, en France, ont amené à ne pas changer le titre de la faculté de droit est l'existence de l'École libre des sciences politiques, où l'on donne principalement, mais non exclusivement, l'enseignement des sciences politiques et que l'État n'a pas voulu se donner l'air de concurrencer.

M. Ferdinand Dreyfus demande quelles seraient les chaires qui seraient spécialement visées par le titre de faculté des sciences politiques.

M. Liard en donne l'énuméré et répète que ces chaires existent déjà dans nos facultés de droit. La rédaction proposée tend à éviter d'avoir l'air de diminuer la faculté de droit de Strasbourg.

M. Helmer explique que le titre de la faculté de droit et des sciences politiques n'existe en Allemagne, en dehors de Strasbourg, qu'à Munich et Leipzig. Les sciences proprement politiques sont la statistique, l'économie politique théorique, la science financière et la philosophie de la politique.

M. Barthou constate que personne n'élève plus d'objection contre le maintien du titre actuel porté par la faculté de droit et des sciences politiques de Strasbourg. Il demande s'il existe des objections en ce qui concerne la proposition de la sous-commission touchant l'école supérieure de pharmacie.

M. Liard explique qu'en France il existe seulement trois écoles supérieures de pharmacie; dans les Universités de fondation récente, l'on a préféré créer des facultés mixtes de médecine et pharmacie. Mais à Strasbourg, la situation de fait implique une école de pharmacie indépendante quoique relevant de la faculté des sciences. Il lui paraît pratique de faire emprunter les éléments de cet enseignement à la faculté de médecine et à la faculté des sciences; cela permettra d'éviter certains doubles emplois dans l'enseignement, par exemple pour la chimie.

M. Barthou met aux voix la résolution dans son entier telle qu'elle figure ci-dessus.

Cette résolution est adoptée.

Les deux résolutions suivantes visent le remplacement ou le maintien des facultés de théologie protestante et catholique actuellement existantes à Strasbourg.

Ces résolutions sont proposées d'abord sous la forme ci-dessous :

« II. Suivant le vœu des protestants d'Alsace, toujours soucieux d'associer aux études théologiques de sérieuses études scientifiques, il serait opportun de maintenir dans l'Université de Strasbourg une faculté de théologie protestante.

« Si la chose paraît impossible et s'il est créé à Strasbourg, par application des lois de 1875 et 1880 sur la liberté de l'enseignement supérieur, une faculté libre de théologie protestante il conviendra de lui attribuer une subvention pendant une période à déterminer, et de la reconnaître d'utilité publique, pour lui permettre de recevoir les dons et legs.

« III. Les catholiques d'Alsace-Lorraine, fidèles en cela à la tradition des catholiques français et considérant d'ailleurs que la faculté de théologie catholique de l'Université allemande de Strasbourg a été créée pour être un instrument de propagande allemande dans le clergé alsacien, ne demandent pas qu'une faculté de cet ordre soit maintenue dans l'Université française de Strasbourg. Il leur sera possible, par le jeu de la loi sur la liberté de l'enseignement supérieur, de créer une ou plusieurs écoles supérieures de théologie qui devront, le cas échéant, être traitées par l'État français de la même façon que la faculté libre de théologie protestante. »

M. Wetterlé demande à MM. Laugel et Helmer de confirmer que les catholiques d'Alsace ne regretteront pas la disparition de la faculté de théologie catholique actuelle, créée récemment, après une longue résistance du Pape, qui n'a cédé qu'à regret à la pression du Gouvernement allemand. Dans cette faculté, les professeurs sont nommés par l'État avec un droit purement théorique de veto réservé à l'évêque de Strasbourg. Les catholiques ne trouvent aucune garantie d'orthodoxie dans cet enseignement dont les professeurs ne peuvent pas être changés ni déplacés une fois nommés. Ces professeurs se sont faits d'ailleurs les propagateurs ardents de l'idée germanique, de sorte que, si au point de vue religieux le maintien de la faculté n'a que des inconvénients, au point de vue politique ce maintien constituerait un véritable danger.

MM. Helmer et Laugel donnent leur approbation à ces déclarations.

M. Blumenthal reconnaît que le maintien d'une faculté de théologie catholique ne présenterait pas le moindre avantage. Il exprime des doutes sur la possibilité de créer, vu l'état de la législation française, une faculté de théologie protestante; il demande des éclaircissements sur ce point de droit à M. Liard.

M. Liard dit que la législation française ne l'interdirait pas absolument. Les facultés ont été créées en France, non par une loi, mais par un décret de 1808. Le pouvoir exécutif n'a cessé de se considérer comme investi du pouvoir de créer à lui seul des facultés (non sans avoir pris cependant l'avis du Conseil supérieur de l'Instruction publique).

Il est vrai que les facultés de théologie protestante ont disparu à la suite d'une intervention législative. Mais ce n'est pas une loi ordinaire qui les a supprimées. Leur suppression n'a été que la conséquence de la suppression au budget de l'État, par suite d'une loi, des crédits afférents à cet enseignement.

Rien ne fait donc obstacle théoriquement à ce que par décret des facultés de théologie soient créées. Le Gouvernement pourrait-il se servir de ce droit théorique en faveur de la faculté de Strasbourg? Le doute existe sur ce point et c'est pourquoi le texte de la résolution a fait état de ce doute. Dans le cas où il ne pourrait être créé de faculté de l'État, les protestants pourraient user de la liberté, qui repose sur la loi de 1850, de créer à Strasbourg une faculté libre comme celles existant à Paris et Montauban. La seule condition imposée par la loi pour la création d'une faculté libre est qu'elle comprenne un corps enseignant aussi nombreux en professeurs munis du doctorat que la faculté de l'État qui en a le moins. A cet égard, le projet de résolution se borne à faciliter cette création par des mesures transitoires appropriées. Il est prévu notamment des subventions pendant une période à déterminer. Il est aussi prévu l'octroi de la reconnaissance d'utilité publique qui donnera aux établissements créés la personnalité civile et le droit de posséder et recevoir par dons et legs.

M. Denys Cochin exprime le désir que les catholiques soient aussi bien traités que les protestants et que, dans la résolution qui les vise, l'on fasse figurer aussi la possibilité de créer une faculté de théologie d'État et, à défaut, une faculté libre.

M. Liard dit qu'en aucun cas il ne voudrait proposer pour les catholiques un régime autre ou moins favorable que celui proposé pour les protestants. Si les deux formules ne sont pas identiques, c'est que les vœux et désirs des catholiques et des protestants ne sont pas identiques et qu'il a paru nécessaire de faire état de ces divergences. Il n'y a aucun doute que les catholiques n'ont jamais désiré la création d'une faculté de théologie d'État. Pour l'Alsace, cela résulte de ce qu'ont dit les membres alsaciens de la Conférence. Pour la France, cela résulte des faits. Du temps du Concordat, jamais les catholiques n'ont eu de faculté de théologie d'État. L'Institut catholique, qui est une espèce de faculté, s'est créé sur la base de la loi de 1875. Cet Institut ne vise pas la formation du clergé, lequel est formé dans les grands séminaires. Il n'a pas le droit de conférer de grades reconnus par l'État. Au moment de la séparation, toutes facilités auraient été données aux autorités ecclésiastiques pour transformer leurs grands séminaires en faculté libre. Elles n'ont pas voulu en faire usage. Elles se sont bornées à profiter du droit commun qui permet à trois citoyens quelconques, âgés de plus de 25 ans et jouisssant de leurs droits civiques, de faire une déclaration d'ouverture d'école d'enseignement supérieur, école qu'ils sont libres de créer exactement selon leur désir. Les catholiques, sur ces bases, ont créé un peu partout des écoles qui ont les titres les plus divers. A Paris, seule l'école supérieure de théologie d'Issy représenterait ce qui serait vraiment une faculté libre de théologie catholique. En se plaçant sur le même terrain, les catholiques d'Alsace institueront les écoles supérieures de théologie qu'ils voudront : ils leur donneront le titre qu'ils voudront. Si le mot de faculté n'existe pas dans la résolution, c'est parce qu'il est trop connu que les catholiques ne veulent pas entendre parler de ce mot qui est lié pour eux à certains souvenirs.

M. Denys Cochin trouve cependant qu'il y a dans la rédaction proposée quelques nuances moins favorables aux catholiques qu'aux protestants. Il est exagéré de redouter le maintien de la faculté catholique actuelle de Strasbourg. Si le corps enseignant y a marqué sans détour sa germanophilie, ce serait là un danger peu à craindre après la guerre, car les professeurs germanophiles ne seront évidemment pas maintenus. Il est excessif d'affirmer que les catholiques ne voudront pas de faculté de théologie catholique. Ils peuvent avoir, pour le moment, contre cette faculté une certaine rancune qui disparaîtra.

Cependant, du moment que les catholiques d'Alsace affirment ne plus vouloir de faculté de théologie catholique, il n'insistera pas, ne voulant pas, sous prétexte que le mot de faculté ne sera pas prononcé pour eux, priver les protestants de leur faculté ou du mot de faculté.

M. Liard dit que ni les catholiques, ni les protestants ne seront privés de quoi que ce soit : ils seront libres de créer, les uns comme les autres, les établissements qu'ils voudront et de leur donner les noms qu'ils voudront.

M. Wetterlé dit que le maintien d'une faculté de théologie catholique d'État pour la France héritière des droits résultant, en cette matière, du contrat passé entre l'État allemand et le Pape, ne serait pas de nature à donner satisfaction aux catholiques d'Alsace; car s'ils critiquent vivement la nomination des professeurs de théologie par l'État allemand, ils ne seraient pas entièrement rassurés au point de vue orthodoxe du fait que ces nominations émaneraient de l'État français. Il demande si le droit reconnu par la résolution de recevoir des dons et legs aux facultés libres, impliquerait le maintien de leurs biens actuels.

M. Barthou estime qu'il n'y a pas de doute sur ce point.

M. Ferdinand Dreyfus dit qu'après avoir entendu les explications qui précèdent, il trouve cependant que le vœu concernant les protestants paraît mettre ces derniers dans une situation légèrement privilégiée par rapport aux catholiques : c'est d'eux qu'on parle d'abord, c'est en leur faveur qu'est proposé le maintien d'une faculté d'État et à défaut d'un établissement libre qualifié de faculté.

M. Liard estime qu'il n'y a aucune inégalité en faveur de l'un des deux cultes. Si l'on parle d'abord de la faculté de théologie protestante, c'est qu'elle existe à Strasbourg depuis le xvi° siècle, tandis que la faculté de théologie catholique, véritable innovation, n'a pas dix ans d'existence; sur la liste des autorités d'Alsace-Lorraine c'est aussi la faculté de théologie protestante qui est citée la première.

M. Ferdinand Dreyfus persiste dans son idée : il n'est pas parlé, dans le vœu concernant les catholiques, de subventions éventuelles comme dans celui concernant les protestants.

M. Liard répond que cela y figure implicitement, puisqu'il est dit que les écoles supérieures de théologie catholique devront être traitées de la même façon que la faculté libre de théologie protestante.

M. le Président trouve que, sur ce point, il est facile de donner satisfaction au désir de M. Ferdinand Dreyfus, en répétant le mot subvention, en ajoutant par exemple « notamment en matière de subventions ».

M. l'abbé Wetterlé demande que, du moment que l'on prévoit l'attribution éventuelle de biens à la faculté de théologie protestante, on admette par avance au profit de l'école supérieure de théologie catholique de Strasbourg, la dévolution des biens de la mense épiscopale de Strasbourg.

M. Barthou pense que l'on ne peut, au moins pour le moment, discuter un pareil sujet. Ce serait soulever incidemment des questions de la plus grave importance qui ne sont pas encore venues en discussion.

M. Théodore Tissier demande si, au point de vue de l'enseignement libre, il n'y a pas de différence entre une faculté libre et une école d'enseignement supérieur. Il estime, comme M. Ferdinand Dreyfus, qu'il faut maintenir une parfaite égalité entre les deux cultes et que c'est agir autrement que d'admettre dès maintenant qu'il pourra y avoir une faculté de théologie protestante d'État, tandis qu'il ne pourra pas y en avoir de catholique.

M. Liard répète que tout établissement libre peut prendre le nom de faculté s'il possède un corps de professeurs munis du doctorat aussi nombreux que celui de la faculté de l'enseignement qui en a le moins.

M. Théodore Tissier demande comment l'on fixera ce nombre puisqu'il n'y a plus de faculté de théologie de l'État. Il ne s'agit donc plus que du titre; s'il ne doit y avoir aucune différence entre la faculté libre et l'école d'enseignement supérieur, il serait préférable de réunir les deux motions visant catholiques et protestants en une seule, applicable aussi bien aux deux religions.

M. Helmer ne pense pas qu'une même formule convienne, les vœux des deux religions étant nettement différents. Or, il faut faire état de la différence des vœux. La faculté de théologie protestante est une véritable tradition historique de l'Alsace à laquelle les protestants tiennent beaucoup. Il propose d'ajouter à la rédaction telle qu'elle est suggérée suivant le vœu des protestants les mots « et leurs traditions séculaires ».

M. Liard pense que ce serait une adjonction heureuse.

M. Blumenthal trouve que la discussion entre dans trop de détails. Il lui paraîtrait suffisant de dire que le recrutement des clergés protestant et catholique sera facilité. La législation française ne permet guère de penser qu'il soit possible de créer une faculté d'État protestante à Strasbourg : exprimer à cet égard une résolution différente, même avec une réserve, tendrait à faire admettre que, loin d'être amenée à la législation française, l'Alsace-Lorraine peut réagir sur la législation française. Au lieu qu'elle se fasse au régime français et se fonde dans la France, elle servirait de point de départ à une évolution des lois françaises; c'est inadmissible. Il ne saurait, quant à lui, s'y associer. L'Alsace-Lorraine devra accepter l'esprit laïque et la loi de séparation : ce sont des bases intangibles.

M. Pichon fait observer que si l'on ne veut envisager aucune possibilité d'une modification de certaines lois françaises, la Conférence n'a plus rien à faire. Il suffira de dire que l'ensemble de la législation française est dès maintenant applicable jusque dans son détail à l'Alsace-Lorraine.

M. Ferdinand Dreyfus rappelle que le vœu de la création d'une faculté de théologie protestante d'État ne signifiera rien, s'il n'est pas complété par le vote de crédits du Parlement français. Or, un pareil vote est peu probable.

MM. Barthou et Liard insistent sur le fait que la Conférence émet seulement des avis. Elle n'a pas le pouvoir exécutif. Beaucoup des mesures qu'elle proposera nécessiteront l'intervention des sanctions parlementaires. On ne peut se préoccuper ici que de ce qu'il paraît, à la Conférence, convenable de proposer et non de ce que décidera le Parlement français, qui restera le maître de ses résolutions.

M. Liard propose, dans sa résolution visant les protestants, la suppression des mots « toujours soucieux d'associer aux études théologiques de sérieuses études scientifiques ». Cette phrase laisserait à penser que les catholiques n'ont pas le même souci.

M. Barthou constate que personne ne s'oppose à la suppression. Il propose de son côté la suppression, dans la motion visant les catholiques, des mots « fidèles en cela à la tradition des catholiques français », qui peuvent donner matière à controverse.

Il constate que cette suppression ne soulève aucune observation.

M. Théodore Tissier propose, dans la motion visant les protestants, d'intercaler, dans la phrase « suivant les vœux des protestants il serait opportun de maintenir... une faculté de théologie protestante » les mots « à titre provisoire ».

M. Pichon pense que dans ce cas il faudrait mettre, à titre d'indication, « tout au moins à titre provisoire ».

M. Barthou met aux voix l'adjonction des mots « à titre provisoire ».

Cette adjonction est écartée à la grande majorité des voix. M. Blumenthal s'abstient.

M. Barthou met aux voix l'adjonction des mots « tout au moins à titre provisoire ».

Cette adjonction est écartée à la grande majorité des voix.

L'ensemble des deux motions est mise aux voix sous la rédaction suivante :

II. *Suivant le vœu des protestants d'Alsace et leurs traditions séculaires, il serait opportun de maintenir une faculté de théologie protestante dans l'Université de Strasbourg.*

Si la chose parait impossible, et s'il est créé à Strasbourg, par application des lois de 1875 et de 1880 sur la liberté de l'enseignement supérieur, un établissement libre de théologie protestante, il conviendra de lui attribuer une subvention pendant une période à déterminer, et de le reconnaître d'utilité publique, pour lui permettre de recevoir des dons et des legs.

III. *Les catholiques d'Alsace-Lorraine, considérant que la faculté de théologie catholique de l'Université allemande de Strasbourg a été créée récemment pour être un instrument de propagande allemande dans le clergé alsacien, ne demandent pas qu'une faculté de cet ordre soit maintenue dans l'Université française de Strasbourg. Il leur sera possible par le jeu de la loi sur la liberté de l'enseignement supérieur de créer un ou plusieurs établissements supérieurs de théologie, qui devront, le cas échéant, être traités par l'État français, notamment en matière de subvention et de reconnaissance* d'utilité publique, de la même façon que l'établissement libre de théologie protestante.

Cette motion est adoptée à l'unanimité, moins la voix de M. Tissier qui s'abstient.

M. LE PRÉSIDENT donne lecture de la motion n° IV, ainsi libellée :

Il conviendra d'assurer à l'Université française de Strasbourg des ressources de nature à lui permettre de se placer dès le début à un niveau élevé ;
De la pourvoir d'un personnel d'une valeur et d'une autorité éprouvées.
Cette motion est adoptée à l'unanimité.

M. LE PRÉSIDENT donne lecture de la résolution n° V, ainsi libellée :

Il conviendra d'y organiser les études de façon à attirer vers elle le plus grand nombre possible d'étudiants étrangers.
Il conviendra également d'encourager les étudiants des autres Universités de France à aller faire à Strasbourg quelques trimestres de leurs études.
Cette motion est adoptée sans débats.

M. LE PRÉSIDENT donne lecture de la résolution n° VI, ainsi libellée :

Les certificats allemands de maturité délivrés à Strasbourg à la sortie des lycées, gymnases et écoles réales supérieures d'Alsace-Lorraine à une date antérieure à celle de la constitution de la nouvelle Université de Strasbourg, ainsi que ceux qui seront délivrés postérieurement, par mesure transitoire, aux élèves de ces établissements, donneront, au même titre que le baccalauréat français, le droit de prendre inscription en vue des grades d'État dans les Universités françaises.

M. HELMER appelle l'attention de la Conférence sur les certificats de maturité délivrés au moment de la déclaration de guerre. Ces certificats ont été accordés trop facilement.

M. LIARD estime que cela a peu d'importance. Depuis le début de la guerre chaque session de baccalauréat a été plus faible que celle qui a précédé : on a agi de même dans tous les pays touchés par la guerre.

M. BLUMENTHAL dit qu'en effet le Kriegsabitur a été, pour les fils de fonctionnaires allemands, une espèce de prime à l'engagement, mais que cependant les bénéficiaires ne sont pas destinés à rester à l'Université de Strasbourg. Ils ne seront pas gênants. Quant aux malheureux Alsaciens qui ont été forcés de partir comme mobilisés allemands, il ne saurait être question, à ceux qui ont obtenu un peu plus facilement leur Abitur, de le leur enlever. Beaucoup sont déjà dans la plus pénible des situations.

M. Barthou *propose qu'il ne soit pas fait mention du certificat de maturité de guerre.*

Cette proposition est adoptée. La motion n° VI est adoptée sans modification.

M. le Président *donne lecture de la motion n° VII.*

Le régime des études et des examens français sera appliqué aux étudiants de première année, dès l'ouverture de la nouvelle Université, et continué progressivement d'année en année.

Les étudiants qui justifieront de quatre semestres d'études dans une Université allemande, pourront opter entre ce régime et le régime allemand des examens d'État.

M. Souchon pense qu'il est difficile d'appliquer la même règle à toutes les facultés : par exemple touchant le droit, les études de droit civil allemand ne serviront à rien à nos étudiants. Il faudra de toute nécessité qu'un licencié en droit français sache tout le droit civil français.

M. Liard déclare qu'il ne s'agit pas de maintenir dans l'examen d'État le programme allemand exactement, mais seulement le mode d'examen, c'est-à-dire que l'étudiant qui a déjà fait deux années de droit ne sera pas soumis à passer son baccalauréat en droit français, ni ses examens de première année de droit français. Il passera un examen dans les mêmes conditions où il aurait passé ses examens d'État, c'est-à-dire à la fin de ses études, mais forcément sur le droit français.

L'accord se fait sur ces bases et M. Liard est prié d'en faire état sous la forme d'une rédaction qui sera discutée à la prochaine séance.

M. le Président *donne lecture de la motion n° VIII.*

En principe, l'enseignement sera donné en français. Mais il y aura avantage à ce que certains enseignements soient donnés en allemand, ne fût-ce que comme moyen d'attirer à Strasbourg des étudiants des autres Universités françaises, désireux de se perfectionner dans l'usage de la langue allemande.

Cette motion est votée sans débats.

M. le Président *donne ensuite lecture des résolutions concernant l'enseignement secondaire et qui sont adoptées successivement sans débats à l'unanimité.*

Il conviendra de maintenir, à titre provisoire, des lycées et des collèges dans toutes les villes où existent des lycées, des collèges et des écoles réales supérieures, jusqu'à ce que l'expérience ait montré si tous doivent être définitivement maintenus.

L'internat ayant disparu de presque tous les établissements d'enseignement secondaire d'Alsace-Lorraine, il n'y aura pas lieu de le rétablir.

Il conviendra de maintenir la séparation et la distinction des établissements classiques et des écoles réales.

L'enseignement religieux sera donné dans les lycées, collèges et écoles réales par les ministres des différents cultes, à titre facultatif, selon le vœu des familles, ainsi qu'il est fait dans les lycées de France.

Il conviendra d'établir aussitôt que possible dans les principaux lycées et collèges des classes préparatoires aux Écoles du Gouvernement français.

Il conviendra de mettre en vigueur, dès la première année, pour les débutants, les programmes français d'enseignement secondaire, et d'en poursuivre progressivement l'application.

Il conviendra de maintenir, pendant une période de quatre ans au moins, les programmes allemands pour les élèves en cours d'études.

Corrélativement il conviendra de maintenir, pour ces élèves, pendant la même période, le régime intérieur du certificat de maturité.

Il conviendra de donner immédiatement en français tous les enseignements, dans toutes les classes. Une large place sera faite à l'étude de la langue allemande.

Il conviendra de créer des lycées ou collèges de jeunes filles dans les principales villes, et, par mesure transitoire, de continuer d'admettre, dans les villes où il n'en sera pas établi, les jeunes filles à suivre, en vertu d'autorisations individuelles, les classes des lycées, gymnases et écoles réales.

Il est décidé que la sous-commission de la Justice se réunira le samedi 27 mars, à 3 heures, au Ministère de la Justice.

La prochaine séance de la Conférence d'Alsace est fixée au lundi 29 mars, à 2 h. 30, au Ministère des Affaires étrangères.

HUITIÈME SÉANCE

TENUE AU MINISTÈRE DES AFFAIRES ÉTRANGÈRES

SOUS

LA PRÉSIDENCE DE M. BARTHOU

LE 29 MARS 1915.

Excusés : MM. Liard, Berthelot et Pichat.

Présents : MM. Barthou, Pichon, Denys Cochin, Laugel, Helmer, Théodore Tissier, Godart, Ferdinand Dreyfus, Ballot-Beaupré, Albert Thomas, Weill, Souchon, Blumenthal, Wetterlé, Bellin, Kammerer.

M. le Président souhaite la bienvenue à M. Albert Thomas, nouveau membre de la Conférence, qui est inscrit pour faire partie de la sous-commission de l'Intérieur, des Affaires communales et des Finances.

M. le Président propose que les procès-verbaux, au lieu d'être lus aux séances, ce qui fait perdre du temps, soient adressés à domicile en dactylographie, de manière à permettre à chacun de présenter les observations nécessaires à la séance suivante.
Cette méthode est adoptée.
Le procès-verbal de la sixième séance du 15 mars est adopté.

M. Barthou propose qu'en l'absence de M. Liard, souffrant, la discussion sur les conclusions de ce dernier, concernant l'enseignement primaire, soit ajournée à la prochaine séance : après que la Conférence a adopté cette proposition, M. le Président donne lecture de la proposition VII concernant l'enseignement supérieur dont la rédaction avait été réservée et confiée à M. Liard.

Le texte proposé par M. Liard pour le second alinéa de cette proposition est le suivant :

Les étudiants qui justifieront de quatre semestres d'études dans une Université allemande pourront opter entre ce régime et le mode allemand des examens d'État, réserve faite des modifications de programme qui devront être apportées dans certains de ces examens.

Cette rédaction est adoptée.

Il donne la parole à M. Souchon pour la lecture de son rapport sur la nationalité en Alsace-Lorraine.

M. Souchon donne lecture du rapport qu'il a rédigé sur cette question à la suite de la réunion du 27 mars de la sous-commission de Justice.

M. Barthou remercie M. Souchon de ce rapport remarquable dans lequel son auteur a montré une fois de plus ses qualités de clarté, de méthode et d'analyse.

Vu le caractère très spécial des questions traitées, il propose que la discussion soit ajournée jusqu'à ce que chacun ait pu étudier à loisir ce rapport qui sera distribué aux membres de la Conférence et annexé au procès-verbal.

Il demande à la Conférence si personne ne voit de question à poser à M. Souchon, soit pour recueillir ses explications, soit pour qu'elles viennent en discussion avec le rapport.

M. Blumenthal demande quelle sera, d'après le rapport, la situation des Alsaciens-Lorrains nés ailleurs qu'en Alsace-Lorraine, par exemple en Allemagne.

M. Souchon répond qu'ils seront traités comme Alsaciens en vertu du fait qu'ils sont descendants de personnes ayant perdu la qualité de Français en raison du traité de Francfort.

M. Helmer demande qu'il n'y ait pas lieu d'examiner à part la situation des Alsaciens-Lorrains ayant acquis une naturalisation étrangère, par exemple qui seront devenus sujets suisses.

M. Souchon répond qu'une phrase de son rapport règle indirectement ce cas, il y est dit que les personnes à réintégrer dans la nationalité française sont celles devenues Allemandes et ayant perdu la qualité de Français du fait du traité de Francfort. Les Alsaciens qui ne sont pas devenus Allemands ou qui ne sont pas restés Allemands ne sont pas visés par les mesures projetées.

M. Helmer se demande s'il n'y aurait pas lieu d'ajouter aux vœux présentés à la fin du rapport de M. Souchon, sous une forme juridique, une disposition indiquant qu'à l'égard des personnes qui seront réintégrées dans la nationalité française, les lois allemandes sur la nationalité d'Empire et d'État cesseront d'être applicables.

M. Souchon estime que cela va de soi.

M. Helmer dit que, cependant, les décisions prises plus tard par la Conférence en ce qui concerne la législation applicable en Alsace-Lorraine pourront influer sur la matière, et qu'il serait préférable de régler la chose.

M. le Président rappelle que précisément la question pourra, s'il y a lieu, être reprise lorsqu'on discutera celle de la législation applicable en Alsace Lorraine; elle se trouve par suite réservée.

M. Kammerer demande si la Conférence ne compte pas examiner le sort qui devra être réservé aux immigrés qui ne deviendront pas Français, c'est-à-dire les mesures à prendre contre eux, par exemple s'il y aura lieu de les expulser en masse.

M. Souchon répond que le rapport traite uniquement de la question de nationalité, l'autorité administrative sera, vis-à-vis des immigrés qui ne deviendront pas Français, armée de tous les pouvoirs qu'elle possède vis-à-vis des étrangers; elle décidera s'il y a lieu ou non de les expulser ainsi que les mesures de sécurité auxquelles ils seront soumis.

M. le Président dit que, bien que la question soulevée par M. Kammerer ne sorte pas des attributions de la Conférence, elle n'est pas liée directement à celle de la nationalité, la seule en discussion pour le moment.

M. Kammerer demande si la Conférence ne devra pas examiner les conséquences des principes qu'elle posera touchant les immigrés en Alsace-Lorraine (qui ne deviendront pas Français) par rapport à d'autres Allemands qui pourraient se trouver annexés à la France (par exemple en cas de tête de pont annexée sur le territoire de l'Allemagne) et auxquels la qualité de Français pourrait fort bien être reconnue par des dispositions analogues à celles du traité de Francfort. Ne faudrait-il pas mettre les deux solutions en concordance ou tout au moins expliquer les raisons de non-concordance?

M. Barthou estime que c'est sortir de la compétence de la Conférence d'Alsace-Lorraine, qui n'envisage que les questions nées sur les territoires annexés du fait de leur retour à la France.

M. Ferdinand Dreyfus demande s'il n'y a pas lieu d'examiner séparément le cas de la nationalité des enfants nés de père et mère inconnus et celui des enfants non reconnus par leurs père et mère.

M. Souchon estime que la distinction n'a pas d'utilité pratique : en droit français, un enfant non reconnu par ses père et mère est un enfant né de père et mère inconnus, le cas est donc le même; en Alsace-Lorraine, où le Code civil français a été maintenu jusqu'à l'introduction du nouveau Code civil allemand, il en a été de même jusqu'en 1900. Depuis 1900, en vertu de la nouvelle législation allemande, il n'y a plus d'enfant de mère inconnue, la filiation étant toujours légalement établie à l'égard de la mère.

Le texte proposé s'applique donc à tous les cas possibles.

M. Ferdinand Dreyfus n'insiste pas.

L'ordre du jour de la prochaine séance, fixée au lundi 12 avril, à 2 h. 30, est ainsi réglé :

1° Discussion des conclusions de M. Liard sur l'enseignement primaire;
2° Discussion du rapport de M. Souchon sur la nationalité;

La sous-commission de la Justice se réunira le samedi 17 avril, à 3 heures, au Ministère de la Justice.

NEUVIÈME SÉANCE

TENUE AU MINISTÈRE DES AFFAIRES ÉTRANGÈRES

SOUS

LA PRÉSIDENCE DE M. BARTHOU

LE 12 AVRIL 1915.

Présents : MM. Louis Barthou, Godart, Ferdinand Dreyfus, Bellin, Laugel, Ballot-Beaupré, Helmer, Bluzet, Pichat, Tirard, Souchon, Weill, Liard, Wetterlé, Théodore Tissier et Kammerer.

M. le Président souhaite la bienvenue à M. Bluzet, inspecteur des services administratifs au Ministère de l'Intérieur, nouveau membre de la Conférence d'Alsace-Lorraine, qui s'inscrit à la sous-commission de l'Intérieur et des Affaires financières ;

Les procès-verbaux des septième et huitième séances sont adoptés.

M. le Président indique que l'ordre des travaux de la Conférence appelle la discussion des propositions de la sous-commission de l'Instruction publique touchant l'enseignement primaire en Alsace-Lorraine, dont l'article Ier est ainsi rédigé :

« D'une manière générale, il y aura lieu d'appliquer aux territoires actuellement compris dans l'Alsace-Lorraine les lois françaises sur la gratuité, l'obligation et la laïcité de l'enseignement primaire, sauf les exceptions et mesures transitoires indiquées plus loin. »

M. Liard explique que cet article est une déclaration de principe destinée à servir de frontispice aux décisions ultérieures. Cette déclaration lui a paru nécessaire en raison de la grande divergence existant entre les organisations françaises et alsaciennes. Il est important que la différence apparaisse dès le début : ce qui est la base du système français sur l'enseignement primaire, c'est la gratuité, l'obligation scolaire et la laïcité. Des raisons d'opportunité politique nous amènent à déclarer qu'il en sera forcément de même en Alsace-Lorraine. Il est des points sur lesquels nous ne pouvons renoncer à mettre en vigueur l'organisation française. Nous ne devons pas hésiter à le dire nettement. Mais comme tout le monde est d'accord sur la nécessité de maintenir ou d'établir les exceptions de nature à assurer, toutes les fois que cela est possible, le respect des mœurs et traditions des Alsaciens-Lorrains, il a été mentionné dans la déclaration générale de l'article Ier que des exceptions seraient faites à la règle. Cependant, si la Conférence le désire, M. Liard ne s'oppose pas à la suppression des mots « de gratuité, d'obligation et de laïcité ». Leur suppression enlèvera de la clarté touchant notre attitude, mais ne changera rien aux faits. C'est bien le régime français qui sera introduit en Alsace-Lorraine et les exceptions seront sanctionnées par des dispositions précises.

M. Helmer estime que l'article Ier dit trop et trop peu. Il dit trop, car il parle de l'obligation scolaire comme si elle était introduite par le système français tandis qu'elle existe déjà, et d'une manière plus stricte qu'en France, et que l'article X lui-même préfère conserver le système allemand. Il ne dit pas assez, car on ne s'occupe pas uniquement dans les articles qui suivent de la gratuité, de l'obligation scolaire et de la laïcité.

M. Ferdinand Dreyfus préfère le maintien des trois mots : il ne voit pas l'inconvénient de leur maintien, puisque tout le monde est d'accord sur les principes et que l'on tombera sans aucun doute aussi d'accord sur les exceptions.

M. Laugel préfère la suppression, car parmi les principes français il ne voit guère que la laïcité qui soit nouvelle en Alsace-Lorraine ; l'obligation scolaire y est sévère et la gratuité y existe en fait sinon en droit.

M. Barthou pense que si la formule générale est maintenue l'on pourrait ajouter aux trois mots celui de « l'organisation », car il en est question dans les différents articles qui suivent.

M. Liard insiste pour le maintien de la déclaration de principe, qui peut servir en quelque sorte de couverture, par exemple vis-à-vis du Parlement, lequel n'admettrait pas qu'on introduisît en Alsace-Lorraine des principes d'enseignement primaire différents de ceux ayant cours en France ; le préambule lui démontrera que la Conférence a compris cette nécessité.

La discussion étant épuisée, M. Barthou met aux voix l'article Ier sous la rédaction suivante :

1. *D'une manière générale, il y aura lieu d'appliquer aux territoires actuellement compris dans l'Alsace-Lorraine les lois françaises sur l'organisation, la gratuité, l'obli-*

gation et la laïcité de l'enseignement primaire, sauf les exceptions et mesures transitoires indiquées plus loin.

Cette rédaction est adoptée. M. l'abbé Wetterlé s'abstient.

M. LE PRÉSIDENT donne lecture de l'article II, spécifiant la nomenclature des écoles à maintenir; après un échange d'observations, il est décidé de supprimer de cette nomenclature les cours complémentaires.

M. Théodore TISSIER demande à quel moment l'on s'occupera des écoles pratiques de commerce et d'industrie.

M. GODART répond que c'est lui qui traitera la question un peu plus tard.

M. LE PRÉSIDENT met aux voix l'article II sous la rédaction suivante :

II. *Il conviendra de maintenir les catégories suivantes d'écoles :*
Écoles maternelles, écoles élémentaires, cours et écoles post-scolaires, écoles primaires supérieures.
Par suite de l'établissement de la gratuité dans tous les établissements d'enseignement primaire, les écoles moyennes (Mittelschulen) deviendront inutiles. Elles seront d'ailleurs remplacées avantageusement par des écoles primaires supérieures de garçons.

Cette rédaction est adoptée.

L'article III s'occupe des écoles normales. M. LIARD explique que, si l'on a supprimé dans les décisions antérieures les internats pour les élèves, il n'a pas paru possible de les supprimer pour les maîtres, à l'égard desquels ils n'ont pas les mêmes inconvénients.

M. HELMER note qu'il y a dans le système français deux écoles normales par département, ce qui fera six pour l'Alsace-Lorraine, tandis qu'il n'y en a actuellement que cinq; il se demande si le nombre des élèves sera suffisant pour justifier cette augmentation.

M. LIARD pense qu'il n'y a rien à craindre de ce côté; en effet, beaucoup d'institutrices congréganistes disparaîtront peu à peu et il y aura lieu de les remplacer. D'ailleurs, si le manque d'élèves se faisait sentir, la législation française n'obligerait pas à maintenir des écoles normales inutiles. Elle permet de diriger sur d'autres écoles les candidats des départements où leur nombre restreint ne justifierait pas l'entretien d'une école.

L'article III est mis aux voix sous la rédaction suivante :

III. *Il conviendra d'avoir, par département, une école normale d'instituteurs et une école normale d'institutrices et d'y maintenir des internats.*

Cette rédaction est adoptée.

M. le Président donne lecture de l'article IV, qui permet à l'État de dispenser les instituteurs conservés en Alsace-Lorraine de posséder des brevets français.

Il est reconnu que l'Administration française reste libre de réinvestir ou de se séparer des instituteurs en exercice, en vertu de la formule générale déjà votée par la Conférence touchant les fonctionnaires publics.

Cet article est mis aux voix sous la rédaction suivante :

IV. *Les instituteurs que l'Administration française croira devoir réinvestir le seront avec leurs titres allemands de capacité.*

Il conviendra d'établir immédiatement le régime français des titres de capacité pour l'enseignement primaire.

Cette rédaction est adoptée.

M. le Président donne lecture de l'article V, qui prescrit l'organisation immédiate des Conseils départementaux de l'enseignement primaire.

M. Wetterlé rappelle que ces Conseils existent théoriquement en Alsace-Lorraine, mais ils n'ont jamais été convoqués. Il sera utile de les convoquer le plus tôt possible, mais par application des dispositions de la loi française.

M. Liard est d'autant plus de cet avis que ces Conseils donnent en France toute satisfaction.

L'article V est mis aux voix sous la rédaction suivante :

V. *Il conviendra d'organiser immédiatement les Conseils départementaux de l'enseignement primaire et d'en assurer le fonctionnement.*

Cette rédaction est adoptée.

M. le Président donne lecture de l'article VI ainsi libellé :

« Suivant le vœu des Alsaciens-Lorrains et pour respecter leurs habitudes et leurs mœurs, il conviendra de maintenir, au moins pendant une longue période transitoire, les Comités communaux des écoles, qui, dans nombre de communes, ont rendu de réels services. »

M. Liard explique que si sa rédaction mentionne les services rendus dans « nombre de communes », c'est parce que les résultats n'ont pas été satisfaisants partout, d'après les déclarations entendues.

M. Weill demande à M. Liard d'exposer le rôle des Conseils communaux en Alsace-Lorraine.

M. Liard dit que ces Conseils, organisés par une loi de 1881, puis réorganisés par celle de 1908, comprennent les ecclésiastiques des trois religions et l'instituteur et l'institutrice; dans les communes de plus de 3,000 habitants, il y en a en outre un représentant du Conseil municipal. Le rôle de ce Conseil est purement matériel; il s'occupe des bâtiments, du chauffage, il achète les livres scolaires (sans intervenir dans leur choix), pourvoit les enfants pauvres de livres et de cahiers, donne son avis sur le choix du personnel auxiliaire, femmes, surveillantes, et assiste même aux examens de sortie, dont il contresigne les certificats. Il fixe la date des vacances et la durée des vacances de moissons, etc.

M. Ferdinand Dreyfus estime qu'on pourrait faire à la législation ainsi exposée de très bons emprunts, mais le maintien des Conseils communaux n'empêcherait nullement l'introduction des délégations cantonales et des caisses françaises des écoles. Ces dernières, qui, *en fait,* mais en fait seulement, n'existent pas partout, fournissent des livres, des chaussures aux enfants pauvres et des ressources appréciables.

M. Liard pense qu'on pourrait très facilement donner aux Conseils communaux d'Alsace-Lorraine, dont le maintien est proposé, celles des attributions des Conseils français qu'ils n'ont pas déjà. Mais si l'on introduit les délégués cantonaux, cette institution nouvelle fera vraiment double emploi avec les Conseils communaux.

M. Weill préférerait le régime français des délégués cantonaux à celui des Conseils communaux; la différence entre eux n'est pas assez forte pour justifier une exception en faveur de la législation alsacienne-lorraine, le but à atteindre étant d'introduire dans toute la mesure possible le régime français et de ne laisser subsister d'exceptions que quand elles sont indispensables. D'ailleurs, le régime alsacien-lorrain en cette matière n'est pas un régime d'origine allemande, mais bien le régime français d'avant la guerre basé sur la loi de 1850. M. Weill ne pense pas que l'Alsace-Lorraine soit restée aussi étrangère qu'on l'a si souvent affirmé aux modifications apportées en France au régime scolaire depuis 1870. Lorsque les Alsaciens-Lorrains ont opposé le particularisme local à la germanisation, c'était pour défendre leur individualité contre les Allemands. Ils défendaient alors le régime français d'avant la guerre qui était en vigueur chez eux.

M. Théodore Tissier estime également que le but à atteindre est d'introduire autant que possible le régime français en Alsace-Lorraine et d'y organiser les délégations cantonales et les Caisses des écoles. Les lois scolaires ont eu pour but de rendre l'instituteur indépendant de la municipalité, quelquefois très hostile aux idées nouvelles de laïcité. L'instituteur est donc en quelque sorte le représentant de l'État dans la commune au point de vue scolaire. Peut-être même a-t-on été trop loin dans ce sens en établissant que l'école n'est pas entièrement ouverte au maire. La Caisse des écoles, elle aussi, ne relève pas de la commune. Elle a des relations avec cette dernière mais reste autonome, ayant son budget indépendant. Quant à la délégation cantonale, elle est choisie par le Conseil général et ne dépend pas davantage de la commune : ces principes sont grandement différents de ceux en vigueur en Alsace et, si l'on maintient les Conseils communaux, il faudra au moins préciser leurs attributions par rapport aux délégués cantonaux et aux Caisses des écoles qui n'ont rien de communal.

M. Liard estime exagérée la théorie de M. Tissier d'après laquelle l'instituteur est un représentant de l'État dans la commune. Il ne faut retenir dans la fermeture relative de l'école vis-à-vis des maires qu'une mesure d'opportunité politique pour faire triompher une idée de laïcité. L'école est à la nation d'abord, à la commune ensuite.

En Alsace, le seul problème véritable est posé par le fait que les Conseils municipaux comprennent le curé, le pasteur et le rabbin, fait contraire à toutes les tendances de la législation française. C'est précisément parce qu'il y a là une exception d'importance qu'il est nécessaire de la spécifier. Cette exception n'a pas d'autre justification que le désir de respecter, selon le sentiment unanime français exprimé d'une manière si élevée par M. le Président du Conseil et M. le Président de la République, les mœurs, intérêts et traditions des Alsaciens-Lorrains ; s'ils en sont restés, en cette matière, à la loi de 1850 sur l'enseignement, il est imprudent de leur imposer dès maintenant celles de 1880, 1881, 1884, 1886, à l'esprit desquelles ils ont été étrangers et qui sont l'aboutissement des idées de M. J. Ferry, dont M. Liard est l'un des derniers collaborateurs. C'est pour cela que M. Liard propose de maintenir les Conseils communaux ; mais il pense que sa formule pourrait et devrait être complétée par l'adjonction des mots « et de leur confier les attributions des Caisses des écoles et des délégations cantonales ». Cette adjonction montrerait qu'il n'est pas question de les introduire en Alsace-Lorraine et que la Conférence n'a pas omis d'envisager le problème.

M. F. Dreyfus se demande, en dehors de toute idée dogmatique, si vraiment le maintien de ces Conseils communaux est désiré par la population alsacienne-lorraine. Les Caisses des écoles, par exemple, distribuent des livres et des chaussures, enfin elles emploient des femmes dont le rôle, surtout pour les écoles de filles, est des plus précieux ; il n'y a pas de raison de priver l'Alsace d'institutions libérales qui ont un budget et assurent du bien être aux pauvres.

M. l'abbé WETTERLÉ estime que tout le monde, à de rares exceptions près, est d'accord en Alsace-Lorraine pour le maintien des Conseils communaux. Même le parti de M. Weill en demandait le maintien. C'est ce parti qui a obtenu de faire préciser par la loi l'introduction dans les Conseils communaux de l'instituteur et de l'institutrice qui, avant 1908, n'y figuraient pas.

Les questions résolues en France par les Caisses des écoles sont solutionnées largement en Alsace-Lorraine par les lois d'assistance publique qui ont mis à la charge des communes l'obligation de soutenir les indigents. Le pauvre n'a pas de droit vis-à-vis de la commune, mais la commune a une obligation vis-à-vis de lui. La ville de Strasbourg dépense pour ce chapitre plus d'un million par an : on peut donc se passer très bien, en Alsace-Lorraine, de la Caisse des écoles françaises.

Quant aux lois scolaires françaises postérieures à 1850 (cette dernière représentant assez exactement l'état actuel de la législation scolaire en Alsace-Lorraine), M. l'abbé Wetterlé ne peut assez insister sur le fait déjà signalé par M. Liard, que les Alsaciens-Lorrains n'ont pas du tout suivi la France sur ce terrain et que ce n'est pas dans ce domaine que l'unification lui paraît désirable.

M. Théodore TISSIER pense que si les Alsaciens-Lorrains ont été unanimes, selon les déclarations de M. Wetterlé, à demander le maintien des Conseils communaux, c'est parce que, se trouvant sous une lourde domination étrangère, ils tentaient par là de défendre leur particularisme. Rien ne permet de croire qu'ils y tiendront autant sous le régime français où ils n'auront plus à se défendre.

M. LIARD dit que le Conseil communal n'a jamais brimé l'instituteur ; il ne s'occupe que de questions matérielles. L'instituteur n'a donc pas à le redouter. D'autre part, les délégations cantonales françaises n'ont donné presque aucun résultat. Il serait donc préférable d'ajouter au pouvoir des Conseils communaux, qui fonctionnent bien, les attributions des délégués cantonaux plutôt que d'instituer ces derniers en Alsace-Lorraine. Rien ne s'opposerait d'ailleurs à ce qu'il soit adjoint aux Conseils communaux, pour donner satisfaction à M. F. Dreyfus, des femmes.

M. WEILL persiste dans son désir d'unification avec le système français. Il s'élève contre cette affirmation que le respect des habitudes et traditions de l'Alsace implique le maintien, à titre d'exception, des Conseils communaux tandis que l'introduction des délégués cantonaux serait contraire à la mentalité actuelle de ses compatriotes. Leurs idées ne sont en aucune manière immuables, ils ont suivi de très près et nullement dans un sens hostile, ce qui s'est fait en

France dans cet ordre d'idées depuis 1870 ; si le Landtag du Reichsland s'est toujours prononcé pour le maintien de Conseils communaux, c'est pour les raisons exposées par M. Tissier et qui perdront toute valeur après le retour à la France. Il préfère donc que les délégués cantonaux français soient chargés des attributions des Conseils communaux plutôt que le contraire. Ce système éviterait aussi bien le double emploi. M. Weill s'oppose à l'institution de périodes transitoires ; l'on ne gagnerait rien à attendre trois ou quatre ans pour appliquer des règles que rien n'empêche d'appliquer tout de suite.

M. Wetterlé tient au contraire à ce que les transitions soient ménagées. Par le maintien des Conseils communaux, les populations d'Alsace-Lorraine se sentiraient rassurées contre l'introduction trop brusque des lois les plus modernes.

M. Laugel estime qu'en soi le maintien de ces Conseils n'a pas toute l'importance qu'on se figure. Mais les populations y sont habituées; ils fonctionnent bien.

M. Godart constate qu'en somme les attributions des Conseils communaux et des délégations cantonales ne sont pas très éloignées les unes des autres ; la différence n'est réelle qu'en ce qui concerne leur composition : les premiers comprennent les ecclésiastiques. Est-il donc impossible en droit français de désigner des ecclésiastiques comme délégués cantonaux ou de les admettre dans les Caisses des écoles ?

M. F. Dreyfus répond que rien ne s'y oppose en droit et que dans les statuts des Caisses des écoles de Paris (qui distribuent 3 millions de francs) figurent encore des curés, quoique ces curés s'abstiennent en fait de participer activement aux opérations des caisses.

Il reconnaît cependant que si le droit théorique subsiste, en fait il n'y a aucun ecclésiastique dans les délégations cantonales.

M. Liard dit qu'il n'est pas suspect en matière de laïcité, mais qu'il trouverait regrettable d'avoir l'air, dès la réintégration de l'Alsace dans la souveraineté française, d'éliminer le curé, le pasteur et le rabbin des institutions scolaires.

M. Théodore Tissier pour cristalliser les idées adverses émises dans la Conférence propose le texte suivant, destiné à remplacer l'article VI :

« Les délégations cantonales et les caisses des écoles seront introduites dans l'organisation de l'enseignement primaire en Alsace-Lorraine, mais avec des modalités transitoires destinées à tenir compte de l'institution et de la composition des Conseils communaux. »

M. LE PRÉSIDENT met aux voix le texte proposé par M. Tissier.

Ce texte est repoussé.

M. L. BARTHOU met alors aux voix la rédaction suivante de l'article VI :

VI. *Suivant le vœu des Alsaciens, et pour respecter leurs habitudes et leurs mœurs, il conviendra de maintenir, au moins pendant une période transitoire, les Comités communaux des écoles et de leur confier les attributions des Caisses des écoles et des délégations cantonales.*

Ce texte est adopté.

M. F. DREYFUS demande s'il ne convient pas d'ajouter une disposition visant l'adjonction des femmes dans les Conseils communaux.

M. L. BARTHOU constate que personne ne s'oppose à l'adjonction des femmes. Cependant il suffira de laisser le législateur s'inspirer des sentiments de la Conférence.

M. LE PRÉSIDENT donne lecture de l'article VII qui traite de la consultation préalable des conseils municipaux pour la nomination des instituteurs.

M. l'abbé WETTERLÉ dit que cette consultation n'avait jamais lieu en fait. Les communes étaient tenues de payer le traitement de base (Grundgehalt) de l'instituteur. Quand on leur imposait un instituteur n'ayant pas leur agrément, elles se bornaient à lui refuser toutes indemnités facultatives qui s'ajoutent à ce Grundgehalt. Il croit d'ailleurs que la loi récente de 1908 avait supprimé l'obligation de consulter les Conseils municipaux pour le choix des instituteurs.

M. LIARD s'étonne de cette opinion. Il s'est basé pour la rédaction de ses propositions sur le traité de droit administratif d'Alsace-Lorraine de la Collection Laband, publié en 1914, d'après lequel la consultation est nécessaire.

M. LE PRÉSIDENT met aux voix l'article VII, sous la réserve que si une vérification fait apparaître que la consultation des Conseils municipaux a cessé d'être légalement requise, l'article VII, perdant son objet, disparaîtra.

La rédaction est la suivante :

Pour la nomination des instituteurs et des institutrices il n'y aura pas lieu de maintenir la consultation préalable des Conseils municipaux, laquelle d'ailleurs est en fait une pure formalité ou une fiction légale.

Cette rédaction est adoptée.

Le Président donne lecture de l'article VIII d'après lequel les obligations des communes seront immédiatement régies par les dispositions des lois françaises.

M. Wetterlé rappelle qu'il n'est pas partisan de donner aux instituteurs alsaciens les mêmes traitements qu'à ceux de France avec une indemnité compensatrice.

M. le Président rappelle que la question est tranchée définitivement par un vote d'ordre général sur les traitements des fonctionnaires et qu'il n'y a plus à y revenir.

M. Wetterlé dit que les communes ne sont pas seules à avoir des charges en matière d'enseignement primaire. En Alsace-Lorraine, certaines communes pauvres touchent des subventions de l'État.

M. Liard donne quelques renseignements statistiques. Il y a environ 1,500 communes subventionnées en matière d'enseignement primaire, avec un total de plus de deux millions de francs.

M. Tirard demande s'il ne serait pas bon d'indiquer que, transitoirement, le budget de l'État pourra supporter une partie des charges communales résultant de l'enseignement primaire : il conviendrait dans le même ordre d'idées de supprimer le mot « immédiatement ».

M. Liard dit que l'article proposé, loin de mettre, comme sa rédaction paraît l'impliquer, une charge sur les finances communales, implique pour elles un large dégrèvement. En effet, comme l'a rappelé M. l'abbé Wetterlé, la commune paye le traitement de base de l'instituteur, tandis qu'en France c'est le budget de l'État qui supporte cette charge. Les communes se verront donc déchargées de l'obligation la plus lourde.

M. Tirard renonce à la suppression du mot « immédiatement ».

M. le Président met aux voix la rédaction suivante de l'article VIII :

VIII. *Sous réserve d'une indemnité compensatrice pour les instituteurs alsaciens et lorrains qui seraient réinvestis, il y aura lieu d'appliquer aux instituteurs le régime français des traitements et indemnités diverses.*

Les obligations des communes touchant l'enseignement primaire seront immédiatement régies par les dispositions des lois françaises.

Cette rédaction est adoptée.

M. le Président lit l'article IX, qui ne donne lieu à aucune observation.

La gratuité devra être établie immédiatement dans les écoles d'enseignement primaire.

Cette rédaction est adoptée.

L'article X visant l'obligation scolaire donne lieu aux observations suivantes :

M. Helmer rappelle que le caractère très strict de l'obligation scolaire (qui paraît à tous devoir être maintenu) n'a pas eu pour raison d'être, de la part de l'autorité allemande, le simple but d'assiduité scolaire que nous lui assignons. Il visait surtout à la germanisation de l'enseignement et tendait à empêcher que les enfants ne reçussent un enseignement non allemand.

Les statistiques anciennes prouvent qu'avant 1870 les départements du Haut-Rhin et du Bas-Rhin venaient en tête de l'instruction publique en France. Le Bas-Rhin même ne contenait *aucun* illettré et le Haut-Rhin n'en avait que très peu. L'assiduité scolaire était donc déjà pleinement dans les mœurs alsaciennes et l'assujettissement à une stricte obligation scolaire, quoique recommandable en toute circonstance, n'a pas de portée pratique.

M. Wetterlé demande si la loi française inflige des pénalités sérieuses en cas de manquement à la scolarité. En Alsace-Lorraine, les Amtsgerichte peuvent infliger la prison dès la troisième récidive.

M. Souchon pense qu'en fait la faiblesse de l'obligation scolaire en France ne vient pas des peines, car le juge de paix peut, à la troisième récidive, infliger vingt-quatre heures de prison; elle provient de la non-application des peines. La sanction malheureusement n'est pas dans nos habitudes en cette matière. Il pourrait y avoir quelque chose de choquant à appliquer en Alsace, pour un même fait, des peines qu'on n'appliquerait pas en France. Il demande au moins la suppression des mots « sans l'atténuer » qui figurent à la fin de la rédaction proposée.

M. Liard pense qu'il ne faut pas songer à adoucir l'obligation scolaire en Alsace-Lorraine. Peut-être même pourrons-nous en tirer argument en vue de la renforcer chez nous.

M. le Président met aux voix la rédaction suivante de l'article X :

X. *Le régime de l'obligation scolaire appliqué en Alsace-Lorraine ayant donné des résultats satisfaisants, il conviendra de le maintenir entièrement.*

Cette rédaction est adoptée.

M. le Président donne lecture de l'article XI, d'après lequel les établissements primaires seraient ouverts aux élèves de toutes les confessions religieuses sans distinction.

M. Helmer rappelle que la question des écoles a fait l'objet de discussions de parti prolongées; mais les débats portaient sur la question de confessionnalité ou d'interconfessionnalité des écoles et jamais sur celle de la laïcité; tout le monde était d'accord pour reconnaître le caractère confessionnel des écoles; on n'était pas du même avis sur le point de savoir si la même école doit réunir ou non les élèves de plusieurs confessions.

Il serait donc nécessaire de consulter dans chaque commune les chefs de famille sur le caractère à donner à l'école, notamment sur l'école neutre. Dans ce but, M. Helmer soumet à la Conférence la contre-proposition suivante pour remplacer l'article XI.

« En ce qui concerne la laïcité de l'école, il conviendra de tenir compte des vœux, des traditions et des mœurs des Alsaciens-Lorrains.

« En conséquence, il y aura lieu de consulter les chefs de famille de chaque commune sur le maintien ou l'introduction de l'école confessionnelle, interconfessionnelle ou neutre.

« Les écoles normales d'instituteurs et d'institutrices devront garder leur caractère actuel, en tant que cela sera nécessaire pour assurer le recrutement des maîtres dans les écoles confessionnelles. »

M. Théodore Tissier estime que la question a déjà été réglée, il aurait fallu faire cette proposition au moment où l'on a discuté le maintien des Conseils communaux qui comprennent les ecclésiastiques.

M. le Président ne pense pas qu'on puisse opposer à M. Helmer une simple question de procédure; le problème pourrait être discuté avec celui des Conseils communaux, mais n'est pas plus déplacé maintenant.

D'après M. Liard, la proposition Helmer est en contradiction absolue avec l'article Ier déjà discuté. Le principe de la laïcité a été admis comme inévitable. Cette laïcité implique l'admission dans chaque école des élèves de toutes les confessions sans distinction. Suivre l'idée de M. Helmer serait risquer de nous obliger à créer des écoles confessionnelles pour des groupes infimes d'élèves. Même en Alsace l'on n'a pas été jusque-là.

M. Weill conteste que les traditions d'Alsace, selon la rédaction proposée par M. Helmer, impliquent le maintien de l'école confessionnelle. L'Alsace comprendra fort bien d'être amenée au régime français pour tout ce qui touche la laïcité dans son sens le plus large.

M. Wetterlé s'élève contre l'affirmation de M. Weill. Selon lui, au contraire, il y a sur ce point la quasi-unanimité en Alsace-Lorraine. C'est la question des écoles qui a amené la constitution du parti libéral. Seul le petit groupe Blumenthal, de Colmar, entrait dans les idées de la séparation. Les démocrates eux-mêmes n'étaient pas partisans de la séparation. La question des écoles, seule, a rompu l'union, mais tout le monde était d'accord sur un point : c'est que l'école ne devait pas être laïque. L'introduction du régime français ne sera donc pas acceptée sans sourciller, comme le pense M. Weill.

La discussion étant épuisée, M. le Président met aux voix la contre-proposition de M. Helmer.

Cette contre-proposition est repoussée.

M. le Président met alors aux voix la rédaction déjà lue de l'article XI ainsi libellé.

XI. *Les établissements d'enseignement primaire seront ouverts indifféremment à tous les élèves, sans distinction de confession religieuse.*

Cette rédaction est adoptée.

M. le Président donne lecture de l'article XII.

M. Helmer demande l'adjonction des mots « au moins ».

M. le Président met aux voix l'article XII sous la rédaction suivante :

XII. *Il conviendra de maintenir les congrégations enseignantes au moins pendant une période de dix ans, égale à celle qui avait été prévue pour l'application en France de la loi du 7 juillet 1904.*

Cette rédaction est adoptée.

M. le Président donne lecture de l'article XIII autorisant les ministres des cultes à donner l'enseignement religieux dans les écoles.

M. Weill demande que cette autorisation soit limitée à une période transitoire. L'article Ier prévoit, à titre d'exception, des mesures transitoires. Il s'agit ici d'une exception; elle doit donc avoir un caractère transitoire.

M. Wetterlé n'en voit pas la raison. Le Parlement a toujours le droit de légiférer pour mettre fin à une situation dont la durée n'est pas garantie.

M. Souchon pense que si l'on donne à la mesure un caractère transitoire, il faudra supprimer le motif indiqué qui est le respect des traditions de l'Alsace.

M. Weill répète son affirmation qu'il ne s'agit pas du tout là d'un vœu général des Alsaciens-Lorrains.

M. Wetterlé maintient le contraire. La très grande majorité a gardé les sentiments les plus religieux. D'ailleurs pendant sept ans a existé une loi sur l'impôt cultuel qui permettait aux protestants de se soustraire à l'obligation en sortant du groupement religieux. Il n'est peut-être pas sorti dix personnes en tout.

La discussion étant épuisée, M. le Président met aux voix la rédaction suivante de l'article XIII :

XIII. *Il conviendra d'appliquer immédiatement les programmes français des écoles primaires. Toutefois comme ces programmes ne comprennent pas l'enseignement religieux, il conviendra, pour respecter les mœurs et les traditions des Alsaciens et Lorrains, d'autoriser les ministres des cultes à donner l'enseignement religieux dans les locaux scolaires en dehors des heures de classe, et sans qu'aucun élève puisse être astreint à y assister contre le vœu de ses parents.*

Cette rédaction est adoptée.

M. le Président donne lecture de l'article XIV sur le choix des livres scolaires.

M. Helmer trouve que la formule « pour prévenir l'introduction de livres hostiles à la France » paraît contenir une suspicion contre les Alsaciens-Lorrains.

M. Liard dit que la formule était difficile à trouver. Il résulte des explications entendues que tous les instituteurs ne pourront être conservés; certains n'ont pas l'esprit qui nous convient : il pourrait se faire que malgré la surveillance instituée, certains se servent de livres mal choisis; il y a même des manuels employés en France dont l'introduction serait fâcheuse en Alsace.

La proposition faite pour le choix des livres constituant une exception très importante au régime français, il lui a paru nécessaire de la justifier par une formule susceptible d'être livrée à la publicité.

M. L. Barthou propose de remplacer les mots « hostiles à la France » par « contraires à l'esprit français » qui comportent une atténuation de l'idée en maintenant ce qu'elle a de nécessaire. Il met aux voix la rédaction suivante de l'article XIV :

XIV. *Pour prévenir l'introduction dans les écoles de manuels contraires à l'esprit français, il conviendra, tout en laissant aux maîtres la libre proposition des livres qu'ils désirent employer, d'en remettre le choix à l'autorité académique.*

Cette rédaction est adoptée.

M. LE PRÉSIDENT donne lecture du projet d'article XV ainsi rédigé :

« Il conviendra d'introduire sans délai l'usage de la langue française, conjointement avec celle de la langue allemande, dans toutes les écoles où les connaissances des instituteurs le permettront, et progressivement dans les autres. »

M. HELMER demande la suppression de la fin de la phrase, car, d'après l'article 5, l'on doit tenir compte, pour le maintien des instituteurs, de leurs capacités.

M. LIARD ne s'oppose pas à cette suppression.

M. WEILL demande qu'on explique et limite les cas où l'enseignement allemand sera maintenu. Par exemple dans les pays messins et dans les hautes vallées des Vosges, les gens ne savent pas du tout l'allemand. Le maintien de l'enseignement allemand quand ce n'est pas indispensable aurait une portée trop considérable pour qu'on ne prenne ses précautions. Les Allemands, en forçant les Alsaciens-Lorrains à apprendre l'allemand, n'ont pas réussi dans leurs projets, il ne faudrait pas les y aider après la fin du régime allemand, en maintenant l'enseignement allemand.

M. TIRARD dit que partout la connaissance de l'allemand peut être utile.

M. LE PRÉSIDENT met aux voix la rédaction suivante qui tient compte des observations présentées.

XV. *Il conviendra d'introduire sans délai dans toutes les écoles l'usage de la langue française conjointement avec celui de la langue allemande. L'allemand pourra être enseigné facultativement dans les communes de langue française.*

Cette rédaction est adoptée.

La prochaine séance de la Conférence d'Alsace-Lorraine est fixée au lundi 19 avril, à 2 h. 30.

La sous-commission de la Justice se réunira au Ministère de la Justice, le samedi 17 avril, à 3 heures.

La sous-commission de l'Intérieur se réunira au Ministère des Affaires étrangères, le mardi 20 avril, à 3 heures.

DIXIÈME SÉANCE

TENUE AU MINISTÈRE DES AFFAIRES ÉTRANGÈRES

SOUS

LA PRÉSIDENCE DE M. BARTHOU

LE 19 AVRIL 1915.

———

Absents et excusés : MM. GODART, TOURON, BERTHELOT, BELLIN, Albert THOMAS et le capitaine PICHAT.

Le procès-verbal de la neuvième séance est adopté.

M. LE PRÉSIDENT soumet à la discussion le rapport de M. Souchon sur la nationalité en Alsace-Lorraine ainsi que le projet de résolutions qui le termine. Il demande si des objections sont présentées au point de vue général contre le rapport lui-même et les tendances qui s'en dégagent.

M. LAUGEL, tout en rendant hommage aux qualités magistrales de ce rapport, estime que les tendances en sont trop généreuses à l'égard des Allemands peu enclins à comprendre la générosité. Cette trop grande largesse d'esprit se manifeste d'abord en ce qui concerne les mariages mixtes à l'égard desquels M. Souchon s'exprime ainsi : « Nous considérons qu'une seule goutte de sang alsacien suffit à faire un Français », ensuite en ce qui concerne les immigrés auxquels est accordée trop facilement la naturalisation.

M. LE PRÉSIDENT estime que M. Laugel, dont les observations visent plutôt le détail des dispositions proposées que le rapport dans son ensemble, aura toute occasion de développer ses idées.

Il propose à la discussion la première disposition des résolutions ainsi libellée :

« 1° Les Alsaciens-Lorrains seront de plein droit réintégrés dans la nationalité française à partir du jour de la signature des préliminaires de paix. »

M. HELMER demande à préciser un point. Il n'y aura pas lieu de réintégrer de plein droit tous les Alsaciens-Lorrains, car certains d'entre eux n'ont jamais perdu la qualité de Français. Les Alsaciens-Lorrains à réintégrer sont ceux qui, au moment des préliminaires de paix, auront la nationalité allemande.

M. Souchon estime que le texte de la résolution, appuyé sur le rapport lui-même, lui paraissait suffisant pour donner satisfaction à M. Helmer, mais n'a pas d'objection à l'introduction d'une précision.

M. le Président met aux voix la proposition de M. Helmer sous la rédaction suivante :

A partir du jour de la signature des préliminaires du futur traité de paix, les Alsaciens-Lorrains qui posséderont à cette date la nationalité allemande seront de plein droit réintégrés dans la nationalité française.

Cette rédaction est adoptée.

M. Blumenthal fait observer que certains Alsaciens-Lorrains qui possédaient la nationalité allemande en ont été récemment exclus sous prétexte d'« indignité ». Ils ne se trouveront donc pas réintégrés *ipso facto* et devront agir eux-mêmes pour reprendre la nationalité française.

M. le Président appelle la discussion de la seconde disposition des résolutions ainsi libellée :

Sont considérés comme Alsaciens-Lorrains :

1° Tout individu qui, né avant le 20 mai 1871, a perdu la nationalité française par le fait du traité de Francfort ainsi que ses descendants nés après cette date ;

2° Tout individu né en Alsace-Lorraine de parents inconnus.

M. Théodore Tissier présente deux observations ; la première vise la date du 20 mai 1871. Il peut sembler contradictoire que, par la résolution déjà votée, la date de réintégration dans la nationalité française soit fixée à la signature des préliminaires de paix alors que, pour déterminer ceux qui ont perdu la nationalité française après la guerre de 1870-71 l'on se réfère à la date du 20 mai 1871, qui est celle du traité de paix définitif. La raison déterminante, en plus de toutes celles qui ont amené la sous-commission à cette proposition, est que l'on n'a pas discuté dans les préliminaires de paix, en 1871, la question de la nationalité qui n'a été abordée que dans le traité de paix.

La seconde observation est que, dans l'ouvrage distribué en épreuves aux membres de la Conférence, la date du changement de nationalité après la guerre de 1870 n'est pas fixée au 20 mai 1871. Il serait d'autant plus important d'assurer à cet égard une unité de vues que c'est aussi la date du 20 mai 1871 qui a servi de base à la loi récente sur les dénationalisations.

M. Weill fait une observation visant en Allemagne la nationalité d'État dans ses rapports avec celle d'Empire. La nationalité d'Empire n'existe pas d'une manière indépendante : elle n'existe qu'avec le support de la nationalité d'un État. L'on ne peut être Allemand si l'on n'est d'abord Bavarois, Prussien, Alsacien-Lorrain. Or il peut se faire et il arrive en fait qu'un Allemand ait la nationalité de deux ou plusieurs États. Qu'arrivera-t-il si un Alsacien possède en outre, pour des raisons diverses, la nationalité d'un autre État ? Sera-t-il considéré comme Allemand ?

M. Souchon répond que, du moment qu'il possède la nationalité alsacienne-lorraine, il sera traité comme tel.

M. l'abbé Wetterlé confirme les explications de M. Weill et dit que le seul cas où un Allemand puisse avoir la nationalité allemande sans avoir en même temps celle d'un État est celui des Allemands nés dans les colonies et protectorats allemands, mais ils ont tous aux yeux de la loi un domicile à Berlin, ce qui les assimile à des Prussiens.

M. le Président met aux voix la deuxième résolution ci-dessus.

Cette résolution est adoptée.

M. le Président soumet à la discussion la troisième résolution rédigée comme suit :

« Tout individu né postérieurement au 20 mai 1871 dont les ascendants, vivants à cette date, sont ou étaient les uns étrangers et les autres Alsaciens-Lorrains, pourra, pendant l'année qui suivra sa réintégration dans la nationalité française, décliner cette nationalité dans les conditions prévues par l'article 8, § 4, de notre Code civil.

« Toute Alsacienne-Lorraine ayant épousé un Allemand aura la faculté de décliner la nationalité française dans les mêmes conditions et délais. »

M. Laugel renouvelle, en ce qui concerne le troisième alinéa, sa déclaration, à savoir qu'il est nettement partisan du système le plus raide, celui consistant en matières de mariages mixtes à éliminer le plus possible les enfants de la nationalité française.

M. Souchon explique que trois systèmes seulement sont possibles en matière de mariages mixtes.

Le premier consisterait à refuser la nationalité française à tous ceux qui ont un ascendant étranger.

Le second consisterait à prendre exemple sur le Code civil français et à distinguer selon que c'est le père ou la mère qui était Alsacien et à donner à l'enfant la nationalité française dans le premier cas pour la lui refuser dans le second.

Le troisième, c'est celui adopté par la sous-commission et proposé à la Conférence comme le plus libéral.

Il semble qu'il faille éliminer le premier système comme excessif. La Conférence n'aurait donc vraiment le choix qu'entre le second et le troisième. Le second système a paru ne pas répondre complètement aux faits et nous avons craint que la distinction du cas où le père est Alsacien de celui où c'est la mère ne soit pas une raison suffisante d'établir une présomption de sentiments français. Souvent, en effet, le père Allemand sera venu seul et, ayant épousé une Alsacienne, vivra dans un milieu francophile, tandis que la mère Allemande sera arrivée avec une famille allemande et, épousant un Alsacien, n'en sera pas moins entourée d'éléments allemands. D'ailleurs, pour ne pas imposer inutilement la nationalité française, la faculté de répudiation est réservée ici aux enfants issus de mariages mixtes, mais il faut s'attacher à trouver autant que possible une règle moyenne puisqu'en fait les cas sont infiniment variables.

M. l'abbé Wetterlé pense qu'en fait la solution du Code civil est la meilleure, les sentiments de l'enfant étant, au point de vue de la nationalité, presque toujours déterminés par ceux du père.

M. Théodore Tissier préférerait qu'en cas de mariages mixtes, les intéressés pussent devenir de plein droit français, mais à la condition d'en faire la demande.

Il trouve qu'il y a peut-être disproportion entre la facilité avec laquelle la sous-commission propose d'accorder la nationalité française en cas de mariage mixte, et la sévérité qu'elle applique aux immigrés qui, contrairement aux précédents en matière de territoire changeant de souveraineté, ne deviendront pas français et ne pourront le devenir qu'en subissant les formalités de la naturalisation.

M. le Président rappelle que, pour ces derniers, le texte propose d'assimiler leur séjour en Alsace-Lorraine avant la rétrocession à une résidence en France susceptible de compter pour la naturalisation.

M. Laird pense comme M. Tissier qu'au lieu de déclarer Français, sauf faculté de répudiation, les enfants issus de mariages mixtes, il serait préférable de le[ur] accorder la faculté de demander la nationalité française qui leur serait conf[érée] sans aucune formalité.

M. Weill appuie cette proposition : il n'est pas partisan de la rigueur exce[s]sive proposée par M. Laugel; d'une manière générale, nous n'aurons pas intér[êt] à éliminer trop de personnes de la nationalité française. Ce sont autant de ge[ns] qui peuvent être amenés à vivre en Alsace-Lorraine et qu'il faudra surveiller pl[us] étroitement.

M. Souchon accepte la proposition de MM. Liard et Tissier; cette prop[o]sition ne comporte d'ailleurs pas de différence d'idées avec celle préconisée p[ar] son rapport. Elle n'en est qu'une modalité.

M. Helmer rappelle que cette proposition trouve un précédent dans l'article [?] du Code civil, qui permet à tout individu né en France ou à l'étranger de paren[ts] dont l'un a perdu la qualité de Français, de la réclamer à tout âge aux cond[i]tions fixées par la loi.

La discussion paraissant épuisée, M. Louis Barthou met aux voix la propo[si]tion de M. Laugel consistant à écarter de la nationalité française les enfan[ts] de mariages mixtes.

Cette proposition est repoussée.

M. le Président met alors aux voix la proposition tendant à donner *aux enfan[ts] issus de mariages mixtes la faculté de réclamer la qualité de Français.*

Cette proposition est adoptée. Il est décidé que M. Souchon sera chargé de présen[ter] une rédaction pour tenir compte de ce vote et remplacer la rédaction de la troisièm[e] résolution.

M. le Président donne lecture de la quatrième résolution ainsi libellée :

« Les Allemands domiciliés en Alsace-Lorraine n'acquerront pas la nationali[té] française par le fait du retour de l'Alsace-Lorraine à la France.

« Ils ne pourront obtenir cette nationalité que par voie de naturalisation.

« Les années de résidence en Alsace-Lorraine avant le retour à la Franc[e] compteront comme des années de résidence en France. »

M. Blazet appelle la sérieuse attention de la Conférence sur l'importance d[u] dernier paragraphe et le danger d'assimiler la résidence en Alsace-Lorraine anté[-] rieure à la guerre à la résidence nécessaire, d'après le Code civil, pour la dénat[u]ralisation. La raison de la disposition du Code civil est que l'étranger qui a rési[dé] ongtemps parmi nous a pris une certaine affinité avec nous, et qu'il en est résulté une certaine adaptation au milieu et aux mœurs français. En Alsace-Lorraine il en est tout autrement. L'immigré n'a servi qu'à la germanisation, et c'est là un singulier service rendu à la France.

Cette hâte ou cette facilité apportée à la naturalisation des immigrés paraît en outre sans utilité; l'accélération présente même de sérieux dangers. Loin de nationaliser les immigrés, il faut les soumettre à un régime policier sévère avec imposition du passeport, du permis de séjour, bref s'inspirer de ce que les Allemands ont fait contre nous. Enfin si l'on naturalise trop facilement les immigrés, ils interviendront par l'exercice des droits politiques dans les luttes électorales et cela amènera des complications. M. Bluzet estime donc qu'il n'est pas acceptable de compter les années de résidence en Alsace-Lorraine avant la guerre comme un séjour donnant des titres à la naturalisation. Il ne s'opposerait pas cependant à ce que la durée du séjour fixée à dix ans par le Code civil fût abaissée dans une mesure à déterminer. Ce délai n'a rien d'intangible, mais il faut maintenir qu'aucun immigré, quelle que soit la durée de son établissement en Alsace-Lorraine, n'aura la faculté de se faire naturaliser immédiatement après la paix.

M. SOUCHON dit qu'en proposant la disposition dont il s'agit, la sous-commission n'a pas voulu s'appuyer sur les raisons qui ont déterminé les rédactions du Code civil, c'est-à-dire sur le fait qu'il se serait créé une certaine adaptation au milieu français chez l'immigré allemand. Elle s'est basée sur des motifs tout à fait extérieurs. Elle est partie de l'idée que nous devons tendre à conserver un nombre aussi grand que possible des immigrés appartenant soit aux classes agricoles, soit surtout aux classes ouvrières pour ne pas ouvrir une redoutable crise de main-d'œuvre après la guerre. Déjà les industriels s'inquiètent de ne pas trouver dans cet ordre d'idées de tendances assez libérales. Ceux que nous avons intérêt à voir partir, ce sont les immigrés appartenant aux classes supérieures, les fonctionnaires, intellectuels, les classes dirigeantes. Or, si nous désirons garder les masses ouvrières, nous n'avons pas intérêt à leur maintenir trop longtemps la qualité d'étrangers. D'ailleurs, par la disposition critiquée, nous ne créons aucun droit au profit de qui que ce soit. Le Gouvernement reste libre d'examiner et de donner la suite qu'il voudra aux demandes de naturalisation.

Cependant pour tenir un juste compte des observations de M. Bluzet dont la portée l'a frappé et aussi du fait que, sur un trop grand nombre de demandes de naturalisation, le Gouvernement ne serait pas immédiatement en mesure de faire un choix, M. Souchon ne verrait pas d'inconvénient à ce qu'on fixât un délai minimum (par exemple un ou deux ans) avant de donner suite à aucune demande de naturalisation.

M. Théodore Tissier dit qu'il ne peut pas oublier que si la fiction du Code civil invoquée par M. Bluzet n'est pas exacte en ce qui concerne les immigrés, par contre ils seront traités avec une dureté exceptionnelle en se voyant refuser la nationalité française alors que, en droit international, dans tout démembrement d'État, les sujets du territoire démembré prennent la nationalité de l'État démembrant. C'est en raison du caractère exceptionnel de cette dureté que la sous-commission avait proposé des adoucissements. Mais la transaction proposée par M. Souchon, ce qui n'est d'ailleurs pas éloignée de celle suggérée par M. Bluzet, est tout à fait raisonnable.

M. Souchon précise son but. D'après lui, on pourrait admettre que le délai allât jusqu'à trois ans en y mettant comme condition que les intéressés n'auraient pas effectué, pendant ce délai, une période militaire en Allemagne.

M. Théodore Tissier pense que si le délai doit être de trois ans, il est inutile de poser une règle quelconque. En effet, les immigrés n'ont qu'à demander leur admission à domicile, ils rempliront au bout de trois ans les conditions requises pour être naturalisés. Il n'y aurait d'exception que dans le cas de services rendus à la France ou de mariage avec une Française, cas dans lesquels, en vertu du Code civil, le délai du domicile est réduit à un an.

M. Souchon estime que la solution du Code civil et la solution du délai de trois ans ne se confondent pas; dans ce dernier cas, l'Allemand pourra, au bout de trois ans, demander sa naturalisation. Pour remplir les conditions du Code civil, il faut au contraire qu'il se hâte, dès la paix, de solliciter son admission à domicile, admission qu'il n'a guère de chance, vu les complications de toute nature qui se présenteront, d'obtenir de suite.

M. Liard propose qu'en fixant ce délai de trois ans, l'on réserve les exceptions du Code civil, notamment celle du mariage d'un Allemand avec une Française, le délai étant ramené à un an.

Il est opposé à la condition visant les périodes militaires accomplies en Allemagne. Pendant les trois années dont il s'agit, l'Allemand ne sait pas quel accueil sera fait à sa demande de naturalisation. On ne peut songer à l'obliger à devenir insoumis, ce qui lui interdirait tout retour en Allemagne, sans lui garantir plus tard la naturalisation française.

M. Bluzet se rallie à ces opinions. Le plus pratique serait de décider qu'on appliquera en matière de naturalisations les dispositions du Code civil, mais que tous les délais seront réduits.

M. l'abbé Wetterlé pense, comme M. Liard, qu'il serait dangereux de mettre une condition visant les périodes militaires. Elle provoquerait un véritable exode.

M. Souchon rappelle que la naturalisation de faveur de l'article 8 du Code civil n° 5, susceptible d'être accordée après un an, vise plus spécialement trois hypothèses :

1° Services distingués rendus à la France; ce cas ne trouvera pas d'application.

2° Introduction d'industries : les intéressés, les grands industriels allemands de la Lorraine étant précisément ceux que nous tenons le plus à faire partir, ne seront pas admis à invoquer ce titre.

3° Mariage avec une Française. C'est pratiquement le seul cas que nous ayons à retenir. Il serait facile d'en tenir compte sous une forme analogue à celle-ci : « La demande de naturalisation ne pourrait être formulée qu'après un délai de trois ans, sauf le cas de mariage avec une Française, auquel cas le délai sera réduit à un an. » Il serait entendu qu'à l'expiration du délai de trois ans, tous les immigrés pourraient réclamer la naturalisation française sans que puisse leur être opposée l'absence de séjour pendant dix ans.

M. le Président *met aux voix cette proposition. Il est entendu que, si elle est adoptée, M. Souchon présentera à la Conférence un texte pour remplacer la quatrième résolution.*

Cette proposition est adoptée.

M. le Président appelle la discussion sur la cinquième résolution :

Tout Allemand ayant épousé une Alsacienne-Lorraine pourra obtenir la naturalisation française dans les conditions prévues par l'article 8, § 5, alinéa 4, du Code civil et toute Allemande ayant épousé un Alsacien-Lorrain dans celles prévues par l'article 12, § 2, du Code civil.

M. Ferdinand Dreyfus fait observer que, bien que tout le monde soit d'accord, il importe de compléter cette disposition par une date, faute de laquelle on ne sait s'il s'agit de mariages antérieurs ou de mariages postérieurs à la guerre.

M. Barthou *met aux voix la résolution ci-dessus, étant entendu que M. Souchon la complétera dans le sens indiqué par M. Ferdinand Dreyfus.*

Cette résolution est adoptée.

M. le Président appelle la discussion sur la sixième résolution :

Tout individu né en Alsace-Lorraine avant le 20 mai 1871 de parents étrangers pourra, dans l'année qui suivra le retour de l'Alsace-Lorraine à la France, réclamer la qualité de Français dans les formes et sous les conditions prévues par l'ancien article 9 du Code civil.

Cette résolution est adoptée sans discussion.

Le Président donne ensuite lecture des deux vœux qui terminent le rapport de M. Souchon.

Vœux : 1° *La Conférence émet le vœu que les règles relatives à la nationalité soient insérées dans le traité de paix avec assez de détails pour éviter, autant que possible, des interprétations arbitraires comme celles de l'Allemagne après le traité de Francfort;*

2° *Elle demande aussi que l'Allemagne s'engage à ne pas maintenir dans sa nationalité ceux que la France considérera comme Français.*

Ces vœux sont adoptés sans discussion.

M. Blumenthal demande que la Conférence émette un vœu tendant à ce que ceux qui auront été réfractaires au service militaire en Allemagne ne puissent être l'objet de mesures de représailles ou de poursuites en Allemagne.

M. le Président *charge, au nom de la Conférence, M. Blumenthal de rédiger ce vœu.*

M. l'abbé Wetterlé demande s'il ne serait pas bon de donner une définition du mot « immigré ».

M. le Président estime qu'il règne en matière de définition une clarté suffisante, puisque l'on a constamment maintenu les distinctions entre :

1° Les Alsaciens-Lorrains;

2° Les Allemands;

3° Les étrangers.

M. Souchon fait part d'un scrupule qui lui vient. Il a toujours été question des Alsaciens-Lorrains devenus Allemands. Mais il y a aussi les Alsaciens-Lorrains qui n'ont jamais cessé d'être Français, il y a enfin également des Français qui étaient domiciliés en Alsace-Lorraine mais non originaires d'Alsace-Lorraine au moment du traité de Francfort. Ils ont pu rester dans le pays et y accepter des fonctions publiques. Or, si d'après la loi allemande ils sont Allemands, d'après la loi française, ils sont Français, et en vertu des dispositions de l'article 17 du Code civil, ils seront exposés à avoir perdu la nationalité française pour acceptation de fonction publique à l'étranger. M. Souchon, pour pallier à ce risque, propose une disposition disant en substance que l'acceptation de fonctions publiques sur le territoire annexé depuis 1871 ne sera pas considérée comme entraînant la perte de la nationalité française.

M. Tirard appuie cette proposition en observant que certains offices en Alsace-Lorraine (huissiers, notaires) sont des fonctions publiques détenues en fait surtout par des Alsaciens-Lorrains.

M. le Président charge au nom de la Conférence M. Souchon d'apporter une rédaction à cet égard.

La Conférence d'Alsace-Lorraine s'ajourne au lundi 26 avril (à 2 h. 1/2), l'ordre du jour appellera la discussion du rapport de M. Weill sur les impôts indirects.

La sous-commission de la Justice se réunira au Ministère de la Justice le samedi 24 avril, à 3 heures.

ONZIÈME SÉANCE

TENUE AU MINISTÈRE DES AFFAIRES ÉTRANGÈRES

SOUS

LA PRÉSIDENCE DE M. BARTHOU

LE 26 AVRIL 1915.

Absents et excusés : MM. Pichat, Tirard, Touron, Berthelot, Bellin, Albert Thomas, Weill et Denys Cochin.

Le procès-verbal de la dixième séance est adopté.

M. Helmer demande à présenter une observation sur le cas du juge alsacien Acker qui, d'après les journaux, a été condamné par le conseil de guerre allemand à trois ans de prison pour attitude hostile envers l'Allemagne. Ce magistrat avait voulu empêcher de la part des immigrés des délations contre les Alsaciens, après le départ des troupes françaises. D'autres fonctionnaires de la justice ont été l'objet de mesures sévères de la part des autorités allemandes. A Mulhouse, un juge a été destitué, un autre a subi à Metz des perquisitions; ailleurs, un notaire a été condamné à deux mois de prison. M. Helmer cite ces cas pour montrer combien est injuste le préjugé d'après lequel les Alsaciens entrés dans les fonctions publiques doivent être considérés comme suspects. En réalité, c'est à la suite d'une agitation politique que les jeunes classes alsaciennes ont été invitées, il y a quelque quinze ans, par les partis alsaciens, à entrer dans les fonctions publiques et à ne pas en laisser le monopole aux Allemands.

M. le Président *prend acte de cette déclaration qui figurera au procès-verbal.*

M. le Président donne la parole à M. Souchon qui a été chargé, au cours de la dernière séance, d'apporter certaines rédactions touchant les résolutions de la Conférence en matière de nationalité.

M. Souchon estime que la résolution n° 2 doit, pour tenir compte des idées nouvelles introduites dans la troisième résolution, touchant la nationalité des descendants de mariages mixtes, être rédigée comme suit :

Deuxième résolution. — *A partir du jour de la signature des préliminaires du* traité de paix, les Alsaciens-Lorrains qui possèderont à cette date la nationalité allemande seront de plein droit réintégrés dans la nationalité française.

Sont considérés comme Alsaciens-Lorrains :

1° Tout individu qui, né avant le 20 mai 1871, a perdu la nationalité française par le fait du traité de Francfort;

2° Tout individu né postérieurement au 20 mai 1871, dont tous les ascendants vivants à cette date étaient Alsaciens-Lorrains au sens du paragraphe précédent;

3° Tout individu né en Alsace-Lorraine de parents inconnus.

Cette rédaction ne soulève aucune objection. Elle est mise aux voix et adoptée sous la forme ci-dessus.

M. Souchon donne lecture de son projet de rédaction pour la troisième résolution qui, au lieu de donner aux enfants issus de mariages mixtes la nationalité française avec faculté de répudiation, leur donne seulement la faculté de réclamer la nationalité française.

Troisième résolution. — Les individus nés postérieurement au 20 mai 1871, dont les ascendants vivants à cette date étaient, les uns étrangers, les autres Alsaciens Lorrains, ne seront pas réintégrés de plein droit dans la nationalité française; mais ils pourront réclamer la qualité de Français dans les conditions prévues par l'article 9, § 1er, du Code civil, s'ils sont majeurs dans l'année suivant la signature des préliminaires du traité de paix, et s'ils sont mineurs dans l'année suivant leur majorité.

Toute Alsacienne-Lorraine ayant épousé un Allemand aura la faculté de décliner la nationalité française dans les conditions prévues par l'article 8, § 4, du Code civil.

Cette rédaction est adoptée sans discussion.

M. Souchon donne lecture de la quatrième résolution rédigée conformément au mandat qu'il a reçu.

Quatrième résolution. — Les Allemands domiciliés en Alsace-Lorraine n'acquerront pas la nationalité française par le fait du retour de l'Alsace-Lorraine à la France. Ils ne pourront obtenir cette nationalité que par voie de naturalisation. Les demandes de naturalisation ne pourront être faites que trois ans après la signature des préliminaires du traité de paix; mais les conditions de résidence fixées par le Code civil dans l'article 8, § 5, ne seront pas exigées; et il suffira que l'Allemand demandant sa naturalisation eût été fixé en Alsace-Lorraine avant le 2 août 1914.

Cette rédaction est adoptée sans discussion.

M. Souchon rappelle que la cinquième résolution n'appelait pas de modification dans sa rédaction. Il y manquait simplement une date. La rédaction définitive est la suivante :

Cinquième résolution. — Tout Allemand ayant épousé une Alsacienne-Lorraine antérieurement à la signature des préliminaires du traité de paix pourra obtenir la naturalisation française dans les conditions prévues par l'article 8, § 5, alinéa 4 du Code civil, et toute Allemande ayant, dans les mêmes délais, épousé un Alsacien-Lorrain dans celles prévues par l'article 12, § 2, du Code civil.

M. Blumenthal propose à la Conférence le vœu suivant :

L'Allemagne devra s'engager à ne pas astreindre aux obligations du service militaire, avant qu'il ait été statué sur leur demande, les personnes qui auront déclaré vouloir demander leur naturalisation française.

Cette proposition est mise aux voix et adoptée en tant que vœu, c'est-à-dire que le Gouvernement français sera prié d'en faire état au moment de la discussion du traité de paix.

M. Souchon propose, comme il en a été chargé, une rédaction spécifiant en substance que l'acceptation de fonctions publiques en territoire annexé, par des personnes qui auraient, comme domiciliées en Alsace au moment de la paix de Francfort mais non originaires, la nationalité française en France et la nationalité allemande en Allemagne, ne sera pas considérée comme entraînant la perte de la qualité de Français.

M. Kammerer fait observer qu'aux termes de l'article 17 du Code civil, l'acceptation de fonctions publiques par un Français à l'étranger n'entraîne pas *ipso facto* la perte de la nationalité française. Il faut que l'intéressé mis en demeure d'y renoncer, persiste.

M. Souchon dit que ce n'est pas le seul cas qui puisse se présenter, il y a aussi celui du service militaire à l'étranger : les personnes visées par la disposition proposée ont pu faire du service militaire en Allemagne.

M. Blumenthal dit que, d'après la loi allemande, le fait de faire du service militaire en Allemagne ne confère pas la nationalité allemande, mais qu'au contraire, celui d'accepter des fonctions publiques en Alsace-Lorraine entraîne l'acquisition de la nationalité alsacienne-lorraine et par ricochet celle de la nationalité allemande. Il demande si les intéressés qui auront acquis par ce procédé indirect la nationalité alsacienne, se trouveront avoir perdu, aux yeux de la loi française, la nationalité française.

M. Souchon répond que non. Un individu peut avoir deux nationalités ou n'en avoir aucune : dans l'espèce, l'intéressé que nous considérons comme Français en tant que domicilié mais non originaire d'Alsace-Lorraine et qui aura accepté des fonctions en Alsace-Lorraine n'aura pas perdu la nationalité française par ce seul fait; peu importent les conséquences attribuées par la loi allemande à cette acceptation.

M. Liard fait observer que l'acceptation de fonctions dans l'espèce est indifférente puisqu'elle n'a pas de conséquence aux yeux de la loi française (hors le cas d'injonction d'avoir à les abandonner) et puisque les intéressés sont déjà considérés comme Allemands en Allemagne.

M. Louis Barthou pense que le cas soulevé sera extrêmement rare. Il estime que la disposition en discussion n'a pas une grande utilité, et il en propose la suppression.

La Conférence décide cette suppression.

M. le Président donne lecture des deux lettres suivantes qui lui ont été communiquées par M. le Ministre des Affaires étrangères. M. Delcassé exprimait en même temps le désir de connaître l'avis de la Conférence d'Alsace-Lorraine sur les très importants problèmes douaniers qu'elles soulèvent.

La première lettre est de MM. Dollfus-Mieg et Cie, à Belfort, du 10 avril 1915.

A Son Excellence,

Monsieur le Ministre des Affaires étrangères.

« Faisant suite à la visite que le soussigné a eu l'honneur de faire à M. Gout, sous-directeur à la Direction politique du Ministère des Affaires étrangères, nous venons par ces lignes formuler la requête dont cette visite a été l'objet.

« La maison Dollfus-Mieg et Cie, actuellement Société anonyme, a été fondée à Mulhouse en 1746; elle possède d'importants établissements industriels à Mulhouse et Belfort, et fabrique des fils à coudre, à broder, à crocheter, etc. L'établissement de Belfort alimente les clientèles française et anglaise, tandis que l'établissement de Mulhouse fournit les clients allemands et une très importante clientèle d'exportation. Cette dernière clientèle se trouve en grande partie dans les pays d'outre-mer, tels que les États-Unis d'Amérique, et absorbe annuellement pour plus de 12 millions de francs de produits de notre Société; en temps de paix, une importante fraction de cette exportation transite par la France pour être embarquée dans le port du Havre; l'obligation actuelle du certificat d'origine à l'entrée en France, nous a obligés ces derniers temps à diriger la totalité de ces marchandises sur Gênes et Rotterdam. Or, par suite de la publication de la note franco-anglaise concernant les marchandises d'origine allemande (et par conséquent aussi alsacienne) embarquées sur des bateaux battant pavillon neutre, notre exportation à destination des pays d'outre-mer se trouve totalement arrêtée; en effet, ces bateaux ne chargent que des marchandises accompagnées de certificats d'origine prouvant qu'elles ne sont ni allemandes ni autrichiennes. Dans ces conditions, notre industrie subit des pertes considérables et la population ouvrière (environ 5,000 ouvriers et ouvrières encore occupés actuellement à Mulhouse, malgré la mobilisation) en éprouve le contre-coup d'une façon particulièrement sensible.

« Invoquant notre qualité de très ancienne maison alsacienne, ayant eu à sa tête des hommes tels que Jean Dollfus et Engel-Dollfus, le fait que la grande majorité de ses actions se trouve entre les mains de porteurs français, et enfin la présence dans notre Conseil d'administration de personnalités françaises (M. Engel-Gros, Chevalier de la Légion d'honneur, président, M. C. de Lacroix, Chevalier de la Légion d'honneur, frère de M. le général de Lacroix) et suisses, à l'exclusion de toutes autres nationalités, nous avons recours à votre haute bienveillance, M. le Ministre, pour vous prier de tenir compte des conditions toutes spéciales où nous nous trouvons et, par une décision que nous osons espérer de votre sollicitude, de suspendre en notre faveur les entraves que subissent nos exportations à destination des pays d'outre-mer. Il nous semble que l'un ou l'autre des modes suivants, que nous nous permettons de soumettre à votre bienveillante appréciation, pourrait être considéré :

« 1° Une décision concernant notre Société anonyme, qui serait prise dans le sens d'une tolérance autorisant la libre circulation de nos marchandises sur mer, pourrait être suivie, pensons-nous, d'une décision semblable de la part du Gouvernement anglais, et il suffirait alors, sans doute, de faire accompagner chacun de nos envois à destination d'outre-mer de copies certifiées conformes, des deux décisions qui seraient intervenues.

« 2° Peut-être qu'en l'absence d'une décision de principe de la nature de celle dont nous parlons à l'alinéa qui précède, il pourrait intervenir en notre faveur une dispense de l'obligation du certificat d'origine pour nos marchandises provenant de Mulhouse, entrant en France par Delle ou Pontarlier, et transitant à destination du Havre, de Marseille, de Bordeaux ou de Saint-Nazaire. Ces marchandises embarquées sur des bateaux français ou anglais, dans un port français, seraient, nous semble-t-il, *ipso facto* à l'abri des effets découlant de la note franco-anglaise. Il en résulterait l'avantage, aussi bien au point de vue du trafic français qu'à notre propre point de vue, que nous pourrions reprendre les expéditions par la France, comme précédemment, et cela sur une grande échelle.

« Qu'il nous soit permis encore de faire suivre ce qui précède des quelques remarques ci-après :

« Nous nous engagerions formellement à ne pas envoyer en Allemagne ou en Alsace les fonds provenant des ventes à l'étranger, bénéficiant de la mesure de faveur qui serait prise à notre égard. Cet engagement à prendre par nous serait valable jusqu'au traité de paix ou, en ce qui concerne l'Alsace, jusqu'à l'occupation de Mulhouse par les troupes françaises.

« Les marchandises produites et vendues par nous sont à un haut degré reconnaissables comme provenant de notre maison. En effet, elles sont toutes vendues en pelotes, bobines ou écheveaux; chacune de ces unités possède une étiquette portant, à côté du nom de l'article et du numéro de grosseur, notre marque D. M. C. suivie de « Dollfus-Mieg et Cie, Mulhouse-Belfort-Paris ». Ces unités sont contenues par 10, 12, 24, etc., dans des boîtes ou paquets portant les mêmes indications en grands caractères. Enfin, un fort papier d'enveloppe, muni des inscriptions, emballe le tout. Les caisses contenant nos marchandises portent sur toutes leurs faces, depuis de longues années, les lettres D. M. C. indéfiniment répétées dans un réseau de lignes entrelacées; elles sont connues dans le monde entier des compagnies de transports et de leurs agents, de même que les douanes, comme contenant de la marchandise provenant de la maison Dollfus-Mieg et Cie. Nous n'hésitons donc pas à affirmer que toute confusion entre nos marchandises et des marchandises similaires est impossible. C'est en considération de ce fait que, par une décision du 27 août 1903, le « Board of « Trade » anglais nous a dispensés d'apposer le « Made in Germany » sur tous nos produits, emballages, caisses, etc.

« Nous ne pensons pas, M. le Ministre, que la décision que nous sollicitons de votre haute bienveillance puisse constituer un précédent en faveur d'autres industriels alsaciens; en faisant abstraction des industries alimentaires, pour les produits desquels il y a interdiction d'exportation, les industries produisant des articles destinés à la vente au détail et facilement reconnaissables par de nombreuses marques, comme les nôtres, sont rares en Alsace, et n'exportent que peu ou pas.

« Nous ne croyons donc pas qu'une tolérance en faveur de notre cas tout spécial, tolérance qui ne serait du reste connue, selon toute apparence, que bien tardivement, puisse être invoquée à l'appui de demandes qui, selon nous, ne se produiront pas; en tous cas ce n'est pas dans des espèces identiques à celle qui fait l'objet de notre requête qu'elle pourrait être invoquée.

« Le soussigné serait très désireux d'être entendu par la Commission qui sera appelée, lui a-t-on dit, à donner son avis sur la présente requête, et sa Maison est, naturellement, toute prête à se conformer à toute prescription qui serait formulée, de même qu'à donner toutes les informations complémentaires qui pourraient être désirées.

« Nous savons, Monsieur le Ministre, que l'autorisation que nous sollicitons de votre haute bienveillance est d'une nature particulièrement délicate et qu'elle constituera une exception toute spéciale à des mesures prises pour la défense des intérêts supérieurs du pays. Cependant notre qualité de maison alsacienne, vieille de 169 ans, la ligne de conduite purement alsacienne et française que notre Société a toujours suivie à Mulhouse et à Belfort et la situation si difficile faite depuis huit mois à notre industrie, en attendant l'heureuse solution qui, nous n'en doutons pas, marquera la fin des graves événements actuels, font que c'est avec une entière confiance que nous nous adressons à vous, sûrs que votre décision tiendra compte des circonstances toutes particulières que nous venons d'avoir eu l'honneur de vous exposer.

« C'est dans cet espoir que nous vous prions d'agréer... »

La seconde lettre est adressée par le Consul général de France à Barcelone à M. le Ministre des Affaires étrangères :

Barcelone, le 8 avril 1915.

« Par la lettre ci-jointe en copie, M. Pujadas y Amigo, commerçant notable de Barcelone, me demande s'il pourrait se faire expédier, sans danger de les voir saisir en cours de route, grâce à un laissez-passer, une certaine quantité de marchandises arrivées pour lui, à Gênes, en provenance des « Fabriques de produits « chimiques de Thann et de Mulhouse ».

« L'intéressé m'assure que ces « fabriques » seraient une société à capitaux presque entièrement, sinon totalement français, et dont M. Scheurer-Kestner, l'ancien sénateur, était Président du Conseil d'administration.

« Je serais très reconnaissant au Département de vouloir bien me mettre en mesure, aussitôt qu'il lui sera possible, de répondre à la question qui m'est posée par M. Pujadas y Amigo. »

Après un échange d'observations auquel ont pris part MM. Louis Barthou, Helmer, Blumenthal, Tissier, Pichon, Wetterlé et Ferdinand Dreyfus, la

Conférence estime qu'elle est compétente pour donner son avis sur tous les sujets pour lesquels ce dernier serait sollicité par le Gouvernement.

Elle décide de renvoyer les lettres dont il s'agit à l'examen de la sous-commission des Affaires financières et douanières qui se réunira le samedi 1er mai à 2 h. 30.

La prochaine réunion de la Conférence d'Alsace-Lorraine est fixée au lundi 3 mai à 2 h. 30

DOUZIÈME SÉANCE

TENUE AU MINISTÈRE DES AFFAIRES ÉTRANGÈRES

SOUS

LA PRÉSIDENCE DE M. BARTHOU

LE 3 MAI 1915.

Absents et excusés : MM. Ferdinand DREYFUS, Denys COCHIN, TOURON, Théodore TISSIER, SERGENT, LIARD, BERTHELOT, BELLIN, WEILL, le capitaine PICHAT et Albert THOMAS.

Le procès-verbal de la onzième séance est adopté.

M. LE PRÉSIDENT souhaite une cordiale bienvenue à M. Alfred Veber, député de Paris, qui a avec les pays annexés un lien de naissance, étant des environs de Metz, nouveau membre de la Conférence d'Alsace-Lorraine.

M. VEBER s'inscrit à la sous-commission de la Justice.

M. LE PRÉSIDENT dit que l'ordre du jour appelle la discussion de la suite à donner aux deux lettres (insérées au dernier procès-verbal) par lesquelles M. le Ministre des Affaires étrangères a bien voulu consulter la Conférence d'Alsace-Lorraine sur les requêtes adressées l'une par la maison Dollfus-Mieg et Cie, l'autre par un nommé Pujadas y Amigo tendant à obtenir pour leur marchandise d'origine alsacienne, l'exemption, sous certaines conditions, de la saisie sur mer. Cette affaire a été étudiée par la sous-commission financière et M. Blumenthal a bien voulu se charger d'en faire le rapport.

M. BLUMENTHAL donne lecture de son rapport qui figure en annexe au présent procès-verbal.

Ce rapport conclut avec force au rejet des faveurs sollicitées dans les deux cas.

M. LE PRÉSIDENT appelle la discussion de ce rapport.

M. TIRARD exprime un sentiment conforme à celui de la sous-commission. Il regrette cependant que l'impossibilité d'obtenir une certitude sur le point de savoir si le Gouvernement allemand ne peut être tenu dans l'ignorance des faveurs qui seraient faites à des maisons alsaciennes amène à rejeter des demandes très intéressantes en elles-mêmes. Ne pourrait-on chercher à préciser ce point?

M. Souchon pense aussi que la question des contrôleurs allemands installés dans les entreprises travaillant avec des capitaux français, mériterait d'être élucidée complètement, car c'est la raison qui l'a amené à se rallier à l'opinion de la sous-commission alors qu'il était d'abord favorable aux demandes de la maison Dollfus-Mieg et Cie.

M. Helmer estime que le doute n'est pas possible en l'espèce. Le Gouvernement allemand a soumis, dès le début de la guerre, toutes les maisons alsaciennes à un contrôle sévère pour s'assurer que leur production ne passe pas en France. La maison Dollfus-Mieg et Cie n'a aucune chance d'avoir pu se soustraire à ce contrôle.

M. Blumenthal confirme cette assurance; même si la maison Dollfus-Mieg et Cie avait eu la bonne fortune d'y échapper nous ne pourrions avoir aucune certitude que cette situation subsistera dans l'avenir. Tôt ou tard la faveur obtenue sera connue des Allemands, qui ne la toléreront que si elle profite à leurs intérêts économiques, et c'est certainement le cas. Il estime que nous avons peu d'intérêt à élucider complètement la question des contrôleurs : demander des informations auprès des intéressés serait laisser la question en suspens alors que cette raison, tout en ayant paru importante à la sous-commission, n'a pas été la seule qui l'ait déterminée. Ces raisons ont été exposées dans son rapport. Il est préférable à son avis d'examiner la question au point de vue général, en faisant abstraction des personnalités demanderesses, si dignes d'intérêt qu'elles puissent être.

M. Tirard estime que cependant l'on ne peut faire abstraction de l'intérêt que méritent les demandeurs en tant que particuliers; ils ne se bornent pas à demander une faveur. Ils offrent une consignation d'or qui a sa valeur au moment où l'Allemagne et la France font des efforts pour augmenter leurs réserves métalliques. Et s'il est vrai qu'une telle consignation ne les appauvrirait pas parce qu'elle augmenterait la puissance de leur crédit, même à Mulhouse, cependant cet accroissement de crédit ne représenterait que du papier, tandis que le métal resterait en France.

M. Blumenthal maintient énergiquement son point de vue, il vaut mieux nous guider par des arguments généraux que par des arguments visant les personnes, si intéressantes qu'elles soient. La sous-commission n'a nullement négligé la question de la consignation d'or et s'est décidée après avoir pesé le pour et le contre.

M. Louis BARTHOU dit qu'il était à première vue très favorable à la demande de la maison Dollfus-Mieg et Cie, mais les arguments mis en avant par la sous-commission et présentés avec force par M. Blumenthal l'ont entièrement convaincu.

Il n'y a pas de doute dans son esprit, que si la faveur sollicitée avec un maximum de titres par la maison Dollfus-Mieg et Cie est accordée, elle sera sollicitée fréquemment. Il y aura lieu alors d'entrer chaque fois dans l'examen des cas particuliers, des erreurs sont possibles et le traitement accordé ne pourra être toujours identique. Il est donc préférable de ne pas traiter la question sous son aspect particulier, mais de rester sur le terrain de l'intérêt général. Il ne peut sur ce terrain que se rallier intégralement aux conclusions développées.

M. LE PRÉSIDENT *met aux voix les conclusions du rapport Blumenthal.*

Ce rapport est approuvé à l'unanimité.

M. LE PRÉSIDENT *se charge de faire à M. le Ministre des Affaires étrangères une réponse conforme. Il lui transmettra le rapport de M. Blumenthal en lui faisant connaître que la Conférence d'Alsace-Lorraine en a approuvé les conclusions à l'unanimité.*

M. LE PRÉSIDENT témoigne ses regrets de la perte cruelle qui a frappé M. Jules Scheurer. Il se charge d'exprimer à ce dernier les sentiments de condoléances de la Conférence.

L'ordre du jour de la prochaine séance appellera :

1° Le rapport de M. Weill sur les impôts indirects.

2° Le rapport de M. Laugel sur la viticulture.

3° Le rapport de M. Godart sur les lois sociales.

La prochaine séance de la Conférence d'Alsace-Lorraine est fixée au lundi 10 mai, à 2 h. 30.

La sous-commission des Affaires intérieures et celle de l'Agriculture se réuniront au Ministère des Affaires étrangères, le samedi 8 mai, à 3 heures.

TREIZIÈME SÉANCE

TENUE AU MINISTÈRE DES AFFAIRES ÉTRANGÈRES

SOUS

LA PRÉSIDENCE DE M. BARTHOU

LE 10 MAI 1915.

Absents et excusés : MM. Denys Cochin, Liard, Berthelot, Bellin, Weill et Tirard.

Le procès-verbal de la douzième séance est adopté.

M. le Président annonce que M. le Président du Conseil, frappé de l'insuffisance de la représentation lorraine dans la Conférence, a désigné M. de Wendel, député, pour représenter plus spécialement ses compatriotes. Il lui souhaite la bienvenue.

M. de Wendel s'inscrit aux sous-commissions de l'Instruction publique et de l'Agriculture.

M. Adrien Veber s'inscrit à la sous-commission de l'Agriculture.

M. Albert Thomas s'inscrit à la sous-commission de l'Agriculture.

M. le Président appelle la discussion du rapport de M. Weill sur les impôts indirects et donne la parole à M. l'abbé Wetterlé qui doit commenter ce rapport et faire l'exposé des propositions de la sous-commission de l'Intérieur qui a, dans sa dernière séance, examiné la question des impôts indirects.

M. Wetterlé rappelle que lorsque la Conférence a discuté la question des impôts indirects, elle s'est bornée à signaler les transformations subies en Alsace-Lorraine par les « quatre vieilles ».

Il reste à signaler, avant de passer au rapport de M. Weill, *l'impôt sur les colporteurs* (Wandergewerbesteuer) qui se prélève sous forme d'une patente renouvelable chaque année et *l'impôt successoral* (Erbschaftssteuer) dont le produit va pour les héritages en ligne directe et entre époux, au Trésor d'Alsace-Lorraine, et pour les successions indirectes à celui de l'Empire. Le taux en ligne directe est établi sur une échelle de 1 à 2.50 p. 100; il atteint en ligne indirecte un maximum de 30 p. 100.

La sous-commission propose de percevoir les droits de succession (Erbschaftssteuer) d'après la loi allemande pendant la période d'occupation et d'appliquer pour la période ultérieure la législation française.

M. SERGENT se rallie à ces propositions mais rappelle que si le principe paraît bien posé, les applications peuvent en être difficiles : c'est ainsi, par exemple, qu'en matière de succession la loi applicable paraît devoir être déterminée par la date du décès et non par l'époque où interviendra le règlement de la succession, c'est-à-dire que le décès s'étant produit pendant la période transitoire, la loi allemande restera applicable, même si la succession est réglée après la période transitoire.

M. LE PRÉSIDENT met aux voix la proposition ci-dessus de la sous-commission, étant bien entendu que ce n'est pas seulement le tarif français ou allemand qui sera applicable selon les périodes envisagées, mais la législation successorale tout entière, y compris les tarifs qui en font indissolublement partie.

Cette proposition est adoptée.

M. WETTERLÉ rappelle que la question de l'impôt direct dit « Impôt de Guerre » sur la fortune avait été réservée à un nouvel examen.

La sous-commission a été d'avis que l'IMPÔT DE GUERRE SUR LA FORTUNE (1 p. 100 en trois annuités, dont la deuxième devait être versée le 1ᵉʳ avril 1915, et la troisième ultérieurement) devra être prélevé au compte du fisc français sauf à accorder les plus larges remises ou même la remise totale aux Alsaciens-Lorrains d'origine française.

M. BLUMENTHAL renouvelle les explications qu'il a fournies au moment de la première discussion de ce problème. D'après lui, c'est à tort qu'on s'attarde au nom donné à l'impôt de guerre, qui est un impôt comme les autres, sans réelle affectation spéciale : il profite au budget général de l'Empire allemand et était dû, comme les autres, par tous les contribuables. Beaucoup de gens ne l'ont pas payé du tout, pas même pour le premier tiers, car l'établissement des rôles (Veranlagung) a donné lieu à des investigations compliquées. Il n'y aurait aucune raison pour que ceux qui ne l'ont pas payé se voient reconnaître un avantage par rapport à ceux qui l'ont acquitté. M. Blumenthal n'est d'ailleurs pas opposé à ce qu'on accorde pour cet impôt de larges remises, comme d'ailleurs pour tous les impôts.

M. Barthou estime que cependant l'impôt de guerre appelle un examen tout particulier par son caractère exceptionnel d'impôt perçu sur le capital. La discussion paraissant épuisée, *il met aux voix la proposition ci-dessus de la sous-commission. Cette proposition est adoptée.*

M. Wetterlé passe à l'examen du rapport de M. Weill.

Il y a en Alsace-Lorraine deux espèces d'impôts indirects. Les uns sont prélevés au compte de l'État d'Alsace-Lorraine, les autres au compte de l'Empire allemand.

Les impôts indirects prélevés pour le compte de l'État sont :

A. *Les droits de mutation* (*Verkehrssteuer*), prélevés aujourd'hui encore d'après le système français. Depuis dix ans, l'Alsace-Lorraine prélève le « décime de guerre », qui atteint en ce moment 5.5 p. 100. De plus, l'Empire a frappé, depuis trois ans, d'un droit de mutation de 1/2 p. 100 les transactions immobilières. Au total, en ajoutant les frais d'actes notariés, l'ensemble des droits de mutation atteint 7 p. 100 : ils rapportent actuellement 8,500,000 marks.

La sous-commission propose de maintenir la Verkehrssteuer dans sa forme actuelle pendant la période d'occupation et d'appliquer la législation française après le traité de paix.

M. Sergent ne fait pas d'objections à cette proposition.

La proposition est adoptée.

M. Wetterlé continue l'examen des impôts indirects d'État.

B. *L'impôt sur les vins* (*Weinsteuer*) est un droit de circulation prélevé d'après le même système qu'en France. Il est aujourd'hui de 1 mark 50 en Alsace alors qu'il est de 1 fr. 50 en France. Il rapporte environ 700,000 francs par an.

La sous-commission propose de maintenir cet impôt aussi bien pendant la période transitoire qu'après.

M. Sergent se rallie à cette proposition. D'ailleurs dans les régions occupées par la France, c'est ce que fait dès maintenant le fisc français, mais le mark se trouvant pris pour un franc, le tarif français se trouve appliqué en fait.

La proposition est adoptée.

C. *Le droit de licence des aubergistes* (*Lizenzsteuer*). Cet impôt rapporte environ deux millions de marks. Il n'est plus un impôt de répartition, mais représente un droit renforcé de patente qui varie avec l'importance du débit. La loi alsacienne prévoyant la limitation des débits, l'impôt représente une indemnité à titre de contre-partie pour le privilège accordé au débitant.

La sous-commission propose le maintien de la limitation des débits et de l'impôt actuel aussi bien pendant le régime transitoire qu'à titre définitif.

M. Blumenthal donne quelques explications sur cet impôt. D'après la Gewerbeordnung (loi sur les commerces et industries) les débits sont soumis à la licence. Au point de vue des personnes, ces licences ne sont refusées qu'à ceux qui ont subi certaines condamnations, mais les communes ont le droit de réglementer les débits. Elles peuvent notamment poser à la sous-préfecture la question de savoir si le besoin d'un nouveau débit se fait sentir, et la sous-préfecture peut répondre que non. C'est ce qu'on appelle le statut. Certaines villes ont le statut, d'autres ne l'ont pas, d'autres enfin ont passé alternativement d'un système à l'autre. C'est une question électorale. Dans l'ensemble, cela constitue quand même un système de limitation des débits. En attendant que la loi française sur les débits ait été modifiée, il paraîtrait préférable de ne pas renoncer au système alsacien actuel qui offre des garanties meilleures.

M. le Président met aux voix la proposition de la sous-commission.

La proposition est adoptée.

D. *L'impôt sur la bière (Biersteuer)*, prélevé d'après la quantité de malt brassé, versé au compte de l'Empire et de l'Alsace-Lorraine, selon un régime embrouillé qui prévoit les droits de compensation entre les États pour leur permettre d'obtenir un prix uniforme de revient et de vente. Il varie avec chaque État.

La sous-commission propose que l'impôt sur la bière soit appliqué pendant la période transitoire sans tenir compte des compensations et ristournes actuelles. La question du régime définitif de la bière serait réservée et soumise à une étude spéciale.

Cette proposition est adoptée.

E. *L'impôt sur le timbre (Stempelsteuer)* est très compliqué et frappe les actes judiciaires et notariés ainsi que les contrats de toute nature.

La sous-commission propose que la législation française en matière de timbre soit appliquée dès la fin de la période transitoire.

Cette proposition est adoptée.

M. Wetterlé passe à l'examen des impôts dont le produit est exclusivement réservé à l'Empire.

F. *Tabac.* — *La Conférence a déjà voté une résolution tendant à introduire immédiatement le régime de la régie française en permettant aux débitants actuels d'écouler leur stock de marchandises et en prévoyant une indemnité pour les fabricants.*

G. *Impôt sur les vins mousseux.* — Prélevé en Allemagne sous la forme d'une bande *ad valorem* appliquée sur les bouteilles avant la sortie de la fabrique. Il n'existe pas en France et l'on ne saurait frapper d'un droit spécial, même pendant la période transitoire, les fabriques alsaciennes, peu nombreuses d'ailleurs, qui se trouveraient empêchées de concourir avec les maisons françaises.

La sous-commission propose la suppression immédiate de cet impôt.

Cette proposition est adoptée.

H. *Impôt sur les appareils d'éclairage* (lampes électriques, manchons à incandescence), payé à raison de 0 m. 15 à 0 m. 25, sous la forme d'une bande appliquée aux boîtes qui les renferment. Le maintien de cet impôt qui n'existe pas en France ne se comprendrait pas.

La sous-commission en propose la suppression immédiate.

Cette proposition est adoptée.

I. *Impôt sur les allumettes*, de 1 pf. 1/2 par boîte de 60 allumettes. *L'introduction de la régie française appelle la suppression immédiate de cet impôt, sous réserve de l'autorisation aux débitants d'écouler leurs stocks avec interdiction de majorer leurs prix.*

Cette proposition est adoptée.

J. *Impôt sur les loteries.* — Ces dernières étant interdites en France, il n'y a aucune raison de maintenir cet impôt, désormais sans objet. Les loteries en cours des cathédrales de Strasbourg et de Metz feront l'objet d'un rapport spécial dont M. Lauffel veut bien se charger.

M. Blumenthal demande ce qu'il adviendra de la loterie autorisée de l'État prussien. En effet, l'Alsace-Lorraine qui n'a jamais autorisé la création d'une loterie d'État alsacienne a fait un contrat avec l'État prussien d'après lequel ce dernier peut placer les billets de sa loterie en Alsace moyennant le versement annuelle de 500,000 marks. Il faudra s'occuper de la liquidation de ce contrat au moment de la paix.

M. Barthou rappelle que le problème des contrats et conventions en cours dans lesquels l'Alsace-Lorraine est actuellement partie se posera d'une manière analogue pour tous les contrats. Il suggère que M. Blumenthal en fasse l'objet d'un rapport spécial.

M. BLUMENTHAL accepte de se charger de ce rapport.

M. LE PRÉSIDENT met aux voix la proposition de la sous-commission tendant à la suppression immédiate de l'impôt sur les loteries dès la période d'occupation.

Cette proposition est adoptée.

K. *Impôt sur les cartes à jouer.* — L'impôt français entrera tout naturellement en vigueur dès la période d'occupation. Cependant là encore, il y aura lieu d'autoriser la liquidation des stocks existants.

Cette proposition est adoptée.

L. et M. L'impôt sur le sel et l'impôt sur le sucre devront être prélevés immédiatement d'après le système français.

Cette proposition est adoptée.

N. L'IMPÔT SUR LES BILLETS DE CHEMIN DE FER ET SUR LES LETTRES DE VOITURE qui représentent une majoration des prix des transports seront maintenus pendant la période d'occupation aux taux actuels, auxquels la population est habituée.

Cette proposition est adoptée.

O. L'impôt du timbre sur les valeurs étrangères ne pourrait être maintenu sans que les titres français introduits en Alsace ne se trouvassent frappés.

La sous-commission en propose la suppression immédiate.

Cette proposition est adoptée.

P. L'IMPÔT SUR LES LETTRES DE CHANGE ET LES CHÈQUES serait maintenu pendant la période transitoire. Cette proposition est adoptée.

M. l'abbé WETTERLÉ attire l'attention sur deux impôts qui méritent un examen spécial. Ce sont :

Q. La *Wertzuwachssteuer* (droit sur la plus-value des propriétés foncières au moment de leur vente). Cet impôt qui atteint le taux maximum de 30 p. 100 est prélevé sur la différence entre le prix d'achat et le prix de vente. Le produit en était réparti entre l'Empire, l'État et la Commune. Il n'est plus maintenant qu'un impôt d'État et une taxe communale. L'Empire a renoncé à sa part car cet impôt, trop élevé, avait amené un ralentissement des transactions foncières.

La sous-commission est d'avis qu'il ne pourra être maintenu que comme impôt communal. Elle examinera plus tard s'il y a lieu de réserver aussi aux communes le bénéfice de la Grundwertabgabe (impôt foncier renforcé sur les terrains de construction) et le rétablissement de l'octroi sur les denrées alimentaires les plus usuelles.

M. LE PRÉSIDENT remarque que cette proposition vise, en somme, la suppression de la part d'État de la Wertzuwachssteuer et que la question de son maintien comme impôt communal devra être examinée au moment où l'on discutera le régime des autres impôts communaux. *Il en propose le renvoi à la sous-commission de l'Intérieur.*

Cette proposition est adoptée.

R. L'impôt sur les eaux-de-vie (Branntweinsteuer) est l'autre impôt spécial sur lequel M. Wetterlé désire appeler l'attention de ses collègues. L'Allemagne ignore le privilège des bouilleurs de cru. Par contre sa législation fait une distinction entre ceux qui distillent leurs produits, et ceux qui achètent leur matière première. Voici l'échelle des droits différentiels : Pour les 50 premiers litres d'alcool pur distillé (soit environ 100 litres d'alcool de commerce), le bouilleur de cru paye un droit de 80 pf. par litre; au-dessus de 50 litres, le droit s'élève de M. 1,10 à 1,14. Le distillateur qui achète la matière première au lieu de distiller la sienne propre, paye un droit uniforme de M. 1,20.

Le contrôle s'opère par le dépôt des chapeaux des alambics sous scellés à la mairie. Quand le bouilleur cherche son chapeau, l'agent du fisc l'accompagne chez lui pour cuber les fruits à distiller et en estimer la production en alcool d'après des barèmes établis chaque année par les services compétents.

La sous-commission propose de maintenir le mode actuel d'imposition de l'eau-de-vie en Alsace-Lorraine jusqu'à ce que la loi française ait été modifiée.

M. SERGENT dit que, dès maintenant, la régie a continué l'application dans les régions occupées du système actuel. Les chapeaux, déposés aux mairies, ont été simplement remis aux recettes buralistes déjà créées.

La Conférence est unanimement d'avis qu'il y a lieu de maintenir en Alsace, aussi bien pendant la période transitoire qu'après, le régime actuel de l'eau-de-vie.

M. BARTHOU propose que le rapport de M. Laugel sur la viticulture soit dactylographié et distribué, ce qui en facilitera la discussion.

8.

La sous-commission des Travaux publics se réunira le samedi 15 mai, à 3 heures, au Ministère des Affaires étrangères.

La conférence d'Alsace-Lorraine se réunira le lundi 17 mai, à 2 h. 30, avec l'ordre du jour suivant :

1° Discussion du rapport de M. Laugel sur l'agriculture.

2° Discussion du rapport de M. Godart sur les lois sociales.

QUATORZIÈME SÉANCE

TENUE AU MINISTÈRE DES AFFAIRES ÉTRANGÈRES

SOUS

LA PRÉSIDENCE DE M. BARTHOU

LE 17 MAI 1915.

Absents et excusés : MM. F. Dreyfus, Berthelot, Bellin, Helmer, Weill et le capitaine Pichat.

M. le Président appelle la discussion du rapport de M. Laugel sur l'agriculture et spécialement sur la viticulture.

L'exposé de M. Laugel ne fait l'objet d'aucune objection.

M. Barthou propose à la Conférence la discussion de la 1re conclusion, ainsi libellée :

1° *Il n'y a pas à redouter que la suppression des droits, en partie prohibitifs, qui rendent actuellement difficile l'introduction des vins français en Alsace-Lorraine, ait pour le vignoble de ce pays une influence préjudiciable à ses intérêts.* Tout au plus pourrait-on stipuler, dans le traité de paix, que pendant une période de dix ans les vins alsaciens-lorrains devraient entrer en franchise dans les pays allemands qui avaient l'habitude de faire leurs provisions de vins en Alsace-Lorraine.

M. de Wendel dit qu'il y aurait lieu de limiter la résolution à la première phrase. La seconde vise un traitement spécial à faire aux produits alsaciens-lorrains en Allemagne après la paix. Il n'est pas favorable à ce régime spécial auquel il y aura lieu de s'opposer pour d'autres produits fabriqués.

M. l'abbé Wetterlé dit que cependant il croit savoir qu'un régime spécial sera proposé pour les textiles : En ce qui concerne les vins alsaciens-lorrains ils sont trop chers pour le consommateur français à qui le producteur ne peut guère les vendre au-dessous de 40 francs l'hecto; aussi la clientèle des vignobles du Rhin et de la Moselle qui se sert de ces vins comme coupage (et qui peut conserver à ses propres produits les dénominations locales tant qu'ils contiennent au moins 51 p. 100 de vins de cru) lui est-elle absolument nécessaire.

M. Laugel ne tient pas essentiellement au maintien de la seconde phrase de son projet de résolution.

M. le Président met aux voix la première phrase (soulignée) de la résolution avec l'abandon de la seconde phrase.

Cette résolution est adoptée.

M. Barthou donne lecture de la seconde résolution.

« *Le droit de circulation de M. 1,50 sur les vins serait à maintenir.* »

M. Sergent exprime un avis favorable sous réserve que le tarif de M. 1,50 serait ramené au tarif français qui est actuellement de 1 fr. 50.

M. Barthou *met aux voix la 2ᵉ résolution et la réserve de M. Sergent.*

Cette proposition est adoptée.

M. Barthou met aux voix la 3° résolution qui ne soulève aucun débat.

3° *La loi française sur le régime des vins contenant des dispositions qui paraissent suffisantes pour assurer la répression de la fraude pourra être introduite immédiatement.*

Cette résolution est adoptée.

M. le Président met aux voix la 4° et dernière résolution qui ne soulève aucun débat.

4° *La loi actuelle concernant le phylloxéra devra être purement et simplement abrogée et remplacée par des règlements par lesquels l'administration française, s'inspirant des idées émises dans le rapport, chercherait à faciliter en Alsace-Lorraine, la replantation en cépages américains greffés et convenablement choisis.*

Cette résolution est adoptée.

M. Godart donne lecture de son rapport sur les assurances, les lois sociales et la réglementation du travail en Alsace-Lorraine.

M. le Président adresse tous ses remerciements à M. Godart pour l'important travail qu'il a bien voulu soumettre à la Conférence et propose de suspendre la discussion jusqu'à ce que le rapport ait pu être distribué en dactylographie.

Cette proposition est adoptée.

M. Blumenthal tout en se défendant d'entrer dès maintenant dans la discussion du rapport de M. Godart est frappé de voir que son auteur, sur plusieurs points importants, préfère proposer le maintien de la législation allemande en vigueur plutôt que d'introduire dès maintenant le régime français. D'après lui, une telle procédure n'est justifiée qu'en cas d'absolue nécessité. Tenant compte des immenses avantages qu'amènera la réunion de l'Alsace-Lorraine à la France, il préférerait perdre dans beaucoup de cas le bénéfice d'une législation à certains points de vue meilleure, plutôt que de maintenir sans une nécessité absolue le régime actuel qui d'après lui n'a pas réellement passé dans les mœurs et dont le respect ne lui paraît pas du tout nécessaire. Tous les travaux de la Conférence tendent jusqu'à présent au rétablissement des départements français en Alsace-Lorraine et il ne faut rien faire qui puisse impliquer la survie d'une entité spéciale d'Alsace-Lorraine à laquelle M. Blumenthal est nettement hostile, ou même tendre à un régime spécial pour ces trois départements.

Seuls les droits acquis ont des titres et doivent être respectés, mais l'on doit éviter avec soin tout ce qui risque de créer de nouveaux droits acquis. L'on ne doit donc prendre que des mesures strictement transitoires pour amener le régime alsacien au régime français et non chercher, comme le propose en plusieurs cas M. Godart, une stabilisation ou un régime dit temporaire, mais qui tend à devenir définitif.

M. Kammerer, sans entamer aucune discussion sur l'opinion de M. Blumenthal quant au régime définitif de l'Alsace-Lorraine, c'est-à-dire quant au maintien éventuel à titre provisoire d'une entité d'Alsace-Lorraine ou au rétablissement pur et simple du système administratif des départements français, rappelle que la Conférence n'a pas abordé jusqu'à présent la discussion de ce problème. Elle fait, par une sorte d'inventaire, le tour des questions, et ce n'est qu'à la fin de ses travaux qu'elle sera en mesure de voir si la somme des législations divergentes à maintenir et les problèmes politiques à résoudre doit l'amener à proposer tel ou tel régime définitif. On ne peut donc faire état jusqu'à présent des tendances de la Conférence en faveur de tel ou tel régime définitif.

M. Barthou confirme qu'à son avis, le problème du régime définitif de l'Alsace-Lorraine ne pourra être résolu qu'à la fin des travaux de la Conférence.

M. Godart, revenant aux critiques de M. Blumenthal sur les tendances de son rapport, ne croit pas s'être écarté beaucoup des idées qu'il a exprimées. Mais, loin de penser comme lui, que les lois sociales et ouvrières alsaciennes-lorraines ne sont pas entrées dans les mœurs, il avait cru comprendre au contraire qu'après certaines résistances du début les populations ouvrières et agricoles avaient reconnu les avantages de la législation à laquelle on les avait soumises. Il lui avait paru notamment que l'obligation stricte en matière d'assurances était complètement respectée et de bonne volonté. D'ailleurs les exceptions qu'il propose ne sont jamais bien éloignées du régime français et on ne pourra dire qu'il existera en France deux systèmes nettement différents en matière de réglementation du travail et de lois sociales.

D'après M. WETTERLÉ, cette législation ouvrière est complètement entrée dans les mœurs. Il ne voit pas quant à lui pourquoi les Alsaciens-Lorrains devraient être soumis au régime français lorsque ce dernier est reconnu moins bon par tout le monde. Il ne s'agit pas de maintenir un particularisme d'Alsace-Lorraine qui ne serait plus justifié après le retour à la France, il s'agit seulement d'examiner chaque cas individuellement et de maintenir, sauf empêchement ou sauf raison sérieuse, le meilleur système. Cela ne constituera d'ailleurs qu'un régime provisoire et transitoire en vigueur pendant un nombre d'années limité.

M. SOUCHON dit que cependant il faut retenir des observations de M. Blumenthal que deux systèmes de travail se présentent à nous. Le premier consiste à comparer en chaque matière les deux législations française et allemande et à maintenir la meilleure. Mais ce système a l'inconvénient de se présenter comme une critique de la législation française et n'est pas acceptable. Il vaut mieux nous en tenir au second qui part du principe que l'Alsace-Lorraine, du fait de sa réintégration dans la souveraineté française, doit être soumise au régime français. Notre travail consistera alors à examiner s'il existe des raisons, des éléments de fait suffisants pour penser que les Alsaciens-Lorrains sont tellement attachés au système actuel qu'il y a lieu de le maintenir.

M. LIARD estime que c'est cette dernière méthode qui a été suivie jusqu'à présent par la Conférence, qui, dans bien des cas, notamment en matière d'instruction publique, a maintenu cependant le système existant.

M. SOUCHON n'en disconvient pas, mais craint que le rapport de M. Godart ne soit inspiré de tendances légèrement différentes.

M. DE WENDEL ne verrait pas d'inconvénient au maintien, dans bien des cas, d'une législation locale sur des points spéciaux, quand elle a fait ses preuves. Ce maintien n'aurait lieu d'ailleurs que pour une période aussi courte que possible.

La Conférence d'Alsace-Lorraine s'ajourne au lundi 21 mai, à 2 h. 30, pour la discussion du rapport de M. Godart.

QUINZIÈME SÉANCE

TENUE AU MINISTÈRE DES AFFAIRES ÉTRANGÈRES

SOUS

LA PRÉSIDENCE DE M. BARTHOU

LE 31 MAI 1915.

Absents et excusés : MM. Bluzet, Ferdinand Dreyfus, Touron, Liard, Berthelot, Bellin, A. Thomas et Weill.

Les procès-verbaux des treizième et quatorzième séances sont adoptés.

M. le Président remercie M. Kammerer de l'envoi d'un rapport dactylographié sur les principes applicables en matière d'unification des législations alsacienne et française, rapport qui sera discuté ultérieurement.

Il donne la parole à M. Tirard pour la lecture d'une note sur l'état actuel de l'enseignement public dans les régions occupées par la France en Alsace-Lorraine. Ce travail vise surtout le fonctionnement des écoles alsaciennes dans le cercle de Thann et Massevaux après cinq mois d'occupation par nos troupes : il s'en dégage que le personnel enseignant complété par des éléments empruntés à l'armée se montre tout à fait à la hauteur de sa tâche et que, se pliant aux nécessités de la guerre, il a su faire respecter dans toute la mesure compatible avec l'état de guerre, l'assiduité scolaire si stricte d'après les lois allemandes et en même temps il s'est ingénié à donner aux adultes de larges facilités pour développer leur connaissance de la langue française. Les instituteurs et institutrices ont mis un grand zèle à accepter les postes les plus exposés. Ils ont suivi leurs élèves, quand il l'a fallu, dans des déplacements nécessités par les opérations militaires. D'autre part, l'Administration s'est évertuée à leur procurer les livres d'enseignement en français dont ils manquaient; elle se propose de créer des bibliothèques scolaires communales et de petits musées scolaires cantonaux. Enfin, elle se préoccupe d'assurer à la fin de l'année scolaire un programme de remplacement pour les examens de maturité.

M. le Président propose de faire parvenir, par les soins de M. Tirard, qui se rend en Alsace, à l'administrateur du cercle de Thann, les félicitations de la Conférence pour le succès de ses efforts en matière d'enseignement public.

M. LE PRÉSIDENT rappelle que M. Kammerer a rassemblé les résolutions votées, au cours de diverses séances, par la Conférence, sur les impôts en Alsace-Lorraine. L'examen de cette série de résolutions montre que des modifications de forme s'imposeraient pour en faire un tout homogène. Il propose de confier à M. Sergent ce travail de revision, qui fera apparaître en outre si l'ensemble du problème a bien été traité.

M. SERGENT accepte de se charger de cette revision.

M. LE PRÉSIDENT appelle la discussion du rapport de M. Godart sur la réglementation du travail, les assurances ouvrières et les lois sociales.

Il met aux voix la première résolution suivante (page 4) :

En Alsace-Lorraine, l'âge d'admission des enfants au travail sera fixé à 14 ans.

Aucune objection n'étant présentée, *cette résolution est adoptée.*

M. BARTHOU met aux voix la résolution suivante :

Le régime des lois de 1848 et de 1900 sera substitué à celui de la Gewerbeordnung pour les enfants, les femmes et les hommes adultes.

La proposition est adoptée sans discussion.

M. BARTHOU donne lecture de la phrase suivante :

Toutefois, il conviendra de conserver les dispositions de la loi allemande, qui fixe à huit heures pour les femmes la durée de la journée de travail des samedis et veilles de fêtes.

M. SORENON fait observer que, d'après la loi française de 1900, les hommes adultes, dans les ateliers mixtes où travaillent en même temps des femmes et des adolescents, sont soumis aux mêmes règles que ces femmes et enfants. L'adoption de la réserve ci-dessus proposée rompra l'unité de la règle du travail, puisque les femmes ne pourront fournir les samedis et veilles de fêtes que huit heures de travail. Cela impliquerait à son avis qu'on fixât aussi la journée de travail des hommes ces jours-là à un maximum de huit heures.

M. GODART accepterait volontiers cette disposition libérale; toutefois, il rappelle que la Commission du travail, dont il fait partie, n'a pas osé aller jusque-là et n'a pas proposé la semaine anglaise pour les hommes.

M. WETTERLÉ dit qu'en fait, l'application de la règle de huit heures de travail pour les femmes à certains jours a entraîné dans les tissages alsaciens la fermeture totale des ateliers ces jours-là à l'heure où les femmes s'en vont, car les hommes, lorsqu'ils sont aidés dans leur travail par des femmes, ne peuvent continuer à travailler après leur départ.

M. DE WENDEL pense que, même s'il en est ainsi, il serait fâcheux de prendre ici une résolution plus libérale que la loi d'Alsace-Lorraine, déjà plus libérale que la nôtre. Ce serait aggraver les divergences entre le système français et le système alsacien, alors surtout que la semaine anglaise n'est pas entrée dans les mœurs.

M. BARTHOL suggère que la Conférence s'en tienne au texte proposé par le rapport de M. Godart.

Ce texte est adopté.

M. LE PRÉSIDENT appelle la discussion de la proposition suivante visant la réglementation du commerce ainsi libellée :

Il convient de maintenir en Alsace-Lorraine la législation relative au repos des employés et à la fermeture des magasins.

Cette résolution est adoptée sans débat.

*
* *

La Conférence aborde la discussion de la seconde partie du rapport de M. Godart, visant les assurances sociales.

La première résolution proposée (page 10) est la suivante :

Il convient de conserver en Alsace-Lorraine l'assurance-maladie, l'assurance contre les accidents agricoles, l'assurance des invalides et des survivants telles qu'elles ont été établies par la loi allemande du 19 juillet 1911.

M. WETTERLÉ dit que le même sujet a été traité déjà à la Commission Siegfried et que M. Fuster, professeur au Collège de France, un spécialiste des assurances sociales, a donné des conclusions qui ne concordent pas absolument avec celles de M. Godart.

Il se prononce lui aussi, pour le maintien de l'assurance-maladie, mais pour l'assurance des invalides et survivants, il se prononce en faveur du système français; or, il y a une grande différence entre les deux systèmes, la loi française mettant à la charge du patron le risque professionnel, tandis que la loi allemande l'oblige seulement à s'assurer.

M. le Président propose de ne pas se prononcer sur toutes les assurances en même temps et de les examiner l'une après l'autre. La première en discussion est l'assurance-maladie, à l'égard de laquelle M. Fuster est du même avis que M. Godart, et se prononce pour son maintien.

M. Godart pense qu'il est préférable de se prononcer successivement. Cependant, en Allemagne, les assurances ont des liens entre elles. C'est ainsi que l'accidenté relève d'abord pendant 26 semaines de l'assurance-maladie, ce n'est qu'après qu'il relève de la loi sur les accidents.

M. Wetterlé remarque que, précisément, M. Fuster propose de soustraire l'accidenté à la caisse-maladie.

M. Souchon trouve qu'il faudrait éviter de mêler en Alsace-Lorraine les systèmes d'assurances français et allemand, de peur de créer deux régimes industriels différents, l'un pour la France, l'autre pour l'Alsace-Lorraine. Cela amènerait par exemple à distinguer entre les ouvriers alsaciens-lorrains et les ouvriers venus de France. Comment procédera-t-on lorsqu'un Alsacien va travailler en France et *vice versa*? Même en s'inspirant uniquement du respect des mœurs et traditions de l'Alsace, on ira quelquefois contre ses intérêts. C'est ainsi qu'en France le droit à la retraite est acquis à 60 ans, quelquefois même à 55 ans, alors qu'en Alsace il ne l'est qu'à 70 ans. Les Alsaciens auraient dans l'espèce à gagner au régime français. Enfin les taux sont plus élevés en France, où les pensions peuvent atteindre 495 francs à 65 ans si l'on verse depuis l'âge de 18 ans, qu'en Allemagne, où la prime oscille entre 160 et 230 marks.

Le domaine de l'assurance obligatoire paraît d'ailleurs à M. Souchon une question touchant de très près à l'ordre public et cette raison l'incline à penser qu'il faut introduire en Alsace-Lorraine presque la totalité du système français, avec maintien seulement des institutions qui n'ont pas d'analogue en France, comme par exemple l'assurance agricole.

M. Théodore Tissier renforce encore les conclusions de M. Souchon. Cette question englobe celle de savoir si la France admettra le maintien d'une législation particulière locale. Il ne faut maintenir les lois allemandes qu'à titre exceptionnel; autrement les droits acquis augmenteront constamment et la situation ne pourra plus jamais être liquidée. C'est, en principe, la législation de la France qu'il convient d'appliquer et pour cela il faut tâcher d'absorber les institutions locales.

M. Helmer dit qu'en manière d'assurances tous les intéressés ont déjà des droits acquis.

M. Veber se rallie à l'opinion de MM. Souchon et Tissier. Il lui semble que la Conférence subit un certain flottement quant à sa jurisprudence. Il demande que toutes les résolutions prises conservent un caractère provisoire jusqu'à ce que la Conférence ait pu, en fin de travaux, les reviser et voir s'il n'y aurait pas lieu finalement de modifier beaucoup de solutions impliquant le maintien de la législation locale.

M. Kammerer dit qu'il a précisément proposé cette procédure dans sa note.

M. Veber pense qu'il n'y a lieu de maintenir la législation locale que lorsqu'il s'agit d'une institution reconnue bonne qui n'a pas d'analogue en France. Dans les autres cas, comme dans celui de l'assurance-accidents, des retraites ouvrières, etc., il est partisan du régime français.

M. le Président dit que rien ne s'oppose à ce que les décisions de la Conférence soient considérées comme provisoires : c'est l'opinion de plusieurs membres de la Conférence et la sienne propre.

M. Théodore Tissier est du même avis.

M. de Wendel, en ce qui concerne le fond de la discussion, n'est pas partisan de poser en principe l'application de la législation française sur les assurances sociales. Il préfère s'en tenir aux conclusions du rapporteur dont les idées ont été longuement discutées et approuvées en sous-commission. Non pas que le passage à la loi française de 1898 paraisse absolument impossible; mais, si l'on ne veut pas inquiéter la population locale accoutumée au système actuel, il faut ménager, pendant une période à déterminer, une période de transition qui ne peut être que la législation actuelle.

M. Blumenthal se range à l'avis de MM. Veber, Souchon et Tissier. Il ne peut que répéter ce qu'il a déjà dit à plusieurs reprises et notamment au cours de la dernière séance sur la nécessité d'introduire de suite et aussi largement que possible le système français. Il ne faut pas laisser s'éterniser des divergences de législation. Il ne faut pas davantage exagérer l'affection des populations pour le système actuel. Il se souvient, quant à lui, des nombreuses réclamations produites pendant des années contre la nécessité de coller des timbres d'assurances. Pour ces raisons, il renoncerait volontiers à conserver les caisses de maladie, qui, sans être inutiles, ne présentent pas cependant tout l'intérêt qu'on a dit.

M. l'abbé Wetterlé s'élève contre cette affirmation. Les caisses de maladie rendent les plus signalés services : les patrons sont obligés de verser la moitié des cotisations. Elles assurent contre le chômage de maladie pendant 26 semaines. Si on les liquidait, on ne voit pas comment on restituerait aux patrons la part qu'ils ont versée. Il faudrait donc les laisser subsister, sauf à décider qu'elles ne recevront plus de nouveaux associés, ce qui d'ailleurs rendrait leur fonctionnement rapidement impossible.

M. BLUMENTHAL estime que cette difficulté serait faible à côté de celle que présentera la liquidation de la caisse d'Empire des assurances en matière d'accident.

M. GODART dit qu'après avoir écouté avec soin les arguments développés, il persiste dans ses conclusions. S'il a insisté sur le maintien des institutions alsaciennes, c'est qu'elles peuvent très bien subsister seules. Les caisses de maladie, les assurances agricoles, celles des invalides et survivants sont autonomes, ont leur patrimoine propre, leurs règles locales. Or tout le monde paraît d'accord pour maintenir l'assurance-maladie, qui est si utile; cependant elle repose sur un principe très différent du nôtre puisqu'en Alsace-Lorraine le patron est assujetti à s'assurer et la cotisation est à sa charge, tandis qu'il en est autrement chez nous. Il y a tout autant de raisons pour maintenir l'assurance agricole et celle des invalides et survivants. M. Godart n'est pas convaincu par la distinction consistant à dire que seules devront être maintenues les assurances qui n'ont pas d'équivalent en France.

M. Théodore TISSIER désire, avant de se prononcer sur le maintien de l'assurance-maladie, savoir quel sera le régime de l'ouvrier qui passera de France en Alsace ou *vice versa*.

M. GODART ne trouve pas le problème très difficile à résoudre. Supposons un Breton non mutualiste qui vient travailler en Alsace. Il se trouve soumis au régime alsacien de l'obligation. S'il est mutualiste en France, sa société le mettra « en subsistance », comme cela se fait entre sociétés, à la caisse alsacienne. Si au contraire un Alsacien vient travailler en France, la caisse alsacienne le mettra « en subsistance » à une mutuelle française de la ville où il travaille.

M. HELMER pense également que le cas n'est pas difficile à régler. Il se présente fréquemment en Alsace pour des Italiens venant travailler et qui sont *ipso facto* soumis à l'obligation. L'assurance-maladie est mensuelle, son caractère est essentiellement temporaire : si l'assuré n'a pas été malade dans le mois, sa prime est acquise à la caisse, par suite aucune question de liquidation ni de capitalisation ne se pose.

M. de Wendel appuie l'argument de M. Helmer. Les Italiens d'Alsace sont jeunes, non mariés, ils ne grèvent que très peu les caisses et au contraire les alimentent par suite de l'obligation patronale : ce système a seulement pour conséquence de rendre la cotisation plus faible, puisqu'elle a le caractère d'une répartition à fin d'exercice.

M. L. Barthou *met aux voix le maintien de l'assurance-maladie telle qu'elle a été établie en Alsace-Lorraine par la loi du 19 juillet 1911.*

Ce maintien est adopté à une grande majorité.

M. Godart demande à la Conférence d'adopter la même solution en ce qui concerne les assurances agricoles, qui sont sans analogue dans le droit français.

M. l'abbé Wetterlé opine pour leur maintien en raison de leur incontestable utilité, tout en rappelant que les petits patrons agricoles maudissent cette assurance.

La Conférence décide à une grande majorité *le maintien de l'assurance agricole telle qu'elle fonctionne en Alsace-Lorraine, en vertu de la loi du 19 juillet 1911.*

M. le Président appelle la discussion sur l'assurance des invalides et survivants qui, elle, a un équivalent dans la législation française.

M. Godart admet que le tarif des retraites ouvrières françaises est plus avantageux dans certains cas, mais malheureusement cette loi n'est pas observée. Il propose le maintien de l'institut national alsacien d'assurance pour les invalides et survivants qui fonctionne avec régularité.

La loi alsacienne a un mécanisme tout autre que la loi française : au lieu d'opérer comme une loi de retraites, ce qui est le but de la loi française, elle fonctionne surtout comme loi d'invalidité : la plupart des associés, au lieu d'attendre l'âge de 70 ans pour toucher leur retraite, font liquider leur pension bien avant. Ils le peuvent dès que leur salaire tombe au tiers de ce qu'il était normalement. Or, la retraite-invalidité est plus considérable que celle de la loi des retraites ouvrières et paysannes. Elle oscille entre 116 et 330 marks et nous n'avons rien de semblable. On peut, avec la loi allemande, dès l'âge de 18 ou 20 ans, être invalide. Il y a de grands avantages qui contrebalancent les avantages de la retraite à 60 ans et même à 55 ans de la loi française.

M. Helmer rappelle que cette assurance est intimement liée aux précédentes : elles forment un tout fonctionnant avec leurs propres recettes; mais la dernière se différencie des autres assurances déjà étudiées par le fait que l'Empire fournit une quote-part de 5o marks par assuré, c'est ce fait qui lui est spécial. Il y aura donc à la paix une ventilation à établir pour cette quote-part de l'Empire. Sous réserve de cette liquidation assez délicate, M. Helmer préférerait l'introduction du système français.

M. Théodore Tissier demande si l'assurance des invalides et survivants s'applique à tous les ouvriers, notamment aux ouvriers mineurs.

M. Godart répond que non. Il y a, comme en France, une caisse tout à fait autonome pour les mineurs, et le problème sera étudié ultérieurement.

M. Veber est opposé au maintien de l'assurance des invalides et survivants, sa disparition entraînant l'application du régime français de la loi sur les retraites ouvrières et paysannes, qui a, quoique très différente, ses grands avantages.

M. de Wendel estimerait regrettable de décider la suppression du régime actuel : vu le caractère très technique et la grande complexité du problème, si la législation actuelle disparaît, il n'y aura pratiquement plus de législation du tout. Il faut en admettre le maintien, au moins pour une certaine période.

M. Tirard est tout à fait d'avis qu'il faut introduire sur ce point la législation française en Alsace, en raison des complications qu'amènerait un régime industriel différent chez nous et en Alsace, mais cependant la nécessité d'identifier les deux législations ne fait nullement disparaître la nécessité d'une période transitoire, l'impossibilité d'introduire la loi française le jour même de la paix.

M. Veber demande si le rapporteur ne pourrait examiner à nouveau la question et tâcher de voir si le régime alsacien ne trouverait pas complètement en France, son équivalent, par exemple, en matière d'invalidité, dans la législation sur les infirmes et incurables.

M. Blumenthal dit qu'en Alsace les deux problèmes n'ont rien de commun. Vu le principe de l'obligation stricte, la pension d'invalidité ou de retraite est un droit absolu pour l'assujetti, mais les lois de bienfaisance qui mettent les indigents à la charge des communes ne constituent qu'une obligation des communes, non un droit ferme des intéressés : il faut d'abord qu'ils soient reconnus comme indigents.

M. Veber estime qu'en tout cas le système français des incurables a l'avantage d'être entièrement gratuit.

M. Godart ne pense pas que ce soit une supériorité : il y a un abîme entre la prévoyance sociale, qui fonctionne à titre onéreux et favorise la dignité humaine, et la charité qui relève de la pitié. D'ailleurs si la rente d'invalidité allemande oscille de 116 à 330 marks, la pension française n'est pas forcément supérieure. Il est vrai qu'elle peut atteindre 360 francs à Paris, mais en province, elle peut descendre à 150 francs et même à 100 francs.

M. Godart accepte d'ailleurs volontiers que le maintien de l'assurance des invalides et survivants ne soit décidé qu'à titre temporaire.

M. Veber préférerait que l'institution fût habillée d'un nom français.

M. Théodore Tissier demande, si tout le monde reconnaît à son maintien un caractère purement transitoire, qu'il en soit fait état dans la formule employée, sans quoi ce maintien paraîtrait avoir une portée illimitée.

M. Souchon propose la rédaction suivante :

On appliquera en Alsace-Lorraine la loi sur les assurances ouvrières et paysannes dès que cela sera possible. En attendant, l'assurance des invalides et des survivants sera maintenue telle qu'elle a été établie par la loi allemande du 19 juillet 1911.

Cette rédaction est adoptée à l'unanimité.

La discussion de la suite du rapport de M. Godart est ajournée à la prochaine séance.

M. le Président donne lecture d'un projet de lettre qu'il se propose d'adresser à M. le Président du Conseil pour lui rappeler que la Conférence désirerait savoir si la méthode de ses travaux s'inspire bien des intentions du Gouvernement français.

Ce projet de lettre est adopté.

M. Helmer tient à faire connaître à la Conférence qu'il a pu constater au cours de son récent voyage à Londres, que les Alsaciens-Lorrains sont traités en Angleterre en « enemy aliens », étrangers ennemis, sans distinction avec les Allemands. Il a recueilli des plaintes à ce sujet et croirait utile que le Gouvernement français signalât cette situation au bienveillant intérêt du Gouvernement britannique en vue d'une discrimination à établir.

M. Wetterlé confirme cette regrettable confusion.

M. L. Barthou dit qu'il avait déjà été mis au courant de cet état de choses.

Il propose à la Conférence d'adresser à M. le Ministre des Affaires étrangères une lettre conforme aux désirs très légitimes de M. Helmer et demandant que les Alsaciens-Lorrains authentiques fussent renvoyés en France.

Cette proposition est adoptée.

*
* *

La sous-commission de Justice se réunira le samedi 5 juin, à 3 heures, au Ministère de la Justice.

La Conférence d'Alsace-Lorraine se réunira le lundi 7 juin, à 2 heures 30, au Ministère des Affaires étrangères.

SEIZIÈME SÉANCE

TENUE AU MINISTÈRE DES AFFAIRES ÉTRANGÈRES

SOUS

LA PRÉSIDENCE DE M. BARTHOU

LE 7 JUIN 1915.

Absents et excusés : MM. BERTHELOT, BELLIN, THOMAS, TIRARD et WEILL.

M. LE PRÉSIDENT appelle la suite de la discussion du rapport de M. Godart en matière d'assurances et lois sociales.

M. GODART donne lecture du libellé qu'il a préparé pour tenir compte de la décision de la Conférence au cours de la séance du 31 mai, en matière d'assurances sur la maladie, contre les accidents agricoles et des invalides et survivants.

Cette rédaction, légèrement différente de celle qui figure au procès-verbal de la séance, est la suivante :

Il convient de conserver en Alsace-Lorraine l'assurance-maladie, l'assurance contre les accidents agricoles, telles qu'elles ont été organisées par la loi allemande.

On appliquera la loi française sur les retraites ouvrières et paysannes dès que cette application sera pratiquement possible. Jusque-là, on conservera en Alsace-Lorraine l'assurance des invalides et survivants, comme elle est organisée par la législation allemande.

Cette rédaction est adoptée pour être substituée à celle du dernier procès-verbal.

M. GODART donne lecture de la conclusion concernant les assurances contre les accidents industriels, ainsi libellée :

Il convient de maintenir en Alsace-Lorraine l'assurance contre les accidents industriels organisée corporativement avec l'obligation pour les patrons de faire partie de la corporation limitée à l'Alsace-Lorraine, sauf la faculté pour les corporations alsaciennes-lorraines de fusionner avec les caisses corporatives françaises d'assurance contre les accidents. Une liquidation du fonds de réserve institué en 1884 devra être prévue dans le traité de paix.

M. Wetterlé demande l'adjonction de la phrase suivante :

Les risques accidents seront éliminés des obligations des caisses de malades, l'assurance française assurant des indemnités aux victimes d'accidents dès le moment où l'accident se produit.

Ces deux propositions ne soulevant aucune objection, sont adoptées.

M. Barthou donne lecture de la conclusion suivante, ainsi libellée :

Il convient de liquider l'assurance-invalidité instituée spécialement pour les employés, par la loi du 20 décembre 1912 et pour laquelle des cotisations ont été versées. Ces cotisations seront restituées aux ayants droit.

Cette proposition est adoptée.

Sont également adoptées sans débat les deux résolutions suivantes :

Il convient de maintenir les tribunaux arbitraux en matière d'assurances établis à Strasbourg, Metz, Colmar et Mulhouse et de porter l'appel de leurs décisions devant une Chambre spéciale du tribunal arbitral de Strasbourg.

Pendant la période d'occupation, il importe de payer, au moyen d'avances à récupérer par l'État français, les indemnités pour accidents du travail, les rentes d'invalidité et de vieillesse acquises par les Alsaciens-Lorrains résidant en territoire occupé et de faire fonctionner, dès que cela sera possible, et sans attendre le traité de paix, les caisses locales de maladie.

M. le Président appelle la discussion des propositions sur l'enseignement technique.

Ces propositions sont ainsi libellées :

1° Les écoles de perfectionnement d'Alsace-Lorraine continueront à exister et recevront largement les subventions nécessaires à leur entretien ;

2° Les municipalités conserveront le pouvoir d'imposer aux ouvriers et ouvrières mineurs de 16 ans, sous la responsabilité du patron, la fréquentation de ces écoles ;

3° Il est désirable que l'école technique et l'école des arts décoratifs de Strasbourg soient maintenues.

Ces propositions sont adoptées.

M. le Président donne lecture de la proposition sur les *métiers*, ainsi libellée :

Il est désirable que les artisans d'Alsace-Lorraine continuent à pouvoir se grouper en corporations et que subsistent les corporations créées présentement ainsi que les chambres de métiers.

M. l'abbé Wetterlé dit que la loi permet aux artisans de décider eux-mêmes, par un vote à la majorité, s'ils se constitueront en corporations. Ce n'est pas une obligation stricte pour eux, mais l'obligation s'impose, même à ceux qui ont voté contre, lorsque la majorité en a décidé la création. D'ailleurs, cela ne s'applique qu'aux petits métiers : coiffeurs, cordonniers, charpentiers, tonneliers, etc.

M. Godart dit qu'il recommande ce système parce qu'il ne s'agit nullement de rétablir les maîtrises et jurandes de l'ancien régime. En réalité, tous les artisans peuvent s'établir à leur compte sans être ni maîtres, ni compagnons. La seule distinction entre les maîtres et ceux qui ne le sont pas est que, seuls les maîtres peuvent former des apprentis, mais ils peuvent engager et utiliser n'importe quel ouvrier ou artisan.

M. F. Dreyfus demande comment cela se concilierait avec la loi de 1884 sur les syndicats professionnels.

M. Godart dit que le syndicat n'est pas obligatoire, et la corporation ne le devient que par le vœu de la majorité. Les intéressés resteront donc libres de former des syndicats à côté des corporations.

Au point de vue des chiffres, il y a en Allemagne 3,000 corporations obligatoires avec 218,400 membres, contre 8,147 corporations libres, avec plus de 10 millions de membres. Il n'y a, dans toute l'Allemagne, que 63 chambres de petits artisans. Ces chiffres montrent qu'il s'agit d'une institution à faible développement.

M. Souchon complète ces chiffres pour l'Alsace, d'après les *Statistische Jahrbücher*. Il n'y avait en 1912 que 3,033 maîtres membres de corporations. L'institution n'a donc qu'une faible portée. Le chiffre n'augmente pas, il a plutôt tendance à diminuer.

M. Blumenthal estime qu'on n'a pas examiné d'assez près la portée de la constitution, par le vœu des intéressés, des corporations. Il faudrait se reporter au texte de la loi et s'assurer si vraiment elle n'a pas d'autres conséquences que la possibilité pour les maîtres de former des apprentis.

La conférence demande à M. Godart d'étudier la loi allemande et de fournir à la prochaine séance les propositions que comportera son examen du problème.

M. le Président appelle la discussion de la résolution concernant la liberté du commerce.

Cette résolution visant uniquement les pharmaciens (profession réglementée) est ainsi libellée :

« Si le commerce de la pharmacie devient libre en Alsace-Lorraine, les indemnités à payer seront réparties d'après des règles à établir, sur les concurrents venant s'installer dans le périmètre d'une pharmacie concédée avant les hostilités. »

M. Wetterlé explique le régime des pharmacies : la pharmacie n'est pas libre en Alsace-Lorraine. Les pharmaciens établis (à raison d'un pour 7,000 habitants environ) ont un monopole et nul ne peut leur faire concurrence. Ils ont de grands avantages contrebalancés par quelques charges. Ainsi, pour certains produits, ils sont soumis à un prix minimum (afin de ne pas nuire à la qualité), pour d'autres, au contraire, il y a un prix maximum. La qualité est surveillée avec une extrême sévérité. Ils ne peuvent changer de local sans l'autorisation de l'Administration, ce qui les met, en fait, dans la dépendance de leurs propriétaires au point de vue des loyers.

Depuis 1903, l'État a accordé des autorisations personnelles à des pharmaciens, lorsqu'il s'est trouvé un excédent de population. Ces pharmaciens, en nombre très restreint, n'ont pas de monopole ; leurs héritiers, à leur mort, ne peuvent revendre leur officine qui n'est pas un fonds de commerce, mais une véritable concession gracieuse. L'État donne ensuite la place vacante à qui il veut, moyennant une très faible redevance, tandis que les pharmacies ordinaires se revendent à des prix très élevés, voisins de 300,000 M, qui sont acquis tout entiers aux ayants droit.

M. Veber propose, en cas d'introduction immédiate de la liberté du commerce des pharmacies, de compenser les pharmaciens actuels seulement au moment de leur mort, par une indemnité aux ayants droit. Le successeur achèterait l'officine selon un prix librement débattu puisque le commerce serait libre, mais l'officine ayant perdu de sa valeur, la dépréciation serait mise à la charge d'une caisse commune des pharmaciens.

M. de Wendel préférerait que le monopole fût maintenu pendant quelques années, de manière à laisser aux pharmaciens le temps d'amortir leur monopole.

M. Wetterlé pense qu'il ne faut pas parler d'amortissement. Le pharmacien, au cours de sa profession, cherche à amortir son capital, mais non la valeur de son monopole, puisque c'est cette valeur qui lui fait revendre si cher sa boutique. M. Wetterlé préférerait que l'État rachetât le privilège des pharmaciens quitte à se rattraper sur les nouveaux pharmaciens.

M. Denys Cochin ne comprend pas pourquoi c'est toujours l'État qui doit faire l'avance des sommes exigées par des opérations de rachat : d'après lui, c'est aux nouveaux pharmaciens à dédommager les anciens selon des règles à fixer, mais sans intervention pécuniaire de l'État.

Si, par exemple, on fixe un délai d'un certain nombre d'années pour la durée du monopole, on saura chaque année, par une table d'amortissement, ce que vaut le monopole ; dès lors, si un nouveau pharmacien s'établit, il remboursera à celui auquel il fait tort la valeur de ce monopole d'après l'année où il s'établit. Si un troisième pharmacien vient s'établir, il remboursera selon l'année de son établissement la valeur du monopole aux deux premiers et ainsi de suite.

Après un échange d'idées la discussion est renvoyée après la séance. La sous-commission des lois sociales se réunira immédiatement et se mettra d'accord pour proposer une rédaction à la Conférence.

Le Président appelle la discussion des propositions sur le crédit populaire, ainsi libellées :

Les Darlehenskassen alsaciennes-lorraines continueront à subsister, leur quote-part de la caisse centrale de Berlin devant leur être remise après liquidation. Les Vorschusskassen devront être liquidées.

M. Laugel donne lecture, touchant la proposition ci-dessus, de la note suivante :

En Alsace-Lorraine, le crédit mutuel agricole s'est développé sous une triple forme :

1° Sous la forme de caisses constituées selon le système Raiffeisen (*Spar- und-Darlehenskassen*);

2° Sous la forme de caisses rattachées à un groupement autonome spécial dit *Revisionsverband* ;

3° Sous la forme de caisses d'avance officielles (Vorschusskassen) qui ont été créées par la loi du 18 juin 1887, pour faciliter le crédit au petit commerce et à l'agriculture.

Les caisses Raiffeisen, de beaucoup les plus nombreuses, sont rattachées à une caisse centrale constituée à Strasbourg ; et la caisse de Strasbourg est elle-même affiliée à l'union générale des caisses Raiffeisen dont le siège était autrefois à Neuwied et qui est aujourd'hui transféré à Berlin. C'est à l'Union générale à Berlin que sont centralisés les fonds provenant de la petite épargne alsacienne-lorraine qui n'ont pas trouvé leur utilisation en Alsace-Lorraine. Il conviendra, par conséquent, d'introduire dans le traité de paix une clause stipulant que les sommes confiées à l'Union générale berlinoise par les mutuelles agricoles de crédit d'Alsace-Lorraine, dites Caisses Raiffeisen, fassent retour à la Centrale de Strasbourg qui devra devenir indépendante de Berlin.

Les Caisses affiliées au *Revisionsverband* versent leurs fonds disponibles à la Caisse des dépôts et consignations, à Strasbourg, qui, elle-même, fait ses placements en achats de titres émis par les villes ou les États allemands. La liquidation de cette caisse sera une opération difficile à cause de la dépréciation forcée que subiront ces titres; et là encore, il y aurait à prévoir des compensations nécessaires pour que les intérêts de la France venant à se substituer à ceux de l'Alsace-Lorraine, ne soient pas lésés. Il conviendrait, enfin, de réunir dans un même groupement toutes les caisses de crédit agricole d'Alsace-Lorraine, qu'elles appartiennent soit à l'organisation Raiffeisen, soit à celle de Revisionsverband, et de créer ainsi un office central unique de crédit agricole pour l'Alsace-Lorraine.

Quant aux caisses d'avances officielles (Vorschusskassen) qui puisent leurs fonds à la Caisse des dépôts et consignations, sous la garantie des communes, on pourrait purement et simplement les supprimer parce qu'en général elles n'ont donné que des déboires. Leur liquidation, toutefois, sera difficile, parce qu'en 1912 il existait, en Alsace-Lorraine, 49 de ces caisses intéressant 431 communes et devant, ensemble, près de 7 millions de marks à la Caisse des dépôts et consignations. La politique n'ayant pas été étrangère à la création de ces caisses, il y a lieu de redouter que bien des créances ne seront plus recouvrables, et il sera peut-être difficile de faire appel à la garantie communale. De nouveaux dédommagements seront donc, sans doute, à prévoir.

La Commission propose donc à la Conférence d'émettre un double vœu :

1° *Les sociétés de crédit agricole continueront à exister; mais on aura soin de tenir compte des observations suivantes: les sommes que les caisses dites Raiffeisen auront, par l'intermédiaire de la Centrale de Strasbourg, versées à l'Union générale à Berlin devront être restituées par cette dernière.*

La situation des caisses affiliées au Revisionsverband sera réglée en ayant égard aux obligations contractées vis-à-vis d'elles par la Caisse des dépôts et consignations d'Alsace-Lorraine.

Enfin on s'efforcera de réunir sous une même direction les caisses appartenant aux deux organisations rivales.

2° *Les Vorschusskassen devront être liquidées.*

La proposition est mise aux voix et adoptée sans discussion pour remplacer celle du rapport de M. Godart.

M. le Président donne lecture de la dernière proposition du rapport de M. Godart, visant l'épargne : « *Il est désirable que les caisses d'épargne soient replacées sans tarder sous le régime français* ».

Cette proposition est adoptée.

L'ordre du jour de la prochaine séance, fixée au 14 juin, est le suivant :

1. Fin de la discussion du rapport de M. Godart (question des corporations et des pharmacies).

2. Discussion d'un rapport de la sous-commission de Justice sur l'organisation provisoire de la justice en Alsace-Lorraine.

3. Exposé de la question cultuelle par MM. Wetterlé et Blumenthal.

La sous-commission de Justice se réunira le samedi 12 juin au Ministère de la Justice.

*
* *

La sous-commission des Lois sociales se réunit sitôt la séparation de la Conférence pour discuter à nouveau la question des pharmacies.

Prennent part à la discussion : MM. Denys Cochin, Helmer, Weber, Godart, Wetterlé, de Wendel, Blumenthal et Kammerer.

D'après M. Godart, le fait que les pharmaciens ont acquis leur officine très cher, en raison de l'existence d'un monopole, entraîne à leur profit, en cas de suppression dudit monopole, un droit à l'indemnité. Il faut donc déterminer qui subira cette charge et si c'est l'État ou les concurrents. Il estime qu'une commission d'experts devrait fixer, dès la paix, la valeur, à cette date, des pharmacies. Il resterait alors à régler le mode de l'indemnisation.

M. de Wendel voudrait, qu'une fois la valeur des pharmacies établie, on en fixât l'amortissement à un certain nombre d'années assez considérable, par exemple à 50 ans. On établirait, dès la paix, la liberté de la pharmacie, mais ceux qui viendraient à s'établir auraient à payer une indemnité fixée d'après des tables d'amortissement.

M. Denys Cochin préférerait un amortissement plus court, par exemple de 20 ans. L'État ne ferait aucune avance; chaque pharmacien nouveau payerait à celui dont il trouble le commerce une indemnité calculée d'après la valeur d'estimation de la pharmacie, décroissant année par année jusqu'à 20 ans. S'il ne s'installe pas de concurrent le pharmacien privilégié n'aura subi aucune atteinte à son monopole et n'aura touché aucune indemnité. Dans ce système, il est inutile de faire intervenir l'État pour des avances pécuniaires.

M. Wetterlé pense que les choses, dans la pratique, seront plus compliquées. En effet, les pharmacies sont limitées en nombre, mais n'ont pas de périmètre déterminé. Par exemple, à Colmar, il y avait, avant la guerre, 7 pharmacies groupées vers le centre. A qui devrait être payée l'indemnité par un nouveau concurrent qui fait tort à tous les privilégiés ? Cette situation oblige à créer une caisse commune des pharmaciens; une fois la caisse créée, la liberté des pharmaciens pourrait être introduite immédiatement.

M. Veber ne voudrait pas que la valeur des pharmacies fût fixée immédiatement, afin d'éviter des spéculations effrénées. Il préférerait qu'on la fixât à la mort des pharmaciens dont les héritiers seront véritablement lésés, tandis que leur ayants cause, eux, ne se seront pas privés du droit de continuer leur commerce.

M. Kammerer relève que le préjudice des pharmaciens ne consistera pas uniquement dans la perte de valeur de leur pharmacie à leur mort, mais aussi de la diminution fatale du rendement annuel de la pharmacie, dès l'établissement de la liberté, par suite de la concurrence qui ne manquera pas de se produire.

M. Veber pense cependant que c'est la valeur diminuée du fonds de la pharmacie qui est à la base du débat: les familles revendraient les pharmacies, la valeur du tort causé serait la différence entre le prix obtenu et le prix qu'on eût pu espérer sous l'empire du monopole; cette différence serait payée par la caisse commune des pharmaciens, constituée débitrice.

M. Souchon préférerait que les pharmaciens ne fussent constitués créanciers qu'au fur et à mesure du préjudice subi, c'est-à-dire de la création des pharmacies concurrentes. C'est une question d'appréciation à régler par des commissions de spécialistes qui puiseraient les sommes allouées à une commission de répartition.

M. Godart constate que l'échange de vues tend à ramener aux propositions de la sous-commission; en effet: 1° il semble que tout le monde admette que le commerce de la pharmacie doive être rendu libre dès la paix;

2° Il y aura lieu de fixer, par estimation, la valeur des pharmacies au jour de la paix ;

3° L'indemnité à payer devra l'être d'après des règles à établir.

M. VEBER ne disconvient pas que tel soit bien l'ordre des idées, cependant, il ne voudrait pas que l'État fasse l'avance des sommes à payer à titre d'indemnité. Il voudrait aussi qu'on décidât le moment où serait payée l'indemnité et d'après lui ce moment serait la date de la cession de la pharmacie à un successeur.

M. KAMMERER est également hostile à l'idée d'avances à fournir par l'État.

M. GODART propose, pour tenir compte des idées exprimées, la rédaction suivante :

La sous-commission propose à la Conférence de décider :

Que le commerce de la pharmacie est libre en Alsace-Lorraine ;

Que, si l'établissement de la liberté du commerce de la pharmacie porte un préjudice aux pharmaciens établis avant les hostilités, il y aura lieu de les indemniser ;

Qu'il conviendra, d'après les règles à établir, de répartir ces indemnités sur les pharmaciens venant s'installer en Alsace-Lorraine.

M. KAMMERER donne sa préférence à l'ancienne rédaction : « Si le commerce de la pharmacie devient libre en Alsace-Lorraine, les indemnités à payer seront réparties, d'après des règles à établir, sur les concurrents venant à s'installer... »

Les règles portées sont exactement les mêmes, mais l'ancienne rédaction ne tranchait pas de suite la question de l'introduction de la liberté des pharmacies en Alsace-Lorraine, envisagée seulement à titre éventuel et quant à ses conséquences. Il reconnaît qu'une majorité semble s'être formée sur cette introduction immédiate, mais constate que la question n'a pas été discutée.

M. GODART met aux voix sa proposition, qui est adoptée.

DIX-SEPTIÈME SÉANCE

TENUE AU MINISTÈRE DES AFFAIRES ÉTRANGÈRES

SOUS

LA PRÉSIDENCE DE M. BARTHOU

LE 14 JUIN 1915.

Absents et excusés : MM. Bellin, Berthelot, Sergent et Touron.

M. le Président souhaite la bienvenue à M. Boll, nouveau membre de la Conférence d'Alsace-Lorraine.

L'ordre du jour appelle la fin de la discussion du rapport de M. Godart sur les lois et assurances sociales.

M. Godart rappelle que deux questions étaient restées en suspens : celle du régime des pharmacies et celle du maintien des corporations. Sur la question des pharmacies, la sous-commission des lois sociales, réunie après la dernière séance de la Conférence d'Alsace-Lorraine, s'est mise d'accord pour proposer le texte suivant :

Le commerce de la pharmacie sera libre en Alsace-Lorraine.

Si l'établissement de la liberté du commerce de la pharmacie porte un préjudice aux pharmaciens établis avant les hostilités, il y aura lieu de les indemniser.

Il conviendra, d'après les règles à établir, de répartir ces indemnités sur les pharmaciens venant s'établir en Alsace-Lorraine.

Cette proposition est adoptée sans débat.

Quant à *l'organisation des corporations* en Alsace-Lorraine, M. Godart rappelle qu'on l'avait prié de se reporter aux textes de lois en vigueur pour en préciser la portée devant la Conférence.

Le régime corporatif alsacien a été organisé et modifié par diverses lois dont la dernière, encore en vigueur, est du 26 juillet 1897, qui s'applique à la fois aux corporations libres et aux corporations obligatoires. La situation des *corporations libres* est précisée par l'article 81 A, d'après lequel leur but principal est l'entretien de l'esprit de corps, la réglementation de l'apprentissage, le jugement des contestations entre membres et apprentis, les tribunaux arbitraux, l'établissement des bureaux communs d'affaires.

L'organisation des *corporations obligatoires* résulte de l'article 100 de la Gewerbeordnung. Sur requête des intéressés, tous les artisans d'une circonscription déterminée sont obligés de s'affilier. La condition essentielle est la volonté exprimée de la majorité. L'obligation principale est le payement de la cotisation. Il est formellement interdit de chercher à limiter la liberté des prix de vente ou celle des clients. Pour participer à la direction des corporations obligatoires, il faut être âgé de 24 ans, avoir accompli le temps réglementaire de l'apprentissage et passé les épreuves de compagnon ou avoir exercé cinq ans la profession. Le droit d'avoir des apprentis est soumis à certaines règles qui sont d'avoir conquis les degrés de compagnon et de maître. La corporation obligatoire peut édicter des règles relativement au nombre des apprentis que les membres sont susceptibles d'engager.

En résumé, ses pouvoirs sont des plus limités. Cependant, cette organisation a rendu des services évidents quant à la surveillance des apprentis et la défense des intérêts professionnels. Aussi M. GODART maintient-il ses conclusions quant au maintien de l'organisation des corporations obligatoires.

M. F. DREYFUS demande si cela empêchera les ouvriers de faire usage de la loi de 1884 sur les syndicats professionnels.

M. GODART répond que non. L'organisation corporative est purement patronale. Les ouvriers, ou plutôt les artisans, restent entièrement libres.

M. BLUMENTHAL répète ce qu'il a déjà dit : que l'organisation corporative a peu de portée et peu d'adhérents; qu'elle n'a qu'une ancienneté d'une vingtaine d'années et ne lui paraît pas justifier une exception au principe général qui lui est cher, tendant à introduire sans retard l'ensemble de la législation française en Alsace-Lorraine; le maintien de l'organisation corporative ne se comprend que s'il subsiste après la paix une entité d'Alsace-Lorraine.

M. VEBER est du même avis. Il voit un grand danger à entrer lentement dans la voie de l'autonomie de l'Alsace-Lorraine.

M. l'abbé WETTERLÉ serait disposé à se rallier à l'opinion de M. Blumenthal, car, en fait, l'organisation actuelle des corporations ne paraît pas susceptible d'être maintenue que si l'on maintient aussi les chambres des artisans. Or, tous les artisans ne sont pas syndiqués et la loi française sur les syndicats leur donnera la possibilité de se grouper entre eux. Mais, tout en s'inclinant, il n'en regrettera pas moins l'organisation corporative, qui avait ses mérites.

M. Godart déclare renoncer, en présence de l'opinion émise par les Alsaciens eux-mêmes, à sa proposition.

La Conférence décide qu'il n'y a pas lieu de proposer le maintien des corporations et chambres de métiers.

M. Kammerer demande que la Conférence précise un point visant les assurances contre la maladie et les assurances contre les accidents. Au cours de la dernière séance, elle a voté les résolutions suivantes :

« *Il convient de maintenir en Alsace-Lorraine l'assurance contre les accidents industriels organisés corporativement avec l'obligation pour les patrons de faire partie de la corporation limitée à l'Alsace-Lorraine, sauf la faculté pour les corporations alsaciennes-lorraines de fusionner avec les caisses corporatives françaises d'assurances contre les accidents. Une liquidation du fonds de réserve institué en 1884 devra être prévue dans le traité de paix.* »

M. Wetterlé a demandé et obtenu l'adjonction de la phrase suivante :

« *Les risques accidents seront éliminés des obligations des caisses de maladies, l'assurance française assurant des indemnités aux victimes d'accidents dès le moment où l'accident se produit.* »

Sous la forme adoptée, la phrase ne cadre pas avec la décision prise de maintenir l'organisation actuelle à la fois de l'assurance-maladie et de l'assurance contre les accidents industriels. Il faudrait indiquer que cette seconde phrase ne s'applique qu'au cas où les corporations alsaciennes-lorraines fusionneraient avec les caisses corporatives françaises.

La Conférence décide, pour tenir compte de cette observation, d'ajouter au début de la motion de M. Wetterlé les mots :

« *Dans le cas où les corporations alsaciennes-lorraines feraient usage de cette faculté, les risques accidents...* »

*
* *

La discussion du rapport de M. Godart étant terminée, M. le Président donne la parole à M. Théodore Tissier pour la lecture d'une note qu'il a rédigée sur l'organisation de la justice et les lois civiles et pénales à appliquer pendant la période d'occupation militaire en Alsace-Lorraine.

M. Théodore Tissier, après lecture de cette note, explique qu'elle a été rédigée à propos d'un projet d'arrêté sur le même objet préparé par le Grand Quartier général et transmis pour avis au Ministre de la Guerre qui l'a adressé au Ministre de la Justice. La note présentée à la Conférence, discutée déjà en sous-commission, qui en a approuvé toutes les vues, n'est autre chose qu'un commentaire des principes dont l'arrêté est inspiré et amène à constater que l'écart entre les opinions de la Conférence et celles du Grand Quartier général n'est pas sensible.

Au début de ses travaux, la sous-commission de Justice avait eu à discuter une question des plus délicates, qui était de savoir si le généralissime tire de ses pouvoirs propres la faculté d'organiser des juridictions spéciales ou nouvelles dans les territoires occupés, en plus des conseils de guerre et pour des cas où la sécurité de l'armée n'est pas en cause, ou bien si, au contraire, ce pouvoir n'appartient pas exclusivement au Gouvernement français représentant le souveraineté française. Bien qu'au début le Garde des Sceaux fût disposé à revendiquer les prérogatives du Gouvernement, l'on n'a pas été amené à trancher la question théorique parce que, très rapidement, les faits ont imposé une solution transactionnelle.

Le généralissime s'est tourné du côté du Gouvernement et lui a communiqué ses projets en même temps qu'il lui demandait son avis. Le Gouvernement, de son côté, ne pouvait méconnaître qu'il ne peut, dans les circonstances actuelles, exister sur place d'autre autorité que l'autorité militaire. Il semble donc que le pouvoir de statuer puisse être laissé à l'autorité militaire, à la condition que cette autorité procède en vertu d'ordres et par délégation du Gouvernement. Il suffit pour cela que les décisions du généralissime fassent état des instructions du Gouvernement.

M. TIRARD dit qu'en effet la question de savoir quelle est légalement l'autorité compétente pour organiser des tribunaux non militaires en pays occupés a surtout un intérêt théorique. Le général commandant en chef tient du règlement sur le service en campagne des pouvoirs très étendus pour organiser les pays occupés par l'ennemi, pouvoirs qui comportent même le droit de demander au Gouvernement des fonctionnaires civils. Le Gouvernement en use, et dans l'espèce en a usé, pour faire face à d'urgentes nécessités. Il va de soi que lorsqu'il s'agit d'une question importante, revêtant un caractère politique, et que les nécessités de la guerre le permettent, le commandement prend les instructions du Gouvernement. C'est ce qui est arrivé. Le généralissime a donné les instructions pour parer aux nécessités et les a mises à exécution d'urgence, mais il les a en même temps communiquées au Ministère de la Guerre; si l'on se reporte à ces instructions, on constate qu'elles sont très proches des solutions qui ont la préférence de la Conférence. Il est même surprenant de pouvoir relever que l'autorité militaire agissant sans préparation, sans documents juridiques et sans conseils soit arrivée à des résultats ne présentant pas plus d'écart avec les solutions théoriques étudiées. Cependant, depuis, le temps s'étant écoulé et la possibilité ayant apparu de faire appel à des personnes plus compétentes et d'améliorer le régime organisé hâtivement, le commandement a proposé spontanément un nouvel arrêté sur l'administration de la justice, qui complète et met au point le précédent. Il a communiqué son projet au Ministère de la Guerre, qui a consulté à son tour le Garde des Sceaux.

M. Théodore Tissier dit que le Garde des Sceaux a répondu au Ministre de la Guerre en lui proposant de consulter officiellement la Conférence d'Alsace-Lorraine.

Il indique ensuite qu'il se proposait de rédiger à la suite de sa note les conclusions précises susceptibles d'être mises en discussion et adoptées.

M. Barthou adresse à M. Théodore Tissier tous les remerciements de la Conférence pour le remarquable exposé juridique qu'il vient de lui soumettre et demande que le rapport soit annexé au procès-verbal. Il propose, puisqu'il ne se produit aucune objection aux idées développées par M. Tissier, de passer à l'examen du projet d'arrêté du généralissime et de voir s'il y a lieu, pour la Conférence, d'y proposer des modifications ou des améliorations, dont la rédaction proprement dite serait confiée à M. Tissier. Cette manière de procéder permettrait de gagner du temps et de donner plus vite une réponse au généralissime.

Cette proposition est adoptée.

Discussion du projet d'arrêté.

La Conférence propose de faire deux titres différents pour les affaires civiles et pénales.

Art. 1er. — Les juridictions rétablies en Alsace appliqueront la législation civile allemande et les lois civiles particulières à l'Alsace-Lorraine régulièrement promulguées avant l'occupation française en tant que leurs dispositions ne sont pas contraires à l'ordre public français.

La Conférence se met d'accord pour proposer qu'au lieu de distinguer entre la législation civile allemande et les lois civiles particulières de l'Alsace, il ne soit fait mention que de *la législation en vigueur antérieurement à l'occupation*, ce qui évitera toute omission possible et toute discussion notamment sur la faculté d'appliquer les lois françaises restées en vigueur en Alsace après l'annexion de 1870.

Art. 2. — En matière civile et commerciale, les juges de paix sont compétents dans les limites assignées aux tribunaux de bailliage (Amtsgerichte), c'est-à-dire jusqu'à 600 marks, et sans limitation de valeur pour les affaires dont la connaissance leur est spécialement dévolue par la loi.

La Conférence se met d'accord pour remplacer l'expression « juge de paix » par celle de « tribunaux de bailliage ».

Art. 3. — Provisoirement, les juges de paix statueront sans appel. Dans toutes les matières qui dépassent la compétence du tribunal, telle qu'elle est réglée dans l'article 2, l'officier chargé des fonctions judiciaires pourra prendre toutes mesures conservatoires dans l'intérêt des justiciables.

Cet article comporte deux ordres d'idées. La Conférence estime qu'il convient de les distinguer par un dédoublement dudit article.

Sur la question de l'appel, il est reconnu que si ce dernier n'est pas organisé dès maintenant c'est parce que nous n'occupons pas encore la région où se trouve le tribunal régional, et non dans l'intention de ne pas organiser plus tard l'appel. Pour tenir compte de cette idée, il serait préférable de l'exprimer plus nettement. Le mot « provisoirement » serait remplacé par une phrase précisant que le tribunal de bailliage statuera en dernier ressort jusqu'à ce que la juridiction d'appel ait été organisée.

Sur la question des mesures conservatoires à prendre pour toutes affaires dépassant la compétence du tribunal de bailliage, il est constaté que la disposition projetée, destinée à pallier provisoirement quoique très imparfaitement au manque de juridiction compétente pour ces affaires, ne signifie pas que le tribunal de bailliage ne possède pas la voie des référés pour les affaires de sa compétence.

Art. 4. — La procédure civile sera réglée d'après les dispositions du Code de procédure alsacien, en ce qu'elles n'ont rien de contraire aux dispositions du présent arrêté. En cas d'impossibilité, il y serait suppléé par les dispositions des lois de procédure française.

Le tribunal est saisi soit par requête écrite et signée du demandeur, soit par sa comparution accompagnée d'une déclaration.

Préalablement à toute convocation à l'audience, le juge doit appeler les parties en conciliation.

Les citations et significations sont transmises par la poste ou la voie administrative.

Il est décidé de remplacer dans la première phrase l'expression « Code de procédure alsacien » par celle de « lois de procédure en vigueur ».

Des explications sont demandées sur la fin du premier alinéa.

M. Théodore Tissier désire savoir quelle est l'hypothèse visée.

M. Tirard explique qu'il s'agit d'une espèce de garantie donnée au juge qu'il ne se heurtera pas à une véritable impossibilité d'agir. Faute d'une connaissance suffisamment détaillée de la procédure alsacienne, il est difficile de dire dans quelle hypothèse cette disposition trouvera application. On peut en trouver un précédent dans les règlements de certaines colonies françaises en matière de procédures spéciales. Ces règlements spécifient qu'en cas d'impossibilité de fonctionnement l'on renvoie à la procédure générale métropolitaine.

M. Barthou estime que la disposition proposée peut être maintenue pour donner au juge plus d'assurance.

La Conférence se rallie au maintien de la disposition.

Touchant le second alinéa, il est proposé d'ajouter le mot « verbale » après celui de « déclaration ».

La Conférence se rallie à cette adjonction.

M. Théodore Tissier soulève la question du recours en cassation : d'après lui, la juridiction de bailliage instituée est un véritable tribunal français, puisqu'elle tient son existence d'un acte de la souveraineté française; qu'elle applique les lois locales au nom d'une décision de la France et que ses jugements sont exécutés par l'autorité française. Il ne semble pas contestable, dans ces conditions, que la voie du recours en cassation française sera ouverte contre les décisions du tribunal de bailliage. La jurisprudence de la Cour de cassation paraît très ferme pour décider que le recours en cassation peut être intenté contre tout jugement rendu par un tribunal français, *pourvu qu'il soit en dernier ressort*. C'est ce qu'elle a décidé notamment, à l'occasion de jugements rendus par le tribunal de Luang Prabang, auquel elle a reconnu le caractère de tribunal français.

Cependant à la sous-commission de Justice cette opinion a été combattue pour une raison de fait. Il paraît que le recours en cassation à la Cour de Leipzig n'existe pas dans le droit allemand pour les sentences rendues par les tribunaux de bailliage.

MM. Souchon et Kammerer ont pensé que, dans ces conditions, il ne pouvait y avoir un recours devant la Cour de cassation française du moment que le tribunal institué doit appliquer la procédure allemande.

M. Théodore Tissier estime, quant à lui, qu'il n'y a pas à tenir compte de cette circonstance de fait. Le droit de censure de la Cour de cassation française contre les jugements rendus en dernier ressort par toute juridiction française est absolu et d'ordre général. C'est la Cour de cassation seule qui décidera si elle doit statuer sur un recours en cassation, faute de ce recours dans la loi allemande maintenue en vigueur, mais on ne peut *a priori* refuser aux intéressés le droit de se pourvoir en cassation.

M. Tirard reconnaît que le droit de censure de la Cour de cassation est illimité à l'égard de tout jugement *définitif* rendu par une juridiction française. Cette question a été étudiée à fond par la Commission chargée de l'organisation judiciaire du Maroc. Le caractère de juridiction française ayant été reconnu aux tribunaux du Maroc, le recours en cassation peut s'exercer contre leurs sentences, et, en fait, depuis deux ans, de nombreux cas se sont déjà produits où la Cour de cassation a eu à exercer son pouvoir et a rendu des arrêts. Il estime que la Cour n'hésiterait pas davantage à reconnaître sa compétence à l'égard du tribunal de bailliage alsacien.

M. Helmer exprime sa satisfaction à la pensée que le recours en cassation sera admis, et ceci pour deux raisons. La première est que les juges chargés d'appliquer la législation allemande seront forcément inexpérimentés, et qu'on ne peut songer à exiger d'eux les conditions requises par la loi allemande pour être juge. Cela donnera aux justiciables une garantie dont ils ont besoin.

La seconde est qu'il est d'un bon effet sur la population de lui reconnaître une voie de recours nouvelle, alors qu'en Allemagne, la cassation n'est pas admise pour les affaires de la compétence du tribunal de bailliage, et même ne l'est pour les affaires ressortissant du tribunal régional qu'au-dessus de 4,000 marks.

M. Barthou constate que tout le monde est d'accord pour admettre le recours en cassation, mais il demande à la Conférence s'il y a lieu d'en faire mention dans le projet d'arrêté.

M. Théodore Tissier estime que non; la question du recours en cassation relève uniquement des théories générales du droit, qui sont appliquées sans besoin de les rappeler à toute occasion.

La Conférence décide qu'il n'en sera pas fait mention dans le projet d'arrêté.

Le Conférence passe ensuite à l'examen des matières pénales, qui formeront un titre spécial :

« *Article 5.* — En matière pénale, les juridictions visées à l'article 1er appliqueront le Code pénal allemand et les lois allemandes et alsaciennes régulièrement promulguées avant l'occupation française en tant que leurs dispositions ne sont pas contraires à l'ordre public français.

« En conséquence, les infractions prévues et punies notamment par les lois administratives en matière forestière, de protection de la santé publique, de police industrielle, de pêche, de chasse, de police sanitaire, de débits de boisson, en matière fiscale, etc..., seront poursuivies d'après les règles établies par ces textes.

« Toutefois, l'article 463 du Code pénal français et la loi française du 26 mars 1891 sur l'atténuation et l'aggravation des peines seront applicables.

« En outre, les infractions aux arrêtés des autorités françaises promulgués depuis l'occupation en Alsace seront punies de peines de police prévues par les articles 464 et suivants du Code pénal français. »

M. l'abbé Wetterlé demande qu'on prévoie le rétablissement des échevins dès qu cela sera possible.

M. Helmer pense que la question est prématurée.

M. F. Dreyfus fait toutes réserves quant à la réintroduction du système échevinal. En fait, c'est toute la question du jury correctionnel, si longuement discutée en France, qui est posée.

Il est reconnu que la question relève plus particulièrement de l'article 7, qui sera examiné plus tard.

La Conférence décide la suppression de l'alinéa 2 du mot « etc... » qui lui paraît présenter des inconvénients dans une énumération.

Elle se montre favorable à l'introduction prévue par l'article 3 de la loi française sur les circonstances atténuantes et de la loi Bérenger.

La suite de la discussion est renvoyée à la prochaine séance.

La Conférence se réunira le lundi 21 juin. L'ordre du jour appellera :

1° La suite de la discussion du projet d'arrêté sur l'organisation de la justice en Alsace;

2° L'exposé sur la question religieuse de MM. Blumenthal et Wetterlé.

DIX-HUITIÈME SÉANCE

TENUE AU MINISTÈRE DES AFFAIRES ÉTRANGÈRES

SOUS

LA PRÉSIDENCE DE M. BARTHOU

LE 21 JUIN 1915.

Absents et excusés : MM. Pichon, Touron, Godart, Sergent, Berthelot et Bellin.

M. le Président appelle la suite de la discussion du rapport de M. Théodore Tissier sur l'organisation des juridictions en Alsace-Lorraine.

M. Théodore Tissier donne lecture des conclusions de son rapport qui sont discutées l'une après l'autre. La première est ainsi libellée :

I. *Pendant l'occupation militaire, les lois civiles et pénales antérieurement en vigueur seront maintenues en Alsace-Lorraine, sauf dans celles de leurs dispositions qui seraient incompatibles avec le nouvel ordre de choses ou contraires à la sécurité de l'armée d'occupation et sous réserve des modalités et modifications qui seraient imposées par les circonstances.*

Le cas échéant, les dispositions correspondantes des lois françaises seront appliquées au lieu et place de celles de la législation locale qui cesseraient de pouvoir être observées.

Cette résolution est adoptée.

M. le Président appelle la discussion de la deuxième résolution, dont les trois premiers paragraphes sont ainsi libellés :

II. *Seront rétablies en Alsace-Lorraine pendant l'occupation militaire, au fur et à mesure que les circonstances le permettront et sous réserve des modifications qu'elles imposeront dans leurs conditions d'organisation et de fonctionnement, les juridictions civiles et pénales qui y existaient antérieurement.*

En conséquence, il y a lieu de maintenir les tribunaux de bailliage qui, en matière civile, rendront la justice dans les limites assignées à leur compétence par les lois en vigueur. Provisoirement, et jusqu'à ce que l'appel de leurs jugements ait pu être assuré soit devant les tribunaux régionaux déjà établis en Alsace-Lorraine, soit devant un nouveau tribunal régional qui serait créé dans les territoires occupés, ils statueront en dernier ressort. De même, à titre provisoire et jusqu'au rétablissement des tribunaux régionaux, ils connaîtront comme juges de référé des affaires relevant de la compétence de ces tribunaux, mais uniquement pour ordonner des mesures provisoires ou conservatoires ne préjudiciant pas au principal.

Les juges de bailliage conserveront leurs attributions de juridiction gracieuse.

Une discussion s'engage sur le dernier alinéa.

M. Théodore Tissier explique que les juges de bailliage exercent certaines attributions de la juridiction gracieuse (freiwillige Gerichtsbarkeit), qui diffèrent d'ailleurs de la juridiction gracieuse française, laquelle est plus étendue. Mais ils ont aussi des attributions spéciales, comme par exemple la tenue et la conservation des livres fonciers, car il n'y a pas en Alsace de conservateurs des hypothèques. Or les juges français qui occuperont les fonctions de juges de bailliage n'ont pas la pratique des livres fonciers ; il faudrait prévoir que ces juges pourront se faire assister pour ce service, ou le déléguer.

M. Tirard dit qu'en fait l'Administration a pris des mesures pour la conservation des registres fonciers, mais non pour leur continuation, qui n'a guère trouvé d'application jusqu'à présent. Pour tenir compte de l'observation de M. Tissier, il propose d'ajouter à la conclusion les mots « les juges de bailliage ou leurs délégués ».

M. Théodore Tissier propose l'adjonction de la formule suivante, qui vise uniquement le cas envisagé. *Notamment ils resteront chargés de la tenue des livres fonciers soit par eux-mêmes, soit par des délégués placés sous leur autorité et leur contrôle.*

Les trois premiers paragraphes de la seconde résolution sont adoptés, y compris l'adjonction du membre de phrase destiné à compléter le troisième paragraphe.

Le quatrième paragraphe a le libellé suivant :

En matière pénale les juges de bailliage connaîtront sans l'assistance des échevins, tant des affaires sur lesquelles ils étaient déjà appelés à statuer seuls que de celles qui étaient portées devant les tribunaux d'échevins. Le jugement des contraventions qui relevaient de la compétence des autorités administratives leur sera attribué.

M. Théodore Tissier explique que les juges de bailliage jugent sans échevins dans bien des cas : par exemple quand le ministère public se prête à la procédure sans échevins. Il y a aussi une catégorie spéciale de petits débats visés par des lois spéciales, par exemple les contraventions forestières. Il y a enfin la procédure du *mandat pénal* (Strafbefehl). Le juge peut, sans avoir entendu le délinquant, lui infliger une peine légère, mais ce dernier a le droit, s'il ne veut pas s'y conformer *de plano*, de faire opposition et l'affaire est alors jugée contradictoirement.

M. Dreyfus pense qu'il ne faut pas introduire dans nos pratiques la procédure du mandat pénal, qui répugne à nos conceptions juridiques. On n'admettrait pas volontiers en France que qui que ce soit puisse être condamné sans avoir été entendu.

M. Blumenthal estime au contraire que la procédure en discussion présente de grands avantages : elle évite, dans des cas sans gravité, des dérangements inutiles et humiliants aux justiciables. Enfin, avisés par la poste de la peine prononcée, ils évitent tout débat public et toute publicité intempestive, ce dont ils sont souvent très satisfaits.

M. Helmer pense qu'il faut abolir le mandat pénal, parce que si la personne condamnée veut faire opposition, elle ne le pourra pas devant les échevins (ces derniers n'étant pas rétablis), mais seulement devant le juge unique qui a déjà rendu la première sentence et sera tenté de la maintenir.

M. Tirard dit qu'en fait l'on n'a pas eu recours jusqu'ici à la procédure du mandat pénal.

La Conférence décide de réserver la question du mandat pénal. M. Tissier sera chargé d'apporter à cet égard une rédaction.

La dernière phrase de la résolution vise les contraventions administratives.

M. Blumenthal dit que les contraventions administratives (Polizeistrafen) connues dans beaucoup d'États de l'Allemagne n'existent pas en Alsace.

M. Théodore Tissier estime que s'il en est ainsi, cette phrase doit être supprimée.

La Conférence décide la suppression de la phrase. La motion est adoptée sous la forme de la partie en italique du texte ci-dessus.

Le cinquième paragraphe de la deuxième résolution est adopté avec la rédaction ci-dessous, dont le dernier membre de phrase a été ajouté sur la proposition de M. Ballot-Beaupré.

Provisoirement et jusqu'à ce que l'appel de leurs jugements ait pu être assuré devant des tribunaux régionaux, ils statueront en dernier ressort sur les affaires pénales qui relèveront de leur compétence conformément au paragraphe précédent.

Le sixième paragraphe est adopté sous la rédaction suivante :

Ils ne connaîtront pas des affaires pénales dont ils n'étaient saisis que sur renvoi ordonné par les tribunaux régionaux.

Le septième paragraphe donne lieu, sous la rédaction suivante, à certaines observations :

Provisoirement, la compétence des conseils de guerre aux armées restera exclusive pour le jugement des infractions qui relevaient des tribunaux régionaux et des cours d'assises.

M. Théodore Tissier explique que cette formule a pour but de montrer qu'il ne subsistera aucune lacune dans l'organisation judiciaire : faute de tribunaux régionaux, ce sont les conseils de guerre qui seront compétents pour juger les affaires d'une réelle gravité.

M. Pichat dit qu'il y aura d'ailleurs toujours lieu, pour les conseils de guerre, d'appliquer l'article 63 du Code de justice militaire, en vertu duquel bien des inculpés seront jugés par les juridictions militaires, même dans des cas qui paraîtraient relever, d'après les nouvelles instructions, du tribunal de bailliage.

M. Pichat estime incidemment que le passage du rapport de M. Tissier qui a soulevé la question de l'état de siège devrait être supprimé, cet état de siège n'ayant pas été proclamé hors la frontière.

M. Théodore Tissier dit qu'il supprimera ce passage dans son rapport définitif.

Le septième paragraphe est adopté.

La troisième résolution est adoptée sans débat sous la forme ci-dessous :

III. Les lois concernant le recrutement et la nomination des juges et procureurs de bailliage, seront suspendues, à raison de l'empêchement absolu que rencontre leur application, et il sera pris, en cette matière, les mesures provisoires que commanderont les circonstances tout en assurant aux justiciables dans le choix de ces magistrats toutes les garanties désirables.

Il sera statué également par voies de mesures provisoires sur tout ce qui concerne les auxiliaires de la justice : greffiers, huissiers et notaires.

La discussion des résolutions du rapport de M. Théodore Tissier étant terminée, la Conférence passe à l'examen, article par article, du projet d'arrêté, rédigé également par le rapporteur.

PROJET D'ARRÊTÉ.

ARTICLE PREMIER.

Dans les territoires d'Alsace occupés par les troupes françaises, les lois civiles et pénales antérieurement en vigueur demeureront applicables et les juridictions qui y existaient seront maintenues pendant la période d'occupation, sous réserve des exceptions et modalités ci-après commandées par les circonstances.

Cette rédaction est adoptée.

ART. 2.

Les dispositions des lois civiles et pénales, qui seraient incompatibles avec le nouvel ordre de choses créé par l'occupation ou contraires à la sécurité des troupes françaises, cesseront d'être appliquées.

A leur défaut et à raison de l'impossibilité de les observer, il sera fait application, le cas échéant, des dispositions correspondantes des lois françaises.

Cette rédaction est adoptée.

ART. 3.

En matière civile, les tribunaux de bailliage continueront à rendre la justice dans les limites assignées à leur compétence par la législation demeurée en vigueur. En conséquence, ils connaîtront : *1°* de toutes affaires civiles, y compris les affaires commerciales, dont l'objet a une valeur n'excédant pas 600 marks (750 francs); *2°* sans limitation de valeur, des affaires civiles dont le jugement leur a été spécialement attribué, à raison de leur nature, par lesdites lois.

Provisoirement et jusqu'à ce que l'appel de leurs jugements ait pu être assuré, ils statueront en dernier ressort sur toutes affaires visées au paragraphe précédent.

A titre également provisoire, et jusqu'à ce que les tribunaux régionaux aient pu être rétablis, ils connaîtront des affaires relevant de ces tribunaux à l'effet d'ordonner, sans qu'il soit porté préjudice au principal, toutes mesures provisoires ou conservatoires.

Indépendamment de leurs attributions contentieuses, les juges de bailliage conserveront les attributions de juridiction gracieuse qu'ils tiennent des lois restées en vigueur. Notamment, ils resteront chargés de la tenue des livres fonciers, soit par eux-mêmes, soit par des délégués placés sous leur autorité et leur contrôle.

Cette rédaction est adoptée.

Art. 4.

Conformément à l'article 1er, la procédure devant les tribunaux de bailliage sera, en principe, régie par les lois en vigueur lors de l'occupation.

Ces lois s'appliqueront sous réserve tant des exceptions prévues à l'article 2 que des modalités suivantes :

Les tribunaux de bailliage pourront être saisis soit par requête écrite et signée du demandeur, soit par une déclaration verbale que recevra le greffier, mais aucune citation à l'audience ne pourra être donnée sans qu'au préalable le juge de bailliage ait, au moyen d'un simple avertissement délivré par le greffier, appelé les parties devant lui en conciliation ou qu'elles aient spontanément comparu à cette fin.

Il sera procédé à la notification des citations et à toutes significations soit par la poste au moyen de lettres recommandées, soit par la voie administrative, selon ce qui aura été décidé par le juge.

Cette rédaction est adoptée, sauf suppression, à la demande de M. Tirard, de la partie non en italique.

Art. 5.

En matière pénale, les juges de bailliage connaîtront sans l'assistance d'échevins : 1° des poursuites pour contraventions et délits sur lesquelles ils pouvaient déjà statuer seuls d'après les lois en vigueur, lors de l'occupation; 2° et jusqu'à ce qu'il ait pu être procédé à la reconstitution des tribunaux d'échevins de celles qui, d'après lesdites lois, devaient être portées devant les tribunaux d'échevins.

En conséquence, et par application de la disposition de l'alinéa 2 du paragraphe précédent, relèveront provisoirement de la compétence des juges de bailliage jugeant sans le concours des échevins : 1° toutes contraventions, c'est-à-dire toutes infractions punies de la détention simple (arrêts) ou d'une amende de 150 marks (187 fr. 50) au maximum; 2° les délits punis au maximum d'un emprisonnement de trois mois ou d'une amende de 600 marks (750 francs) à l'exception de ceux qui ont été expressément soustraits à la compétence des tribunaux d'échevins par les lois en vigueur lors de l'occupation; 3° les délits dont la connaissance leur a été spécialement attribuée par ces mêmes lois et notamment les vols simples et abus de confiance, lorsque la valeur de l'objet volé ou détourné ne dépasse pas 150 marks (187 fr. 50).

En outre, seront déférées aux juges de bailliage jugeant seuls les contraventions dont la répression était laissée, sauf recours devant les tribunaux d'échevins, à l'autorité administrative.

Provisoirement et jusqu'à ce que l'appel de leurs jugements ait pu être assuré, les tribunaux de bailliage statueront en dernier ressort sur toutes lesdites affaires.

Ne rentreront pas dans leur compétence les poursuites pour délits dont ils ne connaissaient que sur renvoi ordonné par les tribunaux régionaux.

Le paragraphe premier est adopté, sauf suppression de la phrase non en italique.

M. Tirard demande qu'une précision soit introduite au paragraphe 2 pour déterminer le sens du mot « arrêts ».

M. Blumenthal explique que c'est une peine consistant en la simple privation de la liberté. L'individu frappé n'est pas habillé en détenu et peut faire venir ses repas du dehors ; il peut, dans une certaine mesure, se promener dans la prison et n'est pas astreint au travail.

Il est entendu que l'explication sera donnée sous la forme de la note ci-dessous.

Aux termes de l'article 18 du Code pénal en vigueur en Alsace, le maximum de la détention simple est de six semaines, le minimum d'un jour. La peine de la détention simple consiste uniquement dans la privation de la « liberté ».

Le paragraphe 3 disparaît comme inutile, les contraventions administratives n'existant pas en Alsace-Lorraine.

M. Tirard demande l'insertion, à la suite du paragraphe 4, d'une mention indiquant qu'il n'est en rien dérogé aux règles de compétence relatives au fonctionnement des conseils de guerre aux armées.

La Conférence charge M. Théodore Tissier de préparer un texte, qui est le suivant :

La compétence attribuée par le présent article aux tribunaux de bailliage en matière pénale ne s'exercera que sous réserve, le cas échéant, de celle qui appartient, en vertu du Code français de justice militaire, aux conseils de guerre aux armées.

Provisoirement la compétence de ces conseils restera exclusive pour le jugement des délits et crimes qui relevaient des tribunaux régionaux et des cours d'assises.

Ce texte est adopté ainsi que l'ensemble de l'article 5 pour les parties en italique.

ART. 6.

Conformément à l'article 1er, les lois en vigueur lors de l'occupation continueront, en principe, à s'appliquer, en matière pénale, devant les tribunaux de bailliage tant pour la procédure à suivre qu'en ce qui concerne les règles de fond relatives aux infractions, aux personnes punissables et aux peines.

Toutefois lesdites lois ne seront observées que sous réserve des exceptions prévues par l'article 2 des dispositions ci-après.

L'application des pénalités édictées par ces lois pourra être tempérée par l'admission de circonstances atténuantes conformément aux dispositions de l'article 463 du Code pénal français et par le sursis à l'exécution dans les conditions déterminées par la loi française du 26 mars 1891.

En outre les contraventions aux règlements ou arrêtés pris en matière de police municipale ou rurale par l'autorité française depuis l'occupation seront punies des peines prévues par les articles 464 et suivants du Code pénal français.

A défaut d'avocats, la défense des prévenus pourra être assurée par un parent, ami ou mandataire agréé par le juge de bailliage.

M. Tirard demande à propos du paragraphe 1ᵉʳ quelle date il y aurait lieu de choisir en matière d'occupation militaire pour déterminer les lois allemandes à appliquer comme étant en vigueur.

Les parties actuellement occupées d'Alsace l'ont été dès les premiers jours de la guerre et peu de textes allemands ont, par suite, pu y entrer en vigueur depuis la déclaration de guerre, mais en se portant en avant, l'on trouvera dans les nouveaux territoires occupés des lois et décrets nouveaux, par exemple sur les loyers; faudra-t-il les appliquer et jusqu'à quelle date de promulgation?

M. Helmer dit qu'en 1870 les Allemands ont fixé une date pour le payement de l'impôt, mais non pour l'application des lois anciennes ou nouvelles. Ils ont décidé que l'occupation d'un canton serait présumée effectuée à la date où le chef-lieu avait été occupé.

M. Théodore Tissier estime que la formule employée à l'article 1ᵉʳ de l'arrêté qui parle de l'occupation, laisse intacte la question de sa date, ce qui est une question de fait dont il n'y a pas lieu de se préoccuper ici. Les textes allemands applicables seront ceux en vigueur à la date qui sera fixée par l'autorité militaire comme correspondant à l'occupation.

Cette explication, conforme d'ailleurs à la pratique de l'armée d'occupation, satisfait la Conférence.

Sur le troisième paragraphe, M. Barthou rappelle que la loi dite Bérenger, qu'on propose d'introduire en Alsace, ne vise pas uniquement l'atténuation des peines, mais aussi leur aggravation. C'est par suite d'une pratique regrettable des cours et tribunaux que l'on a fini par utiliser seulement les dispositions lénitives de la loi. Cependant pour une période transitoire, M. Barthou ne voit pas d'objections à la proposition de choisir seulement dans la loi Bérenger des dispositions favorables aux inculpés.

M. TIRARD observe, touchant le paragraphe quatrième, que l'expression « arrêté de police municipale ou rurale pris par l'autorité française » est un peu ambiguë. On pourrait croire qu'il s'agit uniquement de décisions des maires ou des autorités administratives, tandis que certains arrêtés, par exemple sur l'interdiction de vendre de l'alcool, sont pris par les chefs de cantonnements.

La Conférence estime que le terme d'« autorité française » couvre tous les cas. Elle décide cependant la suppression après le mot « de police » des mots « municipale ou rurale » de manière à laisser au mot police son sens le plus général.

Le paragraphe 5, après discussion, *est reconnu inutile*, l'usage étant en Allemagne que la personne qui se charge de la défense d'un prévenu doit être agréée, si elle n'est Rechtsanwalt (avocat-avoué), par le juge de bailliage.

L'ensemble de l'article 6 est adopté à l'exception des parties non en italique.

ART. 7.

Les frais de justice restent soumis aux lois en vigueur lors de l'occupation.

Cette rédaction est adoptée.

ART. 8.

Il sera statué par des dispositions spéciales tant sur le recrutement et la nomination des juges et procureurs de bailliage que sur les mesures à prendre pour assurer à la justice les auxiliaires nécessaires : greffiers, huissiers et notaires.

Provisoirement les greffiers tiendront lieu d'huissiers pour les voies d'exécution.

Cet article est supprimé tout entier. La question sera réglée par des mesures provisoires comme il est dit aux résolutions du rapport de M. Théodore Tissier.

ART. 9.

Le présent acte sera publié et affiché dans toutes les communes des territoires d'Alsace occupés par les troupes françaises.

Cette rédaction est adoptée et prend le numéro 8 par suite de la suppression de l'ancien article 8.

M. le Président donne lecture à la Conférence d'une lettre par laquelle M. le Président du Conseil le prie de lui faire connaître l'avis de la Conférence sur le projet d'arrêté qui fait l'objet de la discussion ci-dessus.

Il charge M. Kammerer de préparer une réponse par laquelle M. Vivian sera mis au courant des conclusions de la Conférence.

La Conférence s'ajourne au lundi 5 juillet, à 2 h. 30.

DIX-NEUVIÈME SÉANCE

TENUE AU MINISTÈRE DES AFFAIRES ÉTRANGÈRES

SOUS

LA PRÉSIDENCE DE M. BARTHOU

LE 5 JUILLET 1915.

Absents et excusés : MM. BERTHELOT, BELLIN, Denys COCHIN, TOURON, Théodore TISSIER, SERGENT et TIRARD.

Les procès-verbaux des 15°, 16°, 17° et 18° séances sont adoptés.

M. LE PRÉSIDENT donne lecture de la lettre ci-dessous de M. le Président du Conseil en réponse à celle qu'il lui a adressée pour lui communiquer les procès-verbaux de la Conférence.

> MON CHER PRÉSIDENT,
>
> « Vous avez bien voulu me faire tenir les procès-verbaux de la Commission que vous présidez avec tant d'autorité et qui, par son labeur et la méthode qu'elle a instaurée, prépare avec tant de zèle les solutions que réclameront de nous d'importantes questions. Je ne vous écris pas seulement pour vous prier de transmettre à tous vos collègues les remerciements du Gouvernement, mais pour vous assurer du prix qu'il attache à l'œuvre de la Commission dont les études répondent aux vues du Gouvernement qui aura, lorsque votre œuvre sera close, à examiner les conclusions qui s'en détacheront. »
>
> René VIVIANI.

M. BARTHOU est heureux de constater que la méthode de travail de la Conférence a reçu l'agrément de M. le Président du Conseil.

Il rappelle que l'ordre du jour porte l'exposé de la question cultuelle en Alsace-Lorraine par MM. l'abbé Wetterlé et Blumenthal.

M. WETTERLÉ donne lecture du rapport suivant contenant l'exposé de la situation du culte catholique en Alsace-Lorraine.

CULTE CATHOLIQUE.

En Allemagne, il y a autant de législations religieuses qu'on compte d'États confédérés. L'Empire n'a légiféré en matière confessionnelle qu'en 1873 quand furent édictées les célèbres lois de mai qui inaugurèrent la *Kulturkampf*, cette longue et violente persécution des catholiques, dont, depuis 1888, il ne reste plus que le paragraphe du Code criminel sur les prédications dans les églises (Kanzelparagraph) et le paragraphe 2 de la loi contre les jésuites et les ordres « affiliés » qui interdit à ces congrégations de former des associations sur le territoire allemand et d'y exercer le ministère religieux.

La Bavière est le seul État autonome de la Confédération germanique qui soit lié au Saint-Siège par un concordat. La Prusse et le Grand-Duché de Bade ont établi une sorte de droit coutumier ecclésiastique que tacitement la Papauté a accepté. En Wurtemberg et en Hesse les questions religieuses ont été réglées unilatéralement par l'État. La législation saxonne est très dure pour les catholiques, bien que la famille royale appartienne à la confession de ces derniers. Au Mecklembourg, les curés catholiques ne peuvent administrer les sacrements à leurs paroissiens qu'après en avoir obtenu l'autorisation du pasteur protestant.

Dans les grands États, l'Église catholique jouit néanmoins, à l'heure actuelle, d'une certaine liberté. Ses biens n'ont pas été sécularisés. Quelques vieilles coutumes moyenâgeuses, comme le droit de patronage de certaines familles princières, ont été maintenues. L'impôt cultuel est perçu par l'État et remis aux évêques ou aux associations paroissiales. Les congrégations religieuses sont approuvées par décrets, qui leur imposent des limitations. Le clergé touche presque partout des traitements relativement élevés. Comme l'enseignement religieux fait partie du programme scolaire, les prêtres le donnent aux heures de classes et sont rémunérés en conséquence par l'État.

Autrefois, la Bavière seule était représentée auprès du Vatican. Depuis quelques années la Prusse a créé une légation à Rome et le fait que le roi de Prusse exerce, comme empereur, les pouvoirs souverains en Alsace-Lorraine ne fut pas étranger à cette création.

C'est le nonce de Munich qui représente le Saint-Siège auprès des deux Gouvernements.

*
* *

Ce court aperçu était nécessaire pour faire comprendre la situation que l'annexion a créée à l'Église d'Alsace-Lorraine.

Les deux provinces annexées par l'Empire vivaient sous le régime concordataire français de 1801. Après quelques hésitations et sous la pression de l'opinion publique, l'Allemagne entra dans les droits et accepta les obligations de ce contrat. L'Alsace-Lorraine est donc, au point de vue religieux, encore aujourd'hui soumise au Concordat et aux articles organiques, comme aussi à toutes les lois que votèrent les Chambres françaises avant 1870. Une seule aggravation (et elle est de peu d'importance) est à noter. Le Gouvernement de Strasbourg a toujours considéré comme faisant foi, non pas le texte français des articles organiques mais la traduction de Dursy, qui en plusieurs points est fautive et élargit arbitrairement les prérogatives du pouvoir civil. De plus, l'Allemagne avait obtenu du Pape que les deux diocèses de Strasbourg et de Metz fussent détachés de la province ecclésiastique de Besançon et rattachés directement au Saint-Siège.

Par contre la situation matérielle du clergé a été notablement améliorée pendant les quarante-cinq ans qui nous séparent de l'annexion. Par trois fois, le Parlement a relevé l'indemnité que touchent légalement les ministres du culte et il leur a de plus reconnu le droit à des pensions de retraite.

Voici ce que les prêtres catholiques touchent actuellement aux caisses de l'État :

Chacun des évêques de Strasbourg et de Metz, 20,000 francs; le coadjuteur de Strasbourg, qui est en même temps vicaire général, 12,500 francs, plus une indemnité de logement. Les palais épiscopaux sont mis à la disposition des prélats et ils sont entretenus aux frais de l'État.

Il y a dans les deux diocèses quatre vicaires généraux (5,750 fr.) et dix-sept chanoines (4,750 fr.), plus deux secrétaires généraux (maximum 5,750 fr.) et huit secrétaires (maximum 4,500 fr.), plus deux employés de chancellerie et deux huissiers rémunérés par les caisses publiques. Les chanoines de Strasbourg bénéficient chacun d'un supplément de 1,000 francs qui leur est servi par le département de la Basse-Alsace.

Le Parlement a supprimé la distinction entre curés de première et de seconde classe. Il n'y a plus que des curés et des succursalistes. La situation légale de ces derniers a été réglée définitivement en ce sens qu'ils sont complètement assimilés aux curés concordataires, sans que pour cela le Gouvernement ait le droit de contrôler leur nomination ou leurs déplacements.

L'indemnité des curés passe, suivant le nombre de leurs années de service, de 2,625 à 3,250 francs; celle des succursalistes, de 2,125 à 2,625 francs; celle des vicaires, en tant que l'État s'est engagé à les rémunérer, est fixée à 750 ou à 1,125 francs.

La loi alsacienne-lorraine prévoit pour les communes l'obligation de loger les ministres des cultes et d'assurer aux vicaires une indemnité supplémentaire de 750 francs. L'État ne bénéficie pas de l'économie des traitements qui provient de vacances des postes rémunérés. Les sommes rendues ainsi disponibles servent à améliorer le sort des prêtres qui assurent le service des paroisses vacantes. Des subventions spéciales sont encore prévues pour les curés qui desservent des annexes et pour ceux qui administrent des paroisses pauvres.

56,000 francs sont inscrits au budget d'Alsace-Lorraine pour secours aux membres du clergé catholique personnellement nécessiteux, 35,000 francs pour les bourses accordées à des séminaristes, 22,500 pour les étudiants en théologie qui suivent des cours dans des Universités étrangères, 2,500 pour les frais des tournées épiscopales.

Enfin les pensions de retraite des membres du clergé catholique figurent pour 250,000 francs à l'exercice de 1913-1914. Le taux de ces pensions est calculé d'après les règles qui régissent la matière pour les fonctionnaires de l'État, soit les trois quarts du traitement après 40 ans de service. Le droit à la pension est acquis après 10 années passées dans le ministère paroissial. Le Gouvernement voulait d'abord verser une pension de retraite à tous les ecclésiastiques qui, arrivés à l'âge de 65 ans, désiraient se retirer. Les catholiques refusèrent le cadeau. Ils se plaçaient à bon droit au point de vue suivant : le prêtre n'est pas un fonctionnaire qui quitte son administration à un âge déterminé; tant qu'il peut remplir sa mission, il doit s'y consacrer. Ne peuvent donc être mis à la retraite que les ministres catholiques du culte que des infirmités rendent inaptes à remplir leurs fonctions.

Les aumôniers de collèges (professeurs de religion, comme on les appelle en Allemagne) sont rémunérés sur le budget de l'instruction publique, au même taux que les professeurs de l'enseignement secondaire. Quant aux professeurs de la faculté de théologie de Strasbourg, leurs traitements sont fixés, comme ceux de leurs collègues des autres facultés, d'après des conventions individuelles passées entre l'Université et les titulaires.

Il nous reste encore un chapitre du budget catholique à signaler. 122,000 francs sont distribués chaque année aux communes en subventions pour constructions d'églises et de presbytères.

La statistique de la population, au point de vue confessionnel, donne les chiffres suivants, en Alsace-Lorraine :

Catholiques, 1,428,343 (76.2 p. 100);
Protestants, 408,274 (21.7 p. 100);
Israélites, 30,483 (1.6 p. 100).

Il importe cependant de remarquer que le chiffre de la population protestante devra être considérablement abaissé quand disparaîtront les 84,000 soldats qui tenaient garnison en temps de paix en Alsace-Lorraine et qui pour les trois quarts au moins appartenaient à la religion réformée, comme aussi quand une grande partie des immigrés allemands quitteront le pays.

Le budget des cultes avait été adopté *ne varietur*, après la dernière réglementation légale. Le Parlement avait en effet décidé que toute amélioration ultérieure de la situation du clergé devrait être prélevée sur l'impôt cultuel à établir. Liberté était accordée à chaque confession de demander à l'État de frapper ses fidèles d'une contribution particulière pour les besoins du culte sous forme de centimes additionnels sur les impôts directs. Les catholiques avaient toujours refusé de recourir à cet expédient. Les protestants l'avaient employé pendant quelques années, mais, instruits par l'expérience, ils y avaient spontanément renoncé.

L'impôt cultuel a d'ailleurs un grave inconvénient, du moins quand il est appliqué d'après la méthode prussienne. Voici en quoi consiste cette dernière. Comme l'impôt est obligatoire pour tous les fidèles appartenant à un culte déterminé, il faut que les contribuables aient la possibilité de s'y soustraire en sortant officiellement de l'Église. Les formalités administratives prévues à cet effet sont réglées minutieusement par les règlements administratifs. Le futur dissident fait sa déclaration de sortie au juge de bailliage qui est tenu de le rendre attentif aux inconvénients de sa démarche et de lui fixer un délai de six semaines pour réfléchir. Ce délai passé, et le dissident persistant dans son intention de ne plus appartenir à son ancienne confession, *son exeat* lui est accordé et il est, à partir de ce moment, dispensé de payer l'impôt cultuel. Si cependant, soit pour lui-même, soit pour un des membres de sa famille, il fait une seule fois appel au ministère d'un prêtre, d'un pasteur ou d'un rabbin, on l'inscrit de nouveau d'office sur les listes des contribuables.

Comme, en Alsace-Lorraine, ce régime déplaisait souverainement aux catholiques, le Gouvernement avait proposé, pour le cas où l'impôt cultuel serait nécessaire, de le prélever, non plus au nom de la confession intéressée, mais en son propre nom, arguant de la nécessité où il se trouvait de faire face à des dépenses nouvelles d'ordre général. Même sous cette forme atténuée, qui eût rendu toute sortie officielle de l'Église impossible, les catholiques alsaciens-lorrains ne voulaient rien savoir de l'impôt cultuel.

*
* *

Le retour à la France des deux provinces que l'Allemagne avait annexées va poser une question de la plus haute gravité. La loi française de séparation devra-t-elle être appliquée en Alsace-Lorraine? Il semble bien qu'après les déclarations du Président de la République, du Président du Conseil, du Généralissime, le Gouvernement de la République veut tenir compte dans la plus large mesure des croyances, des usages et des traditions du peuple alsacien-lorrain. Or ce peuple est, dans son ensemble, très religieux, et il lui serait pénible de voir le Gouvernement de la République, comme don de joyeux avènement, lui ravir toutes les garanties religieuses que la loi allemande lui assurait.

* *
*

Il ne faut pas oublier que la législation de la France et celle de l'Alsace-Lorraine ont, depuis 44 ans, cheminé dans des voies opposées. Tandis qu'en France la laïcité s'établissait successivement dans tous les domaines de la vie publique, dans nos provinces la collaboration des Églises et de l'État tendait plutôt à devenir plus intime.

De plus, la loi de séparation a été préparée en France par toute une série de travaux d'approche qui ont permis aux catholiques de l'envisager avec moins d'appréhension. Son application immédiate et sans transition aurait, au contraire, chez nous le caractère d'un changement brusque, radical et brutal, qui déconcerterait la population et provoquerait chez elle des comparaisons dangereuses.

Il ne s'agit pas, en effet, simplement, comme d'aucuns pourraient le croire, de maintenir leurs indemnités à titre personnel aux ministres des cultes actuellement en fonctions, mais de tout le statut légal des Églises, personnalité civile des fabriques et des paroisses, fondations, droit à l'usage des édifices consacrés au culte, obligation des communes de parfaire le déficit des fabriques et autres garanties concordataires.

Or on ne saurait admettre que les catholiques d'Alsace-Lorraine accepteront de former les cultuelles sur la forme prévue par la loi de séparation. Celle-ci devrait donc être appliquée dans toute sa rigueur si un statut nouveau n'intervenait pas.

Il me semble que, dans ces conditions, la solution la meilleure et la plus rationnelle serait la suivante : le maintien du concordat pour les trois nouveaux départements.

Nous avons, en effet, déjà admis en principe que l'Alsace-Lorraine n'est pas reconquise, mais que la République française exerce simplement un droit de reprise sur les provinces qui lui ont été arrachées.

La France retrouve donc ses anciennes provinces dans l'état où elles se trouvaient en 1871. Elle a, entre temps, dénoncé le Concordat pour le reste de son territoire. Elle le retrouve par contre dans les territoires qu'elle va réoccuper et, pour tenir compte des croyances, des traditions et du sentiment de la population elle l'y maintient pour l'heure avec tous les droits et toutes les obligations qu'il comporte.

Signé : Wetterlé.

M. Blumenthal donne lecture des deux rapports suivants sur la situation des cultes protestant et israélite.

CULTE PROTESTANT.

Le culte protestant en Alsace-Lorraine est divisé en deux Églises : l'Église de la confession d'Augsbourg et l'Église réformée.

I. L'organisation de l'Église de la confession d'Augsbourg comprend des paroisses, des consistoires, des inspections et le consistoire supérieur avec le directoire.

1° La paroisse est la circonscription à la tête de laquelle se trouve un pasteur qui est payé par l'État. La paroisse est une personnalité juridique ; elle est représentée par le conseil presbytéral. Ce conseil se compose de plusieurs membres laïques, élus par les protestants âgés de trente ans et domiciliés depuis deux ans dans la paroisse, et des pasteurs. Ces conseils sont renouvelables par moitié tous les trois ans. Les membres sortants sont rééligibles. Les conseils doivent assurer le maintien de l'ordre et de la discipline dans la paroisse, veiller à l'entretien des bâtiments et biens de l'église, administrer la fortune de la paroisse, notamment des caisses d'église. Leurs décisions sont soumises à l'avis des consistoires et à l'approbation du directoire.

2° Le consistoire est formé de plusieurs paroisses d'ensemble environ six mille âmes. En sont membres les pasteurs, les membres du conseil presbytéral du chef-lieu, un nombre égal d'élus par les paroisses et un délégué laïque nommé par chaque conseil presbytéral. L'élection du président est soumise à l'approbation du Statthalter.

Le consistoire exerce sa surveillance sur les paroisses et administre sa fortune. Pour que les décisions du consistoire soient valides, la présence de la moitié des pasteurs et des laïques est nécessaire. Le consistoire possède la personnalité juridique.

3° Cinq à sept consistoires forment un district d'inspection avec, à sa tête, un inspecteur ecclésiastique et deux inspecteurs laïques. L'inspecteur ecclésiastique est nommé par le Statthalter sur une liste de trois candidats proposés par l'assemblée d'inspection. L'inspecteur ecclésiastique surveille les ministres du culte et les vicaires, la gestion des conseils presbytéraux et des consistoires. Dans toutes les affaires profanes il est assisté ou remplacé par les inspecteurs laïques. L'Assemblée d'inspection se compose de tous les pasteurs de l'inspection et d'autant de membres laïques nommés par les conseils presbytéraux.

4° *Le consistoire supérieur* se compose des inspecteurs ecclésiastiques, de deux délégués laïques de chaque inspection, d'un représentant de la faculté de théologie de l'Université, d'un représentant du chapitre de Saint-Thomas, d'un membre laïque nommé par le Gouvernement et du président nommé par l'Empereur.

Le consistoire supérieur surveille le maintien de la constitution et de la discipline dans toute l'Église. Il ne peut se réunir qu'avec l'assentiment du Gouvernement. Il fixe la ligne de conduite du directoire et connaît en dernier ressort des recours formés contre les décisions du directoire.

Le directoire se compose du président du consistoire supérieur, d'un membre laïque et d'un inspecteur ecclésiastique, nommés par le Gouvernement, et de deux membres laïques élus par le consistoire supérieur parmi ses membres dont l'un sort tous les trois ans. Le directoire est l'instance de surveillance supérieure pour toute l'Église. Il nomme, déplace et révoque les pasteurs sous réserve de l'assentiment du Statthalter. Les arrêts et actes administratifs des consistoires sont soumis à son approbation. Il rend annuellement compte de sa gestion au consistoire supérieur.

II. L'Église réformée se divise en paroisses, consistoires et synode.

La paroisse est une personnalité juridique. Elle est soumise aux mêmes règles que la paroisse de l'Église de la Confession d'Augsbourg.

Il en est de même des consistoires qui possèdent également la personnalité juridique.

Le synode se compose de membres élus par les consistoires en raison de un ecclésiastique et un laïque par six mille âmes. Pour chaque délégué il est élu un remplaçant. Les présidents et secrétaires des consistoires sont membres de droit du synode.

Celui-ci ne se réunit qu'avec l'assentiment du Gouvernement. Le synode surveille le bon fonctionnement de la constitution et de l'administration de l'Église et connaît des recours formés contre les règlements des consistoires. Le bureau composé du président, vice-président, secrétaires, et de deux assesseurs, règle les affaires entre les sessions et représente tous les consistoires réformés dans leurs intérêts communs.

Prescriptions concernant la nomination et les conditions des ministres du culte protestant. Pour être pasteur, il faut posséder la nationalité allemande, être âgé de vingt-cinq ans et avoir passé deux examens dont le premier après quatre années d'études théologiques.

Les pasteurs sont nommés dans l'Église de la Confession d'Augsbourg, par le directoire; dans l'église réformée, par le consistoire, sur une liste de trois candidats présentés par le conseil presbytéral. Les nominations sont soumises à l'approbation du Statthalter. La mise à la retraite et la révocation se font par les mêmes voies.

Les pasteurs reçoivent un traitement de l'État fixé par une échelle basée sur l'ancienneté. Les pasteurs et leurs veuves et orphelins ont droit à une retraite conformément à la loi sur les retraites des fonctionnaires.

Le culte protestant figurait en dernier lieu au budget pour une somme de 1,303,103 marks.

Proposition. — Assurer le traitement et la retraite des ministres du culte indigènes et introduire pour le reste la législation française.

CULTE ISRAÉLITE.

La constitution de la religion israélite comprend trois consistoires départementaux, des rabbinats et des synagogues.

La création et la délimitation des consistoires et rabbinats ont lieu par décrets impériaux tandis que la création des synagogues est de la compétence du ministère.

Les consistoires départementaux et les communautés israélites reconnues par l'État ont la personnalité juridique.

Les consistoires départementaux se composent du grand rabbin et de six membres laïques. Ces derniers sont élus par les notables inscrits dans une liste électorale et choisis selon une procédure fixée dans les détails par l'ordonnance du 2 mai 1844. Les grands rabbins sont nommés par les consistoires avec l'approbation du Statthalter.

Les consistoires surveillent l'administration des rabbinats et des synagogues et fondations et veillent à l'orthodoxie de l'enseignement. Ils représentent les synagogues en justice. Ils nomment les fonctionnaires des synagogues. Les membres des consistoires sont élus pour huit ans et renouvelables par moitié tous les quatre ans. L'élection des membres laïques est soumise à l'approbation du Statthalter.

Les grands rabbins doivent être en possession du deuxième grade rabbinique, que confère le consistoire, âgés de trente ans et de nationalité allemande. Ils sont nommés par les consistoires avec l'assentiment du Statthalter.

Les rabbins doivent être en possession du premier degré rabbinique, que confère le consistoire, âgés de vingt-cinq ans et de nationalité allemande ; ils sont nommés par les consistoires départementaux.

Les chantres (sous-rabbins) doivent être en possession d'un certificat du grand rabbin attestant qu'ils ont des connaissances religieuses suffisantes. Ils doivent être âgés de vingt-cinq ans et de nationalité allemande. Ceux du siège du consistoire sont nommés par le consistoire ; les autres sont élus par cinq notables désignés par le consistoire.

Le traitement des grands rabbins et des rabbins est payé par l'État d'après une échelle basée sur l'ancienneté.

Ils ont droit pour eux, leurs veuves et orphelins à des retraites tout comme les ministres des autres religions.

Tous les autres frais du culte sont recouvrés sur les israélites de la circonscription de la synagogue, d'après un rôle que l'administration de la synagogue a coutume de fixer.

Les frais du culte israélite figurent en dernier lieu au budget pour une somme de 201,050 marks.

Signé : BLUMENTHAL.

*
* *

M. LIARD demande des précisions sur le mode de nomination des évêques et leurs personnalités actuelles. Le problème religieux est de beaucoup le plus délicat de ceux soulevés jusqu'à présent par la Conférence. Il importe de se rendre compte des conséquences qu'aurait soit le maintien du Concordat, soit le régime de la séparation. Si le Concordat était maintenu la première conséquence serait le maintien des évêques actuels qui n'ont cessé d'exercer une grande influence tout au service des sentiments germaniques.

M. l'abbé WETTERLÉ rappelle que, d'après le Concordat français, c'est le chef de l'État qui nomme les évêques, mais le chef de l'État doit être catholique. En Alsace-Lorraine, le chef de l'État est l'Empereur d'Allemagne, mais il est protestant. En fait, lorsque s'est présenté pour la première fois le cas de nommer un évêque en Alsace, l'Empereur a fait la nomination en temps que Chef de l'État d'Alsace-Lorraine, et le Pape a ratifié la nomination sans soulever la question de la religion du Chef de l'État. Les deux évêques de Metz et Strasbourg sont aujourd'hui deux vieillards de nationalité allemande pure qui ont exercé une puissante action au point de vue de la germanisation. Le coadjuteur de Strasbourg est un Alsacien plus allemand que les Allemands et très impopulaire ; il a été nommé avec droit de succession et est encore jeune (environ cinquante ans). Tandis que les deux évêques ne demanderont qu'à se retirer ou y seraient amenés sans peine, le cas du coadjuteur sera un peu plus délicat. A part lui, le clergé alsacien tout entier est composé d'indigènes. M. l'abbé Wetterlé ne connaît pour l'Alsace elle-même que deux prêtres d'origine allemande, quoique nés tous deux en Alsace et fils de fonctionnaires. Il y en a peut-être quelques-uns aussi en Lorraine, mais en très petit nombre. Si l'on décapitait ce clergé alsacien de ces évêques germanophiles, le corps ecclésiastique tout entier reviendrait sans arrière-pensée à la France, à condition qu'elle tînt compte des graves problèmes signalés dans son rapport. La question du départ des trois prélats mis à la tête du clergé ne paraît pas très difficile à résoudre, car le Saint-Siège a des moyens de les obliger à la retraite : il y en a des exemples et la France est certaine d'obtenir leur éloignement par un procédé ou par un autre comme l'Allemagne a obtenu le détachement des évêques de Strasbourg et de Metz de la province ecclésiastique de Besançon, malgré l'impression que cette mesure devait produire sur la France.

M. HELMER estime également que dans l'hypothèse du maintien du Concordat, il serait facile d'obtenir le départ des prélats. La question serait alors complètement réglée au point de vue national, mais, dans le cas contraire, les deux évêques auraient toutes chances d'être maintenus et seraient une gêne sérieuse pour l'autorité française.

M. PICHON relève avec une grande autorité toute la gravité de la question religieuse, qui ne pose rien moins que la question des rapports de la France avec le Saint-Siège. Il comprend parfaitement les préoccupations si légitimes de l'abbé Wetterlé. Il ne faut à aucun prix heurter les habitudes de l'Alsace, et l'institution d'un régime nouveau sans dispositions transitoires risquerait de mécontenter les consciences. Mais le maintien pur et simple du Concordat implique le rétablissement des relations avec le Saint-Siège. On ne peut ni déposséder ni nommer un évêque sans négociations avec le Saint-Siège : cette nécessité se présente même dans des affaires de moindre gravité. M. Pichon se garde de se prononcer dès maintenant sur le fond du débat : il constate que si la France n'a pas de représentant à Rome, au moins pour les affaires d'Alsace-Lorraine, il sera impossible de maintenir purement et simplement le Concordat : autant il est facile de respecter les droits acquis ou la situation matérielle du clergé, autant il est difficile de maintenir une législation spéciale religieuse alors qu'elle a été abolie en France et qu'on devra se heurter à l'absence de tout moyen matériel de l'appliquer.

M. l'abbé WETTERLÉ reconnaît que le maintien du Concordat en Alsace a pour conséquence nécessaire le rétablissement des relations avec le Saint-Siège *pour les affaires d'Alsace-Lorraine.* Cette difficulté existe d'ailleurs virtuellement dès maintenant puisque nous occupons quelques vallées de l'Alsace. Le Saint-Siège s'en est préoccupé : Bien que le cas ne se soit pas présenté il a conféré à l'archevêque de Paris le pouvoir de désigner éventuellement des curés pour les cures qui deviendraient vacantes dans les vallées occupées. Cette nomination implique une consultation de l'autorité française.

Cependant, si l'on veut réaliser les promesses faites au nom de la France par le général Joffre et le Président de la République, de respecter les sentiments de l'Alsace, il ne semble y avoir que deux moyens : le premier est le maintien du Concordat, le second est l'établissement d'un régime nouveau très difficile à définir, accepté par l'Alsace. Car un dernier moyen serait le système de la séparation. L'on n'a guère de chance de voir les paroisses alsaciennes-lorraines créer des cultuelles que le Saint-Siège a repoussées. On verrait alors la saisie des menses épiscopales, les inventaires et tous les incidents qui seraient le contraire des promesses faites aux Alsaciens.

M. BLUMENTHAL est, lui aussi, d'accord sur l'importance capitale du problème. Il ne veut pas entrer dans la discussion aujourd'hui, mais formuler des réserves.

D'abord il conteste que les paroles prononcées par le Président de la République et le général Joffre aient visé la question religieuse. Ils n'ont pu promettre un régime spécial en cette matière, cela eût dépassé leurs pouvoirs. De plus s'il y a en Alsace 1,400,000 catholiques, beaucoup sont tièdes, beaucoup sont socialistes (1/5e des voix électorales). Ces derniers ne tiennent nullement au maintien du Concordat. Ils s'adapteront facilement au régime de la séparation. Il y a même beaucoup de libéraux, depuis les unifiés jusqu'aux progressistes, qui ne tiennent pas au maintien du Concordat.

Mais comme il ne s'agit jamais que d'un régime provisoire, M. Blumenthal ne demanderait pas, lui-même, qu'on usât de précipitation à changer de régime. Il faut éviter les querelles religieuses. Il est nécessaire cependant d'envisager la possibilité d'éviter aussi toute négociation avec le Saint-Siège, ce qui rend à peu près impossible, on doit le reconnaître, le fonctionnement du Concordat.

Quant aux inconvénients signalés du régime de séparation, à savoir que le Saint-Siège en ce cas se garderait de nous délivrer des évêques germanophiles actuels, on peut répondre que le Gouvernement français ne serait pas désarmé. Les évêques allemands ne seraient pas réintégrés dans la nationalité française, et l'on resterait libre de les expulser. Pour le coadjuteur francophobe il appartient à une catégorie peu nombreuse de personnes indigènes s'étant gravement compromises contre la France, et son cas serait à examiner à part.

M. HELMER estime que l'expulsion ne réglerait pas vraiment la question des évêques. Ils pourraient s'installer à Kehl et y administrer encore leur ancien diocèse. Lors du Kulturkampf, le cardinal de Posen, Monseigneur Ledochowsky, expulsé par Bismarck, s'installa à Rome avec l'auréole de martyre et y continua l'administration de son diocèse.

M. l'abbé Wetterlé insiste sur la nécessité de maintenir le Concordat. Pendant quarante-quatre ans, la France a suivi une évolution vers la séparation tandis que l'Alsace en suivait une diamétralement inverse, plutôt orientée vers l'entente avec l'État, qui a favorisé l'Église catholique au point de vue pécuniaire. Il conteste la portée des affirmations de M. Blumenthal quant aux sentiments des socialistes. La grande majorité d'entre eux n'hésite pas à faire appel au ministère des prêtres pour leurs familles et pour eux-mêmes, par exemple en cas de mariage, de baptême, etc. Il est convaincu que si la question religieuse était posée sur le terrain électoral il y aurait très peu de partisans de la séparation. Une seule solution lui paraît logique, la France retrouve l'Alsace avec son Concordat, qui répond au sentiment des masses, et doit le leur laisser.

M. Pichon est au fond d'accord avec M. Wetterlé. Il est impossible, à son avis, d'introduire de suite la séparation. Cependant le maintien pur et simple du Concordat est tout aussi difficile à cause des relations que cela implique avec le Saint-Siège : de plus, la question doit être envisagée en tenant compte aussi des relations concordataires de l'Empire Allemand avec le Saint-Siège. L'Empereur, chef de l'État d'Alsace, est représenté à Rome comme roi de Prusse. Il fera entendre son sentiment et risque d'obtenir le maintien des évêques alors que nous ne serons pas représentés dans le débat.

Dans ces conditions, M. Pichon ne serait pas éloigné de penser qu'on pourrait envisager pour l'Alsace réintégrée un régime transitoire différent de celui de la France; on peut citer le précédent de la Tunisie qui est, il est vrai, un pays de protectorat. Le régime religieux de la Régence n'est pas le même qu'en France. Il a l'avantage d'interdire la nomination d'un évêque sans l'agrément du Gouvernement français. Il n'y a évidemment pas assimilation à faire entre notre protectorat et l'Alsace-Lorraine. C'est un simple précédent. Il n'enlève rien d'ailleurs — tout au contraire — à l'objection tirée du fait que, pour l'établissement d'un régime religieux différent de celui de la France, il semblerait très délicat de se passer d'une entente, et par conséquent de négociations avec le Saint-Siège.

M. Barthou constate que le précédent cité par M. Pichon amènerait à une modalité du Concordat en Alsace-Lorraine par négociations avec le Saint-Siège.

M. Blumenthal revient sur ce qu'a dit M. Wetterlé. Il est vrai que l'Alsace officielle est hostile à la laïcité, mais une notable partie de la population a suiv[i] avec sympathie ce qui s'est produit en France. Ces sympathies se sont manifes[]tées dans la publicité du parti libéral et socialiste. Tous les événements d[e] France ont eu leur répercussion en Alsace; le Gouvernement a bien cherché [à] exploiter ces événements contre la France, mais sans succès : d'ailleurs la press[e] a été empêchée de représenter le point de vue français dans son ensemble.

M. Wetterlé conteste cette affirmation. D'après lui, la presse a été entière[]ment libre et s'est nettement prononcée contre la politique intérieure française[;] seule une faible partie de la bourgeoisie a pu approuver cette politique, qui n'[a] trouvé aucun écho dans les masses.

M. de Wendel est d'accord avec M. Wetterlé sur ce point : comme beaucou[p] d'autres il estime, en dehors de toute appréciation sur la politique religieuse in[]térieure de la France, que cette politique a fait grand tort à notre pays en Alsace[-]Lorraine.

M. Liard dit que si la question religieuse venait à être portée sur le terrai[n] électoral, il faudrait éviter soigneusement que cela aboutît à l'élection au Parle[]ment français de députés protestaires contre la France.

M. Boll est de ceux (et le nombre en est, d'après lui, bien plus grand qu'on n[e] pense) qui ne considèrent pas le problème religieux comme si grave. Il ne fau[t] pas exagérer l'« énormité » du danger que dépeignent MM. Pichon et Wetterlé[.] Il raconte à titre d'illustration des conversations auxquelles il a assisté au cour[s] d'une excursion, qui prouvent à son avis que les Alsaciens savent très bien qu[e] la politique religieuse de la France ne démontre nullement sa « pourriture »[.] L'Alsacien est religieux, mais nullement clérical. Il conteste l'affirmation de M. d[e] Wendel que la politique anticléricale de la France lui a fait tort aux yeux de[s] Alsaciens. Il se rallie pleinement à la manière de voir de M. Blumenthal.

M. de Wendel pense qu'en présence de la difficulté de préconiser sans réser[]ves soit le maintien du Concordat, soit l'établissement du régime de séparation[,] l'on pourrait étudier un régime spécial, une formule qui n'aurait ni un caractère trop transitoire ni celui de la pérennité; par exemple, une solution applicabl[e] pour la durée d'une génération d'hommes, qui porterait avant tout sur l'établis[]sement d'associations cultuelles acceptables pour le Saint-Siège.

M. Souchon estime qu'il faudrait savoir sur quelle base un régime spécia[l] pourrait être institué.

M. Barthou propose à la Conférence de charger M. de Wendel de rechercher une rédaction de sa proposition ou tout au moins de l'étudier. Le problème serait réservé en attendant.

M. de Wendel accepte de se charger de cette étude sous la réserve qu'il n'est pas du tout certain de ne pas arriver à une conclusion négative.

La Conférence charge M. Kammerer de rassembler les textes des discours prononcés par M. le Président de la République, M. le général Joffre et M. le Président du Conseil dans lesquels ils ont traité de la question du respect des mœurs et traditions de l'Alsace.

L'ordre du jour de la prochaine séance appellera l'exposé de M. Souchon sur la question douanière.

La Conférence s'ajourne au lundi 16 juillet à 2 h. 30.

VINGTIÈME SÉANCE

TENUE AU MINISTÈRE DES AFFAIRES ÉTRANGÈRES

SOUS

LA PRÉSIDENCE DE M. BARTHOU

LE 19 JUILLET 1915.

Absents et excusés : MM. Pichon, Denys Cochin, Touron, Liard, Berthelot, Bellin, Pichat, Weill et Boll.

M. le Président rend hommage à la mémoire de M. Ferdinand Dreyfus membre de la Conférence, disparu après une courte maladie et qui s'est fait remarquer toujours par son esprit sérieux et la conscience qu'il apportait à l'étude de tous les problèmes. M. Barthou se charge d'exprimer à Madame Dreyfus les condoléances de la Conférence pour le deuil qui l'a frappée.

M. le Président donne la parole à M. Souchon pour exposer à la Conférence les questions douanières visant l'Alsace-Lorraine.

EXPOSÉ DE M. SOUCHON.

Les questions douanières soulevées par le retour de l'Alsace-Lorraine à la France se rapportent les unes à *la période d'occupation militaire* et les autres au *régime définitif* qui y succédera.

Pour la période de l'occupation militaire, deux problèmes se sont présentés concernant l'un les relations économiques de l'Alsace occupée avec la France et l'autre les échanges commerciaux entre cette même zone d'Alsace et la Suisse.

Lorsque l'armée française est entrée en Alsace, elle a fait disparaître derrière elle les lignes des douanes. Les territoires occupés font donc librement le commerce avec notre pays. Cette solution s'imposait. En cas de maintien des postes douaniers, la zone occupée, coupée à la fois du territoire douanier de la France et de celui de l'Allemagne, se fût trouvée dans une situation désespérée. Elle n'en a pas moins soulevé quelque émotion chez les industriels des Vosges installés après la guerre. Ils ont fait remarquer que la concurrence alsacienne est particulièrement redoutable pour eux, qui ont à grands frais élevé des usines sur notre territoire pour y maintenir leurs relations avec la France. Il sera peut-être possible de trouver à la paix des mesures susceptibles d'atténuer cette situation, mais pendant la période actuelle le seul soulagement des industriels français se trouve dans le fait que, par suite de l'occupation des régions industrielles du nord, ils sont débarrassés de la concurrence très sérieuse de cette région. On doit constater aussi que la suppression de la ligne douanière s'imposait au G. Q. G. pour assurer la liberté de la circulation. Les solutions qu'il a prises ne peuvent être remises en question et le problème n'est signalé ici que pour être aussitôt écarté.

Quant aux relations entre la zone occupée et la Suisse, juridiquement la première est un pays allemand et les tarifs applicables sont en droit strict ceux des conventions germano-suisses. Mais le commandement militaire, pour des raisons d'ordre public, a cru devoir fermer la frontière, notamment pour empêcher certaines contrebandes. C'est une question d'opportunité. En fait la frontière pourrait ne pas être fermée complètement. La Conférence n'a pas à discuter des problèmes de cet ordre qui relèvent du commandement militaire. Il s'agit, ici aussi, de constater un état de fait et non d'ouvrir une discussion.

Après la période d'occupation, se posera le problème *du régime douanier à établir par le traité de paix.*

Il existe, en cette matière, un principe incontesté : C'est qu'à la suite d'une annexion, et à plus forte raison du retour d'une province à son ancienne patrie, la province annexée participe à la vie politique et économique du pays annexant. Deux conséquences en découlent : 1° de plein droit la législation douanière du pays annexant devient applicable au pays annexé; 2° les traités et conventions internationales du pays annexant sont immédiatement étendus au pays annexé. Sur ce second point il n'y a eu qu'une difficulté; c'est celle soulevée après les événements de 1859-1860 qui ont amené la constitution du royaume d'Italie. Ce royaume était-il un nouvel État ou seulement une modification, une extension, une transformation de l'ancien Piémont. S'il s'était agi d'un nouvel État, ce dernier se fût trouvé obligé de négocier ses traités avec les puissances étrangères, mais on admit sans discussion que l'on se trouvait en présence d'un agrandissement du Piémont.

D'ordinaire, à la suite d'annexion, on fait tacitement application des règles de droit international ci-dessus rapportées. Les traités de paix n'en font pas mention. On ne trouve rien concernant la question douanière, dans les traités de 1814 et 1815. On s'est cependant préoccupé, vers 1815, dans la législation intérieure, des conséquences du déséquilibre économique résultant brusquement de la suppression du blocus continental, lequel avait amené en France la création de certaines industries particulières, qui risqueraient de disparaître devant la concurrence des produits anglais. C'est ainsi que les textiles alsaciens avaient profité directement du blocus. Malgré l'intimité politique de la Restauration avec l'Angleterre, le blocus de guerre fut maintenu après la paix et par tous les régimes qui se sont succédé en France du fait de la prohibition absolue de l'entrée en France de certains produits anglais. Cela dura jusqu'en 1860, date de l'inauguration de la politique relativement libre échangiste de l'Empire. Les traités de 1859-1860 visant la cession à la France de la Savoie, du comté de Nice et de Roquebrune ne comportent aucune stipulation d'ordre douanier. Il est vrai qu'il s'agissait de territoires ayant une vie industrielle très limitée et d'une époque où le libre échangisme gagnait du terrain. On doit cependant citer une convention franco-italienne très particulière d'ordre douanier. C'est la « disposition additionnelle et transitoire », annexée au traité de commerce franco-italien du 17 janvier 1863 par laquelle : « Les Hautes-Parties contractantes, prenant en considération la situation exceptionnelle dans laquelle se trouvent placées, par suite de l'annexion de la Savoie à l'Empire français, les fabriques de Pont (Italie) et d'Annecy (Haute-Savoie), sont convenues de la disposition suivante :

« Les tissus de coton écru fabriqués dans la manufacture de Pont pourront, jusqu'à concurrence de 250,000 kilogrammes, et pendant trois années consécutives, être importés en franchise de droits, en France, pour être imprimés dans la manufacture d'Annecy et réexportés après l'impression, également en franchise, en Italie.

« Les douanes des deux pays prendront les mesures nécessaires pour s'assurer de l'origine et de l'identité de ces tissus. »

Cette disposition visait deux usines travaillant en se faisant support l'une à l'autre et dont le lien avait été brisé par l'annexion ; l'on a procédé, pour la solution transitoire, par voie de contingent et avec une limitation dans le temps. C'est d'ailleurs ce système du contingent et de la limite de temps que l'on verra s'étendre beaucoup en 1871.

Si l'on entre maintenant dans l'examen du régime visant l'Alsace Lorraine elle-même et de son histoire douanière, l'on constate qu'après les traités de Westphalie de 1648, l'Alsace Lorraine n'était pas, comme aujourd'hui, un pays de grande industrie ; elle ne l'est devenue qu'après Colbert, vers le milieu du XVIIIe siècle, par l'impulsion donnée à l'impression sur étoffes. Il y avait cependant des métiers à tisser dans les campagnes et, dans les villes, une industrie corporative. Aussi les paysans normands furent-ils émus des conséquences de la réunion de l'Alsace à la France. Ils demandèrent protection au roi, et l'ancien régime inventa alors le régime très particulier connu sous le nom de « Régime de l'instar. » Les pays qui y étaient soumis étaient dits « pays à l'instar de l'étranger effectif », c'est-à-dire qu'ils étaient en dehors du régime douanier français et que leurs produits, pour passer dans la circulation intérieure, devaient acquitter les droits de douane d'après le système variable et compliqué de l'époque. L'Alsace fut soumise à ce régime. Elle était donc considérée comme en dehors du royaume économiquement, quoique rattachée politiquement. Ce régime, qui paraissait au premier abord devoir être désastreux pour l'Alsace, ne lui nuisit pas parce que l'Alsace, coupée des relations économiques avec la France, ne l'était pas de l'Allemagne, comme elle l'eût été infailliblement plus tard lorsque cette dernière devint un véritable État : le morcellement politique de l'Allemagne ne permettait pas l'institution de régimes douaniers effectifs, et les populations germaniques, alors peu industrielles, ne pouvaient se passer de l'industrie alsacienne, dont les produits pénétraient d'ailleurs aussi en France grâce à un système compliqué de permissions particulières et d'exceptions, système faisant brèche à la règle de l'instar.

C'est même au régime de l'instar que l'Alsace a dû le développement de son industrie de l'impression sur étoffes. A cette époque la législation française interdisait absolument l'impression sur étoffes en France. L'Alsace et surtout Mulhouse, république indépendante, échappaient à cette interdiction. Le besoin des étoffes imprimées ayant été grandissant, les produits alsaciens pénétraient en France grâce aux permissions citées plus haut et, petit à petit, sous l'impulsion d'hommes énergiques, comme les Kœchlin, les Dollfus et les Schmalzer, cette industrie prit son centre à Mulhouse. Il est vrai que peu après le milieu du xviiie siècle l'ancienne interdiction de l'impression sur étoffes, sans avoir été formellement rapportée, tomba en désuétude. Ce fut l'origine des toiles de Jouy qui cependant ne nuisirent pas aux toiles d'Alsace imprimées. Les métiers à imprimer se répandaient peu à peu dans toute la région de Mulhouse, au delà des limites très resserrées de cette petite république. Le régime de cette industrie était rendu plus favorable du fait qu'elle recevait sans droits, d'Allemagne, les toiles blanches, et trouvait les moyens de les repasser imprimées vers la France, également sans droits.

Le régime de l'instar n'a qu'un intérêt historique. Il ne saurait être question de le rétablir sous aucune forme, après le retour de l'Alsace à la France. Les idées économiques ont, depuis le xviie siècle, subi une évolution si radicale que l'on ne conçoit pas aujourd'hui la possibilité de rétablir une ligne de douanes entre la France et l'Alsace. D'ailleurs l'Allemagne actuelle n'hésiterait pas à mettre une ligne de douanes entre elle et l'Alsace de sorte que ce pays, dont la production dépasse, comme on va le voir, de beaucoup la consommation, serait étouffé industriellement dans son territoire trop étroit.

En 1871 la question douanière ne s'est pas posée aux négociateurs de la paix avec une acuité aussi grande qu'aujourd'hui. Les industries alsaciennes autres que celles des textiles étaient loin de leur développement actuel. La métallurgie, notamment, existait à peine relativement à ce qu'elle est maintenant. Il y avait pourtant déjà, en dehors des textiles, des industries considérables, soit dans l'ordre des produits chimiques, soit dans celui de la mécanique.

Pour ce qui est des industries textiles, on a pu calculer que par l'annexion de l'Alsace à l'Allemagne, le Zollverein voyait augmenter :

Le nombre de broches de 56 p. 100;
Celui des métiers à tisser de 88 p. 100;
Celui des machines à imprimer de 100 p. 100.

Les industriels allemands, comme les Normands de 1648, manifestèrent rapidement leur préoccupation. Elle apparut dans des dispositions demandées par l'Allemagne pour être insérées dans les préliminaires de traité de paix avec la France et spécifiant que le traité de paix fixerait un espace de temps pendant lequel les Alsaciens auraient la libre franchise pour la circulation en France de leurs produits.

La convention du 9 avril 1871 précise à cet égard que les produits alsaciens lorrains seront reçus en France avec la franchise de droit, sous réserve de la réciprocité de franchise pour les produits français en Alsace-Lorraine. On stipula que l'origine des produits serait garantie par la délivrance de certificats d'origine délivrés par un syndicat de négociants alsaciens.

Peu après, le Gouvernement allemand demanda la prorogation pour 6 années de cette disposition. Il fallait qu'elle parût nécessaire aux producteurs allemands, car elle était favorable à nos intérêts par le maintien de notre situation économique antérieure pendant une période relativement longue. Cependant ce fut la France qui refusa, peut-être sous l'influence de Pouyer-Quertier, qui représentait les tissages normands. L'Allemagne revint à la charge et proposa, en échange d'une franchise bien plus courte, de réduire la durée de l'occupation de certaines villes françaises. (Convention du 12 octobre 1871.) La franchise entière était maintenue aux produits alsaciens-lorrains du 1ᵉʳ septembre au 31 décembre 1871; les produits étaient soumis au quart du droit du 1ᵉʳ janvier au 30 juin 1872, puis au demi-droit du 1ᵉʳ juillet au 31 décembre 1872, puis soumis après le 31 décembre 1872 au tarif ordinaire sans réduction. Mais cette convention ne nous accordait pas la réciprocité. Bismarck s'y était opposé. Il n'existait d'ailleurs pas de lignes de douanes entre l'Alsace et l'Empire. Les certificats d'origine devaient être délivrés par un syndicat d'honneur des négociants alsaciens-lorrains qui veilleraient à ce que les quantités importées en France ne dépassassent point celles allant sur France au cours de l'année 1869. La franchise n'était donc accordée que jusqu'à concurrence d'un maximum. Mais c'était un contingent général, et il n'a pu être trouvé trace du système appliqué pour partager les droits sur le surplus de l'importation en France entre les producteurs alsaciens-lorrains.

En outre du relèvement progressif (mais sur 15 mois seulement) du tarif français sur les produits alsaciens, leur régime bénéficiait aussi de l'article XI du traité de Francfort qui a stipulé la clause de la nation la plus favorisée, ce qui, au temps du régime du libre échange relatif, signifiait des taxations très modérées.

Quelles ont été les conséquences du régime douanier décrit ci-dessus pour la fabrication alsacienne? De 1850 à 1860 les textiles alsaciens connurent une période de grande prospérité. Ils furent durement atteints par les traités de commerce de 1860 qui permirent l'accès de leurs marchés à la concurrence anglaise, sauf pour l'industrie des étoffes peintes en raison d'un bon régime d'admission temporaire pour les toiles blanches. Vers 1865 une baisse se produisit dans les prix de la matière première qui amena le retour de la prospérité. Mais vers 1868 se manifesta une violente crise de surproduction, laquelle dura jusqu'à la guerre de 1870-71. La paix amena à son tour une sérieuse reprise des affaires jusqu'à la fin du régime transitionnel avec la France. Alors se déclara une nouvelle crise très grave, car les industries alsaciennes n'étaient pas adaptées à leur nouveau marché, au marché allemand. Elles fabriquaient trop bien et ne pouvaient lutter contre les articles produits à bas prix, soit de l'Angleterre, soit de l'Allemagne elle-même. Ce fut une période de réadaptation pendant laquelle de nombreux industriels alsaciens crurent avantageux de se mettre à cheval sur la frontière et de créer des usines en France en maintenant leurs anciens établissements d'Alsace.

Ces faits paraissent comporter une triple leçon :

1° Si, à la paix, la France demande à l'Allemagne des franchises pour les produits alsaciens importés en Allemagne, elle ne fera que rééditer ce qu'a fait et obtenu l'Allemagne de la France en 1871-72.

2° Il faut se garder contre le danger d'une période transitoire trop courte. L'Alsace a souffert en 1872 de ne disposer que d'un délai de 15 mois, beaucoup trop court. Les conditions économiques actuelles rendent bien plus difficile et plus longue qu'il y a quarante-quatre ans une réadaptation industrielle.

3° L'on ne fait pas entièrement ce que l'on veut dans un traité de paix. La France, en 1871, était écrasée, et cependant, en échange de faveurs douanières ne dépassant pas 15 mois, l'Allemagne dut lui accorder des contre-parties politiques très importantes (évacuation de territoires). L'on ne doit donc pas discuter de tels problèmes sans tenir compte des contingences et des possibilités matérielles offertes aux négociateurs.

Telle est l'histoire des annexions de l'Alsace au point de vue purement douanier.

Au point de vue actuel, les problèmes se poseront avec une acuité particulière pour les industries métallurgiques, et pour les industries textiles.

En ce qui concerne la métallurgie, le retour de l'Alsace-Lorraine à la France avec ses limites actuelles, qui sont celles de 1815 et de 1871, amènerait en France la production aux chiffres suivants :

Le minerai de fer passerait de 19 à 39 millions de tonnes, soit un accroissement de 105 p. 100.

La fonte passerait de 5,300,000 à 9,300,000 tonnes, soit un accroissement de 75 p. 100.

L'acier passerait de 4,600,000 à 6,900,000 tonnes, soit un accroissement de 50 p. 100.

Il y a là les éléments d'un déséquilibre d'autant plus considérable que son seul remède est non pas dans une augmentation de la consommation intérieure, mais dans l'exportation : Or l'exportation a de grandes chances d'être entravée par un déficit du combustible.

La production totale de la France en houille et coke est de 41,145,000 tonnes alors que sa consommation est de 61,235,000 tonnes ; si la France est déficitaire, l'Alsace-Lorraine est elle aussi déficitaire. Sa production en houille et coke est de 3,500,000 tonnes pour une consommation de plus de 4 millions de tonnes. En outre une partie de cette production ne peut, par suite de la qualité, être consommée qu'en Allemagne, ce qui augmente d'autant les besoins intérieurs. si bien qu'au point de vue du combustible le retour de l'Alsace à la France, loin d'améliorer la situation, augmentera le déficit. Celui-ci ne pourrait être réduit que par l'annexion du bassin de la Sarre, qui produit 12 à 13 millions de tonnes de houille et 2 millions de tonnes de coke, mais ce coke est médiocre et l'apport ne serait pas énorme à ce dernier point de vue ; la France avec l'Alsace et la Sarre serait moins déficitaire en houille, mais le resterait presque autant en coke.

On est donc amené, de toute façon, à redouter pour l'industrie métallurgique des troubles liés à la question du combustible.

En ce qui concerne l'industrie textile nous sommes appelés à faire des constations très analogues :

Pour la filature et les tissages.

Il y a actuellement en France 7,400,000 broches et en Alsace 1,900,000, ce qui produira une augmentation de 25 p. 100. Le nombre des métiers est en France de 135,000 contre 45,000 en Alsace, ce qui produira une augmentation, après le retour à la France, de 33 p. 100. Certains industriels se sont livrés à des calculs pour établir de combien sera la surproduction sur les besoins intérieurs de la France. Ces calculs sont incertains, car ils partent du principe que la consommation restera constante, alors qu'elle peut varier dans une large mesure selon l'état du bien-être, de sa prospérité et du relèvement économique consécutif à la guerre, mais une chose est certaine, c'est que, laissant de côté tout chiffre d'autant plus inexact qu'il sera plus précis, le retour de l'Alsace comporte des éléments de troubles économiques sérieux pour l'industrie des textiles.

Nous ne nous appesantirons pas sur les autres industries d'Alsace, moins importantes et touchant lesquelles nous ne disposons pas de chiffres très précis. Quant à l'agriculture, nous savons par un rapport de M. Laugel que la question du blé n'est pas de conséquence. Le bétail manque en France, et si l'Alsace peut en fournir, les agriculteurs ne se plaindront pas. Pour la viticulture le problème, tout en étant plus délicat, n'est pas très redoutable, car les producteurs alsaciens ont compris depuis quelque temps qu'il font mieux de s'en tenir aux vins de coteaux, qui s'écoulent facilement. Les vins de plaine luttaient difficilement avant la guerre contre l'importation française et la lutte leur sera impossible après le retour à la France. Dès maintenant le nombre des hectares de vignes de plaine a subi un mouvement de réduction. Le viticulteur du Midi ne souffrira guère de la concurrence alsacienne. Il est d'ailleurs, depuis le phylloxéra, organisé sur la base de la grande propriété, tandis que les statistiques nous montrent qu'en Alsace la viticulture est entièrement constituée en petites propriétés. Pour 26,820 hectares de vignes l'on compte jusqu'à 80,981 vignobles, soit à peine une moyenne de un quart d'hectare par vignoble.

*
* *

Après avoir fait le tour des problèmes douaniers posés par le retour de l'Alsace à la France, il importe d'examiner les solutions possibles à ces difficultés.

Pour en finir tout de suite avec les problèmes de la viticulture, on a le choix entre une petite prime accordée à la production des vins alsaciens (cette solution a d'ailleurs le sérieux inconvénient de favoriser une culture condamnée) et l'octroi d'une *indemnité pour transformation de culture*, indemnité analogue à celle instituée après l'interdiction de l'absinthe. Mais il resterait à déterminer à la charge de qui serait cette prime, laquelle théoriquement devrait être apportée par les viticulteurs du Midi, seuls bénéficiaires. Ce sont là des problèmes de détail dont la solution peut être laissée à l'avenir.

Pour la sauvegarde des intérêts des diverses industries, et sous réserve des modalités de chacune d'entre elles, la voie dans laquelle il convient de rechercher la solution est identique; il convient d'assurer (comme l'ont essayé les Allemands en 1871) des débouchés plus faciles à nos produits par des conventions douanières avec l'Allemagne.

Ceci pose deux questions, l'une d'ordre international, à savoir quels avantages il convient de demander, et l'autre d'ordre intérieur, consistant dans la répartition à nos industriels des avantages obtenus.

Touchant le problème d'ordre international : demanderons-nous des franchises *pour tous les produits et pour toujours?* Il serait sans aucun doute excessif de demander ces avantages pour tous produits français et même pour tous produits alsaciens-lorrains, la prudence nous pousse à ne demander ces faveurs que pour certains produits qui en ont vraiment besoin, et pour une quantité déterminée à fixer par contingent, comme l'ont fait les Allemands eux-mêmes en 1871. Cela suffit au but que nous poursuivons et qui consiste à maintenir aux produits alsaciens pendant la période d'adaptation leur ancien débouché allemand sans accroissement. Vouloir davantage serait ne pas tenir compte des nécessités pratiques et ne deviendrait d'ailleurs possible qu'en cas d'écrasement absolu de l'Allemagne.

Ces franchises ne devraient pas davantage être demandées pour un temps illimité ; ce serait une sujétion infinie dans le temps que l'on ne pourrait également faire accepter par l'Allemagne qu'en cas d'écrasement absolu. Il ne peut donc s'agir que d'une période transitoire aussi longue que possible, avec un minimum encore long, mettons dix ans pour fixer les idées.

Faudrait-il instituer le passage du régime de franchise au tarif ordinaire selon des teintes dégradées ou par passages brusques. C'est une question de négociations dont l'intérêt est plus grand aujourd'hui qu'en 1871. Cela dépendra aussi du bouleversement général de la politique douanière des grands pays d'Europe, bouleversement inévitable après la guerre européenne. On ne peut faire, à cet égard, que des conjectures, mais, sans doute, une guerre économique prolongée succédera, sauf entre alliés, à la guerre proprement dite. Il est peu probable que la clause de la nation la plus favorisée reste à la base de la plupart des traités douaniers.

Signalons qu'on peut imaginer des systèmes nouveaux de modalités dans le passage du régime de franchise d'importation à celui du tarif ordinaire. C'est ainsi que certains industriels ont proposé l'idée intéressante de fixer des étapes non dans le temps mais par la géographie : la franchise s'appliquerait par exemple d'abord à toute l'Allemagne, pour être ensuite limitée à l'Allemagne du sud, de manière à porter atteinte, si possible, à l'unité du Zollverein.

Le meilleur système pour la représentation matérielle des avantages obtenus de l'Allemagne serait de les faire consister *en bons libres d'importation* jusqu'à concurrence du maximum autorisé. C'est alors que se poserait la question de savoir à quels industriels il conviendrait de les répartir. On pourrait dire que seuls les industriels d'Alsace-Lorraine devraient en profiter puisque le but est d'éviter à leurs industries une trop brusque rupture d'équilibre économique. Mais la solution ne manquerait pas de soulever de vives protestations de la part des industriels français qui reprocheraient aux industriels d'Alsace de bénéficier d'une situation de faveur par rapport à eux, comme n'étant plus soumis aux droits ni pour les produits expédiés vers la France, ni pour ceux expédiés vers l'Allemagne, grâce aux bons de libre importation. Il paraîtrait donc juste de partager l'avantage entre les industriels français et alsaciens, mais là encore se pose une question de modalité à laquelle on peut donner trois solutions :

1° La première consiste à laisser fonctionner la liberté économique : chaque industriel recevrait des bons au fur et à mesure de son exportation tant qu'il y en aurait. Ce mode semble séduisant, mais les industriels français prétendront que les commandes allemandes iront très vite aux maisons alsaciennes en raison de leurs anciennes relations et de leurs accommodations au marché allemand et que ce système équivaut à maintenir aux Alsaciens leurs anciens privilèges. Au contraire beaucoup d'Alsaciens répondent que c'est l'opposé qui se produira et que l'Allemagne se refusera systématiquement à tous rapports avec ses anciens fournisseurs alsaciens.

2° Mettre les bons aux enchères. Cela se traduirait pratiquement en ce que les industriels ayant des commandes à livrer en Allemagne achèteraient les bons et cela équivaudrait aussi à rétablir en partie les droits de douane sur l'Allemagne. Les sommes produites par ces enchères seraient réparties entre tous les industriels alsaciens et français qui participeraient ainsi à la faveur faite par l'Allemagne, à condition bien entendu que l'Etat ne prétende pas mettre la main sur cet argent.

3° Partager entre les divers industriels, suivant les contingents correspondant à leurs productions, les bons d'importation. C'est un système séduisant parce que chacun recevrait ce qui lui revient. Mais la difficulté naîtrait pour l'établissement du contingent qui peut être fait soit d'autorité, avec un caractère obligatoire, soit par convention de cartel entre industriels et quoique les cartels aient été combattus souvent en France. Les métallurgistes arriveraient sans doute à s'entendre, leurs moyens de production étant facilement connus, mais il y aurait plus de difficultés pour les industries textiles. On pourrait, en tout cas, selon les besoins, se rallier pour chaque industrie à des solutions différentes.

*
* *

M. le Président remercie chaleureusement M. Souchon de la science lumineuse et de la haute autorité qu'il a déployées pour exposer à la Conférence d'une manière simple et saisisssante les questions si complexes d'ordre douanier que posera le retour de l'Alsace à la France, et dont aucun élément ne lui paraît, ainsi qu'à la Conférence, avoir été laissé dans l'ombre.

*
* *

Les questions alsaciennes qui restent à étudier par la Conférence sont réparties comme suit entre les différents rapporteurs :

M. Blumenthal : Administration municipale, finances municipales, assistance publique, hygiène municipale, validité des contrats internationaux.

M. Helmer : Répartition ou remaniement des divisions administratives (préfectures, sous-préfectures, districts A).

M. Sergent : Codification des résolutions prises en matière d'impôts, rapport sur le change (s'il y a lieu).

M. de Wendel : Rapport sur les cultes, les chemins de fer de l'Alsace-Lorraine.

M. Veber : Questions minières.

M. Laugel : Agriculture (moins la viticulture), régularisation du Rhin, loteries.

M. Théodore Tissier : Organisation de la justice après la guerre, vénalité des offices.

*
* *

La Conférence d'Alsace-Lorraine s'ajourne au lundi 6 septembre 1915, à 2 h. 30.

VINGT ET UNIÈME SÉANCE

TENUE AU MINISTÈRE DES AFFAIRES ÉTRANGÈRES

SOUS

LA PRÉSIDENCE DE M. BARTHOU

LE 6 SEPTEMBRE 1915.

Absents et excusés : MM. Pichon, Touron, Théodore Tissier, Sergent, Liard, Berthelot, Bellin, Laugel, Tirard, Bluzet et Boll.

Les procès-verbaux des dix-neuvième et vingtième séances sont adoptés.

M. le Président donne la parole à M. Blumenthal qui fait l'exposé suivant sur l'organisation communale actuelle de l'Alsace-Lorraine.

L'Administration communale en Alsace-Lorraine. — La commune forme la base de l'organisation administrative en Alsace-Lorraine. Il n'existe pas de territoire dans le pays d'Empire qui ne fasse partie d'une commune. Les communes ayant existé au moment de la cession des territoires français abandonnés à l'Allemagne par le traité de Francfort ont été maintenues. Elles ont conservé leur caractère de circonscription administrative jouissant de la capacité de personnes morales du droit public et du droit privé avec tous les privilèges attachés par les lois et traditions à ces organismes de l'État.

L'administration communale était régie par la loi française jusqu'en 1896 où entra en vigueur la loi communale du 6 juin 1895.

La principale différence entre la nouvelle et l'ancienne législation consiste dans l'extension des droits des communes d'une certaine importance dans la gestion de leurs finances. Toute une série de décisions dont la validité était soumise à l'approbation du Gouvernement peuvent être prises par les Conseils municipaux d'une façon définitive. C'est principalement pour cette raison que les communes ont été divisées en *grandes* et en *petites* communes, qui, par ailleurs, se distinguent entre elles par le mode de nomination et de révocation des maires, adjoints et de certains autres fonctionnaires municipaux ainsi que par l'instance de surveillance gouvernementale qui est différente pour les deux espèces de communes.

L'Alsace-Lorraine comprend actuellement 1,706 communes.

La *création* et la *dissolution* d'une commune peut être décidée par ordonnance impériale. La réunion ou fusion de plusieurs communes en une seule ainsi que leur séparation se fait par la même voie.

Les communes intéressées, les conseils d'arrondissement ainsi que les conseils généraux sont préalablement entendus et par des enquêtes appropriées les habitants ont l'occasion de faire valoir leurs objections; mais le Gouvernement est souverain dans sa décision.

Les *grandes communes* sont :

1° Celles qui ont 25,000 habitants et plus. La constatation du chiffre des habitants se règle d'après le nombre établi d'après le dernier recensement officiel.

2° Les chefs-lieux des arrondissements dont les conseils municipaux ont adopté les prescriptions édictées pour les grandes communes.

3° Toutes les communes auxquelles, sur la demande de leurs conseils municipaux, les conseils généraux dûment entendus, il aura été accordé par ordonnance impériale la faculté d'adopter les prescriptions édictées pour les grandes communes.

Voici, par voie alphabétique, les 22 communes qui forment actuellement la catégorie des *grandes communes* en Alsace-Lorraine :

Altkirch, Barr, Bischwiller, Brumath, Bouxviller, Colmar, Guebwiller, Haguenau, Sainte-Marie-aux-Mines, Metz, Molsheim, Mulhouse, Obernai, Ribeauvillé, Sarrebourg, Sarreguemines, Saverne, Schlestadt, Strasbourg, Thann, Thionville et Wissembourg.

Le Maire. — A la tête de l'administration municipale se trouve le maire, dont la situation juridique est restée la même que dans la législation française. Il a conservé son double caractère comme agent et représentant de l'administration centrale et comme chef de l'association communale.

Comme *organe du pouvoir central*, il est tenu d'exécuter les ordres, d'observer les instructions et de publier les décisions du Gouvernement. Le maire est le chef de la police municipale qu'il exerce sous la surveillance du directeur de Cercle (Kreisdirektor). Cependant, à la suite de lois spéciales, la police dans les villes de Strasbourg, Mulhouse et Metz est exercée par un directeur de police

(Polizeidirektor), fonctionnaire de l'État. Le maire peut prendre des arrêtés généraux et réglementaires ainsi que des arrêtés spéciaux et individuels dans les limites des lois du 16-24 août 1790 et du 22 juillet 1791, encore en vigueur en Alsace-Lorraine. Si les lois qui prévoient pour leur exécution des règlements de police n'établissent pas de sanctions pénales spéciales, l'article 471, n° 15, du Code pénal français est applicable. Les arrêtés de police du maire ne sont pas soumis à l'approbation de l'autorité gouvernementale, mais le Kreisdirektor peut les annuler, il n'a pas cependant le droit de les modifier.

Le maire est également fonctionnaire auxiliaire du parquet, et, en cas d'empêchement des fonctionnaires du parquet auprès des tribunaux d'échevins, il est tenu d'y remplir les fonctions de procureur. Le maire est, en outre, officier de l'état civil. En sa qualité d'agent du Gouvernement et de chef de la police, le maire n'est pas soumis au contrôle du conseil municipal.

En sa qualité d'*organe de la commune*, le maire dirige l'administration de la commune. Dans la plupart des questions importantes, il est soumis aux décisions du conseil municipal.

Le maire seul a qualité pour convoquer le conseil municipal; il prépare les affaires qui doivent être soumises au conseil, il ouvre et clôt les séances, y dirige le débat et y maintient l'ordre. En cas d'égalité de voix, il a une voix prépondérante. Il a seul le droit et le devoir d'exécuter les délibérations du conseil municipal. Si le conseil prend une décision qui, à l'avis du maire, dépasse les limites de sa compétence, le maire est tenu de le rendre attentif à l'illégalité de sa délibération. Si, malgré cela, le conseil persiste dans sa décision, le maire est obligé de soumettre celle-ci à l'appréciation de l'instance de surveillance (Kreisdirektor ou Bezirkspräsident — préfet —) et il ne peut exécuter la décision qu'après avis d'autorisation. Le maire est toujours tenu de procurer au conseil par la production des dossiers et comptes la conviction que ses décisions ont été exécutées.

Il doit annuellement soumettre au conseil un rapport sur la marche et les résultats de l'administration communale.

Le maire est secondé dans l'exercice de ses fonctions par un ou plusieurs adjoints, mais la direction des affaires reste toujours entre les mains du maire. Les adjoints sont censés être délégués par le maire dans ses pouvoirs. Le maire désigne l'ordre dans lequel les adjoints doivent le remplacer en cas d'empêchement Il désigne, en cas d'empêchement des adjoints, un conseiller municipal pour le remplacer. Le maire peut déléguer un adjoint d'une façon permanente pour le remplacer dans un service, même au cas où il ne serait pas empêché. Mais l'adjoint n'acquiert, par cette désignation, aucun droit à exercer les fonctions de maire contre la volonté de celui-ci qui peut toujours lui retirer sa délégation. Le maire assigne à chaque adjoint les affaires qu'il devra gérer. Le maire n'a pas le droit de discipline sur les adjoints qui manqueraient à leurs devoirs. Il peut seulement porter plainte auprès de l'instance qui a nommé les adjoints.

La nomination et la révocation des maires et des adjoints. — I. Dans les grandes communes, le conseil municipal a le droit de *proposer* le maire et les adjoints par un vote secret qui a lieu conformément au règlement intérieur du conseil municipal. S'il n'existe pas de règlement intérieur, le conseil devra, avant de procéder au vote, préciser par une décision spéciale, s'il faudra au candidat une majorité absolue ou bien dans quelles conditions une majorité relative devra suffire. Les membres du conseil qui brigueraient le poste de maire ou d'adjoint n'ont pas le droit de prendre part au vote.

La personne proposée est *nommée* par *ordonnance impériale* rendue par le Statthalter. Si celui-ci refuse la nomination, le conseil municipal peut procéder à un second vote. Dans le cas où le conseil municipal présenterait à nouveau la personne non agréée ou s'il s'abstient de procéder à un second vote ou si la nouvelle personne présentée n'est pas agréée, le ministère peut nommer, à la place du maire, un administrateur provisoire pour la durée d'un an, dont le mandat peut toujours être renouvelé pour une année. Cependant le conseil conserve le droit de faire à tout moment une nouvelle proposition.

II. Dans les petites communes, le maire et les adjoints sont nommés par le préfet parmi les membres du conseil municipal. S'il ne s'y trouve pas de personne apte à ces fonctions, de l'avis du Gouvernement, celui-ci peut les choisir en dehors du conseil et même en dehors de la commune.

Le maire et les adjoints peuvent être révoqués par le Gouvernement.

Pour pouvoir être maire ou adjoint, il suffit d'avoir 25 ans révolus et d'être en possession de ses droits civiques. Il n'est notamment pas nécessaire d'avoir habité la commune avant la nomination, d'y payer des contributions, d'y être électeur. Il n'est même pas indispensable d'être de nationalité allemande. Cependant on acquiert l'indigénat d'Alsace-Lorraine par la nomination.

Cependant, il y a incompatibilité entre les fonctions de maire ou d'adjoint et une série d'autres fonctions (employé dans les sous-préfectures ou préfectures, fonctionnaires municipaux, juges, instituteurs, ministres religieux, etc.); de même ne peuvent être maire ou adjoints en même temps, père et fils, beau-père et gendre, frères. Le maire et les adjoints sont, en règle générale, nommés pour la durée du mandat de conseiller municipal (6 ans). Ceux qui ont un traitement peuvent être nommés avec l'assentiment des conseils municipaux pour une plus longue durée et même à vie, mais sous réserve du droit de révocation de l'autorité qui les nommés. Pour éviter toute interruption dans les services, le maire et les adjoints sont, après expiration de leur mandat tenus de continuer de remplir leurs fonctions jusqu'à la nomination de leurs successeurs.

Le nombre des adjoints est soumis aux besoins du service. La règle prévue par le règlement d'exécution de la loi municipale est d'un adjoint jusqu'à 2,500 habitants, de 2 jusqu'à 10,000 et d'un en plus pour chaque nouveau chiffre de 20,000 habitants.

En principe, les fonctions de maire et d'adjoint sont gratuites. Ces magistrats municipaux n'ont droit qu'à être remboursés de leurs débours. Mais les conseils municipaux peuvent allouer aux maires et adjoints des traitements et des pensions, et si le Gouvernement est d'avis qu'il faille à une petite petite commune de plus de 2,000 habitants un maire salarié, il peut lui-même fixer le traitement du maire. De même, c'est le Gouvernement qui fixe le traitement de l'administrateur provisoire. Si le conseil municipal désire augmenter le traitement du maire, sa décision doit être approuvée par le préfet. Le maire et les adjoints n'ont pas le droit de recevoir des dons ou des rémunérations relatives à l'exercice de leurs fonctions sans l'assentiment de l'autorité de surveillance de l'administration communale.

La surveillance de l'administration municipale est exercée :

1° Dans les grandes communes, par les préfets (Bezirkspräsidenten);

2° Dans les petites communes, par les sous-préfets (Kreisdirektoren).

Les décisions des maires peuvent être attaquées par recours aux préfets quand il s'agit de grandes communes et aux sous-préfets quant aux petites communes. Les recours en matière de police doivent même, dans les grandes communes, à l'exception de Strasbourg, Mulhouse et Metz, être adressés aux sous-préfets. Contre les décisions des sous-préfets, il y a recours auprès des préfets, et contre les décisions des préfets on a droit de recourir au ministère, lequel juge donc toujours en dernier ressort. Ces recours ne sont liés à aucun délai.

L'instance qui statue sur les recours a le droit de modifier ou d'annuler les décisions, à moins qu'il ne s'agisse de matières dans lesquelles, d'après la loi, le maire était seul compétent pour prendre une décision.

Les *fonctionnaires municipaux* sont nommés par le maire. Leur traitement est fixé par le conseil municipal. Pour le poste de receveur municipal, le conseil municipal doit faire une proposition, mais le maire est libre de nommer une autre personne. Pour certains emplois dans les petites communes, le titulaire doit être agréé par le Kreisdirektor. S'il n'y a pas accord entre le maire et le Kreisdirektor, celui-ci peut provisoirement nommer un administrateur à la charge de la commune.

Le maire à le droit d'infliger, en dernier ressort, des peines disciplinaires aux fonctionnaires ayant manqué à leurs devoirs (avertissement, blâme, amende, suspension et révocation). Les amendes ne doivent pas dépasser la moitié du traitement mensuel et ne pas comprendre pendant un exercice annuel plus que le montant du traitement d'un mois. Le fonctionnaire inculpé doit être entendu. La décision du maire prononçant une amende doit être fixée par écrit et munie de motifs. Les fonctionnaires qui sont engagés définitivement et qui ont un certificat établissant qu'ils sont titulaires d'un emploi municipal, ont un recours auprès des autorités de surveillance contre la peine de suspension et de révocation dans un délai de 15 jours après la signification de la décision du maire. Ce recours peut être poursuivi par toutes les instances jusqu'au ministère.

Le *conseil municipal* est l'organe délibérant de la commune. Dans toutes les affaires d'administration municipale qui ne sont pas de par la loi de sa compétence exclusive, le maire doit provoquer une décision du conseil municipal.

Le conseil décide, notamment, de la gestion du patrimoine de la commune; il règle le mode et les conditions de jouissance des biens communaux, des institutions et établissements publics de la commune.

Il fixe les recettes et dépenses de la commune.

Il donne des avis obligatoires ou facultatifs sur une série de sujets pour lesquels sa consultation est prévue dans les lois.

La plupart des décisions du conseil municipal sont définitives et immédiatement exécutoires. Quelques-unes (tarifs d'octroi, emprunt dont la période d'amortissement dépasse dix ans) doivent être autorisées par ordonnance impériale; d'autres, plus nombreuses pour les petites communes que pour les grandes communes, ont besoin de l'approbation de l'autorité de surveillance.

Dans les petites communes, les plus imposés doivent être convoqués pour prendre part à certaines délibérations engageant les finances de la commune.

Quelques décisions du conseil municipal spécifiées dans la loi peuvent être attaquées par chaque habitant devant la juridiction administrative dans les délais fixés par la loi.

Un autre recours aux instances supérieures (Kreisdirektor, Bezirkspräsident, ministère) et pour lequel il n'y a pas de délai peut être formé pour violation de la loi.

Le conseil municipal est formé par voie d'élection. Cependant, là où il n'y a que vingt électeurs ou moins, ceux-ci composent le conseil municipal.

Le suffrage est universel, égal, direct et secret. Pour être électeur, il faut avoir 25 ans, être de nationalité allemande, avoir un domicile dans la commune, depuis trois ans au moins, ou depuis un an si on possède dans la commune une maison d'habitation, si on y exerce une profession ou un commerce, si on y exploite une industrie ou une entreprise agricole, ou encore si on est investi de fonctions publiques ou qu'on soit ministre du culte, instituteur dans une école publique, ou avocat-avoué.

Les interdits, les faillis, les personnes secourues par l'assistance publique pendant l'année qui a précédé l'établissement de la liste électorale, ceux qui n'ont pas soldé leurs contributions pendant les deux dernières années, etc. sont privés du droit de vote.

Pour être éligible, il faut être électeur. La loi établit l'incompatibilité de certaines fonctions avec le mandat de conseiller municipal. Le nombre des conseillers municipaux dépend du chiffre de la population d'après le dernier recensement. Dans les communes comptant jusqu'à 500 habitants, le conseil municipal se compose de 10 membres, puis le nombre augmente d'après une échelle fixée par la loi municipale jusqu'au maximum de 36 pour les communes ayant plus de 50,000 habitants.

Les contestations électorales sont jugées par les juridictions administratives (conseils de préfecture et conseil impérial).

Conclusion : Introduction de la législation française en Alsace-Lorraine.

M. Barthou adresse à M. Blumenthal tous les remerciements de la Conférence d'Alsace-Lorraine pour cet exposé très clair, dont la discussion est proposée pour la prochaine séance.

La Conférence s'ajourne au lundi 4 octobre avec l'ordre du jour suivant :

1° Discussion des conclusions du rapport de M. Souchon sur la question douanière.

2° Discussion des conclusions du rapport de M. Blumenthal sur l'organisation communale.

VINGT-DEUXIÈME SÉANCE

TENUE AU MINISTÈRE DES AFFAIRES ÉTRANGÈRES

SOUS

LA PRÉSIDENCE DE M. BARTHOU

LE 4 OCTOBRE 1915.

Absents : MM. Pichon, Denys Cochin, Touron, Bellin, Pichat, Berthelot.

Le procès-verbal de la vingt et unième séance est adopté.

M. le Président donne lecture à la Conférence d'une correspondance échangée entre le Ministère de la Justice et le Ministère de la Guerre, touchant la procédure à adopter pour mettre en vigueur le projet d'arrêté sur l'organisation provisoire de la justice en Alsace-Lorraine, tel qu'il a été préparé par la Conférence d'Alsace-Lorraine. Il résulte de cette correspondance que, pour sauvegarder les légitimes prérogatives du Gouvernement à l'égard des pouvoirs de l'autorité militaire dans les territoires occupés par nos troupes, le dispositif de cet arrêté, auquel rien n'a été changé, a été précédé d'un visa ainsi conçu : « Vu les nouvelles « instructions du Général Commandant en chef en date du 28 septembre 1915, « *prises en exécution de celles* du Gouvernement de la République française. »

La Conférence prend acte de ce libellé qui lui donne toute satisfaction.

M. Théodore Tissier rappelle qu'en matière d'organisation de la justice, la question des auxiliaires de la justice a été réservée.

M. Barthou donne acte, au nom de la Conférence, que la question est réservée.

* *

L'ordre du jour appelle la discussion du rapport de M. Souchon sur le régime douanier de l'Alsace après le retour à la France.

M. de Wendel rapporte que ce rapport, après avoir écarté comme conclusion la franchise absolue et illimitée d'importation en Allemagne, *pour tous produits et pour toujours* (cette solution étant trop absolue), a proposé d'exiger de l'Allemagne des *bons libres d'importation* jusqu'à concurrence d'un maximum autorisé.

Sur la question de ces bons, M. de Wendel croit devoir exprimer, à titre strictement personnel, un avis différent de celui de M. Souchon. Mais il réserve d'une manière formelle le sentiment de ses collègues de la métallurgie qui sont loin d'être d'accord avec lui et dont beaucoup sont partisans des bons d'importation pour dégager le marché français. Il faut, d'après lui, avant tout, pour que le système des bons d'importation soit adopté, qu'il puisse donner le résultat qu'on en attend. Or il faudra demander de ces bons pour un chiffre tel que cela équivaut pratiquement à exiger de l'Allemagne la franchise absolue. C'est ainsi que, pour la production métallurgique, si l'on annexe le bassin de la Sarre, dont la production est de 5 à 10 millions de tonnes, il faut tenir compte du fait que 2 1/2 à 3 millions de tonnes sont consommées par l'Allemagne, tandis que le reste doit être exporté. Il faudrait donc demander pour 2 1/2 à 3 millions de bons d'importation, ce qui équivaut à demander la franchise absolue, puisque cela équivaut à la faculté totale d'absorption par l'Allemagne de ces produits alsaciens-lorrains. Quant à la répartition de ces bons, il y a discordance entre les intérêts des métallurgistes et ceux des industries textiles. Les seconds veulent donner les bons aux industriels alsaciens pour les protéger contre l'industrie française et les premiers veulent les donner aux industriels français afin de leur assurer une protection contre l'industrie alsacienne : la différence des deux groupes s'affirme encore dans le fait qu'en Alsace la quasi totalité des industriels des textiles sont Alsaciens, tandis que tous les métallurgistes, sauf la maison de Wendel, sont Allemands, ce qui fait que le groupe des métallurgistes alsaciens ne pourrait être représenté dans la discussion que par une seule firme dont l'avis ne concorde pas forcément avec celui des métallurgistes français.

Si l'on se rallie au système des bons d'importation, on se heurtera rapidement à de grandes difficultés. Il faudra décider à qui les remettre. Si certaines usines qui n'en ont pas l'usage en sont gratifiées, elles les revendront. Il s'établira un cours qui tombera rapidement à très peu de chose comme pour les acquits-à-caution, et le but poursuivi ne sera pas atteint. Les quantités qu'il conviendra d'importer en Allemagne seront extrêmement considérables et ne pourront être réellement importées que par les maisons qui les importent déjà maintenant. C'est donc à elles qu'il faudra faciliter la transition et à qui il faudra assurer la franchise douanière. Pour cela le régime des bons ne sera pas suffisant. Pour satisfaire leurs besoins, la franchise est nécessaire, et elle devrait leur être accordée pour un délai aussi prolongé que possible, qui ne saurait être inférieur à dix ans.

M. Souchon reconnaît que la question des bons est de beaucoup la plus délicate de celles soulevées par son rapport, mais on pourrait, avant de la vider, reprendre l'une après l'autre les différentes propositions que ce rapport comporte et les trancher par une délibération.

La première vise le régime provisoire actuel, à savoir l'ouverture de l'Alsace occupée aux produits français sans ligne de douane (et vice versa), ainsi que la question de la fermeture éventuelle de la frontière franco-suisse. Sur ces deux points, la solution donnée par le Grand Quartier général paraît devoir être maintenue.

La Conférence décide d'adopter ces conclusions.

M. Souchon. Il ne peut pas être question de revenir plus tard aux régimes douaniers que nous avons trouvés dans la période antérieure au XIXe siècle, c'est-à-dire le régime à l'instar de l'étrange effectif.

La Conférence écarte à l'unanimité une pareille idée et charge M. Souchon de rédiger une résolution excluant toute possibilité de maintenir après la paix, même à titre transitoire, une ligne de douanes entre la France et l'Alsace.

M. Souchon. Dans l'ordre douanier, il ne faut pas oublier le régime de la viticulture étudié en détail par M. Laugel. Il nous a montré que les viticulteurs seront amenés à transformer leurs cultures, dans les moins bonnes parties de leurs terres. Cette opération, toujours difficile, mériterait pendant les premières années une compensation sous forme de prime ou d'indemnité.

La Conférence adopte l'idée d'accorder aux viticulteurs, non une prime, mais une subvention à titre de transformation de culture.

M. Souchon. Après ces différentes solutions, nous arrivons aux problèmes plus délicats liés à la franchise douanière nécessaire, sous une forme à déterminer, en nous basant sur les précédents de la guerre de 1870. Nous sommes amenés à exiger des franchises, qui doivent être longues et pour des quantités importantes de produits.

Une question de temps se pose. Faut-il que la franchise soit indéfinie dans le temps ? Cela paraît constituer une véritable servitude perpétuelle bien difficile à imposer dans le traité de paix.

Une discussion s'engage pour savoir si le temps pourrait être limité à 10 ou 20 ans. M. Souchon pense que 10 ans est un minimum. M. Blumenthal estime que ce minimum doit être porté à 20 ans. D'après M. de Wendel, on pourrait admettre une période de 10 ans de franchise absolue avec dégression de 10 à 20 ans jusqu'à la suppression de la franchise. M. Liard propose 15 ans de franchise absolue.

La question n'est pas résolue fermement.

M. Souchon demande si cette franchise paraît à la Conférence devoir s'appliquer à tous produits français ou seulement aux produits alsaciens-lorrains, ou bien à certaines catégories de produits. Pour lui, le but à atteindre étant de maintenir l'équilibre existant, la franchise ne devrait s'appliquer qu'aux produits qui vont actuellement en Allemagne. Elle devrait être limitée en quantité et en nature. Il propose donc de la restreindre aux industries textiles et métallurgiques, sans fixer dès maintenant les quantités, lesquelles devront être déterminées par des spécialistes.

M. Wetterlé voudrait que la franchise douanière fût absolue, applicable à tous produits français ou alsaciens et sans limitation de quantités.

M. Tirard exprime le désir que M. Souchon examine le régime des marchandises catégorie par catégorie.

M. Théodore Tissier propose que la franchise soit limitée aux industries existant actuellement en Alsace.

M. Souchon fait observer que cette dernière proposition exclut les produits français du régime de la franchise; il faudrait aussi déterminer ce que nous demanderons à l'Allemagne. Si ce sera la franchise pour la totalité actuelle de la production alsacienne ou pour la totalité de sa production future limitée aux catégories d'articles déjà fabriqués aujourd'hui.

M. Liard pense que la franchise ne peut être refusée aux similaires français de chaque produit alsacien qui serait importé librement en Allemagne.

M. Souchon ne partage pas cette opinion, car le but poursuivi est de sauvegarder la situation de l'industrie alsacienne et non de dégorger la production purement française.

M. Bluzet propose que la franchise soit absolue pour tous les produits d'Alsace.

M. de Wendel redoute que, dans ces conditions, la franchise soit repoussée par les industriels français comme favorisant trop les Alsaciens.

M. Souchon pense que la franchise, limitée aux produits actuels de l'Alsace, doit s'étendre aux similaires français, car si les produits de France vont en Allemagne, cela crée un vide dans la production française, vide qui peut être utilisé par la production alsacienne. Mais alors nous arrivons de suite à la question des bons d'importation et de leurs bénéficiaires.

M. DE WENDEL constate qu'en effet, à part cette question, il n'y a pas d'autre difficulté à solutionner. Il remet une note émanant de son frère, qui est métallurgiste, note traitant en détail de la question des bons dans le sens qu'il a luimême exposé au début de la séance.

M. LE PRÉSIDENT *estime qu'il convient, avant de continuer le débat, de prendre connaissance de cette note, qui sera autographiée et distribuée aux membres de la Conférence.*

La Conférence se rallie à cette proposition.

*
* *

Discussion de l'exposé de M. BLUMENTHAL.

M. LE PRÉSIDENT appelle la discussion sur l'exposé de M. Blumenthal, concernant l'administration municipale. Cet exposé a été distribué en autographie.

M. BLUZET, faisant allusion à la proposition de M. Blumenthal, d'étendre purement et simplement le régime municipal français à l'Alsace, expose que certaines précautions sont nécessaires en ce qui concerne la police municipale. Elle est déjà insuffisante en France dans beaucoup de cas et il lui paraîtrait imprudent de municipaliser la police d'État. Une police d'État serait très nécessaire dans un pays qui (on le voit dans les communes occupées par nos armées) souffre de la délation des partis entre eux et des dénonciations, qui ne sont pas près de cesser, pour germanophilie.

M. LAUGEL estime comme M. Bluzet que la situation de l'Alsace pendant la période qui suivra le retour à la France nécessitera des précautions et de la prudence; le régime actuel est sévère. La législation française est infiniment plus douce. Est-elle suffisante pour assurer la paix entre des éléments de population excités par un régime de délation ? Dans ces conditions, peut-être serait-il préférable de maintenir, pour un temps, la nomination des maires en dehors des éléments municipaux, qui, souvent, éprouveront des difficultés à constituer dans leur propre sein et soutenir une majorité viable.

M. HELMER croit que la police municipale, telle qu'elle fonctionne en France, ne serait pas suffisante en Alsace, en ce qui concerne le régime des étrangers. On devra rester plus sévère qu'en France; le régime militaire répond à tous les besoins, mais comme il ne pourra subsister après la paix, il faut étudier le régime de police qui conviendra. Il y a actuellement une grande différence en Alsace entre le régime des grandes villes et celui des petites villes. Cette distinction, qui est une innovation, a été introduite, il y a une vingtaine d'années, sous le prétexte d'accroître l'autonomie communale. Elle n'a abouti qu'à endetter les petites villes par la liberté qui leur a été laissée d'augmenter les centimes additionnels; les Alsaciens, sur ce point, ne tiennent pas au maintien du régime actuel et reviendront volontiers au droit commun français.

M. VEBER ne partage pas l'avis de M. Bluzet sur le régime de la police. Il est vrai que la *police des étrangers* devra être un peu spéciale, mais c'est une question de Gouvernement, tandis que le régime de la *police municipale* est une question générale qui n'a rien à voir avec celle de la *police politique*. Il existe en France un projet de réorganisation de la police, fait pour les grandes villes et les frontières. En ce moment, nous nous bornons à examiner le régime municipal.

M. BLUZET ne visait, dans son observation, que la police municipale et non la police politique; les règles de la loi de 1884, sur la police municipale, ne donnent pas, en ce qui concerne les mesures d'exécution, toutes les garanties requises pour le bon ordre et l'intérêt général, notamment en ce qui concerne le recrutement. C'est pourquoi, dans les banlieues des grandes agglomérations, l'on cherche à rendre la police plus indépendante des influences locales. Il ne s'agit nullement de compléter des mesures de défiance à l'égard des populations alsaciennes; sa pensée se limite strictement à tenir compte des nécessités locales qui font qu'un régime déjà trop faible chez nous devrait, du moins pour quelque temps, être renforcé en Alsace. La police municipale doit être impartiale et, comme elle l'est insuffisamment chez nous, à plus forte raison devra-t-elle être surveillée, dans cet ordre d'idées, en Alsace.

M. TIRARD est d'accord, d'une manière générale, avec le rapport de M. Blumenthal, qui demande l'interdiction intégrale du régime municipal français; nous ne saurions maintenir, par exemple, l'adjonction des plus imposés et la nomination des maires par l'État. Mais cela n'exclurait pas quelques mesures transitoires, spécialement sur la question de la police; le régime de Lyon, Marseille, pourrait convenir quelque temps.

M. VEBER demande qu'on se préoccupe aussi du régime municipal pendant la période de guerre; il est important qu'on ne paraisse pas tenir en suspicion la police locale.

M. Tirard fait observer que la modification dans le sens français du régime municipal, modification à laquelle il est entièrement favorable sous réserve de quelques précautions d'ordre essentiellement transitoire, ne pourrait avoir lieu pendant la période d'occupation militaire, vu l'impossibilité de procéder pour le moment à des élections municipales, et la nécessité de ne toucher d'aucune manière aux pouvoirs conférés par l'état de guerre, en territoire occupé, au Commandement militaire. Ce dernier estimerait, pour le moment, inutile et inopportune toute modification.

Ce point de vue est unanimement accepté, même par M. Veber.

M. Théodore Tissier se rallie à la nécessité de mesures transitoires; à cet égard, le rapport de M. Blumenthal aurait besoin d'être un peu complété. Mais il faut se garder d'instituer, sous prétexte de mesures transitoires, un régime d'exception en Alsace; il ne faut donc pas diminuer les pouvoirs des maires sur la police municipale, car nous ne devons pas oublier que les Allemands immigrés ne recevront pas la nationalité française et resteront régis par le régime des étrangers. Ils seront soumis intégralement aux mesures qu'édictera contre eux la police politique qui régit les zones frontières et qui seront aussi rigoureuses que l'exigeront les circonstances.

M. Blumenthal insiste énergiquement sur l'idée de M. Tissier de ne pas permettre l'institution d'un régime d'exception en Alsace. Si le régime municipal n'est pas parfait, la France le réformera et ces réformes s'appliqueront à l'Alsace. En attendant, le régime français seul conviendra. En Alsace, la police était très bien exécutée; ce dont on souffrait, ce n'était pas de la police municipale, mais des ordonnances de la Sûreté. En France, c'est plutôt l'application qui pèche. Ce ne sont donc pas les maires d'Alsace qu'il faudrait suspecter, alors qu'ils méritent toute confiance, mais la police générale allemande sera forcément abolie. Il n'est pas besoin d'innover dans la législation française pour introduire dans certaines grandes villes d'Alsace un régime analogue à celui de Marseille ou Lyon. Il serait déplorable que l'ensemble de la législation communale française fût introduit et qu'on laissât de côté le principal, car les maires des petites villes avaient grand soin de ne pas laisser leur police municipale chicaner les habitants. En France, les abus qu'on critique résultent des mœurs, non de la loi. Quand les préfets et sous-préfets font tout leur devoir, cette loi donne pleine satisfaction. Il ne faut pas créer en Alsace des maires de seconde classe ayant moins de pouvoirs que les maires de France. Ce fait serait, par les Alsaciens, ressenti comme une suspicion.

M. Blazer répète que ce serait bien mal comprendre sa pensée que d'y trouver une suspicion à aucun degré. Les sous-préfets français sont loin d'avoir les mêmes pouvoirs que les Kreisdirektoren, et l'Alsace a subi quarante-cinq ans de domination qui ne peuvent pas ne pas laisser des traces assez profondes. Les communes sont divisées par la délation. Il se présente des problèmes spéciaux. C'est pour ces raisons seulement qu'il se préoccupe, en sa qualité de représentant du Ministre de l'Intérieur, d'assurer un régime de police réellement impartial.

Le Président *met aux voix les conclusions du rapport de M. Blumenthal tendant à l'introduction en Alsace du régime municipal français.*

Ces conclusions sont adoptées à l'unanimité.

*
* *

M. Tirard remet à la Commission trois exemplaires du volume préparé par M. Dubois sur l'Alsace-Lorraine.

M. le Président prie M. Tirard d'adresser à M. Dubois les félicitations et les remerciements de la Commission pour la publication de cet ouvrage si utile et si complètement documenté. Il propose que M. Dubois soit invité à assister à la prochaine séance pour y être félicité et remercié en personne.

Cette proposition est adoptée.

*
* *

Ordre du jour de la prochaine séance, dont la date n'est pas fixée :

Suite de la discussion du rapport de M. Souchon sur le régime douanier.

VINGT-TROISIÈME SÉANCE

TENUE AU MINISTÈRE DES AFFAIRES ÉTRANGÈRES

SOUS

LA PRÉSIDENCE DE M. BARTHOU

LE 6 MAI 1916.

Absents et empêchés : MM. Touron, Sergent, Liard, Berthelot, Bluzet Wetterlé et Veber.

M. le Président fait connaître à la Conférence que le capitaine Tirard, qui a pris le commandement d'une compagnie en Alsace, ne fera plus, au grand regret de tous, partie de la Conférence et sera remplacé par M. Atthalin, qui lui a succédé comme chef du service d'Alsace-Lorraine et qui, ayant pendant des mois rempli les fonctions d'administrateur du cercle de Dannemarie, apportera à la Conférence le secours d'une compétence éprouvée.

La Conférence ne s'est pas réunie depuis plusieurs mois parce que les événements n'imposaient pas de réunions plus fréquentes, mais il est cependant nécessaire de reprendre contact les uns avec les autres et d'examiner le point où en sont restés les différents travaux en cours.

Il demande aux différents membres de la Conférence qui ont accepté de rédiger des rapports s'ils sont prêts à les soumettre à la discussion.

M. de Wendel s'est chargé de rédiger un rapport sur le régime des cultes. Il est prêt à le mettre à l'ordre du jour.

M. le Président rappelle que ce rapport doit être un exposé en quelque sorte mixte entre les rapports de MM. Blumenthal et Wetterlé, contenant tous les éléments d'appréciation dont le Gouvernement peut avoir besoin pour arrêter une politique générale en matière de culte, ce qui est de son domaine exclusif. La Commission, par ces trois rapports, lui apportera une contribution des plus utiles.

M. Souchon déclare qu'il est prêt pour la fin de la discussion de son rapport sur le régime douanier.

M. Blumenthal s'est chargé d'un rapport sur l'administration des communes et d'un autre sur la validité des traités entre la France et l'Allemagne, qui ne sont pas encore au point.

Il demande quelques explications sur la constitution depuis quelques mois de plusieurs Commissions traitant des questions qui paraissent du ressort de la Conférence d'Alsace-Lorraine, l'une notamment avec le caractère interministériel sur le classement des Alsaciens-Lorrains en France, et l'autre, qui pourrait siéger au Ministère des Affaires étrangères pour fixer le statut des Alsaciens-Lorrains. Il pense qu'il y aurait intérêt à saisir la Conférence des travaux de ces Commissions et peut-être même de la consulter pour leur création.

M. Théodore Tissier explique que la Conférence interministérielle avait un but spécial et limité, qui était de mettre d'accord trois ministères : la Guerre, la Justice et l'Intérieur sur le point de savoir ce que c'est au juste qu'un Alsacien-Lorrain : ce point a été tranché à la suite des discussions de la Commission interministérielle et sur un rapport de M. Wurtz, Conseiller d'État, Alsacien lui-même. M. Théodore Tissier ne verrait d'ailleurs que des avantages à ce que le rapport de M. Wurtz soit distribué à la Conférence d'Alsace-Lorraine.

M. Blumenthal pense également que la question des otages alsaciens-lorrains aurait dû être examinée par la Conférence et qu'on aurait par là évité des difficultés très sérieuses.

M. Théodore Tissier dit qu'en effet en traitant de la question générale des otages on avait tout d'abord omis de penser au cas des Alsaciens-Lorrains, mais il a suffi qu'on signale l'affaire au Gouvernement pour qu'il prenne au Conseil des Ministres des mesures pour excepter les Alsaciens-Lorrains otages de la remise à l'Allemagne.

La prochaine séance est fixée au lundi 22 mai.

VINGT-QUATRIÈME SÉANCE

TENUE AU MINISTÈRE DES AFFAIRES ÉTRANGÈRES

SOUS

LA PRÉSIDENCE DE M. BARTHOU

LE 22 MAI 1916.

Absents et empêchés : MM. Touron, Sergent, Liard, Berthelot.

Les procès-verbaux des séances précédentes sont adoptés.

M. le Président dit quelques paroles de bienvenue à l'adresse du capitaine Atthalin, successeur du capitaine Tirard à la direction de l'administration de l'Alsace occupée, qui assiste pour la première fois aux séances de la Conférence d'Alsace-Lorraine et est en mesure d'apporter par sa compétence un concours des plus utiles.

M. le Président donne la parole à M. Souchon pour la fin de la discussion de son rapport sur le régime douanier.

M. Souchon rappelle que son rapport traitait des problèmes à régler dès le temps de l'occupation militaire et des problèmes d'un règlement ultérieur, notamment ceux visant la viticulture et les industries textiles et métallurgiques. Le seul problème concernant le temps de l'occupation militaire est celui des barrières douanières entre la France et l'Alsace.

M. Souchon *constate que la Commission est unanimement d'accord pour le maintien de la suppression des barrières douanières entre l'Alsace occupée et la France, suppression appliquée dès le début par le Grand Quartier et que le capitaine Atthalin est en mesure de confirmer.*

Quant aux problèmes visant la période ultérieure, il y a lieu d'épuiser la discussion déjà très complète sur la question de la viticulture.

Les observations échangées ne font que rappeler les argumentations développées antérieurement et la Commission vote à l'unanimité la résolution suivante :

La Conférence émet le vœu qu'une indemnité pour changement de culture soit accordée aux viticulteurs qui croiront devoir renoncer à leurs vignes en raison des conditions économiques nouvelles.

M. Souchon passe à la question du régime douanier des produits industriels (textiles et métallurgie).

On a le choix au point de vue douanier entre deux conceptions : la franchise limitée aux bons d'importation, dont le régime a été proposé antérieurement par lui, et la franchise en Allemagne pour tous les produits français, suggérée par M. de Wendel.

M. DE WENDEL. L'on est parti de l'idée que, pour les textiles et pour la métallurgie, une solution identique doit prévaloir. Pourtant, depuis quelques mois, les métallurgistes semblent s'éloigner de plus en plus de l'idée des bons, tandis que ce système sourit au contraire aux filateurs. Il faut d'ailleurs remarquer que les partisans de l'emploi des bons n'étaient pas d'accord sur leur répartition et que, tandis que les métallurgistes réclamaient la répartition des bons entre tous les intéressés français, les filateurs les destinaient aux seuls producteurs alsaciens.

La note que M. de Wendel fait distribuer ne vise que les métallurgistes et non les textiles : le régime des bons ne donne pas satisfaction aux premiers. Il leur faut, pour leurs produits, la franchise pure et simple, à moins que l'on leur accorde une telle quantité de bons que cela équivaudrait à la franchise. M. de Wendel préconise la constitution d'un syndicat métallurgique dans lequel entreraient les métallurgistes alsaciens-lorrains sous la pression, s'il le faut, du Gouvernement : si cela aboutissait, les deux systèmes se vaudraient, car les bons seraient distribués aux industriels les mieux en état d'exécuter les commandes.

M. l'abbé WETTERLÉ rappelle que l'inconvénient du bon est d'être négociable : peu à peu la valeur du bon atteindra exactement la valeur du droit de douane et le producteur n'aura plus intérêt à s'en procurer. La franchise absolue est donc plus rationnelle.

M. SOUCHON avait d'abord conclu à l'adoption du système des bons, mais il est frappé de l'argumentation de M. de Wendel et pense qu'on pourrait se rallier à une formule générale sur la franchise d'importation en Allemagne. Malheureusement ce système est d'une obtention particulièrement difficile vis-à-vis de l'Allemagne puisqu'il impliquera de sa part une défaite complète. En outre, une clause de ce genre pourrait ne pas plaire à l'Angleterre à cause de ses répercussions.

Mais c'est encore, malgré ses inconvénients, un vœu général visant la franchise douanière en Allemagne qui conviendrait le mieux.

M. Théodore Tissier pense qu'un tel vœu, même en termes très généraux est prématuré tant qu'on n'aura pas la moindre idée du régime général réglant les relations commerciales entre la France et ses alliés, d'une part, et entre ce groupe et le groupe des Puissances centrales, et surtout maintenant qu'on propose de divers côtés une véritable cloison étanche entre les deux groupes de nations : il serait bien difficile d'obtenir des Allemands qu'ils ne puissent plus rien vendre en France, tout en étant contraints d'accepter nos produits en franchise.

M. Weill demande à M. de Wendel si, dans le régime de franchise préconisé par lui pour la métallurgie, il s'agit du minerai ou du métal.

M. de Wendel. Il s'agit du métal. La production métallurgique de la France serait augmentée de 100 p. 100 si nous reprenions l'Alsace avec le bassin de la Sarre. La moitié du total de notre production, soit 2 1/2 millions de tonnes en gros, représente par parts égales ce qui allait dans les colonies anglaises et ce qui allait en Allemagne. On ne pourra guère améliorer l'exportation vers les colonies anglaises; du moins l'on ne peut faire aucun pronostic parce que le futur régime douanier entre nous et les colonies anglaises n'est pas même esquissé : il est donc essentiel de ne pas laisser fermer aux produits métallurgiques de l'Alsace le marché de consommation de l'Allemagne qui représente le quart de leur totalité. Au lendemain de la guerre, la métallurgie serait l'industrie primordiale de la France, tout dépendrait de cette industrie : le charbon sera alors un élément capital puisque nous en aurons moins que de minerai; il ne faudra donc pas que, pour le charbon, nous restions dépendants d'autres pays, et nous devons éviter de nous lier les mains pour le moment avec aucune puissance sur la question du charbon.

M. le Président fait observer que cette argumentation vient à l'appui de l'opinion de M. Tissier. Du moment que tous les problèmes sont si intimement liés, que le régime de l'Alsace n'est qu'une partie du régime douanier plus général de la France (qui n'est pas encore connu) et que la question de la métallurgie est liée à celle du charbon, il semble que l'ensemble des problèmes ne soit pas mûr pour trouver dès maintenant une solution.

La Commission entend-elle poser la question préjudicielle et remettre l'examen du problème ?

M. Veber est de cet avis; le problème n'est pas au point.

M. Souchon propose la rédaction d'un vœu tenant compte de ces points de vue.

M. Weill pense qu'on devrait ajourner même ce vœu qui dit trop peu.

M. Théodore Tissier propose que la formule contienne l'indication que la Conférence se réserve de déterminer ultérieurement les conditions d'application de ce vœu.

M. Barthou met aux voix d'abord l'ajournement pur et simple du problème du régime douanier.

L'ajournement est rejeté.

M. Barthou met aux voix la formule de M. Souchon complétée dans le sens désiré par M. Théodore Tissier.

Ce vœu est adopté sous la rédaction suivante :

« M. Barthou propose à la Conférence de charger M. Souchon de la rédaction d'un vœu tenant compte des discussions ci-dessus. »

La Conférence se rallie à cette proposition.

*
* *

M. le Président passe en revue les travaux en cours.

M. de Wendel rappelle qu'il a préparé une note sur la question religieuse, tentative de conciliation entre les points de vue en présence; mais c'est évidemment une question de Gouvernement au premier chef; néanmoins sa note sera distribuée.

M. Blumenthal est prêt à soumettre à la discussion un rapport sur l'assistance publique en Alsace-Lorraine.

Il présentera aussi prochainement un rapport sur l'administration préfectorale pour faire suite à son rapport sur l'organisation administrative de l'Alsace-Lorraine, en faisant état de celui que M. Laugel a présenté au Comité Siegfried.

La prochaine séance est fixée au *19 juin* : l'ordre du jour appellera la discussion du rapport de M. Blumenthal sur l'assistance publique.

II

RAPPORTS SÉPARÉS.

NOTE DE M. TIRARD
SUR L'ORGANISATION DES RÉGIONS OCCUPÉES
EN ALSACE.

I. — SITUATION DES RÉGIONS OCCUPÉES.

La situation particulière dans laquelle se sont, dès le début, trouvées les régions occupées par nos troupes — vallées de Thann-Saint-Amarin, de Massevaux, région de Dannemarie — a nécessité une intervention administrative active de la part des autorités militaires.

Ces régions, spécialement les vallées, étaient, du fait de la guerre :

1° Privées de communications et sur l'Allemagne, du chef des opérations, et sur la France, du chef de leur situation géographique au pied des Vosges;

2° Privées d'hommes, tous les éléments mobilisables ayant été soit appelés sous les drapeaux ennemis, soit évacués en France au titre du Landsturm ;

3° Privées d'argent, surtout d'argent français, en raison des difficultés d'approvisionnement de numéraire.

Les organes administratifs allemands avaient pour la plupart disparu : seuls subsistaient les assemblées municipales et les bourgmestres, généralement d'origine alsacienne et sûrs, mais dépourvus de moyens d'action. Pendant les trois premiers mois, la situation fut sauvée par la collaboration de l'autorité militaire et des grands industriels de la région, dont l'intervention généreuse fut prépondérante.

II. — SITUATION SOCIALE ET ÉCONOMIQUE.

Les vallées des Vosges (Thann et Massevaux notamment) sont essentiellement industrielles. D'importantes filatures, tissages, usines métallurgiques, chimiques, etc., y sont exploitées, depuis plusieurs générations, par d'anciennes familles du pays, les Scheurer, les Koechlin, les Gros-Roman, les Stamm, les Schubætzer, etc., dont les traditions de générosité envers leurs ouvriers, les conceptions sociales ont provoqué de leur part une intervention immédiate et efficace : paiement de salaire aux ouvriers chômeurs, allocations de secours aux familles des mobilisés et des évacués, et surtout émission de papier-monnaie, garanti par leur signature et universellement accepté par les commerçants locaux. En outre, certains d'entre eux sont venus au secours des municipalités et ont engagé leurs titres et leur signature pour leur permettre de contracter des emprunts.

L'influence de ces usiniers, français de cœur et souvent même de nationalité, est considérable sur les populations de la vallée. Ils ont grandement facilité notre installation en Alsace.

Quant au clergé, son influence est également indéniable dans un milieu très catholique; lors de l'arrivée de nos troupes, les notables se présentèrent à diverses reprises pour demander que les églises ne fussent pas fermées et que les sœurs ne fussent pas expulsées.

Le clergé alsacien, du moins dans cette partie de l'Alsace, paraît très disposé à se rallier à notre cause; plusieurs de ses membres ont fait, même sur le front, des déclarations publiques à cet égard. Toutefois la question du maintien de leur traitement inquiète beaucoup de prêtres.

III. — DIRECTIVES ADMINISTRATIVES ET POLITIQUES DU COMMANDANT EN CHEF.

En présence de cette situation, le Commandant en chef prit d'abord un ensemble de mesures destinées à assurer le ravitaillement de la vallée en vivres et en argent.

Le comité des industriels, représentant le syndicat des communes de la vallée, reçut toutes facilités pour recevoir des denrées cédées par l'Intendance et transportées par des moyens militaires.

D'autre part, le G. Q. G. prescrivit d'étudier la remise en marche des organes de l'administration locale; il ne pouvait être question de substituer aux institutions existantes des administrations calquées sur celles d'un département français; il ne pouvait être davantage question de considérer comme promulguées *de plano* en Alsace les législations fiscales, sociales, civiles, cultuelles, etc., édictées en France depuis 44 ans. D'après les instructions du Général en chef, « le danger à éviter était celui d'une francisation hâtive et inconsidérée ».

Le but assigné à l'autorité militaire pendant la première occupation était l'utilisation et la mise en marche des organes administratifs existants, par l'application des lois et règlements locaux. Cette solution, conforme aux règles du droit international, était, d'ailleurs, exactement celle qui avait été adoptée par les Allemands en 1870, en Alsace.

Quant aux directives politiques, le Commandant en chef a prescrit de respecter, dans toute la mesure du possible, les traditions locales et les coutumes des populations alsaciennes, notamment en matière cultuelle.

Il va de soi que les solutions ainsi adoptées revêtent un caractère exclusivement provisoire : l'autorité militaire ne possède ni le temps, ni les moyens de procéder à une étude approfondie des conditions de l'évolution vers notre régime administratif ou judiciaire des institutions alsaciennes ou de leur maintien total ou partiel, temporaire ou définitif.

Ces questions ressortissent au Parlement et au Gouvernement seuls.

Les instructions données sont destinées à permettre aux populations de vivre matériellement et administrativement dans l'état de guerre : elles constituent une réglementation de force majeure.

IV. — ORGANISATION ADMINISTRATIVE.

Principes : 1° *Commandement.* — Les organes administratifs créés sont d'ordre exclusivement militaire. Le Commandant du territoire est en même temps commandant des troupes d'occupation. Cette solution s'impose par les nécessités mêmes de la sûreté des armées en opération. Toute question d'administration et de police intéresse directement le commandement, notamment en matière d'espionnage, d'évacuation de suspects, de landsturmiens, etc. D'autre part, l'autorité militaire seule dispose des moyens d'action : chemins de fer, transports, approvisionnements, force publique.

Le Commandant en chef s'est borné à adjoindre aux Commandants des troupes des officiers chargés de le seconder dans l'examen et la gestion des affaires administratives, financières, judiciaires.

2° *Circonscriptions.* — Conformément aux principes adoptés, les commandements territoriaux établis coïncident avec les circonscriptions administratives allemandes.

Le Cercle de Thann vient d'être complété par l'adjonction du canton de Massevaux, qui jusqu'ici relevait de Belfort.

Le Cercle de Dannemarie (Altkirch) est en voie d'organisation (aujourd'hui organisé depuis le 31 décembre 1914).

Le Cercle de la Fecht, créé le 21 mai 1915, a été supprimé et rattaché au Cercle de Thann le 23 mars 1916, en raison de l'évacuation de plusieurs villages.

PERSONNEL.

1° *Commandement.* — Les officiers désignés ont été choisis en raison de leur valeur militaire et de leur compétence technique.

Le premier Cercle organisé, celui de Thann, est administré, sous la direction du colonel commandant le territoire, par un capitaine adjoint à cet officier, cité à l'ordre de l'armée pour s'être porté, sous les balles, au secours du sénateur Reymond et de son pilote ; il est auditeur de 1re classe au Conseil d'État.

Il est secondé, pour les questions financières, par un lieutenant, inspecteur des finances, directeur des finances au Maroc, blessé d'éclats d'obus à la cuisse et d'une balle à la figure (cité à l'ordre de l'armée).

Un attaché à l'intendance, auditeur au Conseil d'État, est chargé des questions de ravitaillement et des questions judiciaires.

PERSONNEL (NOUVEAU).

A Massevaux : un lieutenant d'État-Major de réserve, agrégé de droit international (reçu 1er au concours).

Le Cercle de Dannemarie est confié à un capitaine d'artillerie de réserve, chevalier de la Légion d'honneur, ancien élève de Polytechnique, ancien membre du Conseil d'État ; un magistrat, capitaine de réserve, est chargé de l'administration de la Justice ; un lieutenant, auditeur à la Cour des Comptes, de l'administration des finances.

La plupart de ces officiers ont des origines ou attaches alsaciennes, mais généralement pas du « premier degré ». Le commandement n'a pas voulu que l'action de l'autorité militaire parût à son début prendre ses inspirations auprès de tel ou tel parti politique, de tel ou tel groupement à l'exclusion d'un autre.

Le personnel des secrétaires est recruté exclusivement parmi des jeunes gens ayant une compétence technique spéciale, licence en droit ou diplôme des sciences politiques ; magistrature, Conseil d'État ou Cour des Comptes, agrégation, et une connaissance parfaite de la langue allemande, ou même des patois alsaciens.

Ce personnel a déjà été durement éprouvé : sur huit officiers ou secrétaires placés à Thann, cinq ont été tués.

2° *Agents locaux.* — Il est fait appel, dans la plus large mesure, au personnel local. Le plus souvent, ce personnel est le seul qui permette le fonctionnement facile des services. Beaucoup d'agents, d'origine alsacienne, ont pu être remis en fonctions: notaires, clercs, anciens agents de l'enregistrement, instituteurs (certains même ayant servi avant 1870), facteurs, etc.

Un contrôle étroit est exercé et toutes précautions sont prises pour qu'aucun abus d'influence ne soit commis.

V. — ORGANISATION MUNICIPALE.

La plupart des maires et des municipalités ont pu être maintenus, ainsi qu'il a été dit ci-dessus. Malgré l'intervention immédiate du Gouvernement allemand dans le choix des maires, beaucoup de ces magistrats municipaux d'origine alsacienne ont donné des preuves de leur bonne volonté et généralement même de leur incontestable attachement à notre pays.

Le danger consiste même dans la tendance de certains officiers, au début, à exiger des maires des démonstrations patriotiques dangereuses pour eux et inutiles pour nous.

L'administration municipale est contrôlée par les officiers administrateurs adjoints dont le plus élevé en grade exerce la tutelle administrative en qualité de « Kreisdirektor » et, éventuellement, de « Bezirkspräsident ».

Il en est de même pour les établissements publics ou d'utilité publique : orphelinats, caisses d'épargne, etc.

VI. — ORGANISATION FINANCIÈRE.

1° SITUATION FINANCIÈRE.

a) *Les budgets municipaux.* — La situation des communes est très précaire ; depuis le début des hostilités, elles n'ont pratiquement opéré aucune recette. Pour les cantons de Thann et de Saint-Amarin, elles doivent faire face à des dépenses mensuelles dont le total s'élève à près de 100,000 marks. Elles ont dû contracter des emprunts à des particuliers ou à la circulation au moyen de bons qui constituent du papier-monnaie. Le montant de ces bons, pour ces mêmes cantons, dépasse 100,000 marks.

L'arriéré (dépenses dues et non payées) est également important.

En vue de dégager la situation financière des communes, le Commandant en chef a sollicité et obtenu du Gouvernement une avance de 500,000 francs qui sera également utilisée pour la mise en marche des premières administrations publiques.

Les difficultés actuelles, dans la vallée de Thann, sont d'ailleurs purement transitoires. Il ne s'agit, pour les communes, que d'embarras de trésorerie, les bois communaux étant fort importants et le produit des coupes étant encore à recouvrer.

Par contre, il en sera différemment dans la vallée de Massevaux, où les communes n'ont pas de domaine forestier et où les centimes communaux dépassent fréquemment 100 p. 100.

b) Les allocations aux familles des mobilisés et des Landsturmiens :

Le Commandant en chef s'est préoccupé d'assurer le paiement d'allocations et de secours aux familles des alsaciens mobilisés dans notre armée, des Landsturmiens refoulés en France sur l'ordre de l'autorité militaire et même des militaires servant dans l'armée ennemie dont les allocations dues par le Gouvernement allemand ne sont plus payées.

Le Gouvernement français l'a autorisé à payer ces allocations et secours sur les fonds mis à sa disposition. Cette mesure sur l'intérêt politique de laquelle il est inutile d'insister dégagera sensiblement les finances municipales et la situation des bureaux de bienfaisance.

2° CIRCULATION ET CHANGE.

La pénurie de numéraire français et même de tout numéraire a occasionné une véritable crise au début de notre occupation. Il a pu y être partiellement remédié par les émissions de bons des industriels et des municipalités ainsi qu'il a été dit ci-dessus. Mais ce procédé ne pouvait s'étendre sans danger.

Sur la demande du Général en chef, le Trésor aux armées a été approvisionné abondamment en numéraire français.

D'autre part, les industriels, par des moyens de banque, ont également facilité la sortie de l'argent allemand et l'apport du numéraire français.

Mais la baisse du mark au change est venue compliquer la situation.

Le Commandant en chef est intervenu auprès du Gouvernement pour que la perte subie par les petits porteurs de marks-argent et papier soit atténuée par des mesures transitoires. Il a été provisoirement décidé, en vue de favoriser notamment les familles qui envoient des secours aux militaires et évacués en France, que les envoyeurs d'argent par mandats-poste, limités à 50 francs par tête et par jour, bénéficieraient d'un change un peu supérieur au change commercial et fixé par décades.

D'autre part, pour éviter les abus sur les petits achats, l'administration locale affiche le cours du mark et du franc sur la place de Bâle.

Enfin, le Ministère des Finances a été saisi de la mise à l'étude de cette question en ce qui concerne la tenue des écritures publiques.

Il semble, pour l'avenir, que le moyen le plus efficace de régler la situation monétaire en Alsace, en évitant les spéculations qui s'exerceraient au détriment des petites fortunes, consisterait à charger la Banque de France de retirer de la circulation l'excès de numéraire allemand et d'en effectuer la vente sur les places étrangères. Il pourrait même s'attacher un intérêt politique à précipiter, par ces moyens, la baisse du mark.

La question de la circulation monétaire dans les territoires occupés fait actuellement l'objet d'une étude complète, poursuivie sur les instructions du Commandant en chef, par l'officier chargé de l'administration des finances du Cercle de Thann.

3° SUBVENTIONS DEMANDÉES AU PARLEMENT, LEUR CONTRÔLE ET LEUR EMPLOI.

a) *Budget des territoires occupés.* — Dès aujourd'hui apparaît la nécessité de la constitution d'un budget des territoires : les budgets de cercles qui fonctionnent ne correspondent pas à une réalité financière, mais constituent un moyen d'exécution de dépenses qui doivent être distinguées des dépenses municipales et ne peuvent figurer aux budgets municipaux. Telles sont les dépenses de personnel afférentes aux fonctionnaires d'État, receveurs, agents de l'enregistrement, curés, etc.

La réunion des budgets de cercles constituera le budget des territoires, administrés nominalement par le Commandant de l'armée d'occupation, et, en fait, par délégation, par les administrateurs de cercles.

b) *Montant approximatif et répartition des crédits à demander.* — Il est impossible de fixer dès aujourd'hui le montant des crédits nécessaires au fonctionnement des services civils, ils dépendent évidemment des superficies occupées.

Le budget de l'Alsace-Lorraine pour 1914 (1er mai au 1er mai 1915) s'élevait à 81,946,141 marks, dont : 77,929,341 marks pour le budget ordinaire et 4,016,800 marks pour le budget extraordinaire.

Si l'on observe que la population totale de l'Alsace-Lorraine était, en 1905, de 1,814,564 habitants et celle des communes occupées des cantons de Thann et de Masevaux de 45,269 habitants, soit 2,5 p. 100 du total, on voit que la part proportionnelle de crédits pour le Cercle de Thann serait actuellement de 2,043,653 marks (à l'exclusion des régions du Cercle de Dannemarie).

Cette somme correspond au fonctionnement normal des services de l'État. Il ne faut pas perdre de vue, en effet, que la perfection, sur beaucoup de points, de l'Administration allemande n'est obtenue que par l'intervention de fonctionnaires très bien recrutés, mais nombreux et bien payés.

D'autre part, l'état de guerre modifie profondément ces données : le service des allocations vient, en effet, surcharger lourdement les obligations du Trésor.

Enfin, au point de vue de la Trésorerie, il convient de tenir compte qu'aucun fonds de roulement n'existe du chef du départ des comptables allemands.

Il y a donc lieu de prévoir que la somme d'un million demandée par le Gouvernement ne peut être considérée que comme une provision dont la répartition s'effectuerait sous les trois rubriques suivantes :

1° Allocations (dépenses de souveraineté à la charge définitive de l'État français).

2° Avances au budget des territoires (pour le fonctionnement des services généraux).

3° Avances aux budgets municipaux (pour dégager leur trésorerie).

L'État français se couvrira automatiquement de ses avances au budget du territoire par les reversements qu'il aura à lui consentir ainsi qu'il est ci-après exposé.

c) *Structure du budget des territoires occupés.* — Le budget provisoire des territoires, pendant la durée de la guerre, portera en dépenses l'ensemble des crédits nécessaires au fonctionnement des services généraux, les traitements des agents recrutés sur la place ou mis à la disposition de l'administration locale par le Gouvernement Français (enseignement, forêts, finances, etc.).

En recette figurera le produit des impôts perçus qui ne bénéficieront pas directement à l'État français, en raison des considérations suivantes :

d) *La question fiscale pendant la guerre.* — Les principes du Droit international et la Convention de La Haye commandent la perception des impôts et taxes allemandes aux lieu et place du Gouvernement allemand. Ce système doit être suivi, mais comporte des dérogations dues, d'une part, à des impossibilités matérielles; d'autre part, au fait que, dès aujourd'hui, le Gouvernement français estime que son autorité s'étend de droit sur les régions alsaciennes réoccupées. De ces dérogations résulte qu'une partie des impôts sera perçue d'après la législation française et au profit du budget français.

IMPÔTS DIRECTS.

Ils pourront être perçus d'après la législation allemande; dès aujourd'hui l'administration militaire locale a réussi à se procurer les rôles des directes et à s'assurer le personnel local compétent pour effectuer les perceptions.

Mais en fait, une faible part de l'impôt pourra être recouvrée ; à titre d'indication et d'exemple, les contributions directes pour 1914 (parts de l'État, du département et des communes) s'élèveraient pour :

	THANN.	St-AMARIN.	MASSEVAUX.
Montant du rôle	393,631	191,000	196,543
Perçus par l'Administration allemande	86,275	45,790	25,226
Reste à percevoir	307,356	145,210	171,317
RESTE TOTAL À PERCEVOIR		623, 883 marks.	

Mais il y a lieu de considérer que la population industrielle est privée de ses moyens d'existence et les chefs d'usine privés de bénéfices en raison de l'appel ou du refoulement des hommes et du chômage des usines.

Pourront seuls être partiellement perçus les patentes des débitants et des détaillants (enrichis par l'occupation) et l'impôt sur le revenu des capitaux.

Dans les modérations à apporter, il y a lieu de tenir compte de la perception ou de la non perception de l'impôt de guerre allemand.

L'impôt foncier pourra être perçu ; mais il faudra tenir compte de ce que les acquéreurs des coupes de bois, souvent Allemands, n'ont pu se libérer.

DOUANES.

La suppression de la ligne douanière des Vosges depuis l'occupation a pour conséquence l'extension du territoire douanier français et, par suite, une extension des recettes douanières françaises. Il semble possible, dès aujourd'hui, d'appliquer le tarif douanier français sur la portion de frontière suisse occupée par nos troupes en Alsace : en toute hypothèse, les règles de police militaire sur la circulation et les transports permettraient de supprimer toute contrebande, si le Gouvernement suisse exigeait l'application du régime douanier allemand jusqu'à notification de l'annexion.

Il semble d'ailleurs que l'autorité militaire trouve dans le droit d'occupation et dans les pouvoirs de police et de sécurité militaire d'une armée en campagne la faculté de fermer totalement ou partiellement la frontière et de régler les importations nécessaires au ravitaillement de la région et les conditions de ces importations.

L'étude de la question du régime douanier est actuellement poursuivie par les administrations militaires sur l'ordre du commandant en chef.

INDIRECTES.

Actuellement comme pour les douanes, l'État français bénéficie d'une extension de son territoire fiscal : sucre, tabac, allumettes, sel, sont importés de France et leur vente accroît les recettes du budget français.

De même, toujours en raison de la suppression de la barrière douanière, les denrées frappées en France de taxes indirectes (droits de circulation sur les vins) ne peuvent pénétrer en franchise sur le territoire occupé et payent définitivement les droits français à leur lieu d'origine, personne n'ayant qualité pour décharger les acquits-à-caution.

En résumé, les impôts de *frontière* bénéficient actuellement au Trésor français ; un contingent pourrait de ce fait être consenti au budget des territoires qui viendrait en compensation des avances reçues par lui.

Ultérieurement, la question se posera de la taxation des éléments de production, lorsque nous occuperons les régions comportant des sucreries ou des distilleries ; pendant la durée de la guerre, il y aura lieu d'appliquer la législation allemande et d'utiliser le personnel et les éléments locaux d'appréciation.

Dès aujourd'hui l'administration militaire locale fait respecter la législation en vigueur sur les bouilleurs.

Au cas où les différences de tarification seraient une cause de fraude, l'administration militaire des chemins de fer interdirait les transports par quantités importantes.

ENREGISTREMENT.

L'administration militaire a pris des mesures pour la perception de cet impôt, notamment des taxes sur les successions par application des lois locales en vigueur. Elle a fait appel provisoirement à des notaires nommés receveurs et contrôlés par des contrôleurs locaux d'origine alsacienne.

TIMBRE.

La législation locale en vigueur est également appliquée. L'administration militaire a saisi les stocks de timbres allemands et mis en vente ce papier timbré revêtu d'une surcharge française.

VII. — ORGANISATION POSTALE.

Conformément aux règlements militaires, la poste aux armées exerce la direction et le contrôle du service postal. Un agent des postes mis à la disposition de l'administration militaire locale réorganise les bureaux, installe des receveurs civils, recrute du personnel local féminin et met progressivement ce service en marche.

La question actuellement à l'étude est celle de savoir s'il y a lieu de généraliser l'usage du timbre français sans ou avec surcharge. Dans le premier cas, c'est le budget français qui recueille les recettes; dans le second, ce serait celui des territoires, qui aurait alors à prendre le personnel à sa charge.

VIII. — ORGANISATION DE L'ENSEIGNEMENT.

La plupart des écoles primaires fonctionnent actuellement.
L'obligation scolaire est observée presque intégralement :

Le canton de Thann compte................	1,800 élèves.
Le canton de Massevaux..................	2,100 —
Le canton de Saint-Amarin................	2,500 —
Le canton de Dannemarie.................	2,600 —

L'administration militaire recrute des instituteurs alsaciens sur place ou fait appel à des instituteurs militaires. Le personnel civil est à la charge des communes. L'enseignement des filles est assuré, comme par le passé, par les sœurs de la Congrégation de Ribeauvillé. L'administration allemande autorisait, à titre de récompense, l'enseignement du français donné par ces sœurs, lorsque les enfants justifiaient d'un minimum d'âge et d'instruction en allemand.

Enfin les administrateurs militaires se sont préoccupés des programmes d'enseignement et du choix des livres, questions dont la solution est particulièrement délicate. L'enseignement du français notamment nécessitera la création d'ouvrages élémentaires spéciaux. La liste des livres les mieux adaptés est actuellement à l'étude.

IX. — ORGANISATION JUDICIAIRE.

JUSTICE CRIMINELLE.

Conformément à la jurisprudence de la Cour de cassation, les conseils de guerre, en territoire occupé, sont compétents pour juger tous les crimes ou délits, même ceux qui n'intéressent que les civils.

JUSTICE CIVILE.

Le commandant en chef a chargé l'un des officiers adjoints des fonctions de juge de paix à compétence étendue. Il ne pouvait être question actuellement de rétablir un tribunal de première instance ni une Cour. On ne pouvait davantage, d'après les règles du Droit international, étendre actuellement le ressort d'une juridiction française territoriale.

La seule solution possible, dans l'état actel de l'occupation, consistait à conférer les fonctions judiciaires à un officier qui statue, conformément aux règles du Droit international privé, « Au nom du Peuple Français », en appliquant aux parties leur loi nationale. Provisoirement ce tribunal français fonctionne en utilisant la procédure française. Il ne peut guère en être autrement actuellement, en l'absence d'auxiliaires de la justice évacués ou disparus. Dès aujourd'hui la question est examinée de savoir si, en raison des avantages et de la simplicité que présente la procédure allemande en première instance, il n'y aurait pas intérêt à la mettre en œuvre définitivement lorsqu'un tribunal civil sera constitué.

Actuellement l'officier chargé des fonctions judiciaires se borne à prendre des mesures conservatoires dans les affaires qui dépassent sa compétence.

Sous sa direction le notariat a été réorganisé et fonctionne grâce à la nomination provisoire d'anciens notaires ou clercs de notaires alsaciens.

X. — SITUATION DES AFFAIRES INDUSTRIELLES.

L'administration militaire locale, sur les indications du Gouvernement, s'est préoccupée de faciliter la remise en marche des usines. Certaines peuvent être usilisées pour la Défense Nationale. Des commandes de la guerre leur ont été déjà consenties ; le rapatriement des ouvriers est actuellement à l'étude.

25 décembre 1914.

Signé : JOFFRE.

SOUS-COMMISSION DES FINANCES.

RAPPORT DE M. L'ABBÉ WETTERLÉ

SUR

LES IMPÔTS DIRECTS.

2 mars 1915.

Le Gouvernement allemand avait d'abord maintenu en Alsace-Lorraine le régime fiscal français. Ce n'est qu'en 1895 qu'il entreprit sa transformation et son adaptation au système prussien.

L'impôt foncier fut le premier refondu. Établi sur la base de 3,50 p. o/o sur le revenu net (estimation du revenu moyen de 10 années), et sans dégression, il nécessita une longue enquête qu'une Commission parlementaire fit dans une soixantaine de communes-types.

L'impôt sur la propriété surbâtie remplaça ensuite l'ancien impôt sur les portes et fenêtres. Le principe en était complètement nouveau, puisque le taux de 3,50 p. o/o était prélevé sur la valeur locative (non pas réelle, mais après estimation) fixée périodiquement par des Commissions mixtes, composées de fonctionnaires du fisc et de délégations municipales.

La patente a fait place à *l'impôt professionnel* ou impôt sur la productivité des industries, commerces et professions (1,90 p. o/o et dégressif). L'assiette en est déterminée par estimation, d'après des normes fixées par des gens du métier sur les signes extérieurs de la productivité avec faculté pour les intéressés de faire la preuve de leur surimposition.

L'impôt mobilier et l'impôt personnel ont été supprimés. (Il était question, dans les derniers temps, de rétablir la personnelle, afin de ne pas exclure de l'éligibilité ceux qui ne payaient aucun impôt direct).

Ces deux contributions ont été remplacées :

1° *Par l'impôt sur les salaires et traitements* sur déclaration contrôlable dont le taux est de 1,90 p. o/o (maximum atteint seulement à 20,000 marks de traitement, puis fortement dégressif jusqu'à 0,35 o/o, les salaires inférieurs à 700 marks restant libres de toute charge.)

2° *Par l'impôt sur la rente du capital*, c'est-à-dire sur l'argent placé, coupons, dividendes, actions, obligations, prêts de toutes natures. Le maximum de 3,50 p. o/o n'est prélevé qu'à partir de 4,000 marks de revenus. Au-dessous de cette somme, il est dégressif. La défalcation des dettes et charges grevant le capital est admise. La déclaration du contribuable ne peut pas être contrôlée, mais de fortes amendes sont prévues en cas de fraude (six fois le montant de l'impôt non payé).

Le « pardon », proclamé lors du prélèvement de l'impôt de guerre en 1915, a fait découvrir des fraudes nombreuses, qui, à cette occasion, ont été spontanément rectifiées.

Au moment où la guerre a éclaté, le Parlement de Strasbourg était en train de procéder à la refonte totale du régime fiscal de l'Alsace-Lorraine, sur la base de l'impôt progressif sur le revenu global : déclaration annuelle contrôlable du revenu de l'année précédente à 100 marks près, exemption du revenu inférieur à 900 marks, puis imposition à 0,35 s'élevant progressivement jusqu'à 5,50 p. o/o.

La discrimination du revenu du travail et de celui de la fortune acquise devait ensuite s'établir par l'impôt complémentaire sur la fortune acquise, libre de toute charge prévue au taux de 1 à 1,50 pour mille. Une commission spéciale du Parlement étudiait ce projet de loi depuis deux ans. Elle était sur le point de déposer son rapport qui devait être examiné dans une session extraordinaire du Parlement, en automne 1914.

Les pfennigs additionnels de l'État (portés temporairement à 12), de départements (de 35 à 40) et des communes sont prélevés sur les impôts directs.

Votre sous-commission, ayant examiné le régime fiscal qu'il faudra maintenir en Alsace-Lorraine pendant la période d'occupation, vous propose les solutions suivantes :

1° Maintien de tous les impôts existants. Faudra-t-il également prélever l'impôt exceptionnel d'empire sur la fortune — impôt de guerre — là où la perception n'en aura pas encore été faite par le fisc allemand?

La Commission est d'avis qu'il serait utile de le faire, en prévoyant des exemptions très larges pour les contribuables indigènes.

2° Établissement des rôles du 1er avril 1915 au 31 mars 1916, en considérant comme valables les quittances des payements effectués au fisc allemand dans les communes encore occupées par les Allemands.

3° Payement des impôts en marks. Le payement en francs sera toutefois admis selon le cours du change établi périodiquement par les autorités compétentes. Les rôles devront être évidemment établis, comme par le passé, en monnaie allemande.

Quant aux rôles, on les a retrouvés dans presque toutes les communes occupées. Il faudrait, comme les Allemands l'ont fait en 1870, rendre les percepteurs responsables de leur disparition et les faire passer, le cas échéant, en conseil de guerre.

Les administrateurs des territoires occupés devraient être autorisés à accorder des remises d'impôts dans les parties du territoire qui ont été ou seront encore particulièrement éprouvées par la guerre.

FONCTIONNAIRES. — TRAITEMENTS ET PENSIONS.

La sous-commission est d'avis que les fonctionnaires d'Alsace-Lorraine devront tous être licenciés, sauf à être ensuite réengagés individuellement, s'ils donnent au Gouvernement de la République toutes les garanties désirables et acceptent les conditions nouvelles qui leur seront faites.

Pour les fonctionnaires d'origine allemande aucune contestation n'est possible, puisque ne devant pas être admis plus tard à la réintégration dont bénéficieront les Alsaciens-Lorrains annexés à l'Allemagne en 1871 et leurs descendants, ils ne possèderont pas la qualité de citoyens français indispensable pour occuper des fonctions publiques. Pour les fonctionnaires d'origine alsacienne-lorraine, il vaudra mieux procéder à leur licenciement collectif pour deux motifs. Il serait d'abord impossible sans cela de procéder à un triage absolument nécessaire et puis les plus grosses difficultés pourraient surgir parce que le statut et le traitement des fonctionnaires allemands sont complètement différents de ceux de leurs collègues de France.

En Allemagne, le fonctionnaire est propriétaire de sa fonction depuis le moment de sa nomination définitive. Quant à son traitement il est en règle générale d'un tiers supérieur à celui des fonctionnaires français similaires.

On avait envisagé la possibilité de maintenir leurs avantages actuels aux fonctionnaires alsaciens-lorrains en leur attribuant des allocations individuelles. Quelques membres de la sous-commission ont, à ce propos, fait remarquer qu'on ne saurait s'exposer à provoquer un mécontentement qui aurait son contre-coup sur les sentiments des intéressés et de leurs familles. Ils ont de plus rappelé qu'en Alsace-Lorraine la vie était bien plus chère que dans les départements français.

Cependant, comme on ne saurait assurer les allocations aux fonctionnaires français qui viendront combler les vides de l'administration d'Alsace-Lorraine et que d'un autre côté, il y aurait les plus graves inconvénients à avoir, côte à côte, des fonctionnaires de même catégorie touchant des traitements différents, la sous-commission est d'avis qu'il faudra, en réengageant les anciens fonctionnaires, exiger qu'ils acceptent le tarif français.

On pourra d'ailleurs leur assurer certains avantages : 1° en tenant compte de toutes leurs années de service antérieures; 2° en les dispensant d'effectuer rétrospectivement leurs versements à la caisse des retraites; 3° en favorisant leur avancement.

Quant aux pensions de retraite, qui, dans les dernières années, avaient atteint en Alsace-Lorraine le chiffre énorme de 7 millions de marks par an, et qui augmenteront encore considérablement par suite du licenciement d'un grand nombre de fonctionnaires encore actuellement en service, la sous-commission pense que la charge, pour le passé et pour l'avenir, devra en être imposée aux États allemands, lors de la conclusion de la paix, l'Alsace-Lorraine n'ayant jamais été un État autonome, mais la propriété collective des États allemands et les pouvoirs souverains (nomination des fonctionnaires y comprise) y ayant été exercée par l'empereur allemand, en vertu d'une délégation permanente des souverains de la Confédération.

Il serait en effet inadmissible, que le Gouvernement français payât, par exemple, une pension de retraite de 26,000 marks au prince de Wedel et à MM. von Dallwitz, von Rœdern, von Kœller, de Bulach et de 16,000 marks à MM. Petri, Kœhler et Mandel, qui furent tous les plus actifs propagateurs du germanisme en Alsace-Lorraine et y firent subir les pires persécutions à la population indigène.

Tabac. — La sous-commission ne croit pas qu'il faille établir le régime de la zone en Alsace-Lorraine. Il vaudra mieux introduire immédiatement dans les pays occupés le régime de la régie des tabacs.

La manufacture strasbourgeoise de l'État d'Alsace-Lorraine fera tout naturellement retour à l'État français. On indemnisera, après estimation, les autres fabriques de tabac.

Quant aux débitants actuels on leur permettra d'écouler les stocks qu'il leur sera interdit de renouveler.

RAPPORT DE M. SOUCHON

SUR

LES QUESTIONS DE NATIONALITÉ.

Dans l'étude des questions de nationalité, que va poser le retour de l'Alsace-Lorraine à la France, il n'y a pas beaucoup à compter sur les précédents pour nous éclairer.

Lors de la plupart des traités qui ont consacré, au xixe siècle, des modifications territoriales entre les États, la situation en droit et en fait était très différente de ce qu'elle va être demain.

Quand, en 1859, la France a fait l'acquisition de la Savoie et du Comté de Nice, quand, en 1860, elle a annexé Menton et Roquebrune, quand, en 1871, elle a perdu l'Alsace-Lorraine, même, lorsqu'en 1877, la Suède lui a rétrocédé l'île de Saint-Barthélémy, on était en face de véritables cessions. Le titre de l'État annexant était dans le consentement de l'État cédant, et non pas dans un droit antérieur. D'autre part il n'y avait rien de comparable à la situation des Alsaciens-Lorrains en face des immigrés.

Il serait donc vain de nous attarder à l'étude de la solution se référant à des hypothèses qui ne sont pas la nôtre. Mais on doit remarquer qu'il y a un cas présentant quelque analogie avec celui qui nous retient.

Il s'agit des traités de 1814 et de 1815. La France perdait alors des territoires que la guerre lui avait donnés, et qu'elle avait possédés pendant quelques années seulement. Ceux qui recouvraient ces territoires pouvaient, comme nous pour l'Alsace-Lorraine, penser reprendre leur bien.

Quelles ont été alors les règles de droit ? Non seulement les États qui retrouvaient d'anciens sujets ont considéré que ces sujets n'avaient jamais cessé de leur appartenir; mais la France elle-même, sans y être du reste obligée par les traités muets sur la question (1), a paru s'associer à cette manière de voir.

---

(1) Le traité du 30 mai 1814 porte, dans son article 17, que sur les territoires « qui doivent ou devront changer de maître tant en vertu du présent traité que des arrangements qui doivent être faits en conséquence, il sera accordé aux habitants naturels et étrangers de quelque condition et nation qu'ils soient, un espace de six ans à compter de l'échange des ratifications pour disposer, s'ils le jugent convenable, de leurs propriétés et de se retirer dans quel pays qu'il leur plaira de choisir. » Ce texte visait-il une sorte de droit d'option tacite ou au contraire donnait-il seulement une faculté d'émigration de fait, sans risquer des confiscations? Peu importe à notre point de vue. En tous cas, il ne commandait pas les solutions auxquelles a cru devoir s'arrêter la Restauration, et qu'elle aurait pu ne pas prendre.

C'est en somme ce qu'exprimaient Aubry et Rau quand ils parlaient de démembrements territoriaux ayant eu « un caractère résolutoire » (1), c'est ce que consacrait le Gouvernement de la Restauration quand il déclarait étrangers et n'ayant aucun droit d'option pour la France les habitants des provinces rétrocédées par le traité de Paris. Il est vrai qu'à ces habitants la loi du 14 octobre 1814 est venue donner de grandes facilités de naturalisation.

Mais rien n'était par là changé à la règle générale.

A la même idée se rattache à travers tout le xixe siècle une longue série de décisions émanées de nos tribunaux décidant, par exemple, que des individus dénationalisés en 1814, devaient être considérés comme n'ayant jamais été Français (2); ou encore que la naissance en Belgique pendant la période de réunion à la France n'était pas une naissance en France (3).

Cette jurisprudence a, il est vrai, été modifiée à la fin du xixe siècle (4), mais son souvenir avec celui des règles de la Restauration n'en était pas moins à rappeler. Il nous donne, en effet, plus d'autorité pour invoquer maintenant en notre faveur des conceptions que nous avons, en d'autres temps, admises contre nous-mêmes.

Faute d'une tradition à suivre, nous avons pour nous guider un principe très net. Il est désormais hors de nos discussions, puisque la Conférence l'a déjà proclamé en déclarant : « L'Alsace-Lorraine, qui a toujours protesté contre la conquête allemande, ne peut qu'être réintégrée dans la souveraineté française, sans annexion, sans rétrocession, sans plébiscite ou tout autre mode de consultation ». Par avance, M. Helmer nous avait indiqué les conséquences nécessaires d'une pareille formule en matière de nationalité, en nous disant : « S'il y avait annexion de l'Alsace par la France, tous les habitants seraient dans la même situation, redeviendraient Français, sauf exercice d'un droit d'option pour l'Allemagne. Mais dès l'instant que vont seulement s'effacer les conséquences d'un acte de violence, les Alsaciens-Lorrains rentreront de plein droit dans la famille française, et les immigrés resteront Allemands. »

Derrière la simplicité de pareilles généralités, il y a des questions de détail et de technique juridique quelque peu compliquées.

Pour les étudier, il convient de parler successivement des Alsaciens-Lorrains et des immigrés.

---

(1) Aubry et Rau, t. I., p. 454.
(2) Voir notamment — Paris, 30 janv. 1877 — Cass. Req., 20 janv. 1879, S. 79. 1. 417 D. 79. 1. 107.
(3) Paris, C. Cass. 11 juin 1883. J. de Dr. Int. privé, 1882, p. 505 et s.
(4) Voir notamment Cass., 7 déc. 1883, S. 1. 89-85 et D. 84. 1. 209.

Pour ce qui est, en premier lieu, des *Alsaciens-Lorrains* trois questions se posent :

D'abord que faut-il entendre par ces mots Alsaciens-Lorrains au point de vue de la réintégration dans la nationalité française ?

Ensuite, à partir de quelle date aura lieu cette réintégration ?

Enfin, quelle en sera la procédure ?

A la première de ces trois questions, on peut répondre par une formule générale, en disant qu'il y a lieu de réintégrer dans notre nationalité tous ceux qui sont Allemands et auraient été Français sans l'annexion.

Mais pour avoir la portée exacte de cette formule, il faut descendre aux détails des situations multiples en distinguant d'abord entre les personnes nées, soit antérieurement, soit postérieurement au 20 mai 1871.

Cette date du 20 mai 1871 est celle de l'échange des ratifications du traité de paix et doit dès lors être considérée comme celle des changements de nationalité qui ont été la conséquence de ce Traité. Il est vrai que, sur ce point, bien des doutes ont été élevés. On a souvent soutenu que les Alsaciens-Lorrains annexés avaient cessé d'être Français dès le 2 mars 1871, avec la ratification des préliminaires de la paix. Mais c'est le principe que des préliminaires ont un caractère provisionnel et que seules les ratifications définitives donnent à l'acte international toute sa valeur juridique. Sans doute, d'un commun accord, la France et l'Allemagne auraient pu décider qu'il en serait autrement à titre exceptionnel. Mais rien n'indique, d'une façon suffisante, qu'il y a eu, en ce sens, entente entre les deux Puissances.

Il convient donc de s'en tenir à la règle générale consacrée d'ailleurs ici par plusieurs arrêts de cassation.

S'agit-il, en premier lieu, de personnes nées avant le 20 mai 1871 : d'une façon générale, la réintégration se fera au profit de tous les originaires des territoires annexés.

Cette règle pourtant ne saurait s'appliquer à ceux qui, malgré leur naissance en Alsace-Lorraine avant 1871, n'étaient pas Français à cette époque. Elle est également inadmissible pour tous ceux que la France continuait à considérer comme Français après 1871. Nous ne saurions, en effet, rendre une nationalité qui d'après nos lois n'a jamais été perdue. C'est le cas évidemment de tous ceux qui ont opté valablement pour la nationalité française. Il va de soi, du reste, que pour apprécier la validité des options, s'il y a divergence entre les jurisprudences allemande et française, il faudra s'en référer à notre solution. Ainsi, par exemple, on sait comment de grandes difficultés se sont élevées au sujet de l'option des mineurs. Il s'ensuit nombre de cas dans lesquels nous considérons comme Français un individu que les Allemands tiennent pour sujet de l'Empire. On ne saurait alors parler des réintégrations.

Pour ce qui est des individus nés après le 20 mai 1871, ils seront réintégrés dans notre nationalité quand leurs conditions de naissance sont telles que, sans l'annexion, ils auraient été Français.

C'est certainement le cas de ceux dont tous les ascendants vivants à la date du 20 mai 1871 avaient eux-mêmes la nationalité française. Mais une difficulté apparaît pour l'hypothèse où il y a eu des mariages mixtes entre Alsaciens-Lorrains et immigrés.

Que décider alors? On pourrait être tenté de chercher par voie d'analogie la solution dans l'article 8 paragraphe 3 de notre Code civil.

D'après ce texte est Français « tout individu né en France de parents étrangers dont l'un y est lui-même né, sauf la faculté pour lui, si c'est la mère qui est née en France, de décliner dans l'année qui suivra sa majorité la qualité de Français ».

Pour suivre la voie tracée par cet article, il faudrait dire que l'enfant d'un père Alsacien-Lorrain et d'une mère immigrée sera réintégré dans la nationalité française et que dans l'hypothèse inverse il y aura également réintégration, mais avec faculté de décliner la nationalité française pour les mineurs dans l'année suivant leur majorité et pour les majeurs dans celle après le retour de l'Alsace-Lorraine à la France.

Malgré l'autorité du Code civil, votre Commission ne croit pas pouvoir vous proposer une pareille règle.

C'est d'abord parce qu'elle ne résoudrait pas tout. Il peut se faire en effet que les ascendants vivant en 1871 soient des aïeuls ou aïeules, et non pas des pères et mères. Or c'est une hypothèse que l'article 8, dans son paragraphe 3, n'avait pas à faire; pour laquelle, par conséquent, sa solution ne nous donne rien.

D'autre part, la différence suivant que l'extranéité est du père ou de la mère nous a paru contestable. Peut-être même dans le Code civil n'est-elle qu'une trace de conceptions sur la puissance maritale qui vont s'affaiblissant. En tout cas, et sans essayer une critique qui dépasserait notre compétence, nous avons pensé, en nous tenant à la question alsacienne, que la nationalité du père ne doit pas d'ordinaire influer plus que celle de la mère sur les sentiments de l'enfant; souvent même quand la mère est alsacienne, elle a épousé un Allemand venu seul de son pays, et tout le milieu est fait dès lors de la famille maternelle. Au contraire, si c'est le père qui est Alsacien-Lorrain, il a sans doute épousé une femme venue en Alsace-Lorraine avec tous les siens, et le danger de germanisation peut alors être plus grand.

Tout compte fait, sans nous référer à la distinction du Code civil, nous avons cherché une solution générale, et nous vous la proposons aussi libérale qu'il est possible, en vous demandant de décider que tous ceux ayant un ascendant alsacien-lorrain seront réintégrés dans notre nationalité.

Mais il y a, après les mariages mixtes, des situations en fait très différentes. Les intéressés sont les mieux à même d'en tenir compte; nous leur donnerons donc, tout en les déclarant Français, la faculté de décliner notre nationalité, dans les conditions prévues par l'article 8, paragraphe 4, soit dans l'année qui suit leur majorité, soit dans celle après le retour de l'Alsace à la France.

Nous ne méconnaissons pas que cette règle peut aboutir à des résultats de nature à paraître excessifs. Quand, par exemple, les ascendants vivants en 1871 seront seulement des grands-pères et grand'mères, une seule grand'mère alsacienne donnera la nationalité française malgré trois autres aïeuls d'origine allemande.

Mais, dans l'ordre des idées, les Alsaciens ne sauraient se plaindre de ce que nous considérons qu'une seule goutte de leur sang suffit à faire un Français; et dans l'ordre pratique il ne pourrait y avoir d'inconvénients sérieux. La plupart des mariages mixtes ont été dans le peuple; et ce n'est pas là que s'imposent des précautions sévères contre les immigrés. D'autre part, ceux qui seront Allemands de cœur useront le plus souvent de la faculté à eux laissée de décliner notre nationalité.

Il y a du reste un autre cas, dans lequel la même faculté devra être donnée après réintégration dans la nationalité française. Il s'agit de l'Alsacienne ou de la Lorraine qui aurait épousé un Allemand. Ce mariage, à notre sens, ne doit pas lui faire perdre le bénéfice de son origine. Mais là encore il peut y avoir des situations de fait très différentes, et là encore le mieux est de laisser à l'intéressée le soin de décider elle-même.

Les précédentes indications semblent ne se référer qu'aux filiations légitimes. Mais il n'y a pas de difficulté pour les enfants naturels. Nous n'aurons, en effet, alors qu'à transposer l'article 8 du Code civil pour dire: « Tout enfant né en Alsace-Lorraine de parents inconnus sera considéré comme Alsacien-Lorrain ». Puis dans les cas où une filiation aura été légalement établie, de quelque façon que ce soit, on appliquera aux ascendants révélés par cette filiation les règles que nous venons de dégager.

Après ces déterminations, pour savoir exactement quels sont les Alsaciens-Lorrains qui seront réintégrés dans la nationalité Française, il faut se demander encore si cette réintégration comportera un acte de volonté individuelle ou si elle aura lieu sans aucune distinction au profit de tous ceux se trouvant dans les conditions précédemment indiquées.

C'est peut-être la plus délicate de toutes les questions qui sont devant nous.

Votre sous-commission vous propose de la résoudre en disant que les Alsaciens-Lorrains réintégrés de plein droit n'auront, en ce qui concerne leur nationalité, pas plus que nous-mêmes, à faire acte de volonté individuelle.

Décider autrement serait effacer une conséquence rigoureusement logique du principe qui nous guide, et une pareille méthode en ferait vite un énoncé d'apparat derrière lequel il n'aurait plus aucune réalité.

Il faut remarquer d'ailleurs combien il serait particulièrement illogique d'écarter l'idée de toute consultation collective et de la remplacer par l'option de chacun.

On ne saurait pourtant vouloir dissimuler qu'une pareille solution se heurte à de fortes objections. Elle implique fatalement que quelques Alsaciens-Lorrains seront réintégrés dans la famille française sans l'avoir désiré.

En dehors même de notre sentiment pénible devant un pareil résultat, n'est-ce pas un principe élémentaire qu'une nationalité ne s'impose pas.

Il est vrai seulement qu'on doit entendre par là qu'on ne peut pas forcer un individu à rester malgré lui dans des liens qu'il veut rompre; en d'autres termes, qu'il ne saurait y avoir allégeance perpétuelle.

Mais votre sous-commission ne vous propose rien de pareil. Les Alsaciens-Lorrains qui ne voudraient pas rester Français n'auront qu'à se faire naturaliser Allemands, et notre Gouvernement devra se faire une règle de ne pas les retenir dans notre nationalité, quand bien même il en aurait le droit en vertu de l'article 17, paragraphe 1, alinéa 2, du Code civil, parce qu'ils seraient encore « soumis aux obligations du service militaire pour l'armée active. » Quelque chose de plus. En fait, il n'y aura guère, ne voulant pas nous revenir, que des fonctionnaires désireux de continuer leur carrière allemande. Or ceux-là, au lendemain même du jour de leur réintégration, tomberont sous le coup du paragraphe 3 de notre article 17. Il appartiendra à la France de leur donner un délai pouvant se réduire presque à rien, après lequel ils cesseront d'être Français. Le retour dont ils ne voulaient pas n'aura donc été que théorique. De quoi se plaindraient ils?

Nous devons nous demander maintenant à partir de quelle date s'opèreront les réintégrations dans la nationalité française. Trois solutions sont ici concevables. On pourrait dire que le traité de Francfort ayant été vicié par la violence, la France dès qu'elle en a la possibilité en efface tous les effets, qu'en conséquence l'Alsace-Lorraine sera considérée comme n'ayant jamais été allemande, et que les réintégrations dans notre nationalité se feront avec complète rétroactivité. On peut estimer aussi que le traité de Francfort, malgré tout, s'imposait à la France qui l'a signé tant que les Allemands eux-mêmes l'ont respecté, mais que du jour où ce traité a été rompu par l'Allemagne, les droits de la France sur l'Alsace-Lorraine reparaissaient. Il faudrait dire alors que les réintégrations dans notre nationalité prendront date au jour de la déclaration de guerre; une troisième conception peut considérer qu'il faut s'attacher aux faits sans compliquer les questions de nationalité, toujours si délicates par des fictions, si légitimes qu'en soient les raisons. On déciderait dès lors que les réintégrations ne se feront qu'au moment où le retour de l'Alsace-Lorraine à la France sera incontesté et définitif par l'aveu même de l'Allemagne, ne nous cédant rien mais reconnaissant notre droit.

Il est impossible de prendre parti sans savoir les conséquences pratiques d'une décision ou d'une autre. Or les intérêts qui s'attachent à la date d'un changement de nationalité sont multiples. Il est inutile de les rappeler à tous : qu'on se souvienne surtout comment, dans l'ordre civil, les questions d'état et de capacité sont régies par la loi nationale (dans notre cas par conséquent seront commandées par la loi française à partir du jour où l'on placera les réintégrations dans notre nationalité); qu'on se rappelle aussi que, dans l'ordre pénal, il peut souvent y avoir intérêt à savoir quelle est la nationalité d'un individu à une date déterminée. C'est ainsi, par exemple, qu'en vertu de l'article 5 de notre Code d'instruction criminelle modifié par les lois du 27 juin 1866 et du 3 avril 1903, un Français peut être poursuivi devant nos juridictions répressives à raison des crimes ou délits dont il s'est rendu coupable en pays étranger. Suivant, par conséquent, la date des réintégrations, tel Alsacien-Lorrain sera ou ne sera pas justiciable, au criminel, de nos tribunaux. Ces indications sont suffisantes pour faire comprendre quels seraient les inconvénients pratiques de toute fiction de rétroactivité. Cette fiction conduirait, en effet, à des applications de loi pour des tâches et des temps où la législation allemande s'imposait en fait. Il s'ensuivrait nécessoirement des surprises dans lesquelles des intérêts respectables seraient forcément lésés.

Votre sous-commission, tenant compte de ces impérieuses nécessités pratiques, vous demande donc de renoncer à toute idée de rétroactivité dans les réintégrations, si séduisantes que puissent apparaître de pareilles conceptions. Il est facile d'ailleurs de montrer à ceux qui pourraient conserver un regret, qu'une fiction de rétroactivité pourrait aller d'une façon inattendue à l'encontre de nos intérêts nationaux. Si, en effet, nous considérions que l'Alsace-Lorraine n'a pas cessé d'être française, il faudrait dire que les individus nés sur son territoire, à quelque date que ce soit, sont Français conformément à l'article 8 du Code civil. Il nous serait dès lors impossible de rejeter en dehors de notre patrie des fils d'immigrés nés en Alsace-Lorraine, ce qui serait pourtant si désirable.

Après ces considérations, il reste à préciser le jour exact où se placerait la réintégration des Alsaciens-Lorrains dans la famille française; et votre sous-commission a eu là quelque hésitation. Fallait-il prendre le jour de la signature des préliminaires du traité de paix ou le jour de l'échange des ratifications du traité définitif? Après ce que nous avons dit relativement à l'annexion de 1871 et aux changements de nationalité qui en ont été la conséquence, vous pourriez attendre, ce que nous allons vous proposer, le jour des ratifications définitives. Ce serait, en effet, un parallélisme logique, mais la Conférence ne sera pas surprise pourtant que nous ayons penché vers la solution de nature à nous ramener au plus vite les Alsaciens-Lorrains. Il nous a même paru qu'en dehors de là, le choix du jour des préliminaires avait un avantage de principe. Il marque en effet comment nous ne croyons pas avoir besoin d'un consentement régulièrement donné par l'Allemagne pour réintégrer l'Alsace-Lorraine, comment au contraire il nous suffit de savoir que nos provinces sont, en fait, définitivement hors de son emprise.

Reste une dernière question, c'est celle de la procédure de réintégration. Elle nous a paru si simple que vous ne la verrez même pas apparaître dans le texte soumis à votre délibération. Les Alsaciens-Lorrains rentrent en effet de plein droit dans la nationalité française. C'est dire qu'ils vont être Français comme nous-mêmes, et qu'ils auront à l'établir comme nous-mêmes. En d'autres termes quand leur nationalité sera contestée, ils auront à la prouver d'après les modes du droit commun et devant les juridictions ordinaires.

Mais on va se trouver pourtant dans une situation dont il faudra tenir compte au point de vue administratif. Les Alsaciens-Lorrains auront un intérêt évident à ce que devant l'opinion même il n'y ait aucun doute sur leur qualité. Il sera utile, d'autre part, aussi bien pour l'établissement des listes électorales que pour le recrutement militaire, d'avoir de faciles certitudes. Il nous a dès lors paru que l'Administration pourrait inviter tous les Alsaciens-Lorrains à faire une demande à la suite de laquelle leur mairie leur délivrerait un certificat comparable à la carte tricolore d'aujourd'hui. Ce certificat éviterait quelques incertitudes de fait, mais il faut bien remarquer que la nationalité française ne saurait en aucune façon dépendre de lui.

Nous avons maintenant à préciser quelle va être la situation des immigrés.

Si on s'en tenait aux règles ordinaires en matière d'annexion, on dirait que tous les habitants de l'Alsace-Lorraine vont acquérir la nationalité française. Mais il ne faut pas oublier que nous n'allons pas être en face d'une annexion, mais bien d'une réintégration.

La conséquence est que nous ne sommes liés en aucune façon vis-à-vis d'immigrés qui se trouvent dans le pays nous faisant retour, et aucun principe ne s'oppose à ce que nous prenions vis-à-vis d'eux les mesures les plus désirables pour notre intérêt national.

Or, le plus souvent, les immigrés sont violemment hostiles à la France. Ils ont été dans les provinces annexées des agents zélés de germanisation.

Les Alsaciens les considèrent à juste titre comme des ennemis et des persécuteurs.

On ne saurait, sans causer dans toute l'Alsace-Lorraine une douloureuse surprise, leur donner de plein droit la nationalité française. Qu'on remarque d'ailleurs qu'on ne saurait les mettre au point de vue de la nationalité sur le même pied que les Alsaciens-Lorrains, ôter par là toute espèce de signification pratique à l'idée de réintégration. Il est vrai que les Allemands annexés auraient le droit d'opter pour l'Allemagne, et que nous l'avons dénié aux immigrés dans notre nationalité.

Mais quelle singulière faveur faite aux Alsaciens-Lorrains que celle se traduisant seulement pour eux par l'absence d'une faculté laissée aux Allemands. Certains peut-être, malgré ces considérations, pourraient conserver une gêne, en pensant à tant de précédents dans lesquels l'État annexant a donné de plein droit sa nationalité à tous les habitants du pays annexé.

Ceux-là devront se dire que la différence entre l'annexion et la réintégration n'est pas seulement dans les mots, qu'elle est aussi dans les réalités.

Quand la France a annexé la Savoie et Nice, quand l'Allemagne a pris l'Alsace Lorraine, il n'y avait, dans les provinces cédées, à peu près que des ressortissants de l'État démembré; ne pas proclamer leur changement de nationalité, c'eût été, si on devait les expulser, vouloir des déserts, et si on devait les garder, préparer d'inextricables difficultés avec des provinces entières habitées par des étrangers.

Actuellement rien de semblable n'est à redouter. Il n'y a en Alsace-Lorraine que 250,000 à 300,000 immigrés; quand bien même, ne devenant pas Français, ils quitteraient tous le pays, ni la vie sociale, ni la vie économique n'y seraient irrémédiablement compromises.

Mais nous devons de suite ajouter qu'il ne saurait être question d'imposer aux immigrés un exode général; d'abord ce serait inhumain, et par là indigne de la France. Ensuite on ne doit pas oublier qu'au jour du lendemain de la guerre, de grandes difficultés économiques se préparent par manque de main-d'œuvre dans l'industrie et plus encore dans l'agriculture, et le moment serait singulièrement mal choisi pour se priver volontairement d'un grand nombre d'ouvriers dont beaucoup sont qualifiés de façon à ne pas pouvoir être ni rapidement ni facilement remplacés.

Il faut donc, non seulement compter mais même espérer que dans les classe ouvrières tout au moins, la masse des immigrés restera.

Mais il est dès lors évident que la France n'a pas intérêt à leur faire trop malaisé l'accès à sa nationalité, et à risquer ainsi d'avoir sur son territoire une nombreuse population dont l'assimilation serait impossible en raison même de son extranéité.

D'autre part, il ne faut pas que notre administration soit désarmée : des sanctions pour le passé et des exemples pour l'avenir sont nécessaires. Il y a des immigrés dont l'expulsion sera pour la conscience publique un véritable soulagement.

La solution juridique derrière laquelle pourront se rencontrer toutes ces nécessités est facile à trouver. Elle est dans l'application de notre droit commun. Les Allemands habitant l'Alsace-Lorraine qui voudront devenir Français n'auront qu'à demander la naturalisation comme les autres étrangers, et il appartiendra à notre Gouvernement de savoir s'ils en sont dignes.

Il importe pourtant de faire ici une remarque. D'après l'article 8 de notre Code civil, la naturalisation ne peut être obtenue qu'après dix années de résidence en France, ou après trois ans de domicile autorisé dans les conditions de l'article 13. Mais, jusqu'à présent, il ne saurait évidemment être question de cette seconde hypothèse pour les Allemands immigrés en Alsace.

L'application stricte de notre Code civil conduirait donc à ce résultat qu'aucun d'eux ne pourra être naturalisé soit avant trois ans s'il obtient l'autorisation de domicile après la guerre, soit avant dix ans s'il continue une simple résidence.

De tels délais nous ont paru excessifs pour des individus habitant depuis longtemps déjà l'Alsace-Lorraine et que nous ne jugerons pas indignes d'être naturalisés.

Nous vous proposerons donc de dire, à titre de mesure favorable, que les années de résidence en Alsace-Lorraine avant le retour à la France seront comptées comme des années de résidence en France.

En conséquence, l'immigré ayant au moins dix ans de séjour pourrait immédiatement demander sa naturalisation, et les autres pourraient l'acquérir soit à l'expiration de leur stage de dix ans, soit après trois ans de domicile autorisé.

Nous devons ajouter qu'il y a dans notre Code civil, avec l'article 8, paragraphe 5, alinéa 4 et l'article 12, paragraphe 2, des dispositions permettant la naturalisation dans des conditions plus faciles, soit à l'étranger qui a épousé une Française, soit à la femme mariée à un étranger qui se fait naturaliser Français. Nous vous demanderons d'appliquer ces règles par voie d'analogie, soit à l'Allemand ayant épousé une Alsacienne-Lorraine, soit à l'Allemande mariée avec un Alsacien-Lorrain.

Notre attention a été enfin appelée sur une situation toute particulière :

Il s'agit des individus nés en Alsace-Lorraine avant le 20 mai 1871, qui, à cette date, n'étaient pas Français, étant nés de parents étrangers. Nous avons dit déjà comment on ne saurait leur rendre une nationalité qu'ils n'ont jamais eue. Mais il ne faut pas non plus qu'ils soient pour autant injustement victimes de l'annexion en 1871, car sans cette annexion, quand serait venue leur majorité, ils auraient pu réclamer la nationalité française, conformément à l'ancien article 9 du Code civil. Évidemment ils se sont trouvés privés de cette faculté, par le fait que l'Alsace-Lorraine était séparée de la France au moment où ils auraient pu l'exercer. Il y a lieu de prendre en leur faveur une mesure leur permettant de ne pas souffrir des conséquences de cette impossibilité. Pour assurer ce résultat deux solutions différentes ont été proposées dans votre sous-commission. Les uns ont demandé d'établir une présomption en vertu de laquelle tous ceux dans le cas qui nous occupera seraient censés avoir recouvré la qualité de Français. Les autres ont trouvé que c'était aller trop loin, et votre sous-commission vous demande de dire que la qualité de Français pourra être réclamée dans l'année suivant la réintégration de l'Alsace-Lorraine par ceux nés sur son territoire de parents étrangers qui sont arrivés à la majorité pendant le temps de la souveraineté allemande.

Après ces propositions, il ne nous reste qu'à demander à la Commission de formuler un dernier vœu. On sait l'histoire de la jurisprudence allemande relative à la nationalité des Alsaciens-Lorrains après le traité de Francfort. Cette histoire est celle d'une longue méconnaissance de règles que l'Allemagne avait non seulement acceptées mais même imposées. Il s'en est suivi entre les tribunaux français et allemands d'importantes divergences, de telle sorte que nombre d'Alsaciens-Lorrains étaient et sont encore considérés comme Allemands par l'Allemagne et comme Français par nous. C'est une situation qui peut engendrer toutes sortes de complications et léser gravement des intérêts respectables. La leçon doit nous servir. Or, pour éviter le retour des interprétations abusives de l'Allemagne, il faut d'abord que les règles relatives au changement de nationalité soient prévues avec tous leurs détails lors de la paix. Mais ce n'est pas assez. Les souvenirs de l'application du traité de Francfort nous montrent que les plus grandes certitudes ne seraient pas une garantie suffisante. Il faut lier l'Allemagne par une véritable obligation, en lui demandant l'engagement de ne jamais tenir pour Allemands ceux que nous considérerons comme Français. Une pareille règle trouverait d'abord son application dans tous les cas où les tribunaux allemands pourraient être tentés d'appliquer autrement que nous certaines dispositions relatives à la réintégration des Alsaciens-Lorrains. Cette même règle aurait aussi son intérêt quand des Allemands domiciliés en Alsace-Lorraine seraient naturalisés. Elle porterait en effet l'interdiction, en ce qui les concerne, de l'application de la loi Delbrück ou d'un texte équivalent.

Les règles découlant de l'exposé qui précède sont contenues dans le projet de résolution ci-dessous :

RÉSOLUTIONS.

La Conférence d'Alsace-Lorraine, après avoir étudié les questions de nationalité que va poser le retour de l'Alsace-Lorraine à la France, émet les vœux suivants :

Les Alsaciens-Lorrains seront de plein droit réintégrés dans la nationalité française à partir du jour de la signature des préliminaires du futur traité de paix.

Seront considérés comme Alsaciens-Lorrains :

1° Tout individu qui, né avant le 20 mai 1871, a perdu la nationalité française par le fait du traité de Francfort, ainsi que ses descendants nés après cette date ;

2° Tout individu né en Alsace-Lorraine de parents inconnus.

Tout individu né postérieurement au 20 mai 1871 dont les ascendants vivants à cette date sont ou étaient les uns étrangers et les autres Alsaciens-Lorrains, paragraphes 1ᵉʳ et 2, pourra, pendant l'année qui suivra sa réintégration dans la nationalité française, décliner cette nationalité dans les conditions prévues par l'article 8, paragraphe 4, de notre Code civil.

Toute Alsacienne-Lorraine ayant épousé un Allemand aura la faculté de décliner la nationalité française dans les mêmes conditions et délais.

Les Allemands domiciliés en Alsace-Lorraine n'acquerront pas la nationalité française par le fait du retour de l'Alsace-Lorraine à la France.

Ils ne pourront obtenir cette nationalité que par voie de naturalisation.

Les années de résidence en Alsace-Lorraine avant le retour à la France compteront comme des années de résidence en France.

Tout Allemand ayant épousé une Alsacienne-Lorraine pourra obtenir la naturalisation française dans les conditions prévues par l'article 8, paragraphe 5, alinéa 4 du Code civil, et toute Allemande ayant épousé un Alsacien-Lorrain dans celles prévues par l'article 12, paragraphe 2 du Code civil.

Tout individu né en Alsace-Lorraine avant le 10 mai 1871 de parents étrangers pourra, dans l'année qui suivra le retour de l'Alsace-Lorraine à la France, réclamer la qualité de Français dans les formes et sous les conditions prévues par l'ancien article 9 du Code civil.

La Conférence émet le vœu que les règles relatives à la nationalité soient insérées dans le traité de paix avec assez de détails pour éviter autant que possible des interprétations fantaisistes comme celles de l'Allemagne après le traité de Francfort.

Elle demande aussi que l'Allemagne s'engage à ne pas maintenir dans sa nationalité ceux que la France considérera comme Français.

LES IMPÔTS INDIRECTS EN ALSACE-LORRAINE.

RAPPORT DE LA COMMISSION DE L'INTÉRIEUR,
DE L'ADMINISTRATION MUNICIPALE
ET DES FINANCES,

PRÉSENTÉ

PAR M. GEORGES WEILL.

20 avril 1915.

Le principe général qui réserve aux États particuliers les impôts directs, à l'Empire les douanes et les impôts indirects, comporte des exceptions dont l'importance s'est considérablement accrue dans les dernières années. Depuis fort longtemps, certaines contributions indirectes ont été abandonnées par l'Empire aux budgets des États et de l'Alsace-Lorraine assimilée, en matière fiscale, aux États confédérés, tandis que, d'autre part, l'Empire s'emparait, à titre provisoire ou définitif, de certains impôts directs.

Il y a, par conséquent, en Alsace-Lorraine, des impôts indirects perçus au bénéfice du budget de l'Alsace-Lorraine, et d'autres, plus nombreux, perçus par l'Administration du pays, au bénéfice du budget de l'Empire.

La Commission a estimé que cette division des impôts répondant à la répartition des charges assumées par l'un et l'autre des budgets, est sans importance pour les travaux de la Conférence. La France vient, en effet, occuper la place que détenaient à la fois l'Empire et le territoire d'Empire.

Pour les deux catégories d'impôts, ce sont, par conséquent, les mêmes questions qui se posent :

Quels sont les impôts indirects qui seront prélevés pendant la période d'occupation, et quel est le régime qu'il conviendra d'adopter, lors de la réunion de l'Alsace-Lorraine à la France ?

Ces deux questions ne visent pas, bien entendu, les douanes, réservées par la Conférence à un examen spécial.

I. — RÉGIME DÉFINITIF.

Le régime français devra être appliqué à l'Alsace-Lorraine, sans transition. Aucune nécessité de fait ne s'y oppose, tandis que le maintien des impôts actuellement en vigueur rencontrerait de sérieuses difficultés. Peut-être préférera-t-on au régime français l'un ou l'autre des impôts directs de l'Alsace-Lorraine. Ces préférences ne sauraient toutefois se manifester en faveur des impôts indirects.

Il est vrai que l'Administration aura à accomplir la tâche d'établir de nouveaux rôles. Mais cette tâche peu considérable, puisqu'elle ne sera nécessaire que pour quelques-uns des impôts, lui sera imposée, en tout cas, dans une partie considérable du pays, par la disparition des immigrés et l'arrivée de nombreux éléments français. D'autre part, une transformation complète des impôts était préparée en Alsace-Lorraine. La population en subira une autre, à la fois plus vaste et moins profonde, en attendant de participer, avec les autres Français, aux modifications qui seront apportées au régime fiscal du pays tout entier.

Il n'y a pas davantage lieu de redouter que l'abandon des anciens impôts et l'adaptation immédiate au régime français bouleverse les conditions d'existence du commerce, de l'industrie ou de l'agriculture qui seront profondément modifiées du fait même de la réunion à la France.

Quant aux départements et aux communes, leurs budgets se basent sur les centimes additionnels ajoutés aux impôts directs. La disparition des impôts indirects d'Empire et d'Alsace-Lorraine ne les touchera donc pas.

D'autre part, la législation française et les nécessités de la vie économique en France ne permettront pas de maintenir les plus importants parmi les impôts indirects.

Les impôts d'Empire sur le tabac et sur les cigarettes seront incompatibles avec le monopole de l'État dont la Conférence a déjà admis l'introduction immédiate en Alsace-Lorraine. Il en sera de même pour l'impôt sur les allumettes.

L'impôt sur le sel de potasse n'est possible qu'à travers la réglementation de la production et de la vente prévue par une loi de l'Empire. Son abolition sera donc la conséquence nécessaire du traité de paix. Cet impôt n'a pu avoir aucun équivalent dans la législation française. L'impôt futur ne saurait être prévu dès maintenant. Il dépendra du régime des mines à instituer.

L'impôt sur les eaux-de-vie répond à un état très précis de la production et de la vente tel qu'il se présente dans une partie importante de la Prusse. La loi la plus récente de 1912 dérive de l'existence des grands producteurs et de leur puissant cartel. Il y a certaines exceptions pour les bouilleurs de cru, mais qui s'appliquent surtout à la Bavière, au Wurtemberg et au Grand-Duché de Bade. Les prémisses économiques de cette loi auront donc disparu, du fait même du retour à la France.

Enfin, l'impôt d'Alsace-Lorraine sur les vins et l'impôt d'Empire sur les vins mousseux mettraient le vignoble alsacien et lorrain dans un état d'infériorité très sensible par rapport à la situation du vignoble français. Cela serait d'autant plus fâcheux que la réunion à la France créera, de toute façon, une situation délicate à la viticulture des trois départements. Tout en risquant de perdre dans un temps donné sa clientèle allemande, elle pourra, subir, en même temps, une importante dépréciation.

II. — RÉGIME D'OCCUPATION.

En principe, tous les impôts indirects doivent être prélevés. Il conviendra cependant d'admettre certains ménagements.

Pour les impôts sur les vins et sur les vins mousseux, il semble qu'il y aurait lieu d'en suspendre la perception, conformément d'ailleurs à des précédents déjà établis en Alsace-Lorraine. Il est à supposer, au surplus, que la perte ainsi subie pour des motifs de nécessité économique autant que d'opportunité et d'équité politique ne sera pas très considérable ; durant la période d'occupation, le vignoble d'Alsace-Lorraine ne sera, sans doute, pas très productif.

L'impôt d'Empire sur les eaux-de-vie et les droits de licence pourront être perçus. En raison du trouble économique causé par la guerre et de la réglementation apportée à la vente des alcools, il importera toutefois d'accorder des remises, dans une mesure très large et généreuse.

Les pénalités prévues par les lois actuellement en vigueur pourront subsister. Mais la procédure, trop variée et trop compliquée, ne saurait être adoptée. La Commission estime que l'autorité appelée à décider les exemptions pourrait être investie du pouvoir de prononcer les peines sans appel.

III. — PROPOSITIONS.

En conséquence, votre Commission vous soumet les propositions suivantes :

1° La Conférence d'Alsace-Lorraine émet l'avis que les impôts indirects actuellement en vigueur en Alsace-Lorraine doivent être remplacés, au moment de la réunion à la France, par le régime français des impôts indirects.

2° La Conférence d'Alsace-Lorraine émet l'avis que les impôts indirects actuellement en vigueur en Alsace-Lorraine doivent être prélevés pendant la période d'occupation. Toutefois il conviendra de suspendre la perception de l'impôt d'Empire sur les vins mousseux et de l'impôt d'Alsace-Lorraine sur les vins.

En outre, il pourra convenir d'accorder certaines remises, notamment en ce qui concerne l'impôt d'Empire sur les eaux-de-vie et les droits de licence.

3° La Conférence d'Alsace-Lorraine émet l'avis qu'une seule autorité devra être appelée à décider des remises et à prononcer les peines, sans appel.

RAPPORT DE M. BLUMENTHAL.

3 mai 1915.

Au nom de la sous-commission des Affaires financières et douanières, concernant l'avis sollicité par M. le Ministre des Affaires étrangères sur les demandes de MM. Dollfus Mieg et Cie et de M. Pujadas y Amigo de Barcelone.

La sous-commission a examiné les questions soulevées par les lettres de MM. Dollfus-Mieg et Cie et de M. Pujadas y Amigo au point de vue général parce qu'il paraît certain que si l'on donnait suite à ces demandes, il n'y aurait aucune raison de ne pas agir de la même façon pour les nombreuses demandes identiques ou analogues qui ne tarderaient pas à se produire.

Le problème à résoudre est donc celui-ci : Faut-il suspendre en faveur des maisons alsaciennes-lorraines les entraves apportées par la publication de la note franco-anglaise à la libre circulation sur mer des marchandises d'origine allemande ?

Nous estimons que la France doit accorder aux Alsaciens-Lorrains de sentiments français toutes les facilités et faveurs qui sont compatibles avec les intérêts supérieurs de la France. Mais nous trouvons qu'il n'est pas possible de concéder une faveur du genre de celles que sollicite la Maison Dollfus-Mieg et Cie sans compromettre gravement les intérêts de la France. Nous ne méconnaissons pas les avantages matériels que pourraient présenter pour la France les importants transports de marchandises sur des voies françaises et la consignation en France, qu'on pourrait imposer au vendeur, des prix de vente desdites marchandises. Nous serions également heureux de pouvoir contribuer à soulager la population ouvrière de Mulhouse qui a toutes nos sympathies et de témoigner notre intérêt aux maisons alsaciennes-lorraines. Mais ces avantages ne nous semblent pas suffisamment compenser les désavantages que comporterait l'admission de demandes telles que celles présentées par MM. Dollfus-Mieg et Cie. Nous devons éviter tout ce qui pourrait conserver ou augmenter les forces de l'Allemagne ou diminuer ses chances de défaite. Or l'Allemagne étant obligée de pourvoir aux besoins de la population dans les territoires qu'elle occupe, il n'appartient pas à la France d'alléger son fardeau en procurant du travail aux ouvriers d'une ville qui se trouve sous sa domination.

Autant il est indiqué pour la France d'améliorer le sort des habitants des parties de l'Alsace-Lorraine qu'elle a reconquises, autant il serait contraire aux intérêts français d'avantager les habitants même alsaciens-lorrains en territoire encore occupé par les Allemands au risque de tempérer, en lui enlevant son caractère d'urgence, l'ardent désir des populations alsaciennes-lorraines d'être réunies immédiatement à la France.

D'ailleurs l'Allemagne ne manquerait pas de se prévaloir du fait que, malgré les mesures franco-anglaises pour entraver le commerce allemand, l'industrie en Alsace serait demeurée prospère. Elle se garderait bien de dire que la France avait aisément fait épargner les maisons alsaciennes, et comme celles-ci n'auraient, comme l'indique la lettre de MM. Dollfus-Mieg et Cie, pas le moindre intérêt à faire la lumière et ne pourraient même pas sans danger divulguer l'obtention des faveurs accordées par la France, l'Allemagne seule tirerait un profit au moins moral de cette situation.

Déjà la presse allemande a fait valoir à plusieurs reprises combien était grande, au point de vue économique, la différence de la situation actuelle entre Thann occupé par nous, où il y aurait chômage, et les contrées limitrophes qui sont encore soumises à l'Allemagne et où tout le monde travaillerait. L'Allemagne ferait croire que sa puissance est au-dessus des atteintes de n'importe quel blocus.

N'oublions pas non plus que les maisons françaises ainsi que les parts françaises des maisons alsaciennes-lorraines ont été mises sous le contrôle du Gouvernement allemand, que les Suisses auxquels on a permis de demeurer en Alsace-Lorraine ont été obligés de signer une déclaration dans laquelle ils affirment être germanophiles, vouloir travailler pour la sauvegarde des intérêts allemands, que les maisons alsaciennes-lorraines continuent à faire le commerce avec l'Allemagne, tandis qu'il est interdit aux maisons françaises concurrentes ayant leur siège en France de commercer avec l'Allemagne. Les faveurs demandées ne pourraient être mises en valeur qu'au su et avec l'assentiment du Gouvernement allemand. Celui-ci ne tolérera l'état de choses qu'à la condition qu'il réponde à ses intérêts. Il ne sera pas excessif de prétendre que ce qui sert les intérêts allemands dans les circonstances actuelles ne saurait être conforme aux intérêts français. Il n'y a donc pas lieu d'excepter les maisons alsaciennes-lorraines des mesures décrétées contre l'ensemble du commerce allemand.

Nous vous proposons, en conséquence, d'émettre comme l'avis de la Conférence que, pour des raisons d'ordre général, la demande de la maison Dollfus-Mieg et Cie ne doit pas être accueillie.

Le même sort doit être *a fortiori* réservé à la demande de M. Pujadas y Amigo, parce que dans ce cas, il ne s'agit même pas d'une maison alsacienne-lorraine, mais simplement de tierces personnes se trouvant en désaccord à propos des risques de transport d'une marchandise provenant d'une maison alsacienne.

Nous proposons donc d'émettre l'avis que pour des raisons d'ordre général la demande de M. Pujadas y Amigo ne doit pas être accueillie.

Signé : D. B<small>LUMENTHAL</small>.

RAPPORT SUR L'AGRICULTURE
ET PLUS SPÉCIALEMENT SUR LA VITICULTURE
DE M. LAUGEL.

10 mai 1915.

Le rapport sur l'agriculture qu'au nom de votre sous-commission j'aurai l'honneur de vous présenter comprendra plusieurs parties qui seront successivement soumises à la Conférence.

Aujourd'hui, j'exposerai la situation de l'agriculture proprement dite, et plus spécialement de la viticulture, que le retour de l'Alsace-Lorraine à la France exposera à une crise, qui, à mon avis, ne sera pas très grave, mais dont il convient cependant de chercher à pallier les effets.

CÉRÉALES.

Et d'abord les céréales.

Les céréales occupent, en Alsace-Lorraine, une place importante dans les assolements, et se classent de la façon suivante :

Le *blé* avec un rendement moyen d'environ 220.000 tonnes ;
L'*avoine* — — 186.080 —
L'*orge* — — 94.000 —
et enfin le *seigle* — — 87.000 —

L'Alsace-Lorraine ne pourrait arriver assez facilement à produire la quantité de blé qui est nécessaire pour assurer sa consommation de pain ; et si ce résultat n'est pas atteint complètement, cela tient non pas à l'infécondité du sol ou à la négligence des cultivateurs, mais aux manœuvres de la spéculation, à qui l'importation des blés exotiques, et notamment de blés argentins, procure, malgré les droits de douane, de gros bénéfices.

En Allemagne, le système des bons d'exportation facilite l'entrée en franchise d'une quantité de blé ou de produits similaires égale à la quantité exportée ; et quoique ce système ne soit pas pratiqué en France, il n'y a pas lieu de redouter que sa suppression puisse avoir des inconvénients pour l'agriculture en Alsace-Lorraine, au contraire.

L'orge est employée dans les brasseries d'Alsace-Lorraine qui consomment, chaque année, de 28 à 30.000 tonnes de malt, et rien ne sera changé dans l'avenir, pas plus que dans la culture de l'avoine, du seigle, des pommes de terre ou des betteraves.

Une seule culture pourra se ressentir du changement de régime, c'est celle du tabac qui, surtout dans le département du Bas-Rhin, a une certaine importance; et encore dirai-je de suite que le nouveau régime ne semble pas devoir être défavorable aux planteurs.

Le tabac récolté en Alsace-Lorraine est, presque dans sa totalité, utilisé dans les manufactures du pays, et tout spécialement dans la manufacture de Strasbourg, ancien établissement français dont l'État d'Alsace-Lorraine a continué l'exploitation. Cet établissement très considérable reviendra à la Régie française, et continuera, par conséquent, à tirer d'Alsace une partie des approvisionnements qui lui sont nécessaires. Tout au plus peut-on se demander si la création du monopole, entraînant la suppression des manufactures privées, ne portera pas préjudice aux planteurs en supprimant la concurrence, et en réduisant la demande. Mais il y a tout lieu d'espérer que la manufacture de Strasbourg, quand elle sera exploitée par l'État, augmentera sa production en se substituant aux établissements privés.

Les méthodes de plantation de tabac qui autrefois avaient été préconisées par la Régie française ont, en grande partie, été conservées, et nos cultivateurs n'auront pas de peine à se plier au contrôle des agents du fisc, puisqu'ils n'en ont pas encore oublié complètement les exigences, et qu'ils se souviennent des bénéfices que leur rapportait alors la plantation du tabac.

VIGNE.

En Alsace-Lorraine, la culture de la vigne avait, au cours des dernières années, sensiblement perdu de son importance : les mauvaises récoltes, une invasion terrible de maladies cryptogamiques, le phylloxéra; et, enfin, le régime qui réglait le commerce des vins avait mis le vigneron en mauvaise posture. D'après les tableaux qui nous ont été distribués, la récolte en 1913 ne s'élevait qu'à 178.856 hectolitres, tandis qu'en 1908 elle s'élevait à 1.127.043 hectolitres. On ne sera donc pas étonné d'apprendre qu'étant donné cette situation, la surface consacrée à la plantation de la vigne ait baissé, et que de 30.000 hectares environ, en 1908, elle soit tombée à 26.800 en 1913. On comprendra également que les viticulteurs aient demandé des remises d'impôts et réclament une nouvelle estimation du revenu net de leur vignoble pour que les contributions foncières calculées sur le revenu net fussent établies sur une base plus juste.

Les pouvoirs publics eux-mêmes s'étaient d'ailleurs émus : des sommes importantes avaient été prévues au budget de l'État pour faciliter et encourager la lutte contre les maladies de la vigne, et des crédits considérables étaient affectés, chaque année, à la destruction du phylloxéra. Comme nous le verrons plus tard, les détails de l'action antiphylloxérique étaient réglés par une loi d'Empire dont, soit dit en passant, nous demandions instamment la revision, parce que ses résultats étaient déplorables.

Pour étudier la question viticole en Alsace-Lorraine, je demande la permission de présenter, tout d'abord, quelques considérations générales, que je m'efforcerai de rendre aussi courtes que possible et qui auront pour but d'exposer la situation que l'annexion de l'Alsace-Lorraine à l'Allemagne avait faite à notre vignoble et à nos vins.

En Allemagne, dans les grandes régions viticoles, c'est-à-dire sur les bords de la Moselle et du Rhin, et dans le Palatinat, le raisin ne mûrit, en général, que très imparfaitement et seulement dans certains coins privilégiés, convenablement abrités et particulièrement bien exposés aux rayons du soleil. Dans ces clos de choix, on obtient, grâce à des moyens artificiels, destinés à maintenir la chaleur du sol, de faibles quantités de vins qui sont en effet très bons, et dont les noms Johannisberg, Rudesheim sont universellement connus.

Mais la production était minime, et, comme par suite de l'extension du bien-être en Allemagne, la consommation du vin augmenta considérablement, malgré le prix élevé auquel il était vendu, la plantation de la vigne prit de plus en plus d'extension. L'État prussien, lui-même donna l'exemple en convertissant en vignobles, qu'il exploitait lui-même, des taillis de chêne situés sur les coteaux des environs de Trèves.

Malheureusement la qualité du vin n'augmentait pas en même temps que sa quantité, bien au contraire : en plantant de la vigne un peu partout, et en recherchant les cépages à gros rendements, il arriva ce qui devait arriver, c'est qu'il fallut, artificiellement, donner au vin, par une adjonction de sucre, ce que la nature n'avait pu lui fournir... et, une fois que l'on fut entré dans cette voie, on ne s'arrêta plus. L'amélioration nécessaire devint bientôt le prétexte de honteuses sophistications, où l'eau jouait, naturellement, un rôle important, et où, pour cacher l'allongement, on ajoutait non seulement du sucre, mais des ferments, des essences, des extraits, et que sais-je encore...

Peu à peu le raisin n'était plus que la matière première avec laquelle on fabriquait le vin ; et les commerçants en vin étaient devenus de véritables industriels qui avaient recours à toutes les découvertes de la science pour donner aux produits qu'ils offraient au public une fixité impossible à atteindre naturellement. Les choses en arrivèrent à un tel point que des procès retentissants s'engagèrent, à la suite desquels le Reichstag se crut obligé d'intervenir et de voter une loi qui réglait le régime des vins. Cette loi est encore en vigueur aujourd'hui et j'aurai à y revenir ; elle a pour but principal, ce qui est très louable, d'empêcher que le jus de la betterave entre dans la composition du vin au même titre et en plus grande quantité que le jus de raisin.

Il était nécessaire de faire connaître ces circonstances pour expliquer ce qui se produisit en Alsace-Lorraine.

En Alsace, la vigne n'était autrefois plantée que sur les collines sous-vosgiennes, c'est-à-dire une chaîne de coteaux en général calcaires qui, depuis Wasselonne jusqu'à Thann s'étendent parallèlement aux Vosges. Ces coteaux, bien exposés au soleil, mais dont les pentes assez raides occasionnent une main-d'œuvre chère et compliquée, produisent des crus qui ne sont pas sans mérite, et qui sauront, je n'en doute pas, conquérir sur le marché français une place honorable.

Ces vins, malgré leurs qualités ne furent jamais connus en Allemagne, et je ne crois pas qu'il existe un seul restaurant de l'autre côté du Rhin qui ait jamais consenti à faire figurer sur sa carte, et sous leur nom d'origine, nos vins alsaciens. Cela tient à ce que le commerce allemand montait autour de ses produits à lui une garde féroce, et n'admettait pas que les Alsaciens pussent venir, en intrus intempestifs, troubler le cours de ses fructueuses opérations. Les vins du Rhin, de la Moselle et du Palatinat formaient les seuls vins allemands que les gourmets allemands jugeaient dignes de la colossale soif allemande.

Au premier abord, il semble bien que, la consommation du vin ne faisant qu'augmenter en Allemagne, notre vignoble alsacien-lorrain dût singulièrement prospérer ; et, en effet, le commerce allemand finit par découvrir l'Alsace, mais, en somme, il n'en résulta pour elle pas grand'chose de bon, car il se produisit un phénomène assez extraordinaire :

On sait que les vins ne se prêtent pas tous également bien aux opérations de la gallisation — c'est sous ce nom que les commerçants allemands cachaient leurs opérations de scandaleuse multiplication. — Les vins les plus acides sont aussi les plus recherchés pour la raison bien simple qu'ils exigent une plus copieuse adjonction d'eau pour être rendus potables, l'alcool s'ajoutant par le sucre. Aussi s'établit-il bientôt une sorte de prime en faveur des vins les plus acides ; et les vins alsaciens, qu'on avait, enfin, fini par utiliser parce que la consommation générale augmentait, n'étaient recherchés qu'en raison de leur acidité et non en raison de leurs bonnes qualités naturelles. Chaque année, de grandes quantités de nos moindres vins allaient alimenter les fabriques allemandes d'où, après avoir été dûment travaillés, ils sortaient sous des dénominations diverses, mais qui n'avaient plus rien d'alsacien, et étaient présentés, sous des noms d'emprunt, à la clientèle alsacienne elle-même. Ces conditions si anormales troublèrent complètement notre production alsacienne qui ne chercha bientôt plus que les gros rendements obtenus dans des terrains dont la culture était facile, c'est-à-dire dans la plaine ; et peu à peu la culture de la vigne fut introduite dans des cantons où d'autres cultures, telles que celles des céréales, du trèfle et des plantes sarclées auraient tout aussi bien réussi. D'autre part, nos bons vins fournis par les cépages délicats des coteaux, où la culture était difficile et où la vigne seule pouvait réussir, se voyaient méprisés et ne se vendaient plus.

Le commerce allemand atteignit, de cette façon, un double but : 1° celui de faire de l'Alsace, un centre de production qui lui était indispensable et où il était maître de fixer, à son gré, les prix d'achat qu'ils savait parfois rendre très rémunérateurs ; et 2° celui d'empêcher l'Alsace de prendre sur le marché allemand la place à laquelle elle aurait eu le droit de prétendre, en accréditant de plus en plus l'opinion que notre pays ne produisait que des vins indignes d'être offerts à la consommation.

L'Alsace, au point de vue viticole, se faisait donc à elle-même concurrence. car les vins acides et plats, que fournissait le vignoble inférieur, empêchaient la vente des bons vins de son vignoble supérieur.

Et cependant de louables efforts furent faits pour forcer la conquête du marché allemand, et je me contenterai de rappeler l'initiative mémorable prise par les députés alsaciens-lorrains au Reichstag qui organisèrent, dans le palais du Parlement même, une dégustation comme on n'en avait jamais vu : quinze cents bouteilles de vin choisi avec le plus grand soin furent offertes aux députés, aux représentants du Gouvernement et de la presse. Nos vins obtinrent un réel succès, car on n'en laissa pas une goutte ; et bien des orateurs trouvèrent au fond de leurs verres des tirades que leurs électeurs auraient, sans doute, été étonnés d'entendre. Mais voilà tout, malgré cette réclame magnifique aucune commande ne vint. C'était encore une tentative inutile faite par l'Alsace-Lorraine pour obtenir justice.

Et il faut bien reconnaître qu'il vaut bien mieux aujourd'hui qu'il en ait été ainsi, car le rôle de la France serait certainement plus compliqué si la population d'Alsace-Lorraine n'avait jamais eu qu'à se louer des procédés allemands.

La situation du vignoble alsacien, du vignoble seul intéressant, en somme, de celui qui ne se prête à aucune autre culture qu'à celle de la vigne et dont les produits sont bons, la situation de ce vignoble était devenue très précaire et son antique prospérité avait disparu. Le renchérissement énorme de la main-d'œuvre, les frais toujours croissants qu'occasionnaient la lutte contre les maladies cryptogamiques, et la mévente des vins, étaient cause que le vigneron n'arrivait plus à joindre les deux bouts ; et quand, pour une raison ou une autre, des vignes étaient mises en vente, elles subissaient dans ces derniers temps une dépréciation qui allait parfois jusqu'à 30 ou 40 p. 100 du prix d'achat.

En Lorraine, la situation du vignoble n'est guère plus brillante, mais les causes de la décadence sont différentes : ce pays, en effet, est beaucoup plus que l'Alsace envahi et dévasté par le phylloxéra. D'autre part, une grande quantité de vin de Lorraine, destiné à être champagnisé, était vendue comme *clairet* et ce commerce avait singulièrement périclité.

Il était nécessaire de donner ces explications qu'on trouvera peut-être un peu longues pour pouvoir se rendre compte de la répercussion que la reprise de l'Alsace-Lorraine pourra exercer sur la viticulture de ce pays ; et nous aborderons successivement l'examen de trois questions qui regardent spécialement cette branche importante de l'industrie agricole.

1° Qu'adviendra-t-il lorsque les vins français entreront en franchise en Alsace-Lorraine et que nos vins ne seront plus protégés par le tarif actuel?

2° La loi actuelle sur le régime des vins devra-t-elle être, ou non, maintenue?

3° Quelles réformes faudra-t-il apporter à la législation actuelle sur le phylloxéra?

Les vins français payent actuellement un droit d'entrée de 24 M. = 30 francs par hectolitre, sans égard à leur qualité, et ce tarif, il est inutile de le dire, est presque prohibitif pour les vins ordinaires. Mais ces vins — français, italiens ou espagnols — étaient rarement introduits à plein tarif parce qu'une disposition spéciale de la loi permettait d'importer, au moment des vendanges, des moûts sur grappes foulées à raison de 5 M. = 6 fr. 25 les 100 kilogrammes. Il se faisait par suite de cette facilité une fraude énorme : de grandes quantités de vin mélangées au moût entraient de cette façon malgré toutes les analyses qui étaient faites à la frontière. En réalité, ce n'était plus du moût qui arrivait à la frontière, mais un produit que la longueur des trajets avait fait fermenter en route et qui ne présentait plus aucun des caractères du jus de raisins frais. Les conditions où se produisaient ces fermentations sur wagons étaient d'ailleurs tellement mauvaises, que bien souvent la marchandise était inutilisable, d'où de forts dommages que supportaient, suivant le cas, soit l'expéditeur, soit le destinataire. Mais malgré cela, l'importation était chaque année considérable et se chiffrait par centaines de wagons ; les vins ainsi obtenus servaient soit à faire des piquettes destinées à la consommation ménagère (Haustrunk), soit à fournir la consommation courante, et, dans les deux cas, ils constituaient, pour nos petits vins d'Alsace et de Lorraine, une concurrence dont on se plaignait.

Qu'arrivera-t-il maintenant, si nous supprimons entre la France et l'Alsace-Lorraine les droits actuels de 30 francs et 6 fr. 25 ?

On sera tenté tout d'abord de dire que du moment que les vignerons alsaciens-lorrains se plaignaient déjà de l'introduction du vin étranger au tarif réduit de 6 fr. 25, ils se plaindront encore bien davantage quand il n'y aura plus de tarif du tout. Un premier résultat sera sans doute celui-ci : c'est que par le bon marché relatif, les vins français de grande production feront concurrence aux petits vins d'Alsace, c'est-à-dire surtout à ces vins de plaine qui alimentaient le commerce allemand en lui fournissant le stock d'approvisionnement qui lui était nécessaire à la fabrication de ses produits plus ou moins frelatés.

Ce résultat sera-t-il, au point de vue général, absolument regrettable ? Je ne le pense pas ; et il vous sera facile de trouver les raisons de mon opinion si vous voulez bien vous souvenir de ce que je vous disais tout à l'heure, à savoir que beaucoup de terres actuellement consacrées à la vigne pourraient être avantageusement utilisées pour d'autres cultures ; et l'augmentation du bétail qui résulterait de ce changement contribuerait certainement à accroître la richesse et la prospérité du pays. Dans d'autres régions, les arbres fruitiers, comme cela s'est déjà fait aux environs de Metz, remplaceraient non moins heureusement les vignes, et il me semble que la disparition de ces vignobles, dont le produit est de qualité inférieure, ne saurait être considérée comme un grand malheur même pour ceux qui se verraient obligés de changer leur mode d'exploitation.

Quant aux vins provenant de nos bons coteaux, où depuis des âges immémoriaux se plante la vigne, vins qui, par leurs qualités bienfaisantes s'étaient fait autrefois une juste réputation, je crois qu'ils n'auront rien à redouter de la concurrence des vins français. Nos crus, en effet, possèdent des caractères si particuliers, qu'ils se distinguent toujours des crus français, et j'estime même que, grâce au regain de popularité dont jouira l'Alsace par son retour à la mère-patrie, il sera possible au commerce de vin alsacien de se créer une clientèle sérieuse qui appréciera nos produits et qui aura à cœur de mettre en valeur un pays qui s'est toujours bien trouvé d'être ouvert au marché français.

La grande difficulté sera d'établir, pour nos vins alsaciens-lorrains — et ici je ne parle que des bons vins — des prix qui, tout en étant rémunérateurs pour le vigneron, ne découragent pas le consommateur. Les explications qui précèdent font suffisamment apparaître que les frais de culture de la vigne, en Alsace, sont très élevés, sans qu'il soit possible de les réduire par l'emploi de machines. Le travail des vignes ne peut, chez nous, être fait qu'à la main à cause de l'extrême parcellement de la propriété et de la raideur des pentes. Il est donc à redouter que nos vins soient trouvés trop chers, d'autant plus qu'ils sont, d'une année à l'autre, de très inégale qualité. Mais ce sera l'affaire d'un commerce intelligent de tenir compte de ces circonstances, et j'estime qu'il sera possible de créer une situation suffisamment avantageuse, soit en livrant nos vins directement à la consommation, soit en les faisant entrer dans de judicieux coupages.

Avant 1870, le vigneron alsacien n'était pas embarrassé de vendre convenablement son vin; il jouissait alors par les bonnes opérations qu'il faisait, d'une situation privilégiée parmi les cultivateurs, car il suffit de parcourir les jolies bourgades du vignoble alsacien pour se rendre compte de l'aisance qui y régnait. Pourquoi n'en serait-il pas de même à l'avenir ?

J'ajouterai enfin que les petits vins alsaciens eux-mêmes qui actuellement sont consommés en Alsace, après avoir passé par les fabriques allemandes, arriveront à retrouver, directement dans leur pays d'origine, des amateurs qui se reprendront à les estimer; et si des améliorations étaient nécessaires, il n'y a aucune raison de faire de ces améliorations le monopole de maisons allemandes; et là encore, on pourra, en pratiquant des coupages entre vins de France et vins d'Alsace, trouver le moyen de lever bien des difficultés dont actuellement on s'effraie.

Je proposerai donc la conclusion suivante : *la suppression de la barrière douanière qui existe actuellement entre la France et l'Alsace-Lorraine ne sera pas préjudiciable aux vins de ce dernier pays.* Peut-être cette suppression entraînera-t-elle la disparition de certains vignobles désavantageusement placés, mais le mal ne sera pas grand, car les propriétaires de ces vignobles trouveront facilement en changeant leur culture, des revenus plus rémunérateurs que ceux que leur donne la vigne.

Toutefois, pour ménager certaines transitions et pour ne pas obliger les vignerons à des changements trop brusques, serait-il opportun de prévoir une clause qui serait à insérer dans le traité de paix et par laquelle les vins alsaciens pourraient, pendant un temps donné, entrer en franchise dans certaines parties de l'Allemagne où les vins alsaciens étaient utilisés. Il n'y a pas lieu cependant d'attendre grand effet de cette disposition, car je doute que les Allemands vaincus et humiliés consentent à s'approvisionner dans un pays qui leur aura été arraché de force et qu'ils avaient pris l'habitude d'exploiter en maîtres.

Pour en terminer avec cette première partie, je dirai encore qu'un droit de circulation de 1 mark 50 par hectolitre est perçu en Alsace-Lorraine au profit de l'État. Seuls les vins étrangers qui entraient dans le pays après avoir acquitté des droits de douane, et les vins alsaciens expédiés à l'étranger, en étaient exemptés. Ce droit pourra être maintenu puisqu'il est également prélevé en France, qu'il donne un revenu appréciable et qu'il fournit un excellent moyen de contrôle.

Il convient, en second lieu, d'examiner la question de savoir si la loi actuelle sur le régime des vins doit, ou non, être maintenue.

Les remarques générales qui ont été faites au commencement de ce rapport permettent de se faire une idée des abus qui s'étaient produits dans le commerce des vins en Allemagne. Ces abus étaient devenus tellement criants qu'une nouvelle loi dut être votée par le Reichstag. C'est sous le régime de cette loi d'Empire que nous vivons actuellement.

Cette législation nouvelle qui a donné lieu à de vifs débats, parce qu'il s'agissait de concilier les intérêts souvent opposés du producteur et du commerçant est assez sévère et a certainement arrêté bien des fraudes; en voici les dispositions principales :

1° Le sucrage n'est autorisé qu'au cas où le sucre contenu dans le moût n'arriverait pas à donner au vin naturel une teneur en alcool déterminée par la moyenne alcoolique des vins naturels de la région. Le sucrage serait donc interdit chaque fois que la moyenne de la teneur en alcool dans une région donnée étant fixée, par exemple à 8 p. 100, le moût contiendrait le sucre nécessaire pour produire cette quantité d'alcool ;

2° Il est défendu de vendre du vin sucré sous la dénomination de vin naturel ;

3° Lorsque le sucrage du moût est reconnu nécessaire, il ne peut, en aucun cas, entraîner une augmentation de volume de plus de 20 p. 100;

4° Le sucrage du vin n'est permis que pendant la période comprise entre les vendanges et le 1er janvier de l'année suivante;

5° Les vignerons sont tenus de tenir des registres d'entrée et de sortie de leurs vins, de façon que l'on puisse exactement contrôler les quantités qu'ils ont récoltées et vendues;

6° Le vin que les particuliers fabriquent pour leur consommation courante (Haustrunk) ne peut être vendu.

D'autres dispositions, moins importantes, règlent la question des coupages et du traitement des vins malades. Pour les coupages, il est stipulé que les vins de la Moselle par exemple, vendus comme tels, doivent contenir 51 p. 100 au moins de vin provenant effectivement de cette région.

Par suite de cette législation, la plupart des transactions se faisaient entre l'époque des vendanges et le 31 décembre. Après cette date, les demandes devenaient d'autant plus rares que les qualités récoltées étaient moins bonnes, puisque toute amélioration par le sucrage devait avoir été effectuée avant le 1er janvier de l'année qui suivait immédiatement la récolte.

Comme la loi qui règle cette question en France contient, elle aussi, des prescriptions qui paraissent suffisantes pour réprimer les fraudes, et comme d'autre part il n'y a pas de raisons qui, s'inspirant des circonstances ou d'habitudes purement alsaciennes-lorraines, militeraient en faveur du maintien en Alsace-Lorraine de la loi actuelle, *votre Commission ne voit aucun inconvénient à introduire purement et simplement, dans le pays reconquis, la législation française sur le régime des vins.*

J'en arrive maintenant à la question du phylloxéra.

La manière dont doit être combattu le phylloxéra, en Allemagne, est réglée par une loi d'Empire, dont l'application en Alsace-Lorraine n'a donné que des résultats négatifs, et dont nous demandions, depuis longtemps, quoique inutilement la revision.

En Allemagne, toutes les lois, même mauvaises et inefficaces, sont appliquées avec une extrême rigueur, spécialement en Alsace-Lorraine qui était devenu comme un champ d'essai où s'expérimentaient, sans contrôle, les théories les plus hasardées. Malgré nos protestations des sommes importantes figuraient, chaque année, dans notre budget, et étaient gaspillées en pure perte, parce que la loi nous obligeait à continuer, bon gré mal gré, une lutte que tout le monde reconnaissait inefficace, voire même nuisible.

L'ensemble des sommes qui ont été, de ce chef, dépensées, s'élève à un nombre respectable de millions qui auraient pu être beaucoup mieux employés.

D'après la loi en question, la lutte contre le phylloxéra est obligatoire, et doit se poursuivre impitoyablement non seulement par la destruction des pieds de vigne malades, mais encore par la création, autour de chaque foyer reconnu, d'une zone de protection destinée à empêcher la propagation. Les pieds non contaminés et arrachés pour établir cette zone de protection sont seuls payés selon une estimation faite par une Commission spécialement nommée à cet effet. Tout vigneron qui aura constaté la présence du phylloxéra dans son vignoble est tenu d'en faire la déclaration à la mairie de sa commune qui, elle-même, est tenue d'aviser l'autorité compétente. Pendant une durée de dix ans, il est défendu de replanter des vignes dans les endroits où le phylloxéra aura été constaté. Enfin le commerce des replants de vignes et des crossettes est soumis à un contrôle sévère; le pays est divisé en un certain nombre de régions destinées à faire la séparation entre les cantons contaminés et les cantons encore indemnes, et il est absolument défendu d'exporter des cantons contaminés toute bouture, toute crossette ou tout replant raciné qui pourrait transmettre le fléau.

Pour l'application pratique de cette loi, on a ordonné la création d'un certain nombre de colonnes volantes qui, chaque année, explorent le vignoble alsacien-lorrain, et aussitôt qu'un nouveau foyer est découvert, on arrache les pieds malades, on désinfecte le terrain avec du pétrole et du sulfate de carbone et on établit une zone de protection également désinfectée par les mêmes procédés; les ceps et les échalas arrachés sont brûlés sur place.

Cette loi est sévèrement appliquée depuis de nombreuses années, et son inefficacité est amplement démontrée par le fait que, dans chacune de leurs campagnes, les colonnes exploratrices découvrent de nouveaux foyers. C'est que la loi ne prévoyait pas l'existence d'insectes ailés qui vont, au loin, propager la contagion, sans se soucier des zones de protection.

Comme d'ailleurs, par suite de conditions climatériques spéciales, l'insecte mettait plusieurs années à faire périr complètement le cep qu'il avait attaqué, et comme, d'autre part, le nombre des ceps sains arrachés, pour établir la zone de protection était beaucoup plus grand que celui des ceps malades, on disait couramment en Alsace qu'une colonne faisait plus de dégâts en quinze jours, que le phylloxéra en quinze ans. Nous mettions de la bonne humeur à faire éclater notre mauvaise humeur.

En Lorraine, la situation était plus mauvaise encore, parce que le vignoble lorrain, contigu au vignoble français contaminé, ne pouvait se défendre par les mesures soi-disant protectrices édictées par la loi d'Empire. L'insecte ne reconnaissait pas la légitimité d'une frontière arbitrairement établie par la politique — il était, en cela, plus heureux que nous-mêmes — et l'Administration allemande reconnaissant l'inanité de sa législation, avait fini par comprendre qu'il était nécessaire, en Lorraine, de changer de méthode, et avait délimité une région où l'application des mesures extinctives était abandonnée, et où il était permis de replanter en cépages américains greffés. L'établissement officiel de Laqueneny, près de Metz, était chargé de fournir les plants dont les vignerons pouvaient avoir besoin.

En Alsace, nous demandions que des mesures analogues fussent prises, mais les autorisations nécessaires n'avaient pas encore été données, et, chaque année, le phylloxéra continuait ses progrès.

Ce système avait cela de désastreux qu'il empêchait l'application du seul remède reconnu efficace : je veux dire l'usage de cépages greffés sur américains. Comme, en effet, toute vigne phylloxérée devait être impitoyablement arrachée, il eût suffi que l'insecte fût découvert dans une vigne nouvellement replantée selon le système qui est depuis longtemps courant en France, pour que, immédiatement, on soit obligé d'arracher de nouveau.

Dans ces conditions, la lutte était littéralement impossible, et, malgré la réclamation des viticulteurs, la situation restait déplorable.

Nous proposons, par conséquent, que la loi d'Empire concernant le phylloxéra soit purement et simplement abrogée, et que l'Administration française prenne le plus tôt possible les mesures qui lui paraîtront le plus convenables pour mettre à la disposition des viticulteurs alsaciens-lorrains les plants greffés nécessaires à la reconstitution de leur vignoble.

Étant donné le morcellement de la propriété en Alsace-Lorraine — surtout en Alsace — et l'exiguïté des domaines viticoles qui excèdent rarement trois ou quatre hectares, on ne saurait demander aux particuliers de faire, à leurs frais, les essais nécessaires pour la replantation en américains, et l'intervention de l'État semble indispensable. J'ajouterai d'ailleurs que la question des porte-greffes est déjà en partie résolue, car, à Colmar, un établissement viticole largement subventionné par la ville, a fait de nombreuses expériences pour rechercher les sortes qui conviennent le mieux à notre climat et à notre sol. Actuellement déjà, nous sommes en état de donner à nos vignerons des indications précises et, grâce à de nombreuses leçons qui leur ont été données, ils comprennent qu'ils ne doivent pas replanter au hasard des offres faites par le commerce, mais qu'ils ont à tenir compte de la nature du sol, et de l'affinité des cépages indigènes avec les porte-greffes.

La question des producteurs directs a aussi été étudiée avec beaucoup de soin par un œnologue alsacien dont la réputation est grande : M. Oberlin, de Beblenheim.

Les expériences faites en France pourront, certes, être d'un grand secours, mais ne devront pas être regardées comme absolument concluantes pour l'Alsace-Lorraine, parce que nos cépages alsaciens sont, pour la plupart, inconnus en France, et que nos méthodes de culture sont bien différentes de celles usitées soit en Bourgogne, soit dans le Bordelais. Nous comptons donc sur la compétence et sur le zèle bienveillant du Gouvernement français pour donner aux différentes questions que comporte la crise phylloxérique une solution rapide et définitive.

La loi d'Empire sur le phylloxéra une fois abolie, il suffira de la remplacer par des règlements largement compris qui tiendront compte des habitudes locales, et qui devront faciliter la reconstitution des vignobles phylloxérés par des plants américains greffés comme cela se fait actuellement partout en France.

L'abrogation de la loi actuelle semble encore d'autant plus nécessaire qu'un des griefs que faisaient à cette loi ceux de nos vignerons qui s'étaient particulièrement préoccupés de la question du phylloxéra, c'était d'empêcher l'importation des meilleurs porte-greffes français. Or, il y a lieu de prévoir que, lorsque, par la suppression de la frontière, le commerce des porte-greffes français viendra faire ses offres en Alsace-Lorraine, les chances de propagation de la maladie ne feront qu'augmenter, par suite de l'introduction de bois provenant de régions depuis longtemps phylloxérées; et les méthodes extinctives n'en deviendront que plus inefficaces.

C'est encore une raison pour qu'on donne le plus tôt possible aux vignerons alsaciens, non pas les moyens de détruire le phylloxéra, ce qui paraît impossible, mais de vivre avec lui comme cela se pratique en France.

Les conclusions générales du rapport que j'ai l'honneur de présenter au nom de la sous-commission sont donc les suivantes :

1° Il n'y a pas à redouter que la suppression des droits, en partie prohibitifs qui rendent actuellement difficile l'introduction des vins français en Alsace-Lorraine, ait pour le vignoble de ce pays une influence préjudiable à ses intérêts. Tout au plus pourrait-on stipuler, dans le traité de paix, que pendant une période de dix ans les vins alsaciens-lorrains devraient entrer en franchise dans les pays allemands qui avaient l'habitude de faire leurs provisions de vins en Alsace-Lorraine.

2° Le droit de circulation de 1 m. 50 sur les vins serait à maintenir.

3° La loi française sur le régime des vins, contenant des dispositions qui paraissent suffisantes pour assurer la répression de la fraude, pourra être introduite immédiatement.

4° La loi actuelle concernant le phylloxéra devra être purement et simplement abrogée et remplacée par des règlements par lesquels l'Administration française, s'inspirant des idées émises dans le rapport, chercherait à faciliter en Alsace-Lorraine la replantation en cépages américains greffés et convenablement choisis.

RAPPORT DE M. J. GODART

SUR

LA RÉGLEMENTATION DU TRAVAIL,

LES ASSURANCES OUVRIÈRES ET LES LOIS SOCIALES

EN ALSACE-LORRAINE.

Messieurs,

Le retour de l'Alsace-Lorraine à la France fera entrer dans la population active de notre pays, les professions libérales non comprises, 1.520.502 personnes, chiffre donné par le recensement professionnel allemand de juin 1907.

568.157 d'entre elles se livrent aux travaux de l'agriculture. 730.951 s'adonnent à l'industrie, 221.393 au commerce et aux transports. Le petit patronat est nombreux en Alsace-Lorraine. Dans certaines catégories comme celle du vêtement, il n'y a guère plus d'employés et ouvrières que de patrons : le commerce compte à peine le double d'employés que de patrons. L'industrie du bois et de la sculpture sur bois a 13.295 employés et ouvrières pour 7.375 patrons.

Ce régime de petite industrie fait que sur 730.952 ouvriers d'industrie 222.322 seulement sont dans des établissements soumis à la surveillance des inspecteurs de l'industrie et 37.744 dans des industries soumises à la surveillance des fonctionnaires des mines.

Les femmes sont au travail presque autant que les hommes, on en compte 743.315 pour 777.187 hommes.

Tout ce personnel est régi par la législation sociale allemande qui est, en beaucoup de points, plus complète et plus rigide que la nôtre. Il convient d'examiner, sauf pour les mines qui feront l'objet d'une étude séparée, quelles modifications seraient apportées aux relations entre patrons et ouvrières, à l'orgasation des assurances ouvrières, de l'enseignement professionnel, des métiers, du crédit populaire et de l'épargne, si nous supprimions la législation allemande. Il importe, dans l'intérêt même de nos concitoyens de demain, d'envisager le maintien de certaines institutions dont ils bénéficient et dont nous ne saurions leur donner l'équivalent, les réalisations sociales d'Alsace-Lorraine pouvant même nous servir de guides et d'exemples pour de prochaines réformes en France.

I. — RÉGLEMENTATION DU TRAVAIL.

1° Industrie.

En Allemagne l'âge d'admission des enfants au travail industriel varie d'après les lois scolaires des différents États. Il est en général fixé à 14 ans ; en France les enfants sont admis dans les usines à 17 ans révolus et dès l'âge de 12 ans s'ils ont leur certificat d'études primaires et un certificat d'aptitude physique.

Il y a donc, sur ce point, désaccord entre ces deux législations. Il convient, et en France la tendance est unanime en ce sens, de choisir la législation qui maintient l'enfant le plus longtemps à l'école. En Alsace-Lorraine, l'obligation scolaire dure jusqu'à 14 ans révolus. La Conférence a été d'avis, sur le rapport de M. Liard, de maintenir cet âge. Elle doit par là même fixer à 14 ans, sans exception, l'âge d'admission au travail industriel.

*
* *

La loi industrielle allemande appliquée à l'Alsace-Lorraine protège l'adolescent (garçons ou filles) de 14 à 16 ans. Elle fixe pour lui la durée de la journée à 10 heures, elle interdit de lui imposer le travail de nuit et du dimanche. Au-dessus de 16 ans, l'adolescent est majeur au point de vue industriel : il est adulte.

La loi française fixe à 18 ans sans distinction de sexe la majorité industrielle. Jusqu'à cet âge, c'est la journée de 10 heures qui est la journée légale pour lui, au-dessus de 18 ans il rentre dans la catégorie des adultes.

Il conviendrait d'appliquer ici la loi française favorable à l'adolescent. Le maintien de la loi allemande serait un recul, la distinction des mineurs de 12 à 16 ans et de 16 à 18 ans ayant existé en France dans la loi de 1892 et ayant été abrogée pour une nécessaire simplification.

*
* *

Le régime de travail des adultes, hommes et femmes, en Alsace-Lorraine est différent suivant le sexe, sauf pour le repos du dimanche et des jours de fêtes, qui est légal pour tous.

Les femmes ont la journée de dix heures du lundi au vendredi et la journée maxima de huit heures, les samedis et veilles de fête.

Les hommes n'ont aucune limitation légale générale de la journée de travail.

Dans certaines industries insalubres ou à labeur particulièrement dur, des ordonnances peuvent toutefois fixer une journée maxima dite sanitaire.

Mais, en fait, la généralité des industries allemandes a établi la journée de dix heures. Elle est adoptée par l'industrie textile de Mulhouse, depuis le 1ᵉʳ octobre 1906. En France la journée légale est fixée à dix heures pour les adultes hommes qui travaillent dans les mêmes locaux que des enfants ou des femmes. Pour les adultes hommes travaillant entre eux la journée légale est de douze heures en principe.

C'est le régime de la loi française que la Commission propose d'étendre à l'Alsace-Lorraine c'est-à-dire dix heures pour les établissements à personnel mixte, douze heures pour les autres. Toutefois, la Commission a pensé qu'il importait de garder un intéressant progrès réalisé par la loi allemande et qui est entré dans les mœurs d'Alsace-Lorraine, c'est la réduction pour les femmes de la journée du samedi, réduction qui leur permet de vaquer aux travaux du ménage et de donner à l'intérieur des soins qui rendent le foyer plus attrayant et par suite la famille plus unie et plus forte.

*
* *

En conséquence, la Commission propose à la Conférence de formuler les vœux suivants en ce qui concerne la réglementation du travail dans l'industrie :

En Alsace-Lorraine l'âge d'admission des enfants au travail sera fixé à 14 ans.

Le régime des lois de 1848 et de 1900 sera substitué à celui de la Gewerbeordnung pour les enfants, les femmes et les hommes adultes.

Toutefois il conviendra de conserver la disposition de la loi allemande qui fixe à huit heures, pour les femmes, la durée maxima de la journée de travail des samedis et veilles de fête.

2° COMMERCE.

Les employés de commerce en Allemagne ont une législation protectrice qui n'existe point en France ; elle y est simplement en projet. En Allemagne, dans les magasins de vente, bureaux et entrepôts, un grand repos de dix heures au moins doit séparer les journées de travail coupées, pour le repas de midi, d'un arrêt d'une heure et demie. Les magasins doivent être fermés de 9 heures du soir à 5 heures du matin, mais il appartient aux commerçants intéressés de décider une heure de fermeture antérieure et une heure d'ouverture postérieure aux heures légales. Il suffit que dans une commune les 2/3 des patrons d'une catégorie de commerce déterminé tombent d'accord pour fermer les magasins par exemple à 7 heures 1/2 au lieu de 9 heures ; pour les ouvrir à 7 heures au lieu de 5 heures, pour qu'un règlement municipal impose à tous les commerçants de la catégorie les heures ainsi fixées.

En Alsace-Lorraine, commerçants, employés et clientèle se sont pliés aisément à la loi qui ne lèse aucun intérêt et ne nécessite au début que de simples changements d'habitudes d'achats. Il importe de maintenir des dispositions qui sont entrées dans les mœurs. C'est pourquoi la Commission propose à la Conférence de formuler le vœu suivant :

Il convient de maintenir en Alsace-Lorraine la législation relative au repos des employés et à la fermeture des magasins.

II. — ASSURANCES SOCIALES.

En Alsace-Lorraine s'applique le volumineux Code des assurances ouvrières promulgué le 19 juillet 1911. Obligatoirement, pour l'industrie comme pour l'agriculture et le commerce, les risques de la vie des travailleurs sont couverts par des assurances. Nous n'avons point, en France, institution semblable. L'obligation est mal accueillie en France, au point que la loi des retraites ouvrières et paysannes, qu'on a voulue cependant obligatoire, ne donne pour 1913, que 2.700.646 échanges de cartes correspondant à 7.031.459 assurés obligatoires inscrits.

Le problème qui va se poser en face des assurances allemandes qui fonctionnent en Alsace-Lorraine est très grave en principe et en fait. Va-t-on maintenir pour une région seulement des assurances qui n'existent point en France, comme l'assurance-maladie? Va-t-on imposer aux industriels alsaciens-lorrains et aux industriels français qui iront, une fois la frontière reportée au Rhin, s'installer à côté d'eux, des obligations qui ne frapperont point leurs concurrents des autres départements, ou qui ne les frapperont point dans une même mesure? Ces institutions n'ont-elles point un caractère allemand tel qu'une fois l'Alsace-Lorraine séparée de l'Empire, elles ne pourront subsister ?

Pour répondre à ces questions, il faut rapidement analyser le mécanisme des assurances sociales allemandes. Elles couvrent le risque maladie, le risque accident, le risque invalidité et décès.

L'assurance-maladie exige de l'ouvrier et du patron une cotisation égale. Le patron est tenu de prélever à chaque paiement de salaire la part due par l'ouvrier ; il y ajoute la sienne. Il est inutile d'entrer dans le détail des avantages acquis par les assurés. L'essentiel est de savoir comment fonctionne l'assurance? Le fonctionnement est tout local, les cotisations sont encaissées, les prestations sont servies par des caisses autonomes patronales, corporatives, communales dans l'administration desquelles employeurs et salariés sont en nombre égal.

En 1911 on comptait en Alsace-Lorraine 502 caisses d'assurances contre la maladie englobant 359.127 personnes dont 273.074 hommes, 86.053 femmes. Ces caisses possédaient un actif de 12 millions de marks environ.

L'assurance-accidents est organisée différemment suivant qu'il s'agit de l'industrie ou de l'agriculture.

Dans l'industrie l'assurance, totalement à la charge de l'employeur, repose sur la mutualité entre patrons. Les patrons sont obligés de s'appuyer à un organisme d'assurance constitué par la corporation. La corporation comprend toutes les exploitations de la branche d'industrie pour laquelle elle est établie. Ainsi tous les brasseurs de l'Empire forment une corporation. Cependant dans les industries nombreuses et ayant des centres régionaux la corporation peut se subdiviser en corporations territoriales. C'est ainsi que l'industrie textile comprend sept corporations dont une pour l'Alsace-Lorraine. Dans la corporation d'Empire ou de région, les risques sont couverts par la répartition. Chaque année le conseil d'administration de la corporation répartit les indemnités allouées augmentées des frais généraux entre les membres de la corporation proportionnellement au nombre des ouvriers de chaque entreprise, au montant des salaires et au tarif de risques appliqués à l'établissement. L'Administration des postes, couverte par une provision de la corporation, fait l'avance des sommes à payer jusqu'à la répartition.

Depuis 1884 un fonds de réserve a été constitué qui doit servir à maintenir à un taux constant la cotisation de répartition afférente en moyenne à chaque personne assurée.

En 1911, en Alsace-Lorraine, on a compté 781.165 personnes assurées. Il y avait 20.263 ayants droit à indemnité pour accidents antérieurs, les victimes d'accidents de l'année ayant atteint le nombre de 2.840. Les indemnités versées ont été, au total, de 2.472.000 marks.

Dans l'agriculture, l'assurance-accident est faite non point par des corporations difficiles à établir en raison de l'uniformité des travaux agricoles, mais par des caisses locales, communales, cantonales ou provinciales.

L'assurance des invalides et des survivants couvre le risque invalidité, qu'il soit encouru par suite d'infirmité maladive ou de vieillesse; elle bénéficie, en outre, aux veuves et aux orphelins. Comme pour l'assurance-maladie, le patron prélève sur le salaire la cotisation ouvrière et verse une cotisation égale. L'Empire bonifie chaque pension de 50 marks. Le système financier adopté est celui de la capitalisation. L'assurance des invalides et des survivants est gérée par des offices régionaux autonomes dans l'administration desquels les patrons et les ouvriers sont appelés en nombre égal. C'est ainsi que l'Alsace-Lorraine a son établissement national d'assurances bien délimité. Fin 1911 il avait à payer 21.485

rentes d'invalidité, 2.540 rentes de vieillesse, 112 rentes de maladie. Il avait encaissé pour l'année 6.833.000 marks et son avoir total atteignait 50.444.000 marks.

Une institution spéciale d'Empire pour l'assurance-invalidité des employés a été créée par une loi du 20 décembre 1912. Elle est constituée par un organisme centralisé à Berlin. Elle ne fonctionne que depuis 2 ans et n'a par conséquent encaissé que deux cotisations annuelles des intéressés.

Connaissant maintenant dans ses grandes lignes le fonctionnement des assurances sociales en Alsace-Lorraine, nous constatons que domine le *caractère local des institutions d'assurances*. Pour la maladie 502 caisses de communes, d'usines, sont réparties dans les villes et les campagnes alsaciennes-lorraines. Pour les accidents agricoles les caisses communales, cantonales ou provinciales sont à la portée de tous. Pour l'invalidité-vieillesse l'office d'Alsace-Lorraine a son patrimoine, fruit de la capitalisation des cotisations de toute la région. En réalité l'assurance établie par l'Empire peut subsister en dehors de l'Empire ayant ses racines dans les pays gérés principalement par des délégués des intéressés patrons, ouvriers, agriculteurs. Seule l'assurance des accidents industriels, sauf pour la corporation de l'industrie textile d'Alsace-Lorraine, a un caractère général par l'application obligatoire des industriels alsaciens-lorrains aux corporations de l'Empire, mais le lien peut être assurément rompu, l'assurance étant organisée d'après le système de la répartition qui ne l'engage, somme toute, qu'année par année.

Nous pouvons donc conclure que, certains comptes une fois réglés avec l'Office impérial d'assurances, l'Alsace-Lorraine reviendra à la France avec tous ses organismes locaux d'assurances qui tirent leur vitalité des habitudes de prévoyance prises par la population et qui ont des liens communs soit dans des prestations réciproques, soit dans des tribunaux arbitraux composés d'élus patrons et ouvriers siégeant à Metz, Strasbourg, Colmar et Mulhouse. Ces tribunaux se prononçant sur les indemnités à allouer et les rentes à délivrer, sauf appel à l'Office impérial.

Devrons-nous toucher à ces institutions, supprimer l'assurance obligatoire maladie parce qu'elle n'existe point en France, substituer à l'assurance-accident la loi de 1898 et à l'assurance-invalidité la loi des retraites ouvrières et paysannes, laisser les agriculteurs d'Alsace-Lorraine hors la protection contre les accidents comme le sont les nôtres? La Commission a été d'un avis contraire. Les assurances sociales font partie des mœurs des Alsaciens-Lorrains. Elles doivent leur être maintenues, quitte à laisser le temps faire les adaptations nécessaires, comprenant par là, principalement, des adaptations de la législation française à la législation alsacienne-lorraine.

La Commission propose donc à la Conférence d'Alsace-Lorraine de formuler les vœux suivants au sujet des assurances.

Il convient de conserver en Alsace-Lorraine l'assurance-maladie, l'assurance contre les accidents agricoles, l'assurance des invalides et des survivants telles qu'elles ont été établies par la loi allemande du 19 juillet 1911.

Il convient de maintenir en Alsace-Lorraine l'assurance contre les accidents industriels organisée corporativement, avec l'obligation pour les patrons de faire partie de la corporation limitée à l'Alsace-Lorraine, sauf la faculté pour les corporations alsaciennes-lorraines de fusionner avec des caisses corporatives françaises d'assurance contre les accidents. Une liquidation du fonds de réserve institué en 1884 devra être prévue dans le traité de paix.

Il convient de liquider l'assurance-invalidité, instituée spécialement pour les employés par la loi du 20 décembre 1912 et pour laquelle deux cotisations ont été versées : ces cotisations seront restituées aux ayants droit.

Il convient de maintenir les tribunaux arbitraux en matière d'assurance établis à Strasbourg, Metz, Colmar et Mulhouse et de porter l'appel de leurs décisions devant une chambre spéciale du tribunal de Strasbourg.

Pendant la période d'occupation, il importe de payer, au moyen d'avances à récupérer par l'État français, les indemnités pour accidents du travail, les rentes d'invalidité et de vieillesse acquises par des Alsaciens-Lorrains résidant en territoire occupé, et de faire fonctionner, dès que cela est possible et sans attendre le traité de paix, les caisses locales de maladie.

III. — ENSEIGNEMENT TECHNIQUE.

En Alsace-Lorraine se sont multipliées les écoles de perfectionnement organisées par les communes et indépendantes de l'école même. En 1913, on comptait 454 écoles de perfectionnement (397 pour les garçons, 54 pour les filles et 5 mixtes, réunissant 14.004 élèves). 758 maîtres et maîtresses donnaient un enseignement où domine le caractère professionnel. La loi industrielle confère aux municipalités le pouvoir de rendre obligatoire pour tous les mineurs de seize ans la fréquentation des écoles de perfectionnement. Les patrons sont tenus, sous certaines sanctions pénales, de veiller à ce que leurs apprentis ou jeunes ouvriers fréquentent effectivement ces cours d'adultes.

La Commission a jugé désirable que subsiste pareil état de choses. C'est pourquoi elle propose à la Conférence d'émettre les vœux suivants :

1° Les écoles de perfectionnement d'Alsace-Lorraine continueront à exister et recevront largement les subventions nécessaires à leur entretien.

2° *Les municipalités conserveront le pouvoir d'imposer aux ouvriers et ouvrières mineurs de 16 ans, sous la responsabilité du patron, la fréquentation de ces écoles.*

3° *Il est désirable que l'École technique et l'École des arts décoratifs de Strasbourg soient maintenues.*

IV. — LES MÉTIERS.

En Alsace-Lorraine comme en Allemagne, les métiers de la petite industrie peuvent être organisés en corporations obligatoires. Il suffit que la majorité des artisans dans chaque catégorie professionnelle le demande pour que la corporation soit érigée et s'impose à tous. Ces corporations ont la personnalité morale et elles ont sur l'apprentissage et le maintien des traditions de savoir technique et de goût une très heureuse influence. Elles organisent la hiérarchie professionnelle, apprenti, compagnon, maître, avec examen à chaque passage au titre supérieur, et seuls les maîtres ont le droit d'avoir des apprentis. Les corporations d'Alsace-Lorraine ont à Strasbourg une chambre des métiers élue par les artisans. Cette chambre a des sections autonomes à Mulhouse, Colmar et Metz.

En France, des tendances vers le retour à une discipline professionnelle dans les métiers de petite industrie se sont manifestées dans divers congrès des classes moyennes. La Commission a pensé qu'il conviendrait de laisser subsister pour quelque temps du moins les corporations d'artisans en Alsace-Lorraine, leur exemple pouvant servir à des organisations s'inspirant d'elles en France, et d'autre part, les services qu'elles rendent étant appréciés en Alsace.

La Conférence pourrait donc émettre le vœu suivant :

Il est désirable que les artisans d'Alsace-Lorraine continuent à pouvoir se grouper en corporations, et que subsistent les corporations créées présentement, ainsi que les chambres de métiers.

V. — LA LIBERTÉ DU COMMERCE.

En Alsace-Lorraine, un commerce n'est pas libre, c'est celui de la pharmacie. Tel qui a son diplôme de pharmacien ne peut pas, comme en France, ouvrir une officine où il lui plaît. Le nombre des pharmaciens est limité à un par 7,000 habitants. Les pharmacies avant juillet 1903 ont fait l'objet de concessions réelles, elles sont la propriété complète et définitive du concessionnaire qui les cède à son entier profit. Depuis juillet 1903 les concessions sont personnelles sans droit de succession ni de présentation. Ces dernières concessions sont en nombre infime.

Si le régime de la limitation des pharmacies n'est pas maintenu, une question d'indemnité va se poser, et elle engage des sommes importantes, car en Alsace-Lorraine le prix des pharmacies est très élevé.

La Commission propose à la Conférence de décider que si le commerce de la pharmacie devient libre en Alsace-Lorraine, les indemnités à payer seront réparties, d'après des règles à établir, sur les concurrents venant s'installer dans le périmètre d'une pharmacie concédée avant les hostilités.

VI. — LE CRÉDIT POPULAIRE.

En Alsace-Lorraine, le crédit mutuel agricole s'est tout particulièrement développé sous la forme des caisses Raiffeisen (Darlehenskassen). Au 1er janvier 1911 on en comptait près de 600 groupant 73,000 membres environ. Les caisses Raiffeisen d'Alsace-Lorraine sont rattachées à la caisse centrale de Berlin. Une liquidation devra se faire pour que les Darlehenskassen alsaciennes-lorraines devenues autonomes continuent sous le régime français à rendre les services qu'elles ont déjà rendus à la population agricole.

Des caisses d'avances officielles (Vorschusskassen) spéciales à l'Alsace ont été créées par une loi du 18 juin 1887 pour faciliter le crédit au petit commerce et à l'agriculture. Elles puisent leurs fonds à la Caisse des dépôts et consignations, et les communes sont appelées à supporter les pertes, le cas échéant. Pour l'exercice 1912, 49 caisses d'avances fonctionnaient intéressant 431 communes et devant près de 7 millions de marks à la Caisse des dépôts et consignations. Ces caisses ont donné peu de résultats et beaucoup de déboires. La Commission a été d'avis de les supprimer. Elle propose donc à la Conférence d'émettre un double vœu.

Les Darlehenskassen alsaciennes-lorraines continueront à subsister, leur quote-part de la caisse centrale de Berlin devant leur être remise après liquidation.

Les Vorschusskassen devront être liquidées.

VII. — L'ÉPARGNE.

Les caisses d'épargne d'Alsace-Lorraine, au nombre de 131 en 1912, avaient à la fin de l'année en dépôt, 177,001,546 marks.

Il est désirable que les caisses d'épargne soient replacées sans tarder sous le régime français.

DE L'ORGANISATION DE LA JUSTICE
ET DES LOIS CIVILES ET PÉNALES À APPLIQUER
PENDANT LA PÉRIODE D'OCCUPATION MILITAIRE.

L'un des problèmes les plus complexes et les plus délicats qui se posent devant la Conférence est celui qui a trait à l'organisation de la justice et aux lois d'ordre civil et pénal à appliquer en Alsace-Lorraine.

Il devra être envisagé successivement pour la période transitoire correspondant à l'occupation militaire et en vue de l'institution du régime définitif qui suivra le traité de paix.

Nous réservons le régime définitif pour un examen ultérieur, et c'est uniquement de la période transitoire qu'il s'agira dans ce rapport.

I. — Immédiatement nous nous trouvons en présence d'une question qui domine toutes celles dont se compose le problème que nous avons à résoudre, celle de savoir quelle est, pendant cette période, le caractère juridique au point de vue du droit international, des territoires d'Alsace-Lorraine occupés ou plus exactement réoccupés par nos troupes.

Cette question s'est imposée aux préoccupations de la Conférence dès le début de ses travaux.

Ces territoires sont-ils de plein droit et par la seule puissance de nos armes redevenus français? Ou, quoique la déclaration de guerre de l'Allemagne à la France ait entraîné la rupture du traité de Francfort, ne redeviendront-ils nôtres qu'en vertu d'un nouveau traité qui consacrera leur retour à la France?

S'ils sont tenus dès à présent pour français, notre organisation judiciaire et nos lois leur seront immédiatement applicables sous réserve des dérogations et des tempéraments qu'il pourra paraître opportun d'y apporter à titre de mesures transitoires. Si, au contraire, ils doivent continuer à être réputés allemands, on est obligatoirement conduit au maintien, en principe, du *statu quo ante* conformément à ce qui a été décidé pour le cas d'occupation du « territoire de l'État ennemi » par le règlement sur les lois et coutumes de la guerre sur terre annexée à la Convention de La Haye du 18 octobre 1907.

Sans opter formellement entre les deux thèses diamétralement opposées qui s'offraient à elle, la Conférence a, au seuil même de ses délibérations, adopté une résolution portant que, jusqu'à la conclusion du traité de paix, la France tiendra « à appliquer dans les régions occupées d'Alsace-Lorraine les règles posées en matière d'occupation militaire par la Convention de La Haye au bas de laquelle la France a apposé sa signature qu'elle entend respecter en toute occasion ».

La Conférence a entendu dire par là que, pendant la période d'occupation militaire, la France est liée, sinon par la lettre du moins par l'esprit de la Convention de La Haye, et qu'en admettant qu'elle ne soit pas tenue de l'observer en vertu d'une obligation de droit strict, il lui appartient de s'y conformer spontanément et de son propre mouvement pour des raisons d'opportunité et de convenance.

C'est donc sur le terrain de la Convention de La Haye que nous nous placerons dans la suite de ce rapport.

II. — Or le règlement annexe formule, entre autres dispositions de la Section III intitulée « De l'autorité militaire sur le territoire de l'État ennemi » les suivantes, qui forment l'article 43 :

« L'autorité du pouvoir légal ayant passé de fait entre les mains de l'occupant, celui-ci prendra toutes les mesures qui dépendent de lui en vue de rétablir et d'assurer, autant qu'il est possible, l'ordre et la vie publics en respectant, sauf empêchement absolu, les lois en vigueur dans le pays. »

Ainsi cet article stipule expressément que les lois existantes du pays occupé demeureront en vigueur, et il implique que les juridictions locales seront maintenues et continueront à rendre la justice, le tout sauf empêchement absolu.

L'organisation judiciaire en Alsace-Lorraine a été réglée par le Code d'Empire relatif à la matière et, lors de l'entrée de nos troupes en Alsace, elle comportait les juridictions de droit commun ci-après :

1° Des tribunaux de bailliage (Amtsgerichte). Ces tribunaux étaient composés d'un juge unique (Amtsrichter) et appelés à connaître en matière civile de toutes affaires jusqu'à une valeur de 600 marks et, sans limitation de valeur, de diverses affaires expressément indiquées. Ils étaient érigés en tribunaux des échevins (Schöffengericht) par l'adjonction au juge unique de deux échevins ayant le caractère de jurés et délibérant avec lui. Ces tribunaux d'échevins jugeaient en matière pénale des affaires se rangeant en deux catégories ; les unes ne dépassant pas une certaine importance relevaient directement de leur compétence [1], les

---

[1] Le Code allemand d'organisation judiciaire défère directement aux tribunaux d'échevins : 1° les contraventions ; 2° les délits punis au maximum d'un emprisonnement de trois mois ou d'une amende de 600 marks ; 3° certains délits limitativement énumérés.

autres leur étaient renvoyées par la chambre correctionnelle du tribunal régional (Landgericht) [1]. Ils étaient d'ailleurs éventuellement qualifiés pour statuer en matière pénale, sans le concours des échevins, dans certains cas limitativement énumérés, notamment pour le jugement des contraventions avouées, et moyennant adhésion du ministère public à cette procédure.

2° Des tribunaux régionaux (Landgerichte) siégeant à Metz, Sarreguemines, Saverne, Strasbourg, Colmar et Mulhouse. En matière civile ils jugeaient les affaires ne relevant pas des tribunaux de bailliage et faisaient office de juridiction d'appel pour lesdits tribunaux. En matière pénale, leurs chambres correctionnelles jugeaient en premier et dernier ressort tous délits ne ressortissant pas aux tribunaux d'échevins (2) et certains crimes (3), et elles statuaient sur l'appel des jugements des tribunaux d'échevins; en outre elles remplissaient pour les crimes ne rentrant pas dans leur compétence les fonctions de chambres de mise en accusation.

Les tribunaux régionaux de Strasbourg, Metz, Mulhouse et Colmar comportaient en outre des chambres pour affaires commerciales (Kammern für Handelssachen).

3° Des cours d'assises ou tribunaux de jury (Schwurgerichte) fonctionnant auprès des mêmes tribunaux régionaux pour le jugement des affaires criminelles qui ne relevaient pas des tribunaux régionaux ou du tribunal d'Empire.

4° Une cour d'appel (Oberlandesgericht) siégeant à Colmar. Elle statuait sur l'appel des jugements rendus au premier ressort par les tribunaux régionaux et faisait fonctions de Cour de cassation pour certaines affaires excédant les limites au contentieux ordinaire et notamment pour les affaires d'expropriation.

Au sommet de cette hiérarchie judiciaire se trouvait le tribunal d'Empire siégeant à Leipzig et remplissant le rôle de Cour de cassation à l'égard tant de la Cour d'appel de Colmar, que des tribunaux régionaux et des cours d'assises.

Indépendamment des juridictions de droit commun ci-dessus énumérées il existait en Alsace-Lorraine un certain nombre de juridictions d'exception: conseils

---

(1) D'après le Code allemand d'organisation judiciaire la chambre correctionnelle du tribunal régional peut renvoyer au tribunal des échevins le jugement d'une affaire correctionnelle lorsque la peine lui paraît ne pas devoir dépasser six mois d'emprisonnement ou 1.500 marks d'amende.

(2) C'est-à-dire comportant une peine supérieure à trois mois de prison et 600 marks d'amende.

(3) Crimes punis de cinq ans de travaux forcés au maximum.

de prud'hommes (*Gewerbegerichte*) pour les conflits entre patrons et ouvriers, tribunaux de commerçants (*Kaufmannsgerichte*) pour différends entre commerçants et employés ou apprentis; tribunaux arbitraux en matière d'assurances ouvrières (*Schiedsgerichte für Arbeiterversicherung*). Nous ne les mentionnons ici que pour mémoire; ils trouveront place dans un rapport ultérieur.

Quant aux lois qui s'appliquaient en Alsace-Lorraine avant l'occupation par nos troupes de territoires en dépendant, elles comprenaient en matière civile comme en matière pénale tout à la fois des lois d'Empire et des lois alsaciennes-lorraines, au nombre desquelles subsistaient encore d'anciennes lois françaises qui y étaient restées en vigueur lors de l'annexion.

III. — Dès lors que nous entendons conformer notre occupation militaire des territoires d'Alsace-Lorraine aux prescriptions de la Convention de La Haye, les juridictions locales que nous avons passées en revue doivent en principe et à moins d'empêchement absolu continuer à fonctionner.

Mais, de ces juridictions, les seules auxquelles cet article puisse actuellement s'appliquer sont les tribunaux de bailliage; il n'existait dans les territoires que nous occupons ni tribunal régional, ni cour d'assises, et la Cour d'appel avait son siège en dehors de leurs limites.

Quant aux tribunaux de bailliage, pour qu'ils continuassent à fonctionner, comme le veut en principe la Convention de La Haye, encore faudrait-il que les magistrats les composant fussent restés à leur poste; or, ils ont pris la fuite devant nos troupes et déserté leurs fonctions.

Cette circonstance à elle seule suffirait pour faire admettre qu'il y a au sens de l'article 43 du règlement annexe de la Convention de La Haye un empêchement absolu au maintien des tribunaux de bailliage tels qu'ils existaient avant l'occupation, sans compter qu'il y a impossibilité matérielle pour ces tribunaux de siéger comme tribunaux d'échevins pour plusieurs raisons et notamment à cause du défaut de listes d'échevins pour 1915. De plus, même pourvus du personnel nécessaire, les tribunaux de bailliage se trouveraient empêchés de fonctionner dans les conditions prévues par les lois en vigueur lors de l'occupation, attendu que dans les circonstances présentes les voies de recours contre les décisions de ces tribunaux sont impraticables.

Il est donc certain, en présence de ces causes d'empêchement, qu'au regard de la Convention de La Haye la France n'est pas tenue de rétablir les tribunaux de bailliage; elle est entièrement libre d'organiser comme elle l'entend la justice civile et pénale dans les territoires occupés d'Alsace. Elle peut ou reconstituer les juridictions défaillantes ou les remplacer par de nouvelles juridictions empruntées à l'organisation judiciaire française ou créées de toutes pièces.

IV. — Mais avant de pousser plus avant l'étude du problème il convient de remarquer que même dans l'hypothèse où les magistrats des juridictions des territoires qui sont occupés par nos troupes ou qui viendront à l'être, seraient présents à leur poste, prêts à remplir leur office, et où rien au point de vue de la Convention de La Haye ne s'opposerait à ce que les juridictions continuassent à fonctionner, leur compétence en matière répressive s'effacerait devant celle des juridictions de l'armée d'occupation, du moins dans la mesure où celles-ci sont chargées de la justice pénale.

Les règles du droit international ne laissent à cet égard aucun doute.

La compétence des conseils de guerre aux armées dans les territoires occupés par nos troupes a été d'ailleurs établie par notre Code de justice militaire et précisée par la jurisprudence de la Cour de cassation en complète harmonie avec lesdites règles.

Ces conseils de guerre sont compétents non seulement à l'égard des militaires et des individus soit « employés à quelque titre que ce soit dans les états-majors et dans les administrations et services qui dépendent de l'armée, » soit « à la suite des armées en vertu de permissions », conformément à l'article 62 du Code de justice militaire, mais encore, en vertu de l'article 63 du même code, vis-à-vis de « tous individus prévenus soit comme auteurs, soit comme complices, d'un des crimes ou délits prévus par le titre II du livre IV du présent code. » Des dispositions de l'article 63 il convient de rapprocher celles de l'article 77 qui, placé sous le titre IV concernant la « compétence en cas de complicité » dispose que, lorsque la poursuite d'une infraction comprend, comme le suppose l'article 76, « des individus non justiciables des tribunaux militaires et des militaires ou autres individus justiciables de ces tribunaux » tous les prévenus indistinctement sont traduits devant lesdits tribunaux « s'il s'agit de crimes ou de délits commis aux armées en pays étranger. »

Les conseils de guerre aux armées sont donc en territoire ennemi compétents à l'égard de tous habitants de ce territoire et, d'après la jurisprudence de la Cour de cassation, affirmée notamment dans plusieurs arrêts de 1865 et de 1866 rendus à propos de l'occupation militaire du Mexique et de Rome, la compétence de ces tribunaux n'est pas limitée au jugement des crimes et délits expressément prévus par le titre II du livre IV du Code de justice militaire, comme le comporterait la lettre de l'article 63 ; elle s'étend, en outre, spécialement à défaut de juridictions locales susceptibles d'assurer la répression indispensable, à tous crimes et délits pouvant porter atteinte à la sûreté de l'armée. Cette jurisprudence est fondée tant sur la combinaison des articles 63 et 77 du Code de justice militaire que, pour employer les expressions mêmes de la Cour de cassation, sur les règles supérieures du droit public et des gens qui veulent que

— 269 —

l'armée occupant un territoire étranger trouve en elle-même tous les éléments de puissance nécessaires pour pourvoir à sa sécurité (1).

Les conseils de guerre appliquent en conséquence les peines portées soit par notre Code de justice militaire, soit par nos autres lois pénales et notamment par notre Code pénal pour tous actes attentatoires à un degré quelconque, à la sûreté de nos troupes.

Si ces peines ne suffisent pas pour assurer cette sécurité, il est admis par le droit international que l'autorité militaire a le droit, sous sa responsabilité, d'édicter les prohibitions et les pénalités que les circonstances rendent nécessaires (2).

Grâce à cet ensemble de règles qui résultent tant des règles en usage dans le droit international que dans notre Code de justice militaire et de la jurisprudence interprétative de la Cour de cassation, la justice répressive est, à défaut des juridictions locales dont le fonctionnement a été arrêté par le départ de leurs membres, assurée au moyen des conseils de guerre du moins en tant que la sûreté de l'armée est intéressée; or, il n'est pas excessif de considérer qu'elle l'est toutes les fois que l'ordre public dans les territoires occupés est en cause.

Mais si large que soit la compétence des conseils de guerre aux armées, quelque extension qu'elle ait reçue dans la pratique et qu'on soit disposé à lui donner encore, elle a des limites (3). Il existe un résidu d'infractions qui, ne concernant à aucun degré l'ordre public, ne peuvent relever de ces conseils de guerre; en outre, à supposer que les affaires pénales qui échappent à leur compétence ne soient qu'une infime exception, toutes les affaires civiles y sont nécessairement soustraites.

Au surplus, il y a de sérieux inconvénients à encombrer les conseils de guerre du jugement d'affaires pénales sans gravité qui n'intéressent que faiblement l'ordre public et à détourner ces juridictions et les militaires qui les composent de leur destination propre.

---

(1) Voir notamment les arrêts de la Chambre criminelle de la Cour de cassation des 19 janvier 1865 (Graziani); 24 août 1865, (Gonzalès); 14 décembre 1865, (Tribuzio); 1ᵉʳ janvier 1866, (d'Ambiona et autres); 31 mars 1866, (Fracassu et di Marco); 13 septembre 1866 (Rocchi).

(2) *Manuel de droit international* à l'usage des officiers de l'armée de terre, ouvrage autorisé pour les écoles militaires, 3ᵐᵉ édition, 2ᵉ partie, titre 1ᵉʳ, chapitre II, droits de l'occupation en matière pénale, page 91. (Édité par la librairie Baudouin et Cⁱᵉ.)

(3) Elle ne serait absolument générale qu'en cas de proclamation de l'état de siège; les conseils de guerre seraient alors compétents pour juger tous crimes et délits indistinctement comme la Cour de cassation l'a admis à propos de l'expédition de Cochinchine par un arrêt du 24 novembre 1864 (Telesio).

Il est donc indispensable de rétablir, indépendamment des juridictions de l'armée d'occupation et au moyen de juridictions locales, le cours de la justice suspendu par la défaillance du personnel judiciaire qui était en exercice dans les territoires occupés, et nous nous trouvons ainsi ramenés à l'examen des mesures à adopter à cet effet.

V. — Nous avons dit plus haut que, à raison des circonstances de fait qui constituent un empêchement absolu au rétablissement des juridictions locales dans leur état antérieur à l'occupation, la Convention de La Haye laisse la France entièrement libre des décisions à prendre à cet égard. Mais, quel usage convient-il de faire de cette liberté?

Nous estimons qu'il ne serait ni sage ni opportun d'en profiter pour introduire dès maintenant en Alsace-Lorraine l'organisation judiciaire française. On ne peut guère songer davantage à créer une organisation nouvelle de toutes pièces; il y aurait quelque imprudence et même quelque témérité à improviser sur un tel sujet. Faute de pouvoir restaurer les anciennes juridictions locales telles qu'elles existaient avant l'occupation, la meilleure solution paraît consister à les reconstituer dans la mesure où les circonstances le permettent et avec les modalités qu'elles imposent et dont la France, n'étant pas liée par la Convention de La Haye, a la souveraine appréciation.

Cette solution a nos préférences, non seulement parce que sans être dictée par la Convention de La Haye elle s'inspire de son esprit, et parce que par là elle témoignera chez notre pays d'un souci des accords internationaux si vif qu'il préfère aller au delà de ses obligations plutôt que de risquer de paraître demeurer en deçà, mais encore parce qu'elle est commandée par les intérêts bien compris des populations alsaciennes-lorraines destinées à reprendre leur place au foyer de la patrie française. Il ne faut pas, au milieu des événements que nous traversons, ajouter au trouble dans lequel la guerre a jeté ces populations, en bouleversant du jour au lendemain des habitudes déjà vieilles.

VI. — Le rétablissement, dans des limites et moyennant des modalités à déterminer, des anciennes juridictions locales, entraînera logiquement le maintien des lois d'ordre civil ou pénal qui lors de l'occupation régissaient les territoires dont nous avons repris possession.

Sans doute leur application ne sera pas sans soulever de grandes difficultés matérielles, car il sera malaisé de recruter un personnel suffisamment versé dans leur connaissance, et cette circonstance pourrait être considérée comme constituant, au sens de l'article 43 du règlement annexé de la Convention de La Haye, un empêchement à la conservation desdites lois.

Mais ce ne sont plus seulement les intérêts, ce sont les droits acquis des populations alsaciennes-lorraines qui exigent qu'on ne fasse pas table rase, pendant l'occupation militaire, des lois antérieurement en vigueur. Il n'y pourra être touché qu'ultérieurement, après la conclusion de la paix et la réintégration définitive de l'Alsace-Lorraine à la France, avec tous les ménagements possibles et à la suite d'études approfondies.

Toutes les lois existantes d'ordre civil ou pénal doivent être conservées quel que soit leur objet et sans distinction entre celles qui touchent au fond du droit et celles qui fixent la compétence et la procédure.

Mais le maintien de ces lois comporte nécessairement une restriction; elles resteront sans application dans celles de leurs dispositions qui seraient contraires à l'ordre nouveau issu de l'occupation.

Cette circonstance crée un empêchement légitime à l'observation de telles dispositions, et l'exception que nous proposons trouve par conséquent sa justification dans le texte même de l'article 43 du règlement annexé à la Convention de La Haye.

VII. — Si l'on compare avec les principes que nous venons de formuler les règles qui, au lendemain de l'entrée de nos troupes en Alsace, ont été posées à titre provisoire par le Général en chef, en vue de la reconstitution des juridictions locales et de la détermination des lois à appliquer, on constatera que l'écart n'est pas sensible.

Le Général en chef, ayant à parer à des besoins urgents nés de l'occupation et auxquels il fallait pourvoir immédiatement, a institué, au pénal comme au civil, des juges de paix à compétence étendue qui, tout en étant modelés sur le type de ceux dont le Maroc a été doté, ressemblent plus aux anciens Amtsrichter qu'aux juges de paix de France. Il a, de plus, admis en principe le maintien des lois existantes, sauf en ce qui concerne la procédure qu'il a placée au régime des lois françaises. En définitive, il est entré dans la voie de la restauration du *statu quo ante*; les exigence d'une action prompte lui ont paru commander certaines exceptions auxquelles le moment est venu de renoncer ainsi qu'il le reconnaît lui-même.

VIII. — En conséquence, nous proposons de rétablir, pendant la période d'occupation militaire, les anciens tribunaux de bailliage, mais en apportant dans leurs conditions d'organisation et de fonctionnement des modifications que les événements imposent impérieusement.

D'abord les magistrats appelés à les composer ne seront pas tenus de remplir les conditions prescrites par la législation en vigueur, sinon le recrutement du personnel nécessaire se trouverait entravé. De plus, les tribunaux de bailliage siègeront en matière répressive sans l'adjonction d'échevins, attendu qu'il n'a pas été dressé de listes d'échevins pour 1915 et que la désignation d'échevins, même en dehors de tout système électif, se heurterait à des obstacles insurmontables.

En somme, les tribunaux d'échevins ne seraient pas reconstitués pour le jugement des affaires pénales, et ce sont les tribunaux de bailliage fonctionnant comme au civil qui en tiendraient la place.

La compétence des tribunaux de bailliage serait limitée, en matière répressive, aux affaires dont les tribunaux d'échevins sont appelés, par la législation existante, à connaître directement ; les affaires pénales que les chambres correctionnelles des tribunaux régionaux peuvent renvoyer à ceux-ci seraient déférées, comme les poursuites pour délits et crimes relevant en premier et dernier ressort des tribunaux régionaux et pour crimes justiciables des cours d'assises, aux conseils de guerre aux armées.

Les tribunaux de bailliage statueraient, tant au civil qu'au pénal, en dernier ressort, faute par les parties de pouvoir appeler de leurs décisions devant les tribunaux régionaux dont le siège est en dehors des territoires occupés par nos troupes.

Mais la suppression de l'appel serait toute provisoire, en attendant l'extension de notre occupation à des territoires où siègent des tribunaux régionaux ou jusqu'à ce qu'il ait été reconnu possible de créer, dans les territoires actuellement occupés par nos troupes, une juridiction de cette nature.

Si, en matière pénale, la compétence des tribunaux de bailliage doit être restreinte dans les limites que nous venons de déterminer, il conviendra, au contraire, d'élargir, en matière civile, en les appelant à ordonner comme juges de référé, toutes mesures provisoires ou conservatoires dans les affaires ressortissant aux tribunaux régionaux. On comblera ainsi, jusqu'à un certain point, une grave lacune tenant du défaut de tout tribunal régional dans les territoires que nous occupons présentement. Cette compétence exceptionnelle des tribunaux de bailliage prendrait fin le jour où recommencerait à fonctionner la juridiction de tribunaux régionaux.

Il semble bien que, si les tribunaux de bailliage statuent, du moins quant à présent, sans appel, leurs décisions n'échapperont pas à tout recours et qu'elles pourront être soumises, le cas échéant, à la censure de la Cour de cassation; c'est ce que nous croyons pouvoir inférer de la jurisprudence de notre cour suprême.

En effet, cette jurisprudence, qui s'est encore affirmée récemment par un arrêt du 15 novembre 1911, rendu sur un pourvoi formé contre un jugement du tribunal provincial de Luang-Pabrang (Protectorat du Laos) pose en principe que « la voie du recours en cassation est ouverte pour violation de la loi française contre toutes les décisions émanant des tribunaux français, pourvu qu'elles soient en dernier ressort ».

L'arrêt ajoute que « cette règle s'étend, en principe, aux jugements rendus par les tribunaux français établis dans les pays de protectorat et ne cesse d'être applicable que quand il y a été dérogé par une disposition spéciale ».

N'en doit-il pas être de même pour les jugements des tribunaux français siégeant en territoire ennemi occupé par nos troupes?

Or, il n'est pas douteux que les tribunaux de bailliage, tels qu'ils seront rétablis, constitueront de véritables juridictions françaises; reconstitués par un acte de souveraineté française, ils rendront la justice au nom du peuple français et leurs jugements, pour recevoir effet, seront revêtus de la formule exécutoire française.

Il est non moins certain que, si les lois en vigueur avant l'occupation continuent à s'appliquer, c'est également en vertu d'un acte de la souveraineté française; par conséquent elles deviendront comme une annexe de nos lois.

Ces considérations nous paraissent de nature à ouvrir la voie du pourvoi en cassation devant notre cour suprême.

IX. — Les conclusions auxquelles nous aboutissons concordent dans leurs grandes lignes avec celles qui ont été tout dernièrement soumises à l'approbation du Gouvernement par le général en chef.

L'acte à intervenir pour régler l'organisation de la justice et déterminer les lois à appliquer dans les territoires d'Alsace-Lorraine occupés par nos troupes pourra donc, sous réserve de certaines corrections de détail, être établi sur les bases proposées par l'autorité militaire.

Toutefois, il nous paraît essentiel que cet acte soit exclusivement destiné à fixer le régime des juridictions des territoires occupés par nos troupes; il n'a pas à s'étendre aux juridictions de l'armée d'occupation.

Ce sont là deux sujets que, malgré leurs points de contact, il faut soigneusement distinguer.

Les juridictions militaires doivent être organisées et fonctionner conformément aux règles du Code de justice militaire et à la jurisprudence de la Cour de cassation; il ne peut y être rien ajouté par un acte réglementaire.

X. — La réorganisation, à titre provisoire, de la justice dans les territoires occupés d'Alsace-Lorraine comporte nécessairement le rétablissement des auxiliaires de la justice: avocats-avoués (Rechtsanwälte), dont le ministère est obligatoire devant les tribunaux régionaux, notaires, greffiers et huissiers. Des dispositions sont à prendre à leur égard ; en même temps qu'elles réglementeront provisoirement leur profession, elles fixeront les droits du barreau français devant les juridictions d'Alsace-Lorraine.

Mais il semble qu'avant d'aborder cette question, il serait bon que la Conférence connût les vues du Grand Quartier général et du Commandant de l'armée d'occupation et qu'elle se trouvât en présence de propositions qu'elle examinerait et discuterait.

Jusque là nous estimons qu'il est préférable d'ajourner l'examen de cette partie pourtant essentielle du problème d'ensemble soumis à la Conférence.

12 juin 1915.

Théodore Tissier.

NOTE DE M. DE WENDEL.

SOUS QUELLE FORME
LE TRAITÉ DE PAIX DEVRA-T-IL ASSURER À LA FRANCE
LA FACULTÉ D'IMPORTER EN ALLEMAGNE.

Au cours de différentes réunions où cette question a déjà été agitée, deux hypothèses ont été envisagées :

1° La franchise de droits pure et simple imposée à l'Allemagne pour nos produits (français ou alsaciens-lorrains);

2° La franchise limitée à un certain tonnage annuel.

Cette dernière formule semble préconisée surtout dans les milieux textiles. La métallurgie paraît vouloir y adhérer également, non qu'elle lui donne toute satisfaction, mais parce qu'à tort ou à raison elle voit un intérêt pour les différentes industries à présenter au Gouvernement des vœux aussi concordants que possible.

Si cette concordance peut présenter des avantages, il nous semble néanmoins avant tout indispensable d'être assuré de la bonté de la formule proposée.

Ce n'est pas notre cas et nous croyons pouvoir dire que les avantages attendus du système des bons d'importation peuvent être atteints plus sûrement par d'autres moyens, et que le système comporte des inconvénients et des dangers auxquels il sera difficile d'obvier.

AVANTAGES QUE L'ON ATTEND DE L'ADOPTION
DU SYSTÈME DES BONS.

Les partisans du système des bons ont fait valoir, à notre connaissance, deux arguments principaux :

1° Qu'il serait plus facile à faire accepter à l'Allemagne que la franchise de droits pure et simple;

2° Qu'il offrirait un moyen de parer au danger de voir seules profiter de la faculté d'importation en Allemagne les usines annexées, et fournirait même un expédient pour limiter le danger de leur concurrence sur le marché français.

Examinons le système à ce double point de vue :

1° *Le système des bons sera-t-il plus facile à faire accepter à l'Allemagne que la franchise pure et simple?*

Nous croyons que cette question appelle une réponse négative.

Le système des bons d'importation aurait pu rencontrer une certaine faveur en Allemagne s'il ne s'appliquait qu'à un tonnage relativement faible.

Mais certaines études nous ont permis de démontrer que pour assurer à l'industrie métallurgique une situation non pas meilleure, mais tout au plus égale à celle dont elle jouissait avant la guerre, il faudrait pouvoir importer en Allemagne un tonnage équivalent à celui qui y était placé par les usines de Lorraine et de la Sarre. Il faut noter également que la Belgique devrait, de son côté, revendiquer le tonnage qu'y plaçaient antérieurement les usines du Luxembourg. Nous avons tenté d'évaluer ces tonnages et il résulte de nos recherches qu'il s'élève à plusieurs millions de tonnes de métal.

Les partisans des bons d'importation demandent d'ailleurs en général que ces bons s'appliquent à un tonnage égal à la production « totale » des régions dont ils prévoient l'annexion, par conséquent à un tonnage assurément supérieur à celui qui pourrait y être placé, même sous le régime de la franchise pure et simple.

Le système des bons d'importation ainsi compris provoquera, sans aucun doute, les plus vives résistances en Allemagne, et l'on peut prévoir qu'en exprimant en chiffres le tonnage que l'on prétend pouvoir importer, il effarouchera l'opinion de ce pays plus que ne le ferait la perspective de la franchise pure et simple.

2° *Le système des bons peut-il avoir pour effet de faire participer toutes les usines françaises au bénéfice de l'importation en Allemagne?*

Remarquons tout d'abord que par une rencontre assez singulière les textiles prétendent atteindre par le système des bons un résultat tout contraire, voudraient, jusqu'à nouvel ordre, que les bons soient réservés aux seules usines d'Alsace, alors que les métallurgistes en prévoient la répartition entre les usines de France et d'Alsace-Lorraine. Cette constatation nous permet d'apprécier à sa juste valeur « la concordance des vœux » de deux industries dont la situation n'est pas comparable.

En ce qui concerne la métallurgie, il est hors de doute que seules pourront pratiquement importer en Allemagne les usines annexées et les usines de

Meurthe-et-Moselle, les premières ayant sur les secondes l'avantage des relations acquises.

Aussi la pensée des auteurs de la motion a-t-elle été que, les bons étant répartis entre toutes les usines proportionnellement à la production moyenne des dernières années, les usines bien placées seraient amenées à racheter aux autres leurs bons, et que ces dernières participeraient ainsi directement au bénéfice de l'importation.

Pour atteindre plus sûrement ce résultat, certains ont même envisagé de réduire de 50 p. 100 la part proportionnelle des bons revenant, d'après la base de la production, aux usines annexées dans lesquelles la totalité des administrateurs-gérants ou propriétaires ne serait pas de nationalité française. Ainsi ces usines se trouveraient dans la nécessité de négocier avec leurs collègues et ceux-ci disposeraient d'un moyen d'action pour atténuer les effets de cette nouvelle concurrence sur le marché national.

Nous croyons que ce serait une illusion d'attendre de grands effets de cette combinaison.

Les usines qui ne pourront pas utiliser leurs bons seront en effet de beaucoup les plus nombreuses, et celles qui voudront en racheter pourront d'autant plus facilement s'entendre pour maintenir un prix de rachat modique que le total des bons répartis représentera un tonnage supérieur à ce qu'il sera possible d'importer. Il faudra accepter un prix dérisoire ou se résigner à garder sans emploi des bons en portefeuille. D'ailleurs, si le prix de rachat était tant soit peu élevé, cela paralyserait l'effet de la franchise de droits.

La clause qui réduit arbitrairement de 50 p. 100 la part de bons revenant normalement aux sociétés de caractère étranger nous semble particulièrement critiquable; sans doute il y aura lieu de prendre des mesures administratives pour éviter que les directions de ces sociétés deviennent des centres agissants d'influence étrangère. Mais nous estimons que c'est créer une confusion regrettable que de faire intervenir ces considérations politiques dans une question purement commerciale. En outre, cela nous paraît être un non-sens que de rendre difficile l'importation en Allemagne précisément aux usines qui ont chance de la réaliser. Il faut, au contraire, profiter de ce qu'elles ont des attaches en Allemagne pour nous débarrasser sur ce pays du plus gros tonnage possible.

Il est assurément désirable que cette importation se fasse au profit de tous. Mais ce résultat ne pourra, à notre avis, être obtenu que par la constitution d'un syndicat groupant toutes les usines, qui ferait exécuter les livraisons en Allemagne par les usines les mieux placées pour le compte commun.

Pour pouvoir opérer de la sorte et effectuer une répartition rationnelle des commandes, il faudrait en outre que ce syndicat assume en même temps la vente en France. Il devrait être mis en possession de la totalité des bons, et en faire lui-même la distribution suivant les besoins. Un tel monopole ne pourrait naturellement lui être concédé que s'il contracte l'obligation d'accepter dans son sein toutes les usines sur les bases de la production antérieure, et l'on voit de suite les difficultés du système.

Admettons qu'elles puissent être résolues : on entrevoit qu'ainsi pratiqué le système des bons pourrait conduire au résultat qu'on espère. Mais il y a lieu de remarquer que le syndicat que nous préconisons conduirait au même résultat avec le régime de la franchise de droits pure et simple.

Aussi croyons-nous que si l'autorité gouvernementale doit intervenir dans nos rapports avec nos futurs confrères, elle se manifestera plus utilement en exerçant une certaine pression pour obtenir leur adhésion à un syndicat métallurgique qu'en sanctionnant avec le système des bons le mode de répartition arbitraire qui est proposé.

A un autre point de vue, l'expédient des bons d'importation pourrait présenter un avantage qui n'a pas jusqu'ici été mis en lumière. Il serait évidemment désirable que l'Angleterre, dont la production métallurgique ne sera probablement pas modifiée par les événements actuels, n'obtienne pas pour l'entrée des produits métallurgiques en Allemagne les mêmes facilités que la France et la Belgique. Le système des bons, qui laisse substituer en principe le tarif allemand et suppose simplement une renonciation périodiquement renouvelée et limitée quant au tonnage, au prélèvement des droits, peut faciliter la concession à la France et à la Belgique d'un avantage transitoire dont ne bénéficierait pas l'Angleterre.

Toutefois, on peut objecter que, pour qu'une telle solution soit possible, il faudrait que l'Angleterre soit disposée, en principe, à admettre que la France et la Belgique soient l'objet d'un traitement préférentiel, et que si, contre toute attente, elle se trouve dans ces dispositions favorables, le même résultat pourrait être obtenu par la conclusion entre l'Allemagne et les trois autres pays de traités de commerce différents.

INCONVÉNIENTS DU SYSTÈME DES BONS.

Si les avantages que l'on attend du système des bons nous semblent sujets à discussion, les objections qu'il soulève apparaissent avec évidence.

Une première difficulté se présente immédiatement à l'esprit, celle de la répartition des bons d'importation entre les producteurs.

En effet, ces bons seront naturellement remis par le Gouvernement allemand au Gouvernement français. Comment celui-ci en disposera-t-il ?

On a généralement compris qu'on ne pouvait laisser la solution de ce problème à l'arbitraire du Gouvernement, et on a envisagé certaines propositions de règlement intérieur qui ont pour objet de régler par avance le mode de répartition des bons.

On doit évidemment prévoir la désignation par le Gouvernement d'une Commission à qui incombera cette tâche. Quelle sera la composition de cette Commission ? quelle sera la base de répartition qui devra être admise, notamment la proportionnalité aux chiffres de production des usines avant la guerre ?

Si bien composée que soit cette Commission, si bien défini que soit son objet, sa tâche ne sera point aisée.

En effet, le principe de la proportionnalité à la production antérieure ne pourra pas être appliquée sans tempéraments. Tous ceux qui ont la pratique des ententes industrielles savent que cette formule simple, admise en règle générale comme base pour l'établissement des quotes-parts, ne peut résoudre tous les cas, et qu'elle laisse la porte ouverte à de nombreuses contestations. Il sera aussi difficile de faire une répartition équitable des bons que de déterminer les quotes-parts dans un syndicat.

Rien ne prouve d'ailleurs que le Gouvernement, en acceptant le système des bons, acceptera aussi la formule de règlement intérieur sur laquelle certains comptent pour en atténuer les inconvénients.

Il pourra aller au plus pressé, arrêter les conditions qu'il s'agit d'imposer à l'Allemagne, se réservant de déterminer plus tard à tête reposée le mode de répartition des bons qui est une question interne. Cela peut ménager quelques surprises.

De plus, même en supposant, ce qui est bien peu probable, que le Gouvernement accepte telle ou telle formule envisagée, cela ne garantira pas l'avenir. Le système des bons sera définitivement établi par le traité, mais le mode de répartition résultera d'un règlement intérieur qu'il sera toujours loisible de modifier. Le danger ne sera que provisoirement écarté et restera menaçant, car il faut bien reconnaître que le système des bons offrira à certains adversaires éventuels des arguments faciles.

En effet, la délivrance périodique par l'Allemagne d'un certain nombre de bons représentant la renonciation à x millions de droits de douanes, revêt en quelque sorte l'apparence d'une redevance annuelle. L'Allemagne pourra revendiquer que l'on fasse entrer cette redevance en compte dans le calcul de l'indemnité qu'elle aura éventuellement à payer à la France. Même si cela n'est pas, il pourra sembler, aux yeux du public, que l'indemnité à laquelle on aurait pu prétendre s'est trouvée réduite en considération d'un avantage pécuniaire réservé à une seule industrie.

D'autre part, la remise annuelle et gratuite des bons aux métallurgistes pourra être interprétée comme une libéralité, une subvention pécuniaire, une prime d'exportation concédée à une branche de l'industrie et représentant un nombre de millions exprimé par un chiffre précis.

Le jour viendra où elle sera critiquée comme une faveur extraordinaire; ce sera prétexte à discussion, et cette perspective devrait suffire à nous débarrasser du système des bons; nous pouvons l'envisager comme un pis-aller auquel il faudrait se résigner s'il est impossible d'imposer à l'Allemagne la franchise des droits pure et simple, et si nous devons nous contenter d'une franchise limitée; nous n'avons pas lieu de la proposer comme ayant toutes nos préférences.

Le 7 octobre 1915.

RAPPORT DE M. DE WENDEL

SUR

LA QUESTION RELIGIEUSE.

Messieurs,

A notre réunion du 5 juillet, M. l'abbé Wetterlé, après nous avoir exposé la situation du culte catholique en Alsace-Lorraine, a indiqué qu'il serait désirable d'y maintenir le Concordat après le retour à la France pendant une période assez prolongée.

M. Blumenthal ayant émis l'opinion que la loi de séparation des Églises et de l'État pourrait être appliquée immédiatement, vous avez bien voulu nous prier d'étudier si l'on ne pourrait trouver une solution intermédiaire conciliant à la fois les opinions et les intérêts.

Nous allons examiner pourquoi cette solution intermédiaire est désirable, comment elle pourrait être envisagée, enfin ce qui paraît indispensable pour atteindre le but proposé.

Quelles que soient les opinions de chacun en matière religieuse, nous sommes tous désireux d'épargner à l'Alsace-Lorraine des querelles stériles et douloureuses au moment de son retour à la France, et c'est parce que telle est notre commune intention qu'il paraît indispensable de trouver une formule qui nous permette d'y régler la question des cultes avant qu'elle ait repris sa place dans la vie politique française et épousé sur cette question les rancunes des partis.

C'est pour la même raison que, même si le Parlement français était disposé à accepter, pour un certain temps, le maintien du Concordat en Alsace-Lorraine, nous ne serions pas d'avis d'adopter cette solution; cela ne ferait que retarder l'échéance pour la régler plus difficilement.

Le maintien du Concordat dans trois départements qui, nous en avons la conviction, reprendront très vite leur place dans la communauté française, se révélera rapidement comme difficile; les éléments hostiles à son maintien (et nous savons qu'il en existe) réclameront sa suppression et nous n'ignorons pas combien toute la vie politique d'un pays se concentre autour d'une question de ce genre dès qu'elle a été soulevée.

Nous serions fatalement amenés à régler plus tard, au milieu de passions excitées, ce qui aurait pu, au lendemain de la guerre, dans la joie du retour à la France, être réglé dans un esprit de conciliation réciproque.

L'application immédiate et sans réserves de la loi de séparation apparaît par ailleurs comme impossible; elle heurterait profondément des populations souvent très attachées à leur clergé et à leur culte, et auxquelles on répète depuis des années et en ce moment même que la France ne respectera pas leurs coutumes, leurs mœurs, leurs croyances.

Le clergé, dont les tendances ne nous sont pas toujours favorables, le jeune clergé surtout, se dresserait contre nous pour se joindre aux éléments un peu germanisés du pays, et nous risquerions, dans une province restée dans son ensemble étonnamment française, malgré 44 ans de séparation et presque d'oubli, de voir se créer un irrédentisme plus religieux peut-être que politique, mais cependant bien redoutable. Ce serait une faute politique de premier ordre.

Nous avons donc envisagé un moyen terme qui reviendrait à peu de chose près à l'application de notre loi de séparation, mais légèrement modifiée telle peut-être que beaucoup de bons esprits l'avaient jadis désirée — telle en tous cas qu'elle soit acceptée par le clergé et les populations d'Alsace-Lorraine.

Quelles que soient les critiques justifiées ou non dont elle a pu être l'objet, la loi de séparation ne se présente plus aujourd'hui, comme en 1905, comme une loi nouvelle désirée par les uns, redoutée par les autres, mais dont partisans et adversaires pouvaient difficilement prévoir les conséquences. Elle n'est plus l'inconnue; elle a aujourd'hui plus de huit années d'application et l'on peut, en se basant sur ce qui a été constaté dans les parties religieuses du territoire français et sur ce que nous savons de l'Alsace-Lorraine, prévoir les résistances que rencontrerait son application pure et simple, et suggérer les concessions qui la feraient probablement accepter.

Nous nous sommes, dans ce qui va suivre, strictement interdit d'en discuter les dispositions.

Nous nous sommes, après en avoir étudié tous les articles, bornés à indiquer les mesures qui permettraient son application en Alsace-Lorraine et à déterminer en même temps jusqu'à quel point ces mesures entraîneraient des modifications à son texte actuel.

LES ASSOCIATIONS CULTUELLES.

La conclusion de l'étude à laquelle nous nous sommes livrés est qu'à vrai dire le seul obstacle sérieux à l'application de la loi de séparation en Alsace-Lorraine est de faire agréer par les catholiques les associations cultuelles, auxquelles doivent être attribués les biens des établissements publics supprimés, alors que la loi ne prévoit en aucune façon les relations de ces associations avec l'autorité ecclésiastique.

Cet obstacle n'est peut-être pas infranchissable. Il pourrait, nous semble-t-il, être *convenu* que la première association cultuelle formée dans chaque paroisse serait constituée par le conseil de fabrique lui-même et un représentant de l'autorité épiscopale qui serait pratiquement le curé. Cette association, à laquelle il serait probablement très opportun de conserver son nom de « conseil de fabrique », s'adjoindrait les membres nécessaires pour atteindre le chiffre prévu par l'article 19 et jusque-là il ne semble pas que nous soyons en opposition avec la loi. Ses auteurs avaient d'ailleurs toujours prévu que la première cultuelle serait le conseil de fabrique (1), et il est évident que si la loi de séparation est appliquée en Alsace et en Lorraine avec l'agrément de l'autorité religieuse, il ne saurait en être autrement. On peut, d'autre part, être assuré qu'en cas de réclamation formulée par une association concurrente, le tribunal chargé de décider de l'attribution, « le Conseil d'État » s'inspirera des commentaires formulés par M. Maxime Lecomte, le rapporteur de la loi de 1905 devant le Sénat, et attribuera les biens à l'association constituée comme nous venons de l'indiquer.

Mais sans même envisager le cas cependant possible de la dissolution ultérieure d'une association ainsi formée, il faut prévoir le changement ou le décès du représentant désigné par l'évêché. Celui-ci entendra se réserver le droit de désigner son remplaçant pour faire reconnaître par là son autorité sur la cultuelle, et il est probable que si l'on veut faire accepter le système des cultuelles par les catholiques, on sera conduit à admettre cette prétention. Mais c'est là que nous nous heurtons directement aux principes mêmes de la loi de séparation.

Celle-ci s'était défendue de soumettre les associations, *qui n'ont d'ailleurs d'autre objet que la défense des intérêts temporels du culte*, à l'autorité religieuse. Le rapporteur de la loi de 1905 devant la Chambre indique bien dans son rapport que les associations pour être reconnues devront « disposer d'un ministre du culte », mais il ne dit pas que celui-ci devra être agréé par la hiérarchie ecclésiastique. Il suffit qu'il soit agréé par les « fidèles », par la « collectivité » *considérée en droit naturel comme propriétaire des biens ecclésiastiques* et à laquelle ceux-ci devront par suite être attribués.

On peut penser que la première association qui recevra les biens ayant été constituée dans les conditions satisfaisantes indiquées plus haut, l'Église catholique pourrait faire confiance à l'avenir et accepter par la suite l'application pure

---

(1) Voir Décret du 30 décembre 1909, concernant les fabriques des églises.

et simple de la loi. On peut même soutenir que la discipline ecclésiastique permettant aux évêques d'interdire à leur clergé la célébration du culte dans des édifices attribués à une association dissidente, de l'empêcher ainsi de remplir son objet et entraîner par là jusqu'à un certain point sa dissolution légale (à discuter), l'autorité religieuse pourrait raisonnablement renoncer à sa prétention.

Cela résoudrait évidemment la difficulté signalée, mais on ne peut affirmer que l'on se trouvera en présence de dispositions aussi conciliantes. La matière est sujette à discussion, à négociation; il est probable que l'Église voudra que l'avis de l'évêque, reconnu par M. Lecomte dans son rapport au Sénat comme un élément d'appréciation « considérable » de la qualité d'une association, en devienne l'élément « décisif », et elle verra dans la présence d'un membre désigné par lui dans chaque association la reconnaissance de cet état de choses.

Devra-t-on hésiter à faire cette concession si la paix religieuse en Alsace-Lorraine peut être obtenue à ce prix? Nous ne le croyons pas. La concession est, en effet, plus apparente que réelle. Le rapporteur de la loi de séparation au Sénat fait ressortir dans le passage que nous venons de rappeler « le fait capital » que les associations sont formées pour l'exercice d'« un culte déterminé », en l'espèce le culte catholique, et il n'y a véritablement pas grand intérêt à refuser aux évêques d'être représentés dans des associations qui ne sauraient faire exercer le culte pour l'exercice duquel elles sont constituées si elles ne reconnaissent pas leur autorité.

ATTRIBUTION DES BIENS.

L'accord une fois obtenu sur la question des associations, l'attribution des biens se fera sans aucun doute assez aisément. Elle doit, conformément à l'article 3 de la loi, être précédée d'un inventaire qui ne saurait être évidemment, en raison du souvenir laissé en Alsace-Lorraine par les inventaires français, envisagé qu'avec l'agrément de l'autorité religieuse; mais celle-ci n'aura pas de motif pour y faire obstacle si l'inventaire apparaît comme une mesure conservatoire et non spoliatrice.

Nous ne voulons pas dire par là que l'État doive renoncer à faire valoir ses droits. Pas plus en Alsace-Lorraine qu'en France, l'État, les départements et les communes ne sauraient abandonner aux associations les édifices du culte. Mais s'il n'y a pour ceux qui servent à l'exercice public d'un culte, ainsi que pour les « objets mobiliers qui les garnissent », qu'à suivre la loi qui les laisse à la disposition des associations, on ne saurait songer à appliquer en Alsace-Lorraine l'article 14, laissant après un délai de cinq ans la libre disposition à l'État, aux départements et aux communes, des évêchés, presbytères, etc… Il faudrait prévoir leur location à un prix minime pour une durée de trente ans au moins aux associations et engager les préfets à ratifier les baux ainsi consentis. (On écarterait l'idée d'un *don détourné* des communes ou de l'État en laissant à la charge des associations réparations, frais locatifs, etc.)

Il faudra, d'autre part :

1° Ne pas se montrer trop âpre dans la reprise par l'État des *biens provenant de l'État et non grevés de fondation pieuse* ;

2° Engager les préfets à consentir dans l'esprit le plus libéral l'attribution par les établissements publics supprimés *des biens immobiliers et mobiliers grevés d'une affectation charitable ou de toute autre affectation étrangère au culte*. La loi laisse d'ailleurs le soin de faire cette attribution à l'établissement public supprimé, à charge pour lui d'attribuer les biens à un établissement « reconnu » poursuivant le but prévu par les donateurs, et il ne s'agit en somme que d'une interprétation suffisamment large de la loi actuelle. Il n'est pas question d'en modifier l'esprit et il suffit de comprendre qu'il n'y a pas intérêt à chercher à réduire systématiquement le revenu des futures associations. S'il dépasse le maximum prévu par l'article 22, on pourra toujours faire déposer l'excédent à la Caisse des dépôts et consignations en vue de l'acquisition, la réparation ou la décoration des immeubles du culte. On pourrait également l'utiliser pour assurer le traitement des ministres du culte dont nous allons parler et réduire d'autant la charge que nous allons vous proposer de faire supporter à certains budgets.

Nous ne croyons pas que ce que nous prévoyons ci-dessus soit en opposition avec la loi.

TRAITEMENTS.

Il en est autrement de ce que nous avons à dire des traitements du clergé *en fonctions*. Ceux-ci doivent, en effet, lui être conservés « à vie », et il est certain que l'article 2 de la loi de séparation ne saurait être appliqué en Alsace-Lorraine.

Quelque importante que soit cette dérogation à la loi, nous ne croyons pas cependant qu'elle soulève de très graves objections. Tout le monde comprend en France que l'on ne peut risquer bénévolement de mécontenter, en lésant les intérêts particuliers de chacun de ses membres, tout un clergé dont une partie importante — la plus âgée surtout — est restée très fidèle à la France, et dont le concours sera aussi précieux que son hostilité serait dangereuse pour le développement ultérieur de l'idée française en pays reconquis.

Nous indiquerons seulement qu'au lieu de grever le budget de l'État du service de ces traitements, on pourra sans inconvénient en charger les budgets régionaux ou départementaux des nouvelles provinces. Le budget d'Empire ne participant pas actuellement à ces charges, les contribuables l'Alsace-Lorraine ne seraient pas frappés de ce chef d'une imposition nouvelle. Nous avons d'ailleurs signalé plus haut que l'excédent de revenus éventuels des associations pourrait être appliqué au service du traitement du clergé, et une réduction des dépenses peut être escomptée de ce chef.

Nous arrêterons là, Messieurs, si vous le voulez bien, l'examen des modifications ou dérogations à apporter à la loi de séparation des Églises et de l'État en Alsace-Lorraine. Il resterait bien à discuter certains articles comme ceux qui visent les sonneries, cérémonies, processions et autres manifestations des cultes (réglées par la loi du 5 avril 1894); mais ce sont choses de détail faciles à régler, quand on sera parvenu à un accord sur les points que nous avons examinés.

De ce rapide examen fait en se préoccupant seulement de l'avenir des pays reconquis, il ressort, croyons-nous, qu'ainsi que nous l'avons indiqué au début de notre étude, la seule question difficile à régler sera celle des associations cultuelles, et que ce n'est qu'après l'avoir réglée qu'on pourra songer à faire des inventaires, supprimer des établissements ecclésiastiques, attribuer leurs biens aux cultuelles, en un mot appliquer la loi de séparation.

Nous avons indiqué que la difficulté n'était pas insurmontable et nous estimons qu'amendée dans le sens proposé, la loi pourrait être acceptée par le clergé et les populations alsaciennes-lorraines; mais nous ne saurions vous cacher qu'il n'en sera rien et que rien ne pourra être fait si nous ne nous mettons pas au préalable d'accord avec Rome.

Bien plus, nous dirons, et tous ceux qui connaissent la diplomatie romaine reconnaîtront le bien-fondé de cette affirmation, qu'il faudrait, pour aboutir, que ce soit le Saint-Siège qui nous suggère les quelques modifications que nous avons proposées à la loi actuelle de séparation. Rome refusera un projet, même très avantageux, établi sans accord préalable. C'est peut-être un tort, mais nous n'avons pas ici à critiquer, et nous en arrivons à la conclusion normale de notre étude, conclusion qui sera forcément celle de tous ceux qui veulent la paix religieuse en Alsace-Lorraine : quel que soit le système proposé, il faut commencer par causer avec Rome. Il le faut, parce que c'est le seul moyen d'aboutir à un résultat; il le faut aussi parce que nous n'avons pas le moyen de résoudre autrement la question des évêques dont nous a entretenu M. l'abbé Wetterlé.

Cette conversation en entraînera-t-elle d'autres? Est-il désirable ou non qu'il en soit ainsi, c'est une question que notre Conférence n'a pas à examiner, mais elle a le droit de déclarer que la question des cultes est la plus grave que soulève la reprise de l'Alsace-Lorraine. Alors que, dans d'autres voies, dans le domaine économique, dans le domaine social, l'Alsace-Lorraine et la France ont suivi des voies différentes peut-être, mais au fond analogues, elles ont, en matière de cultes, suivi des voies diamétralement opposées. Depuis l'annexion, la situation matérielle du clergé s'est sensiblement améliorée ; pendant plusieurs années, le clergé a bénéficié de la situation du Centre devenu l'arbitre de la politique allemande, alors que durant la même période, l'État et l'Église devenaient en France de plus en plus étrangers l'un à l'autre ; ce sont les mœurs et coutumes de tout un peuple qui sont en question.

Ce n'est pas au moment où nous apporterons à l'Alsace-Lorraine une liberté qu'elle n'a pas connue depuis 44 ans que nous pourrons songer à lui retirer les garanties qui lui étaient assurées au point de vue religieux et lui imposer brutalement nos lois.

Une conversation avec Rome s'impose donc, mais si cette conversation doit avoir pour objet l'application en Alsace-Lorraine du régime de la séparation, elle n'en implique pas moins le maintien du Concordat pendant un certain temps et au minimum pendant la durée des pourparlers.

La grande erreur de 1905 a été, on peut le reconnaître maintenant, de rompre avec le Saint-Siège au moment où plus que jamais il aurait fallu pouvoir causer avec lui. — C'est une erreur dans laquelle il serait funeste de retomber aujourd'hui.

Nous sommes donc amenés à envisager pendant quelques mois une reconnaissance tacite du Concordat en Alsace-Lorraine, mais il est bien entendu qu'il ne s'agirait que d'une période assez courte, et nous avons dit plus haut pourquoi il nous paraissait désirable qu'il en soit ainsi.

CONCLUSION.

La Commission d'Alsace-Lorraine, désireuse d'assurer la paix religieuse en Alsace-Lorraine, pense qu'il y aura intérêt à y appliquer le plus tôt possible la loi de séparation des Églises et de l'État. Elle estime, toutefois, que certains ménagements seront indispensables, et qu'il faudra en particulier respecter les droits acquis du clergé et trouver pour les associations cultuelles une formule admise par l'Église catholique.

Seule une conversation avec Rome semble permettre d'atteindre le résultat proposé.

RAPPORT DE M. LAUGEL

SUR

L'ORGANISATION ADMINISTRATIVE DE L'ALSACE-LORRAINE.

PREMIÈRE PARTIE.

En entreprenant l'étude des problèmes que soulève l'organisation de l'Alsace-Lorraine, il faut se souvenir d'un premier fait qui a souvent été rappelé, c'est que, tant au point de vue administratif qu'au point de vue économique, juridique et social, le régime français autrefois appliqué en Alsace-Lorraine a subi de nombreuses modifications, et que des différences plus ou moins notables séparent les lois françaises des lois actuellement en vigueur en Alsace-Lorraine.

Il faut, en second lieu, ne pas oublier que des déclarations solennelles ont été faites par les plus hautes personnalités françaises à l'effet de garantir aux populations qui vont revenir à la France le respect de leurs traditions, de leurs usages et des droits qu'elles ont légitimement acquis.

Telles sont les deux idées qui doivent guider nos discussions et leur servir de points de départ.

Pour permettre de mesurer l'étendue des différences qui existent actuellement entre la législation française et la législation alsacienne-lorraine, M. Fritz Eccard a eu l'heureuse idée de donner une nomenclature des principales lois qui régissent l'Alsace-Lorraine, et cette nomenclature forme aujourd'hui un code d'environ cent cinquante lois, ordonnances et décrets qui ont modifié l'esprit général des anciennes institutions françaises, dont un petit nombre seulement ont été conservées. Parmi ces dernières, M. Eccard cite notamment: la loi du 3 mai 1841 sur l'expropriation publique, le Code forestier, les dispositions législatives concernant la voirie, l'octroi et les théâtres, certaines lois générales d'organisation administrative et les lois sur les cultes. Et d'ailleurs, il convient de rappeler que quelques-unes de ces dispositions ont été modifiées en France depuis le moment où l'Alsace-Lorraine lui fut arrachée; en sorte qu'aujourd'hui, soit par le fait de l'introduction de législations nouvelles en Alsace-Lorraine, soit par le fait de la modification, en France, des institutions françaises encore en vigueur en Alsace-Lorraine, il existe des différences nombreuses et notables entre les méthodes d'administration des deux pays.

On est, d'ailleurs, à peu près unanime à admettre qu'un certain nombre des nouvelles dispositions introduites en Alsace-Lorraine par la législation alsacienne-lorraine proprement dite, aussi bien que par la législation de l'Empire, présentent de sérieux avantages sur les dispositions analogues de la législation française.

Comment donc conviendra-t-il de procéder le jour où la France aura repris possession de l'Alsace-Lorraine?

En présence des différences existant actuellement entre le régime des deux pays, en présence des promesses formelles qui ont été faites, il semble absolument nécessaire d'introduire en Alsace-Lorraine un régime transitoire au cours duquel on s'efforcera d'amener insensiblement l'harmonie complète entre l'administration du pays reconquis et celle du reste de la France. Et notons, en passant, que le fait de procéder de cette façon n'a rien d'anormal, puisque, selon la juste remarque de M. Fritz Eccard, des procédés d'atténuation sont employés chaque fois que, dans un même pays, une loi en remplace une autre. Que fait alors, en effet, le législateur? Il s'empresse de prévoir une série de dispositions transitoires destinées à faciliter le passage d'une réglementation à l'autre. Or c'est précisément cette manière de faire qu'il conviendrait d'introduire en Alsace-Lorraine où il s'agit également du remplacement d'une législation par une autre. Il appartiendrait à la France d'édicter les mesures qui lui sembleraient nécessaires pour faciliter les transitions, d'élaborer des lois d'introduction qui marqueront les étapes successives à franchir, et, enfin, d'indiquer, en cas de litige, les solutions intermédiaires.

On fait aussi, parfois, état de la disposition qui veut que toute loi, pour devenir exécutoire, doive être promulguée, et l'on dit que les lois françaises n'ayant pas été promulguées en Alsace-Lorraine ne sauraient y être appliquées. Mais je ne veux pas retenir cet argument, car il est évident qu'on pourrait, en bloc, promulguer toute la législation française et, par conséquent, la rendre exécutoire. Ce procédé un peu sommaire n'est peut-être pas très recommandable, mais il est possible, et quelques bons esprits vont même encore beaucoup plus loin en soutenant que le seul fait de proclamer le retour de l'Alsace-Lorraine à la France implique le droit pur et simple de faire appliquer, dans le pays reconquis, la législation française tout entière.

Mais ce sont là des questions d'ordre théorique que nous n'avons pas à discuter en ce moment, et il suffira, je pense, que je les aie posées. Nous devons faire un travail pratique, et il semble que la nécessité de procéder par échelons successifs dans la refonte du régime actuel de l'Alsace-Lorraine s'impose de la façon la plus impérieuse. Des raisons basées sur la bonne administration du pays, sur le respect des convictions et des habitudes, sur la sauvegarde des droits acquis, obligent la France à créer, pour l'Alsace-Lorraine, un *modus vivendi* provisoire, dont on abrégera la durée selon qu'il en sera besoin, pour ne pas porter trop grand préjudice au régime de la France fortement centralisée.

Je me hâterai cependant d'ajouter qu'il semble inutile de vouloir tout, systématiquement, conserver en Alsace-Lorraine, car il y a, dans ce pays, un certain nombre de réglementations qui peuvent fort bien être remplacées de suite par des réglementations similaires françaises.

Dans mon rapport sur la viticulture, j'ai fait allusion à la loi sur le régime des vins et à la loi sur le phylloxéra, et j'ai dit qu'il y aurait tout avantage à supprimer purement et simplement cette dernière, et à remplacer la première par la loi française qui semble poursuivre exactement le même but que la loi allemande appliquée en Alsace-Lorraine.

Il semble donc excessif de prétendre que la législation alsacienne-lorraine doive être conservée dans son intégrité; parce que, d'une part, il n'y a pas toujours, ni forcément, de différences essentielles entre les dispositions qu'elle prévoit et les dispositions prévues par la législation française, et, d'autre part, parce qu'on ne saurait, dans tous les cas, invoquer le respect des traditions et des usages, pour conserver une législation qui ne jouit, auprès de la population alsacienne-lorraine, d'aucune préférence.

Le respect des traditions réside beaucoup plus dans la manière dont sont appliquées les lois que dans les lois elles-mêmes; et c'est de leur tact, de leur esprit d'impartialité, et non des textes, que les fonctionnaires doivent s'inspirer quand ils veulent fixer les règles d'une conduite soucieuse des ménagements nécessaires.

La question qui se pose c'est, par conséquent, de savoir si l'on ne devrait pas procéder à l'examen des matières et distinguer entre celles que l'on pourra, de suite, traiter à la française, et celles qu'il conviendra de transformer progressivement en fixant, si l'on veut, un délai à l'expiration duquel la transformation devra être complète. Et notre tâche devra se borner, tout d'abord, à faire la discrimination entre les lois alsaciennes-lorraines que l'on pourra de suite remplacer par des lois similaires françaises et celles qu'il faudra conserver sauf à les accorder peu à peu au diapason français.

Cette manière de procéder présenterait le grand avantage de remédier aux difficultés qui ne manqueraient pas de se produire si, comme il y a lieu de le croire et peut-être même de l'espérer, la législation actuelle de l'Alsace-Lorraine pouvait servir de prétexte au législateur français pour opérer la réforme de certaines lois françaises. Quelle singulière anomalie ne résulterait-il pas du fait que l'on supprimerait aujourd'hui, en Alsace-Lorraine, une législation existante et qui a fait ses preuves, pour la remplacer par une législation française qui ne la vaut pas, sauf à modifier, au bout de quelque temps, la législation française dans le sens de la législation alsacienne-lorraine que l'on avait abolie.

Au lendemain du traité de paix, l'Alsace-Lorraine sera représentée au Sénat et à la Chambre des Députés par des hommes qui, sans doute, auront à cœur de faire profiter l'administration française des expériences heureuses qui, au point de vue administratif — je ne parle que de celui-là — auront pu être faites en Alsace-Lorraine. Des propositions de loi, des amendements seront donc déposés, et il est permis de penser que les représentants alsaciens-lorrains auront la bonne fortune de faire prévaloir certaines idées dont l'application, en Alsace-Lorraine, leur aura semblé bienfaisante. Il serait illogique, par conséquent, de supprimer aujourd'hui, parce qu'alsaciennes-lorraines, des dispositions qu'on réintroduirait demain parce qu'elles seraient devenues françaises.

Laissons à l'Alsace-Lorraine le temps de s'acclimater et de reprendre contact, sans heurt, avec la Patrie française ; et laissons aussi à la France le temps de voir si la reprise de l'Alsace-Lorraine ne lui fournira pas, à elle-même, l'occasion de réviser des législations et des organisations administratives dont, depuis longtemps, elle avait reconnu les imperfections.

Le peuple alsacien-lorrain en redevenant français s'attend certainement à un changement de régime, mais il s'attend surtout à ce que ce régime soit meilleur que celui auquel l'avait soumis l'Allemagne. L'idée qu'il se fait de la France et de son Gouvernement implique l'idée d'une supériorité dans toutes les branches de l'administration, d'une plus grande bienveillance, d'un libéralisme plus éclairé, d'une tolérance plus généreuse. Ce sera, par conséquent, l'affaire de la France de ne pas déconcerter, par son attitude, ou par les mesures qu'elle prendra, ceux qui mettaient en elle toute leur confiance.

Le triomphe de la France que nous voulons complet et définitif donnera sans doute aux idées de ce pays une orientation dont il est impossible de préciser, dès à présent, la direction. Et, d'autre part, son retour à la France éveillera aussi en Alsace-Lorraine des idées nouvelles sur la portée desquelles on ne peut, maintenant, se prononcer. Il ne faut donc pas entreprendre de remaniements qui risqueraient d'être intempestifs et que l'on aurait à regretter faute d'avoir tenu compte des mouvements d'opinion que les événements auxquels nous assistons ne manqueront pas de provoquer en France aussi bien qu'en Alsace-Lorraine.

N'oublions pas, d'ailleurs, que la population d'Alsace-Lorraine doit avoir voix au chapitre, non pas pour sanctionner par un vote ou par un plébiscite son retour à la France, mais pour faire connaître comment elle entend que se fasse ce retour qu'elle a, depuis si longtemps, appelé de ses vœux.

Nous ne pouvons, par conséquent, qu'émettre des vœux, préparer les voies et rendre l'administration française attentive aux difficultés qu'elle rencontrera.

Nos avis ne forment qu'une sorte de consultation provisoire qui, pour devenir définitive, aura besoin d'être approuvée par l'opinion alsacienne-lorraine et par les pouvoirs publics français.

DEUXIÈME PARTIE.

Comment le pays, créé de toutes pièces, sous le nom d'Alsace-Lorraine, après la ratification du traité de Francfort, est-il actuellement administré?

Je n'exposerai pas l'évolution historique des organisations alsaciennes-lorraines, et je me contenterai de les décrire telles qu'elles fonctionnaient au moment de la déclaration de guerre, en 1914.

A cette époque, l'Alsace-Lorraine, tout en étant encore Terre d'Empire (Reichsland), avait cependant acquis une autonomie qui, sans être complète, lui assurait une certaine indépendance politique et administrative dont elle sera certainement heureuse de faire le sacrifice à la France, mais qui n'en constituait pas moins une prérogative lui permettant d'affirmer son existence nationale.

Si le jeu de cette indépendance politique et administrative ne correspondait pas aux préférences du peuple alsacien-lorrain, la faute en était moins aux institutions elles-mêmes qu'aux hommes chargés d'en assurer le fonctionnement. C'est contre les tendances et le choix des administrateurs, plutôt que contre l'administration elle-même, que l'Alsace-Lorraine avait à lutter.

A la tête de cette administration est placé le *Statthalter* nommé par l'Empereur et qui reste en fonctions aussi longtemps qu'il plaît à l'Empereur de le maintenir. La loi constitutionnelle du 31 mai 1911 fait du Statthalter une sorte de vice-roi, à qui l'Empereur, chargé du *pouvoir* exécutif, délègue l'*action* exécutive, et qui reste le détenteur constitutionnel de toute l'autorité de police en Alsace-Lorraine.

Auprès du Statthalter se trouve un ministère, dont les membres sont nommés par l'Empereur. Ce ministère, qui a pour chef un secrétaire d'État, se divise en quatre sections :

1° Intérieur, industrie, mines et beaux-arts ;
2° Justice et cultes ;
3° Finances, commerce et domaines ;
4° Agriculture et travaux publics.

Chacune de ces sections forme un département ministériel spécial dirigé par un sous-secrétaire d'État, sauf celle que se réserve le secrétaire d'État, et qui est dirigée, en fait, par un directeur ministériel.

A côté du ministère et formant, pour ainsi dire, une cinquième section ministérielle, fonctionne un conseil supérieur de l'enseignement (Oberschulrat), dirigé par le secrétaire d'État lui-même. Ce fait suffit à montrer toute l'importance que l'Allemagne attribuait à l'éducation de la jeunesse et au choix des méthodes qui devaient, avant tout, amener la germanisation du pays.

Pour compléter l'administration centrale, on a encore créé le conseil impérial (Kaiserlicher Rat), qui eut la prétention de remplacer l'institution française du Conseil d'État, en jugeant les conflits administratifs et en servant d'instance supérieure contre les décisions prises par les conseils de préfecture. Ce conseil impérial ne donnait au public aucune garantie, puisqu'il était recruté parmi les conseillers ministériels en exercice, dont l'impartialité pouvait, à bon droit, être mise en doute. A plusieurs reprises, les députés alsaciens-lorrains demandèrent la création d'une instance administrative indépendante, mais leurs efforts restèrent vains, parce que l'autorité supérieure n'admettait pas que l'on pût contrôler et blâmer les abus de pouvoir qu'elle se permettait.

L'ensemble de cet organisme, y compris la représentatation au Conseil fédéral (Bundesrat), coûtait à l'Alsace-Lorraine, en 1914, une somme de 1.392.553 marks, soit plus de 1.700.000 francs. Dans cette somme figurent les frais de représentation du statthalter avec 200.000 marks, le traitement du secrétaire d'État avec 36.000 marks, les traitements des sous-secrétaires d'État, qui touchent, chacun, 22.000 marks.

Le pouvoir législatif est exercé par les deux chambres du Landtag dont les dépenses, non comprises dans le chiffre que je viens de citer, figurent au budget de 1914 avec 361.350 marks.

L'administration centrale est complétée par des organisations régionales et locales comprenant des départements (Bezirke), des arrondissements (Kreise), des cantons et des communes.

Il ne saurait entrer dans le cadre de ce rapport de définir, en détail, les attributions de ces diverses organisations, et je n'en retiendrai que quelques traits principaux.

Les membres des conseils généraux sont nommés au suffrage universel, pour une durée de neuf ans, à raison d'un par canton. Les conseils d'arrondissement, quel que soit le nombre des cantons, se composent toujours de neuf membres, également élus au suffrage universel, mais pour une durée de six ans seulement.

La compétence des conseils généraux a été, dans ces derniers temps, pas mal réduite. La nouvelle loi constitutionnelle de 1911 leur a enlevé toute importance politique directe en les privant du droit dont ils jouissaient autrefois de nommer une partie de la représentation nationale. Dans la nomination des membres de la Chambre haute elle-même, les conseils généraux n'ont pas à intervenir, malgré qu'il eût semblé légitime de les appeler à y envoyer des représentants. D'autre part, les impôts directs de répartition ayant tous été changés en impôt de quotité, le conseil général n'a plus rien à répartir et se trouve encore amoindri de ce côté. Pour le dédommager de cette diminution de son importance fiscale, on lui a donné le droit de nommer quelques membres des Commissions qui vérifient les déclarations des contribuables soumis au payement d'impôts directs.

Par contre, le conseil général continue à s'occuper des questions de voirie, et de nouvelles attributions lui ont été conférées dans les questions d'assistance publique, et notamment dans celles qui sont soulevées par la loi sur le domicile de secours. Enfin le département a un budget propre dont les recettes sont alimentées par des centimes additionnels aux contributions directes, et c'est le conseil général qui le discute et qui le vote. Mais si le conseil général a perdu toute importance politique, il lui reste un droit de contrôle sur les actes administratifs du préfet, dont les attributions sont encore singulièrement étendues, puisqu'il a sous ses ordres une douzaine de chefs de service ayant chacun une spécialité limitée : parmi eux nous trouvons trois agents supérieurs des forêts : un conservateur et deux inspecteurs ; un ingénieur chargé du service de la voirie, un autre chargé du service des améliorations, un inspecteur du travail, un fonctionnaire supérieur de l'instruction publique, un médecin chargé de la surveillance de la santé publique et d'autres encore.

On pourra d'ailleurs juger de l'importance de ces services quand on saura que les trois départements figurent au budget général pour une dépense totale de 708.110 marks, soit 885.000 francs, payés en seuls appointements. Ce chiffre a certainement son éloquence et pourrait donner une haute idée de l'activité des fonctionnaires en Alsace-Lorraine si l'on admettait que l'activité des fonctionnaires croît en raison directe de leur rémunération. En Alsace-Lorraine, ce principe était fortement discuté... Je ne sais s'il est discuté également en France.

Les attributions des conseils d'arrondissement sont plus modestes, et il ne semble pas nécessaire de donner des détails sur la compétence de ces petites assemblées.

Au-dessous des départements et des arrondissements viennent les cantons qui se distinguent des autres divisions administratives par l'absence complète de représentation populaire d'une part, et d'autorité administrative d'autre part. Mais les cantons servent cependant de base au règlement de certaines affaires publiques, et notamment en matière électorale pour la nomination des conseillers généraux et d'arrondissement ; en matière de justice pour la création des tribunaux de bailliage (*Amtsgerichte*), en matière d'assistance pour la constitution de médecins cantonaux, etc.

J'en arrive maintenant aux communes, dont le régime a été réglé par la loi du 6 juin 1895, qui a apporté quelques modifications à la loi française restée en vigueur jusqu'à cette époque. La plus importante de ces modifications, c'est qu'une distinction est établie entre les grandes communes (celles de 25.000 âmes et plus) ou communes assimilées et les petites communes.

Cette distinction ne s'étend pas à l'organisation même des communes qui sont toutes représentées par les conseils municipaux et par les maires, mais à la manière dont les maires sont nommés.

Dans les grandes communes ou communes assimilées, les maires, comme les adjoints, sont nommés par ordonnance impériale sur présentation du conseil municipal. Cette présentation est le résultat d'un vote secret du conseil municipal. En cas de refus par le Gouvernement de sanctionner le choix du conseil municipal, celui-ci est tenu de procéder à un nouveau vote. Si la seconde proposition n'est pas davantage agréée, ou si le conseil municipal s'abstient de présenter un candidat, le ministère a le droit de nommer un administrateur communal choisi pour un an. Cet administrateur peut être renommé.

Dans les petites communes, au contraire, les maires et les adjoints sont nommés par le préfet parmi les conseillers municipaux. Exceptionnellement, le ministère peut choisir les maires en dehors du conseil municipal et même en dehors de la commune.

Ces dispositions permettent, en somme, à l'administration de choisir les maires comme elle l'entend; et quoique la loi municipale de 1895 ait été faite pour empêcher la nomination des maires de carrière, le Gouvernement conserva toujours la faculté de les rétablir indirectement.

Quand aux conseillers municipaux, dont le nombre varie de 10 à 36 suivant l'importance des communes, ils sont nommés pour six ans, au suffrage universel; et, entr'autres particularités intéressantes que présente l'organisation communale, notons que la dissolution des conseils municipaux peut être prononcée par l'Empereur — mais par lui seulement — et que, dans ce cas, le préfet nomme une Commission chargée d'administrer la commune, mais pour une durée qui ne saurait excéder trois ans. La loi n'autorise pas la suspension des conseils municipaux. Enfin, les décisions de ces conseils doivent être ratifiées par l'autorité de contrôle administratif, c'est-à-dire par le préfet à l'égard des grandes communes, et par le sous-préfet à l'égard des petites. Préposée à la surveillance des administrations communales, l'autorité de tutelle jouit d'une compétence analogue à celle qui appartient à la même autorité en droit public français.

Après cette rapide description du système administratif actuel de l'Alsace-Lorraine, je me permettrai d'attirer l'attention sur quelques questions qui, bien qu'elles ne se rapportent pas directement à mon sujet, ne peuvent cependant être passées sous silence, parce que de la manière dont on les envisagera dépendra en partie la solution donnée à la question de l'organisation elle-même.

Voici par exemple le conseil supérieur de l'instruction publique (Oberschulrat) dont j'ai déjà parlé, et qui est présidé par le secrétaire d'État. Cette institution est chargée de régler toutes les affaires relatives à l'enseignement, sauf toutefois celles qui relèvent de l'Université de Strasbourg et des écoles professionnelles.

L'*Oberschulrat* comprend, outre le président, un directeur et huit membres, tous nommés par l'Empereur ; et le Gouvernement a toujours tenu, d'une façon toute spéciale, à ce que ces fonctions fussent occupées par des hommes résolus à pousser à bout la germanisation de la jeunesse alsacienne-lorraine.

Or, il est certain qu'une institution du même genre ne pourrait qu'être utile quand la France, reprenant possession de l'Alsace-Lorraine, aura à se préoccuper de donner aux enfants du pays la complète compréhension de l'idée française.

Il ne s'agira pas, comme sous le régime allemand, de convertir une nation mal disposée; il s'agira, au contraire, de correspondre aux sentiments d'un peuple qui n'a jamais marchandé à la France les témoignages de son dévouement, mais qu'il faudra mettre en mesure de parler le français, et qui demandera à être conduit avec prudence vers la complète assimilation.

Nous pensons qu'une institution pédagogique supérieure — conseil académique à pouvoirs étendus — pénétrée de la dignité et de l'importance de la mission spéciale qu'elle aurait à remplir, parfaitement renseignée sur la mentalité alsacienne-lorraine et bien au courant des besoins économiques et sociaux du pays, pourrait rendre les plus grands services en élaborant, avec soin, les méthodes à employer et en en contrôlant constamment, et sur place, l'application.

D'autres institutions encore sembleraient devoir être conservées, parce qu'elles contribueraient, si elles étaient habituellement utilisées, à la rapide et complète assimilation de l'Alsace-Lorraine. Sous le régime allemand, la population alsacienne-lorraine avait facilement accepté ces institutions. Pourquoi la France ne s'en servirait-elle pas pour exercer une action qui serait d'autant plus forte qu'elle se baserait sur le respect des habitudes et des traditions ?

J'ai en vue, par exemple, le conseil d'agriculture (*Landwirtschaftsrat*) et les chambres d'artisans (*Handwerkskammer*). Ces noms suffisent pour définir les attributions de ses organisations qui fonctionnent depuis un certain nombre d'années. Le Gouvernement allemand, en les créant et en leur laissant la responsabilité de certaines mesures, atteignait un double but : d'abord, il se facilitait sa tâche; et, en second lieu, il se créait des partisans qui lui étaient d'autant plus dévoués qu'ils se sentaient plus écoutés. Ces organisations avaient le droit d'envoyer un certain nombre de membres à la Chambre Haute de la Diète d'Alsace-Lorraine. Les agriculteurs et les artisans étaient justement fiers de cette prérogative, qui leur donnait de l'importance en même temps qu'elle introduisait dans la Constitution le principe de la représentation professionnelle. Ne semble-t-il pas qu'il soit de bonne administration de s'assurer le concours d'hommes qui, par leurs origines, touchent de près à l'âme populaire et qui seront à même de donner d'utiles avis lorsqu'il s'agira de mesurer les conséquences que la reprise de l'Alsace-Lorraine pourra exercer sur le travail national?

Les explications préliminaires que j'ai eu l'honneur de donner tendent à montrer que, soit par la conservation d'institutions utiles qui n'ont pas d'équivalents directs en France, soit par l'impossibilité de modifier, du jour au lendemain, certaines dispositions législatives qui donnent à l'Alsace-Lorraine un état de droit spécial, il faudra soumettre, au moins transitoirement, ce pays à un régime particulier, dont il faudra laisser aux pouvoirs publics le soin de régler les dispositions. Et nous pouvons maintenant, en connaissance de cause, nous demander s'il convient de conserver les divisions administratives telles qu'elles ont été établies par le régime allemand, ou s'il convient, au contraire, de rétablir, purement et simplement, les départements tels qu'ils existaient avant le traité de Francfort.

L'Alsace-Lorraine, on le sait, comprend le département du Bas-Rhin dans son entier; les trois quarts du département de la Moselle, avec Metz, Thionville, Sarreguemines et Bitsch; le département du Haut-Rhin, à l'exception du territoire de Belfort; un tiers du département de la Meurthe, avec Sarrebourg, Château-Salins et Phalsbourg; et deux cantons du département des Vosges : ceux de Saales et de Schirmeck. Au total : environ 14,500 kilomètres carrés.

Or, pour répondre à cette question : devons-nous purement et simplement rétablir les départements tels qu'ils existaient avant 1870? J'en poserai, moi-même, une autre, et je demanderai : qu'adviendrait-il si, pour opérer ce rétablissement, nous réunissions les cantons de Saales et de Schirmeck au département des Vosges? si nous reformions le département de la Meurthe en lui rendant l'arrondissement de Sarrebourg; le département de la Moselle, en ajoutant à l'arrondissement resté français de Briey la plus grande partie de la Lorraine annexée; et le département du Haut-Rhin, en rendant à la Haute-Alsace actuelle le territoire de Belfort?

Il arriverait fatalement que, dans chacun des départements ainsi reconstitués, il y aurait deux états de droit distincts : l'un réglé par la législation française actuelle s'appliquant aux communes qui n'ont jamais cessé d'appartenir à la France;

et l'autre réglé par une législation spéciale s'appliquant aux communes reprises à l'Allemagne.

Cette situation anormale présenterait, il est inutile de le dire, les plus graves inconvénients et ferait naître d'inextricables difficultés. Ne semble-t-il pas qu'il soit plus facile d'admettre qu'une petite partie de la France soit soumise, provisoirement, à une législation spéciale, que d'admettre, pour un même département, deux législations différentes?

On est donc autorisé à poser l'alternative suivante : ou bien rétablissement immédiat des anciens départements français et introduction complète, absolue, sans tempéraments et sans période transitoire, de la législation française; ou bien acceptation, pour l'Alsace-Lorraine, d'un régime spécial qui paraît nécessaire, et maintien de la division administrative actuelle.

Et de ces deux alternatives, c'est la seconde qui apparaît comme la plus recommandable, parce que, seule, elle correspond aux idées que nous avons émises, et je formulerai mes premières conclusions en disant que l'acceptation, pour l'Alsace-Lorraine, d'un statut particulier, implique nécessairement le maintien, sous leur forme actuelle, de l'ensemble des territoires alsaciens-lorrains.

Et, de suite, de nouvelles questions se posent : dans le cas du maintien, sous leur forme actuelle, des territoires alsaciens-lorrains réunis à la France, comment et par qui conviendra t-il de les faire administrer? Et puisqu'il n'y a actuellement, en France, aucune organisation qui rende possible le groupement d'un certain nombre de départements sous la même tutelle administrative, quelles instances faudra-t-il créer pour remplacer, à la fois, le Parlement et le ministère d'Alsace-Lorraine, dont la mission était, précisément, de pourvoir à l'unité de législation, de direction et de contrôle dans les trois départements alsaciens-lorrains?

Et nous voilà amenés à examiner la question des préfectures et des sous-préfectures.

Le maintien des districts actuels (Bezirke) entraîne-t-il, nécessairement, le maintien des cercles (Kreise)? Ou bien faut-il supprimer complètement les cercles, ou en réduire le nombre?

La suppression des cercles ou la réduction de leur nombre paraîtraient des mesures d'autant plus naturelles que la tendance actuelle, en France, est plutôt favorable à une diminution du nombre des sous-préfectures. Nous savons, en effet, que la suppression de ces divisions administratives fait partie des réformes depuis longtemps prévues et, paraît-il, souhaitées.

Le maintien de l'organisation actuelle des cercles semble donc aller à l'encontre des idées françaises, puisqu'au lieu de supprimer les arrondissements, il ne ferait qu'en augmenter le nombre.

Il n'est pas inutile, d'ailleurs, de mentionner qu'en Alsace-Lorraine une tendance toute différente s'était quelquefois, quoique sans succès, fait jour ; elle poursuivait la suppression des districts tout en maintenant les cercles. Un des membres de l'ancien Landesausschuss, M. Hoeffel, se faisait assez régulièrement le défenseur de cette idée, qui pouvait en somme se soutenir, puisque l'Alsace-Lorraine ne formait qu'un petit pays dont le Gouvernement central était facile à atteindre sans qu'il fût toujours nécessaire de passer par l'instance départementale.

Différentes raisons ont fait échouer cette réforme, à laquelle le Gouvernement se serait, sans doute, prêté, et qui était peut-être inspirée par lui : la première, c'est la jalousie que mettaient les villes de Colmar et de Metz à conserver leurs prérogatives, ce qui était, en somme, assez naturel ; et la seconde, c'est que la suppression des départements aurait entraîné aussi la suppression des conseils généraux, qui avaient le droit d'élire un certain nombre de députés au Parlement alsacien-lorrain et qui formaient, par conséquent, un facteur nécessaire dans la Constitution. Ces considérations ont, dans leur temps, suffi pour écarter une mesure que l'esprit d'économie et le désir de simplifier les rouages administratifs auraient peut-être justifiée.

Si j'ai tenu à rappeler cette tentative, plusieurs fois renouvelée, de procéder à une réforme du régime administratif en Alsace-Lorraine, c'est pour démontrer que ce régime n'est pas tellement lié à la tradition du pays qu'on ne doive, en aucun cas, y toucher.

Qu'on maintienne les préfectures dans leur état actuel, qu'on rétablisse les anciennes sous-préfectures, ou que l'on conserve les cercles, il ne s'agit, en tout cela, que de mesures dont l'opportunité peut se discuter, mais qui ne touchent pas, d'une façon essentielle et profonde, aux traditions mêmes de la population alsacienne-lorraine qui, dès à présent, se rend compte que son retour à la France entraînera des modifications importantes.

Au point de vue administratif, la France aura donc carte blanche pour mettre les choses en l'état où elle jugera qu'elles lui seront le plus avantageuses. Arrivant dans un pays qui lui sera nouvellement ouvert, elle pourra négliger les influences électorales avec lesquelles elle se croira obligée, comme partout ailleurs, de compter plus tard, et elle aura toute latitude pour donner aux organisations administratives la forme qui lui conviendra.

Est-ce une raison pour supprimer les districts ? Je n'oserai évidemment aller jusque-là, puisque les préfectures font la base de l'organisation française ; mais on aurait les mains plus libres à l'égard des cercles, dont on pourrait réduire le nombre, et auxquels on pourrait même renoncer complètement, si l'on jugeait à propos de faire, en Alsace-Lorraine, l'expérience d'une réforme qui serait, plus tard, étendue à la France entière.

Et à côté de cette question s'en pose une autre, d'un intérêt tout aussi immédiat et qui constitue à prévoir, pour l'Alsace-Lorraine tout entière, une direction unique qui assurerait la marche, d'un pas égal, des trois départements vers l'unité française.

Cette uniformité d'action, en dépit des différences de toutes natures qui séparent l'Alsace de la Lorraine, est cependant indispensable, parce que soumises actuellement aux mêmes lois allemandes ou alsaciennes-lorraines, et devant, plus tard, être soumises au régime commun de la France, l'Alsace et la Lorraine auront à accepter la même préparation pour passer, sans heurt, d'une législation à l'autre. Les différences de caractère, ni même d'intérêts, ne peuvent être prises en considération, car il s'agit d'un but supérieur à atteindre le plus rapidement et le plus complètement possible.

Or, pour créer cette unité d'action nécessaire, indispensable même, il semble tout indiqué d'établir, à Strasbourg, sous un titre quelconque, un Commissaire spécial de la République, qui serait placé sous l'autorité directe du Président du Conseil, qui correspondrait directement avec tous les Ministres, qui centraliserait tous les pouvoirs administratifs et à qui les préfets d'Alsace-Lorraine seraient obligés d'en référer.

Il est d'ailleurs tout à fait inutile de conférer à ce haut fonctionnaire les pouvoirs dictatoriaux que l'Allemagne avait donnés au Statthalter. L'Alsace-Lorraine, en effet, ne fournira pas à la France les raisons de méfiance qu'elle fournissait à l'Allemagne, et il suffira que la France accorde sa confiance au représentant qu'elle choisira pour que l'Alsace-Lorraine soit toute disposée à lui accorder également la sienne.

Une des premières opérations administratives qu'on aura à entreprendre après le règlement de la question de l'administration alsacienne-lorraine, sera la revision des listes électorales, opération longue et délicate, qui nécessitera l'application méthodique des principes qui fixeront l'attribution de la nationalité française. Il est certain, en effet, qu'il faudra faire disparaître de ces listes non seulement les immigrés et fils d'immigrés qui jouissent, en ce moment, de leurs droits civiques et à qui on ne pourra les conserver, mais aussi les Alsaciens-Lorrains qui croiront devoir se servir du droit qui leur sera conféré d'opter pour la nationalité allemande.

Or, en acceptant le principe du remaniement nécessaire des listes électorales, on est bien obligé de conclure que tous les élus actuels du suffrage universel, en Alsace-Lorraine, à quelque degré que ce soit, perdent leur mandat, qui ne pourra leur être rendu que par une nouvelle consultation populaire à laquelle les citoyens français seuls auront le droit de prendre part.

Les conseils municipaux, les conseils d'arrondissement, les conseils généraux actuels devront donc être dissous; et comme c'est dans la commune que s'établissent les listes électorales, on sera obligé de remplacer l'organisation municipale actuelle par une organisation provisoire pourvue des pouvoirs nécessaires.

Et, pour mener à bonne fin cette importante opération, il ne semble pas que l'on puisse, purement et simplement, appliquer la loi française du 5 avril 1884.

Cette loi donne bien au Président de la République le droit de dissoudre les conseils municipaux et de les remplacer par une délégation spéciale, mais les pouvoirs et la durée d'exercice de cette délégation spéciale sont très limités, puisque l'article 45 prescrit qu'il doit être procédé à la réélection d'un conseil municipal dans les deux mois à dater du jour de la dissolution.

La loi alsacienne-lorraine du 6 juin 1895 donne plus de facilités que la loi française pour assurer l'administration provisoire du pays, parce qu'après la dissolution du conseil municipal par l'Empereur, le préfet a le droit de nommer une Commission chargée de remplir toutes les fonctions d'un conseil municipal régulièrement constitué et dont le mandat peut durer trois ans.

Ce délai de trois ans est plus que suffisant pour organiser définitivement les listes électorales selon les principes nouveaux qui devront être adoptés pour en éliminer tous les éléments indésirables.

Plus tard seulement, lorsque les listes électorales auront été soigneusement revisées, on procédera à l'élection des conseils municipaux, des conseils d'arrondissement si les sous-préfectures sont maintenues, des conseils généraux, et enfin à l'élection des députés et des sénateurs sur la base des lois constitutionnelles françaises.

Pour assurer l'exécution de ce programme, il conviendra, je pense, de faire voter par le Parlement une loi autorisant le Président de la République à rendre des décrets en vertu desquels seraient réglés certains détails, et notamment la formation des Commissions municipales, conformément aux lois alsaciennes-lorraines actuellement en vigueur et qui mieux que les lois françaises correspondantes se prêtent aux besoins du moment.

C'est après que l'administration du pays aura été ainsi assurée que l'on pourra entreprendre le grand travail de réassimilation de l'Alsace-Lorraine à la France; et si, comme je le disais à la fin de la première partie de ce travail, la population d'Alsace-Lorraine a le droit de se prononcer sur l'opportunité du maintien ou de la modification de certaines institutions, si l'opinion publique doit être consultée sur les réformes qu'intéressent la tradition nationale, les habitudes et les droits des Alsaciens-Lorrains, il semble bien que les conseils généraux reconstitués soient des organes tout indiqués pour se faire les interprètes du sentiment général. Ce sont les conseils généraux qui auront le mieux qualité pour juger la question de savoir si les lois actuellement en vigueur en Alsace-Lorraine devront ou pourront être immédiatement remplacées par les lois françaises correspondantes, ou, au contraire, si les institutions actuelles devront être conservées soit à titre définitif, soit à titre provisoire jusqu'à complète adaptation des esprits au nouvel ordre de choses.

A la base de la nouvelle organisation se trouverait donc le Parlement français où siégeront les représentants de l'Alsace-Lorraine et qui aurait à statuer souverainement dans le cas où les conseils généraux alsaciens-lorrains se seraient prononcés contre l'introduction pure et simple d'une loi française déterminée.

A la tête de l'Administration serait placé un Commissaire général de la République, dont les pouvoirs seraient définis par l'autorité centrale, et qui aurait à veiller à l'exécution des lois, en assurant l'uniformité administrative dans les trois départements alsaciens-lorrains.

Comme suprême instance administrative, le Conseil d'État aurait, naturellement, à juger le cas litigieux et à préparer les dispositions transitoires reconnues nécessaires.

Et maintenant voici mes conclusions :

Nous posons tout d'abord en principe que l'administration de l'Alsace-Lorraine ne devra pas, dans l'avenir, former une exception au régime général de la France.

Mais, pour des motifs inspirés par l'intérêt de la France et de l'Alsace-Lorraine, il y aura lieu d'envisager la possibilité du maintien provisoire, dans les pays reconquis, de celles des lois et des institutions actuellement en vigueur auxquelles on ne voudrait ou ne pourrait substituer immédiatement des lois ou des institutions françaises.

Ce statut particulier appliqué en Alsace-Lorraine ne pourra être rendu exécutoire qu'après avis donné par les conseils généraux d'Alsace-Lorraine, ou par un vote du Parlement français ;

Et les difficultés d'ordre administratif seront soumises à la compétence du Conseil d'État.

Pour appliquer ce statut d'une manière uniforme dans toute l'Alsace-Lorraine, il y aura lieu :

1° De conserver à l'Alsace-Lorraine ses limites administratives actuelles, et la division en trois départements ayant chacun à leur tête un préfet ;

2° De subordonner ces trois préfets à un Commissaire général de la République, désigné par le pouvoir central, et qui seul assurerait le service des relations administratives entre ce pouvoir et les départements alsaciens-lorrains.

NOTE DE M. KAMMERER

SUR

LES PRINCIPES APPLICABLES

EN MATIÈRE D'UNIFICATION

DES LÉGISLATIONS ALSACIENNE ET FRANÇAISE.

26 mai 1915.

Une certaine divergence de vues, ou tout au moins une certaine hésitation, s'est fait jour quant aux principes directeurs devant servir de guide aux travaux de la Conférence en matière d'unification de la législation actuellement en vigueur en Alsace-Lorraine, avec la législation française. Le point délicat est de préciser dans quelle mesure et dans quels délais la législation française sera étendue à l'Alsace-Lorraine, après la paix, et jusqu'à quel point la loi locale sera maintenue à titre exceptionnel.

Cette discussion est susceptible de se reproduire à propos de chacun des problèmes juridiques soulevés ; il y a intérêt à examiner sommairement dès maintenant la part d'exactitude contenue dans chacune des thèses présentées, et s'il convient de vider la question par une discussion générale portant uniquement sur les principes ou s'il ne serait pas préférable d'ajourner cette discussion jusqu'à la fin des travaux de la Conférence, à un moment où ses membres, ayant fait le tour complet des problèmes à l'étude, seront à même de juger s'il se dégage de ces travaux une théorie générale, un principe directeur unique, conciliable avec les nécessités pratiques de toute besogne gouvernementale.

*
* *

Avant d'aborder l'examen des divergences d'opinion qui ont pu se produire, passons de suite en revue les points sur lesquels tout le monde paraît d'accord :

1° Il semble bien que la Conférence soit unanime à considérer que l'Alsace-Lorraine une fois rétablie par voie de réintégration dans le giron de l'État français, doit y reprendre sa place d'avant 1870, c'est-à-dire sans être dotée plus tard d'une entité propre distincte de la France quoique formant avec elle un tout indissoluble. La Conférence n'a donc aucune tendance à proposer au Gouvernement français l'établissement en Alsace-Lorraine d'un régime politique spécial avec caractère définitif.

2° Personne ne soutient, malgré le précédent du sénatus-consulte de 1861 visant Nice et la Savoie, que l'unification de la législation alsacienne-lorraine avec celle de la mère-patrie doive être instantanée et totale, c'est-à-dire qu'elle ne puisse comporter ni délais, ni exceptions, ni tempéraments, ni degrés. En quelque mesure, par conséquent, la Conférence admet à l'avance que l'Alsace-Lorraine pourra avoir, dans certains domaines juridiques, un régime distinct de celui de la France.

3° Tout le monde admet, et c'est un principe peu contestable du droit international public et privé, que les droits acquis des particuliers, sous l'empire de la législation antérieure au retour à la France, doivent être respectés.

*
* *

La discussion ne peut donc porter que sur les délais, les exceptions, les tempéraments, les degrés que nécessitera l'unification de la législation, ainsi que sur ce qu'on peut appeler les droits acquis.

Par quelle méthode peut-on arriver à établir ces nuances ?

A. — *Un premier système*, simple en apparence et non sans valeur théorique, consisterait à dire : « La législation actuellement en vigueur en Alsace-Lorraine continuera d'être appliquée tant que des lois françaises ne seront pas intervenues pour la modifier ». Dans ce système le point de départ serait la législation locale, et le point d'arrivée, la législation française. Il trouve une justification dans le précédent tiré de l'annexion de l'Alsace-Lorraine par l'Allemagne en 1870. Les vainqueurs ont maintenu la législation française en vigueur au moment de la conquête, et si cette législation est aujourd'hui très différente de la nôtre, c'est par suite de la lente évolution apportée aux lois par le Parlement alsacien lorrain et par la superposition à ces lois de la législation d'Empire qui a été très abondante dans les dernières années.

On peut aussi tirer argument en faveur de cette méthode, quoique d'une manière très restreinte, du fait que les règles de la Conférence de La Haye imposent dans les pays occupés le respect de la législation locale, semblant poser ce respect comme un modèle dans le cas où un pays change de souveraineté.

Mais cette théorie soulève, en ce qui concerne l'Alsace-Lorraine, des objections qui la font écarter sans hésitation.

D'abord le précédent tiré de ce qu'a fait l'Allemagne en 1870 est sans valeur. L'Allemagne, en 1870, était une Confédération où chaque État gardait sa législation propre. L'Alsace ne pouvait se voir imposer une législation fédérale qui n'existait pas encore, et n'aurait pu se voir infliger la législation d'un État particulier que si elle était annexée à cet État particulier (Prusse, Bade ou Bavière), ce que les autres États n'auraient pas toléré. Il n'y avait donc pas le choix. L'Empire ne pouvait que maintenir à l'Alsace sa législation propre.

La France, au contraire, procédant par voie de réintégration, et non par voie d'annexion, est d'autant moins liée par les exemples tirés des précédents historiques qu'il n'y a pas, dans l'histoire moderne, de précédent où de grandes provinces arrachées par la violence à un État lui aient fait retour après une guerre contre l'État annexant, dans un délai d'un demi-siècle. Rien ne s'oppose donc à ce que l'action législative de la France soit basée sur tous autres principes.

Enfin ce système reposerait en partie sur une confusion entre l'opération législative par laquelle les lois alsaciennes-lorraines seraient modifiées et le but que poursuit pratiquement la Conférence d'Alsace-Lorraine. Ce qu'il importe de déterminer d'abord, c'est la matière même de la législation qui sera ou qui restera applicable en Alsace-Lorraine après la paix : quelles dispositions, quelle réglementation désirons-nous en fait, dans chaque domaine législatif ou administratif? C'est là le point sur lequel nous devons nous mettre d'accord et non la manière de réaliser pratiquement nos intentions. Il va de soi que lorsque nous aurons déterminé notre choix, une opération de droit impliquant modification du régime actuel devra intervenir ; cette opération pourra être, soit le traité de paix lui-même approuvé par le Parlement, soit des textes législatifs français sous la forme d'une loi d'ensemble ou d'une série de lois modificatives préparées à l'avance et promulguées à la paix, soit même des lois échelonnées sur plusieurs années : c'est dans ce dernier cas seulement que nous trouverions une application du système en discussion, car la législation antérieure subsistera sur les points non modifiés et dans la mesure spécifiée par la loi.

B. — *Un second système* consiste à dire : « Dans chacun des domaines législatifs envisagés, la Conférence fera une étude comparative approfondie des régimes français et allemand et proposera le maintien de celui des deux qui offrira le plus d'avantages en lui-même ».

Mais, comme on l'a justement relevé, cette méthode se présente surtout comme une critique, inadmissible si elle est systématique, de la législation française, laquelle, sur certains points, a pu vieillir, étant bien plus ancienne. Trop fréquemment une comparaison des deux législations faite sans vues générales et forcément limitées à des points techniques amènerait au maintien de la législation locale. Il en résulterait une sérieuse méconnaissance de l'idée sur laquelle tout le monde est d'accord, que l'Alsace-Lorraine doit revenir à la France sans constituer une entité distincte. L'on retarderait ainsi le retour à l'unification complète du territoire, qui est le but recherché par tous.

La méthode, à rejeter en tant que principe directeur, offre cependant aussi des avantages, car l'étude du droit comparé est un élément de progrès dans toutes les législations, mais il ne faut pas trop espérer que le maintien en Alsace-Lorraine de certaines exceptions heureuses tirées de la législation locale servira d'exemple en France et amènera le Parlement français à modifier la législation nationale dans le sens alsacien-lorrain. Il est sans objet de rechercher dès maintenant l'influence que pourra exercer la législation ancienne de l'Alsace-Lorraine sur la nôtre.

Il ne faut pas exagérer les critiques contre la méthode comparative. On ne saurait par exemple lui objecter que son application amènerait dans le domaine du droit civil des modifications innombrables. Personne ne pourrait soutenir, par exemple, quand il s'agit du droit civil, que cette méthode impliquerait l'examen article par article du Code allemand de 1900 et le maintien de ceux qui seront avantageux. Le problème qui se posera est de savoir si le Code français sera remis en vigueur ou si le Code allemand sera maintenu; dans le premier cas, les droits constitués antérieurement au rétablissement du Code français seront respectés, comme ont dû l'être, après 1900, ceux constitués sous l'empire de l'ancien Code français. Et c'est tout. Le problème se pose d'ailleurs de la même manière toutes les fois que des lois sont modifiées à l'intérieur d'une même législation.

C. — *Le troisième système général*, très séduisant, est de dire : « Puisque notre but est le retour de l'Alsace-Lorraine dans le régime uniforme français, la législation française doit être réintroduite aussi rapidement et aussi complètement que possible en Alsace-Lorraine ». En d'autres termes, le point de départ est la législation française, et le point d'arrivée est le maintien, pendant un temps minimum et dans des cas limités, de quelques divergences de législation sur quelques sujets qui tiennent à cœur réellement aux Alsaciens-Lorrains. Il faut une nécessité constatée pour nous y résoudre et nous ne devons pas hésiter même à faire perdre aux Alsaciens-Lorrains quelques petits avantages largement compensés par les satisfactions de toute espèce qu'ils recueilleront de leur retour à la France.

Il est possible que ce système doive finalement l'emporter. Cependant, il est loin de donner pour l'instant à la Conférence un guide éprouvé sur lequel elle puisse s'appuyer en toutes circonstances.

C'est ainsi qu'il ne serait pas, à notre avis, légitime d'admettre, *in globo*, que la population alsacienne-lorraine puisse être privée sans nécessité absolue, au nom de principes abstraits, de très bonnes lois sociales ayant fait leurs preuves et qui ne compromettent pas les bases du système général des lois françaises, par exemple, dans des domaines où la loi française est inexistante et lorsque des organismes locaux antérieurs se présentent avec la possibilité de subsister par eux-mêmes malgré le retour à la France.

Ce système se rattacherait, dans une certaine mesure, au précédent de l'annexion de Nice et de la Savoie (un sénatus-consulte du 12 juin 1860 a en effet fixé au 1er janvier 1861 la substitution totale des lois françaises aux lois sardes), mais il en diffère aussi. Son énoncé même implique qu'il est loin d'être aussi absolu, et qu'il comporte des exceptions, des tempéraments, lesquels sont avant tout ceux visés par M. le Président du Conseil lors de la première réunion de la Conférence, à savoir le respect légitime des mœurs et traditions de l'Alsace.

La détermination de ces exceptions, de ces tempéraments, de ce respect des mœurs et traditions de l'Alsace est une des tâches les plus difficiles de la Conférence ; c'est aussi une tâche de détail, une question de fait relevant de l'examen particulier et dont l'étude n'est nullement avancée par l'affirmation de principes généraux et de formules.

D'ailleurs la fermeté dans le principe de l'uniformisation des législations d'Alsace et de France sur la base de la loi française n'exclurait pas absolument le maintien de dispositions spéciales sur de nombreux points. Une décentralisation limitée, bien qu'étant à quelques égards une spécialisation, n'est pas tout à fait en opposition avec la conception d'un État strictement unitaire. Cette décentralisation apparaît à beaucoup de bons esprits comme désirable en France, et l'on ne voit pas en quoi le maintien de quelques institutions locales serait plus dangereux pour l'unité française qu'un peu de décentralisation administrative, si les principes fondamentaux de l'État français ne sont pas en jeu.

Il résulte de ces considérations que l'étude minutieuse et comparative des législations française et alsacienne-lorraine est à la base de tous nos travaux et ne peut être remplacée par aucun principe : s'il en était autrement, la Conférence n'aurait, une fois le choix du principe accompli, qu'à se dissoudre.

D. — *Le respect des droits acquis* n'est pas plus facile à traduire par des formules théoriques. Il faut, en effet, distinguer *grosso modo* entre les droits acquis des particuliers, basés sur le droit privé, et ceux qui peuvent résulter du jeu d'organismes, d'institutions particulières ayant un caractère de droit public et qui peuvent être atteints ou disparaître par suite du retour de l'Alsace-Lorraine à la France. Pour ne prendre qu'un exemple (vu la difficulté, là aussi, de préciser des limites et des distinctions qui sont surtout des questions de fait), si la France décidait la suppression d'une caisse d'assurances ouvrières, les droits privés acquis antérieurement à cette suppression par les particuliers devraient être respectés, mais ces particuliers, qui peuvent dans une certaine mesure se considérer comme ayant aussi des droits acquis à continuer d'user d'un organisme de prévoyance sociale, ne sauraient protester contre sa suppression.

Comme il a été dit plus haut, toutes les fois que la législation d'un État est modifiée, le problème des droits acquis se pose, et ce problème connu n'embarrasse en aucune manière les jurisconsultes.

*
* *

Nous n'avons donc pu trouver ni dans l'examen des principes directeurs invoqués, ni dans l'étude des précédents, ni dans l'invocation des droits acquis aucune règle permettant à la Conférence de se dispenser d'entrer dans l'examen minutieux des différents problèmes étudiés, et de les traiter par l'application d'une formule simple.

La conclusion qui s'impose est qu'une discussion générale ne permettrait pas, dans l'état actuel de nos travaux, de dégager des règles élémentaires. Il serait donc plus profitable de continuer notre confiance à la méthode suivie jusqu'à présent, qui s'est montrée féconde, consistant à examiner les problèmes l'un après l'autre, à sérier les questions, en nous gardant de tout dogmatisme préconçu. Lorsque nous serons arrivés à des conclusions fermes sur tous les points, il sera sans doute facile, par une sorte d'inventaire récapitulatif, de voir dans quels cas et dans quelle mesure les solutions se relient à l'un ou l'autre des principes invoqués et si réellement elles paraissent relever d'un principe unique. Un nouvel examen permettrait alors de ramener à ce principe quelques-unes des solutions aberrantes, en laissant subsister les autres comme rigoureusement conformes au respect des mœurs et traditions de l'Alsace ou aux nécessités politiques.

A. KAMMERER.

NOTE

SUR CERTAINES MODIFICATIONS POSSIBLES
AU RÉGIME DES TRIBUNAUX CANTONAUX EN ALSACE,

PAR ALFRED WEILL,

ANCIEN JUGE AU TRIBUNAL RÉGIONAL DE METZ.

I. — AFFAIRES PÉNALES. — TRIBUNAUX D'ÉCHEVINS.

Faut-il pendant la guerre maintenir les tribunaux d'échevins ?

Il est certain qu'il serait désirable de conserver le contact étroit que cette institution a créé entre la population et les magistrats.

Il est en outre contraire au principe français de confier à un seul magistrat le soin de juger des délits souvent graves et de prononcer des condamnations pouvant aller jusqu'à cinq ans de prison. On se tromperait lourdement en se figurant que les tribunaux d'échevins sont surtout appelés à se prononcer sur de simples contraventions. En réalité, la répression des contraventions se fait presque exclusivement par simple mandat pénal, conformément à l'article 447 du Code d'instruction criminelle, et ce n'est le plus souvent qu'en cas d'opposition contre un mandat pénal que les échevins ont à connaître d'une contravention. En pratique, les tribunaux d'échevins sont devenus de véritables tribunaux correctionnels qui jugent la grande majorité des délits. Il est vrai qu'il faut établir une distinction : la compétence directe des tribunaux d'échevins ne s'étend qu'aux délits pour lesquels le maximum de la peine prévue par la loi n'est que de trois mois de prison et de 600 M. d'amende (indépendamment d'une confiscation éventuelle), ainsi qu'à certains autres délits de moindre importance et énumérés à l'article 27 du Code d'organisation judiciaire. Mais l'article 75 du Code d'organisation judiciaire autorise la chambre correctionnelle à prononcer à la demande du parquet, dans l'ordonnance de mise en accusation (Eröffnungsbeschluss), le renvoi d'un très grand nombre d'affaires concernant des délits, devant des tribunaux d'échevins. On a toujours, et surtout depuis quelques années, très largement usé de cette faculté.

Cependant, il faut reconnaître que le maintien des tribunaux d'échevins n'irait pas sans de grosses difficultés. Pour les tribunaux situés dans le territoire actuellement occupé par les troupes françaises, les listes des échevins n'ont d'ailleurs pas été établies avant le commencement de l'année judiciaire (1er janvier) comme le prescrit la loi. Leur confection ultérieure ne serait certes pas facile. On pourrait cependant à la rigueur ordonner l'utilisation des listes établies pour 1914. Mais de toute façon, pour les territoires occupés actuellement, aussi bien que pour ceux qu'on occupera ultérieurement, on peut prévoir qu'on ne trouvera pas une grande partie des échevins auxquels on aurait pu faire appel. Beaucoup sont mobilisés ; d'autres, surtout parmi les bons Alsaciens, seront absents pour d'autres raisons ; beaucoup enfin seront des Allemands, qu'il serait imprudent de faire participer à la juridiction. En outre, la majorité des échevins, dans la plupart des cantons, n'habitent pas au siège du tribunal, et l'état de guerre ne facilite pas les communications, souvent déjà difficiles en temps ordinaire. Il pourrait arriver aussi que les échevins ne comprennent pas le français et que le juge ne sache pas l'allemand ; on peut faire intervenir un interprète à l'audience, mais ce serait impossible pour la délibération.

De fortes raisons, on le voit, militent en faveur de l'abolition des tribunaux d'échevins et de l'octroi de leurs pouvoirs au seul juge du bailliage. Pour l'instant, la compétence de ce juge ne serait pas trop étendue, puisqu'autant qu'il n'y aura pas de chambre correctionnelle pouvant lui renvoyer des affaires conformément à l'article 75, elle sera restreinte aux contraventions et aux délits énumérés à l'article 27. Lorsque les tribunaux régionaux seront français, rien n'empêchera d'inviter les parquets et les chambres correctionnelles à ne pas faire usage de la faculté qui leur est laissée par l'article 75.

La compétence d'un juge seul pour des délits de moindre importance peut d'autant mieux se défendre que l'article 447 du Code d'instruction criminelle admet la répression de la plupart de ces délits par simple mandat pénal, lorsque la peine à prononcer ne dépasse pas 150 M. d'amende et six semaines de prison. Il serait même utile d'inviter les parquets et les tribunaux cantonaux à appliquer autant que possible cette disposition.

II. — AFFAIRES CIVILES.

Si l'on élargit, par l'abolition des échevins, la compétence du juge unique en matière pénale, on peut certainement aussi le faire en ce qui concerne les affaires civiles. Même lorsqu'on occupera en Alsace un territoire plus étendu que celui qu'on tient actuellement, et lorsqu'on disposera d'un ou plusieurs tribunaux régionaux, il sera toujours plus difficile qu'en temps ordinaire de s'adresser à eux. Les plaideurs habiteront souvent loin de leur siège. On ne voyage pas facilement en temps de guerre, surtout lorsqu'un pays est occupé militairement ; les communications postales ne sont pas assurées. Les avocats manqueront peut-être. Il ne faut pas oublier qu'il n'y a pas de moratorium en Alsace.

Il serait donc désirable de pouvoir se faire rendre justice devant les tribunaux cantonaux, même lorsque la valeur d'un litige ordinaire dépassera 600 marks. Lors de la dernière modification du Code de procédure civile, le Gouvernement avait proposé, sans succès d'ailleurs, de porter la compétence des Amtsgerichte à 1.200 M. (1.500 francs).

La législation allemande a établi la compétence des tribunaux ordinaires, y compris les tribunaux cantonaux, pour certaines contestations qui, d'après le droit français, sont de la compétence des tribunaux administratifs ou des autorités administratives (art. 4, loi d'introduction à la loi d'organisation judiciaire et art. 8, loi pour l'exécution de la loi d'organisation judiciaire du 4 novembre 1878).

Il conviendrait peut-être d'abolir cette compétence des tribunaux ordinaires qui est contraire au droit public français. Le cas pourrait parfaitement se présenter, par exemple, au sujet des contestations résultant d'un contrat entre l'administration militaire locale et un fournisseur.

III. — JURIDICTION GRACIEUSE. — LE LIVRE FONCIER.

La gestion du livre foncier demande une connaissance approfondie du droit immobilier, qui est particulièrement compliqué en Alsace-Lorraine.

Le juge chargé de cette gestion assume une grosse responsabilité matérielle. Plusieurs fois des magistrats ont été condamnés à payer de grosses sommes pour avoir commis une faute ou une erreur à propos d'une inscription.

Le droit allemand tient compte de ces faits en n'admettant comme remplaçants des juges, en ce qui concerne le livre foncier, que des personnes répondant aux conditions nécessaires pour être juge ou notaire (art. 4 de la loi du 24 mars 1897). — (On sait que pour le reste les suppléants des juges cantonaux peuvent être choisis librement parmi les citoyens honorables, comme les suppléants des juges de paix en France.)

Il serait certainement très imprudent de confier les fonctions en question à des magistrats n'étant pas très au courant du droit qu'ils doivent appliquer, et il est à présumer que beaucoup parmi ceux qu'on appellera aux fonctions de juge cantonal se trouveront dans ce cas.

Détacher l'office du livre foncier des tribunaux et en confier l'administration aux notaires comme tels, ainsi que cela existe dans le Grand-Duché de Bade, où d'ailleurs ces notaires sont de véritables fonctionnaires à traitement fixe, nécessiterait une transformation complète de l'organisation existante. (A comparer la loi badoise du 19 juin 1899.)

Il y aurait peut-être un moyen terme, pour concilier les difficultés : on décréterait que, pour l'administration du livre foncier, le notaire ayant son étude au siège du tribunal assumerait, en qualité de suppléant permanent, les fonctions du juge ; pour les tribunaux au siège desquels il y aurait plusieurs notaires, les fonctions de suppléant incomberaient à l'un d'entre eux, par exemple au plus jeune.

IV. — AFFAIRES DE SUCCESSION.

En ce qui concerne ces affaires, les fonctions les plus importantes des tribunaux consistent en l'établissement des certificats de succession. Ces certificats, dont l'obtention remplace en quelque sorte l'envoi en possession du droit français, ont cependant un tout autre caractère. Ils ne contiennent en somme qu'une simple constatation d'un fait d'ordre juridique. Ils ne confèrent à l'héritier aucun droit qui ne lui appartienne déjà du fait de l'ouverture de la succession ; ils servent principalement à prouver la qualité d'héritier vis-à-vis d'un tiers. Il ne semble pas qu'il y ait de graves inconvénients à confier la délivrance de ces certificats aux notaires. Il faudrait cependant édicter des règles pour éviter que plusieurs héritiers puissent s'adresser à des notaires différents et qu'il puisse ainsi être délivré des certificats qui ne concorderaient pas entre eux. Peut-être conviendrait-il aussi de réserver à la seule compétence des tribunaux le cas où le certificat est établi à la demande d'un créancier. Naturellement la procédure resterait la même ; mais le recours au tribunal régional devrait être précédé d'une réclamation auprès du tribunal cantonal, à la décision duquel le notaire serait tenu de se conformer.

L'ouverture de toutes les dispositions *mortis causa* qui se trouveraient entre les mains d'un notaire pourrait, sans autre inconvénient, lui être confiée, contrairement à la disposition de l'article 28 a de la loi d'exécution du 6 novembre 1899. On pourrait également charger les notaires de faire les notifications prévues par l'art. 2262 du Code civil et de délivrer des copies conformément aux articles 2273 et 2300 en ce qui concerne les dispositions ouvertes dans leur étude.

REGISTRES.

Les inscriptions aux différents registres (R. matrimonial, commercial, des sociétés, etc.) ne se font actuellement que par ordonnance du juge (ord. du 6 décembre 1889, art. 30, § 1 ; ord. du 4 janvier 1900, art. 4 et 17).

On pourrait en laisser la responsabilité aux greffiers. Il faudrait cependant excepter le registre des bateaux qui a, sous certains rapports, la même importance que le livre foncier.

NOTE

SUR LA CONSTITUTION
DE L'ÉGLISE DE LA CONFESSION D'AUGSBOURG
EN ALSACE-LORRAINE,

PAR M. CASPARI,

PRÉSIDENT DE LA COMMISSION EXÉCUTIVE
DU SYNODE GÉNÉRAL DE L'ÉGLISE ÉVANGÉLIQUE LUTHÉRIENNE DE FRANCE.

L'Église de la Confession d'Augsbourg en Alsace était régie, jusqu'en 1870, par les dispositions législatives de la loi du 18 Germinal an x, modifiées par le décret dictatorial du 26 mars 1852. Antérieurement à la Révolution, il n'y avait pas de législation uniforme pour les communautés luthériennes; les coutumes étaient celles qui avaient prévalu dans l'Alsace féodale avant le traité de Westphalie; le prince était « summus episcopus ». Ce traité avait d'ailleurs stipulé la liberté de conscience et de culte pour ces communautés, qui échappèrent ainsi aux conséquences de la révocation de l'Édit de Nantes.

Quand la révolution eut mis tous les cultes sur le pied d'égalité, et qu'il s'agit de leur réorganisation d'ensemble, le Premier Consul fit préparer par Portalis un projet de loi qui devait constituer pour les deux communions protestantes ce que le Concordat et les articles organiques représentaient pour les catholiques. Portalis, après avoir consulté officieusement un certain nombre de notables luthériens, produisit un projet ayant précisément le caractère concordataire et il caractérisait ainsi la loi de Germinal : « Ce n'est pas l'expression de la volonté nationale et souveraine : c'est, au contraire, l'expression et la déclaration particulière de ce que croient et de ce que pratiquent ceux qui appartiennent aux différents cultes. »

Il prit comme point de départ le *Consistoire*. Dans les pays allemands luthériens, le Consistoire était l'organe du chef de l'État pour l'administration de l'Église. Calvin, au contraire, avait donné ce nom à la représentation, ecclésiastique et laïque, des associations de fidèles; c'est sur cette conception presbytérienne que s'appuie Portalis, et c'est dans le titre de l'Église réformée que se trouve l'organisation des Consistoires, qui, étendue à l'Église luthérienne, devait être complétée pour celle-ci par un Consistoire général et un Directoire.

Le Consistoire général était une délégation des Consistoires et le Directoire sa

Commission exécutive; mais le Président du Consistoire général et du Directoire était nommé par le Chef de l'État.

A remarquer seulement que ces dispositions très simples et logiques furent dénaturées par le Conseil d'État, qui, par des motifs d'économie et de symétrie, n'accordait une église consistoriale qu'à une agglomération de 4,000 âmes. Les paroisses plus petites en devenaient les dépendances et leurs lieux de culte n'étaient plus que des oratoires.

Une assemblée de délégués réunie en 1848 réclama unanimement l'autonomie de toute paroisse groupée autour d'un pasteur et d'un lieu de culte et le décret de 1852 créa le Conseil presbytéral. Les paroisses réunies formaient encore un Consistoire, qui n'était autre que le Conseil presbytéral du chef-lieu, augmenté des pasteurs et délégués des autres communes.

Cet acte d'autorité ne rendait pas à la paroisse toutes ses attributions légitimes et ne lui assurait aucune participation à la nomination des pasteurs.

C'est pourtant ce décret, avec ce qui subsistait de la loi de Germinal, qui resta la loi des Églises protestantes d'Alsace-Lorraine après l'annexion de ces provinces à l'Allemagne.

Il y eut, il est vrai, quelques améliorations de détail réalisées par voie de règlements du Consistoire supérieur, mais sans toucher à la loi même. Ainsi, la nomination des inspecteurs, qui revenait de droit au Gouvernement, est restituée en fait aux autorités ecclésiastiques, et celle des pasteurs reportée du Directoire aux paroisses.

L'organisation actuelle de l'Église de la Confession d'Augsbourg en Alsace comprend :

1° A la base, la paroisse avec Conseil presbytéral élu par les fidèles ;

2° Plusieurs paroisses réunies en Consistoire ;

3° Plusieurs Consistoires réunis forment une Inspection, corps électoral pour le Consistoire supérieur, et présidé par un inspecteur ecclésiastique qui a des attributions épiscopales de surveillance et de discipline ;

4° Les délégués laïques des Inspections réunis aux inspecteurs forment le Consistoire supérieur ;

5° Le Consistoire supérieur a une Commission exécutive, le Directoire, qui est en même temps autorité administrative dépendant de l'autorité civile.

La paroisse est la véritable unité ; c'est dans l'ensemble des fidèles que réside l'autorité de l'Église.

Le Conseil presbytéral, qui en est la représentation élue, nomme ses délégués au Consistoire, lequel comprend tout le Conseil presbytéral du chef-lieu ; l'élection des pasteurs est faite par le Conseil presbytéral, doublé pour la circonstance, et présidé par l'inspecteur ecclésiastique. Elle a lieu sur une liste de présentation établie par le Directoire. Le Directoire présente l'élu à la confirmation du Gouvernement, qui fait la nomination.

Les inspecteurs sont élus *à vie* par les assemblées d'inspection, *proposés* par le Directoire au Gouvernement, qui *nomme*.

Le président du Consistoire supérieur préside aussi le Directoire. Il est laïque et nommé par le Gouvernement, à qui, en outre, appartient la nomination d'un deuxième membre laïque et d'un membre ecclésiastique du Directoire, dont les deux membres restants sont élus par le Consistoire supérieur.

Il n'y a donc en réalité qu'une instance : le *Consistoire*, entre la paroisse, représentée par son Conseil presbytéral, et le Consistoire supérieur, autorité suprême de l'Église. Mais, depuis plusieurs années, on avait commencé à faire sortir les assemblées d'inspection de leur rôle d'assemblées électorales, à leur demander des avis sur différentes questions posées devant le Consistoire supérieur. Cette tendance allait s'affirmant et il fallait régulariser cette pratique et la mettre d'accord avec les droits des Consistoires. Il est intéressant de remarquer que l'on arrivait par là à se rapprocher de la constitution actuelle de l'Église luthérienne de France, dont les organes sont : la paroisse, le Consistoire, le Synode particulier (correspondant à l'Inspection) et le Synode général. En même temps se posait ainsi la question de savoir si deux instances intermédiaires entre la paroisse et le Consistoire supérieur n'étaient pas de trop et s'il ne convenait pas de choisir entre le Consistoire et l'assemblée d'Inspection. Le Consistoire supérieur décida qu'une enquête serait faite sur la situation des Consistoires (Stellung der Konsistorien) et que ceux-ci seraient invités à formuler leur avis.

Le résultat de cet enquête fut communiqué par le Directoire au Consistoire supérieur dans la session de 1907. Un rapport préalable du Directoire suggérait l'idée de réorganiser les Consistoires en supprimant le privilège du chef-lieu créé par le décret de 1852. Cette réforme pouvait se faire sans modification profonde de la législation. Une Commission spéciale présenta un rapport par l'organe de M. Wolf, membre du Consistoire supérieur et député au Landesausschuss. Après avoir constaté que les Consistoires ne voulaient pas disparaître, mais qu'ils demandaient au contraire à voir étendre leurs attributions, il remarque qu'on ne peut leur rendre la nomination des pasteurs, qui doit appartenir à la paroisse. En général, le salut des Consistoires n'est pas dans la récupération de droits perdus, mais dans l'acquisition de droits nouveaux. Il faut les transformer, de manière à rendre les Inspections inutiles. Par la même occasion, on pourrait tenter de diminuer l'ingérence de l'État qui intervient dans la vie de l'Église par la nomination des inspecteurs et de la majorité du Directoire.

La Commission conclut en proposant au Consistoire supérieur : 1º de déclarer qu'après mûr examen il paraissait indiqué de modifier la situation constitutionnelle des Consistoires et de soumettre en même temps à une revision complète la constitution de l'Église ; 2º d'instituer une Commission de sept membres chargée d'élaborer un projet de constitution de l'Église destiné à être soumis au Consistoire supérieur dans sa prochaine session ordinaire.

Après une assez longue discussion, la Commission abandonna le premier paragraphe, et le Consistoire supérieur adopta le deuxième par 13 voix contre 1 et 10 abstentions; une commission nouvelle, présidée par le président Curtius, fut nommée et se mit à l'œuvre.

Une proposition de passer à l'ordre du jour pur et simple sur les propositions de la Commission avait été écartée par 14 voix contre 10. On voit que l'assemblée était fort divisée. Cette proportion se reproduira dans la suite à chaque vote important. Il est clair que le mouvement réformateur n'était pas profond, ni provoqué par le désir des fidèles, mais plutôt théorique et factice. Ce qui ne veut pas dire qu'il n'était pas justifié dans une certaine mesure. Tout le monde à peu près était d'accord pour reconnaître les défectuosités et les contradictions de la constitution en vigueur, mais cet accord cessait dès qu'on en arrivait à formuler les remèdes, et les idées les plus opposées trouvaient tour à tour une majorité. C'est pourquoi il me paraît inutile de suivre l'historique excessivement compliqué de la genèse des projets successivement discutés et adoptés jusqu'à celui de 1913, qui avait fini par être élaboré par le Gouvernement. Il semble qu'il n'ait été accepté que de guerre lasse et pour aboutir et qu'il ne soit pas l'expression d'une conviction profonde. Quelques mots suffiront pour faire comprendre ces phases diverses.

Le point de départ est l'enquête sur la *position* des Consistoires. Pris entre la paroisse d'une part et l'Inspection de l'autre, il ne leur restait guère que le contrôle des comptes des Conseils presbytéraux, faisant d'ailleurs double emploi avec les attributions du Directoire et, dans certains cas, l'administration des biens communs. C'était un mécanisme fonctionnant à vide, disait-on. Ce n'était peut-être pas aussi évident qu'on le pensait; dans notre Église luthérienne de France, où les Inspections sont devenues des synodes particuliers à compétence très étendue, le rôle du Consistoire est resté important sans porter préjudice à l'autonomie des paroisses. Mais, en fait, ce désir de redonner de l'importance aux Consistoires trouvait un auxiliaire dans la propension assez générale à modifier à fond l'institution des inspecteurs.

Entre les 39 Consistoires et les 7 Inspections, on va osciller longtemps ; le premier nombre est trop fort ; à côté de Consistoires bien constitués, il y en a de minuscules, mais ces petits groupes ont l'avantage de créer des relations de voisinage et d'intérêts communs qu'on perdrait avec les Inspections. D'autre part, il est nécessaire de former des corps électoraux pour le Consistoire supérieur et il s'agit de ne pas enfler outre mesure cette assemblée. Alors, il y aura successivement : 17 Consistoires, puis 21 Consistoires formant 3 à 3 une Inspection, puis tout simplement 7 Consistoires, qui sont les Inspections. C'est le projet de 1909, mais le Gouvernement le fait retoucher, en faisant observer qu'il aurait fallu consulter non seulement les Consistoires, mais les assemblées d'Inspection ; celles ci estiment qu'elles sont trop grosses pour remplacer le Consistoire ; on revient aux Consistoires agrandis, dont on fixe le nombre à 13.

Quant à l'inspecteur, il sera élu pour une période déterminée. Puis il se confondra avec le président (Vorsitzender) du Consistoire en gardant son titre. Ensuite, le titre disparaît, et il ne reste que celui de président du Consistoire (Präsident) avec les attributions des inspecteurs, et finalement ceux-ci reparaissent sous le nom de *Visitateurs*, emprunté à l'Église réformée, qui ne sont plus les représentants élus des Consistoires et paroisses, mais les délégués du Consistoire supérieur et qui n'ont plus que des attributions de visitation des paroisses.

Les autres points sur lesquels a porté successivement la discussion sont :

Le droit électoral des femmes, accepté avec hésitation ; on leur donne d'abord le droit de vote, sans éligibilité, puis on permet de les élire au Conseil presbytéral dans la proportion d'un tiers ; finalement, le Gouvernement l'écarte, à cause des protestations des Inspections rurales et pour des motifs politiques.

L'introduction du suffrage plural pour la représentation des minorités dans les élections des délégués au Consistoire supérieur et au Directoire ; cette disposition est également repoussée par le Gouvernement.

La question de l'élection des pasteurs par le suffrage de tous les fidèles a été soulevée, mais abandonnée comme inopportune, sans avoir donné lieu à une discussion approfondie, l'unanimité des Inspections y était d'ailleurs opposée. On s'est contenté de régler la question d'échange des pasteurs entre deux paroisses, en exigeant l'assentiment des deux Conseils presbytéraux intéressés.

Pour les cas disciplinaires ou autres qui peuvent entraîner la révocation d'un pasteur, il est institué un tribunal spécial. Les juges ecclésiastiques et laïques sont élus par le Consistoire supérieur dans son sein, sauf trois d'entre eux, les laïques, qui doivent avoir compétence judiciaire et peuvent être pris en dehors.

Le Consistoire supérieur aurait voulu séparer nettement les fonctions de président du Consistoire supérieur et du Directoire, ce dernier seul à la nomination du Gouvernement, le premier élu par l'assemblée. Cette distinction a disparu dans le projet du Gouvernement, qui accepte seulement le droit d'avis du Consistoire supérieur pour la nomination ou la révocation de ce fonctionnaire. Par contre, l'administration renonce à introduire dans le Directoire et le Consistoire supérieur un second membre nommé par elle et remplaçant le président en cas d'empêchement.

Il est à remarquer que cette intervention du pouvoir civil dans l'administration supérieure de l'Église a été acceptée comme constituant une garantie pour les minorités. Du reste, on avait le sentiment très net que l'État ne renoncerait pas à ses droits, et qu'il eût été inutile d'insister.

En définitive, qu'on prenne le projet du Consistoire supérieur de 1909, ou celui du Gouvernement en 1913, on est frappé du nombre d'articles de cette Constitution. Alors que le projet voté en 1848 par l'Assemblée des délégués en comportait 30 et la loi de Germinal 37, nous en trouvons 126 en 1913 et 157 dans le projet de 1909. C'est qu'on avait compris dans le domaine de la loi organique tout ce qui devait ressortir normalement à de simples règlements. On ne peut que s'étonner de voir mettre dans une loi, qui ne peut être modifiée que par une loi, tant de dispositions de détail, qui regardent uniquement l'autorité supérieure de l'Église et que le Consistoire supérieur devrait être libre de modifier d'après les indications de l'expérience.

On s'est efforcé de donner au projet de loi le caractère concordataire, tel que nous l'avons vu définir par Portalis. Mais il n'en reste pas moins une mainmise de l'État législateur sur la vie de l'Église. Et une autre conséquence de cette intrusion de l'État, c'est que la loi ne se place plus au point de vue exclusif des luthériens. Les observations du Gouvernement montrent son désir de statuer, toutes les fois que faire se peut pour les deux confessions protestantes, par exemple en ce qui regarde le tribunal spécial pour ecclésiastiques, l'institution des visitateurs, etc. Et il ne faut pas perdre de vue que l'Église officielle de Prusse n'est ni luthérienne, ni réformée, mais porte le titre d'« Union », chaque confession étant censée conserver sa liberté spirituelle, l'administration seule étant commune. On ne s'étonnera donc pas de voir l'autorité supérieure poursuivre l'introduction de ce régime en Alsace-Lorraine.

En résumé, on peut admettre l'Église de la Confession d'Augsbourg, en Alsace, comme n'ayant pas de constitution, puisque le projet de 1913 attend encore la sanction législative. Les vrais desiderata de l'Église peuvent se trouver dans le projet voté en 1909, avant l'intervention du Gouvernement. Nous en donnons l'analyse. Nous y joignons celle du projet voté en 1848, sous une inspiration républicaine, par une réunion de délégués élus librement par plus de 30.000 électeurs, qui a beaucoup de points de contact avec la constitution actuelle de l'Église luthérienne de France, et qui répond aux aspirations les plus nettement exprimées dans les dernières discussions du Consistoire supérieur.

ANALYSE DES PROJETS

DE CONSTITUTION DE L'ÉGLISE DE LA CONFESSION D'AUGSBOURG.

A. *Projet voté le 29 septembre 1848.*

I. L'*Église* de la Confession d'Augsbourg a des paroisses, des Conseils presbytéraux, des pasteurs, des Consistoires, des Inspections, un Consistoire général et un Directoire.

II. (2-3.) La *Paroisse* est formée par une communauté de fidèles confiés au ministère d'un ou plusieurs pasteurs, desservant une ou plusieurs églises. Membres de droit : tous les fidèles inscrits au registre; membres actifs : tous les paroissiens âgés de vingt-cinq ans révolus, ayant leurs droits civils.

III. (4-8.) Le *Conseil presbytéral* (C. P.) se compose du ou des pasteurs, et d'un nombre de laïques proportionné au chiffre de la population. Il est élu au scrutin de liste par les membres actifs et renouvelé par moitié tous les quatre ans. Il est présidé par le pasteur le plus ancien et nomme un secrétaire laïque.

Il veille à l'ordre et à la discipline, à l'administration des aumônes, des biens de la paroisse, à la conservation des biens curiaux, accepte les dons et legs, nomme les employés, este en justice, propose au directoire les receveurs de fabrique, surveille l'instruction religieuse, tient le registre de la paroisse, fait des propositions au Consistoire.

IV. (9-16.) Le *Consistoire*, groupement de plusieurs paroisses, comprend tous les pasteurs de sa circonscription et un nombre double de laïques (12 au moins) élus par les membres réunis des Conseils presbytéraux, et renouvelés par moitié tous les quatre ans. Bureau élu : 1 président et 1 vice-président ecclésiastiques, 1 secrétaire et 1 secrétaire-adjoint laïques.

Il veille au maintien de la discipline et à l'exécution des décisions de l'autorité supérieure, contrôle l'administration des Conseils presbytéraux. *dont il règle les budgets* et arrête les comptes. Il accepte les dons et legs, surveille l'instruction religieuse, émet des avis et des vœux.

V. (17-19.) La *nomination des pasteurs.* Présentation des candidats et inscription chez l'inspecteur, liste établie par le Directoire transmise au Consistoire et au Conseil presbytéral. Le *Consistoire s'adjoint un nombre de conseillers presbytéraux de la paroisse vacante égal à la moitié de ses membres laïques* et élit au scrutin secret. Le Directoire soumet l'élection à l'approbation du Gouvernement.

Pour être nommé pasteur, il faut être Français, âgé de vingt-cinq ans au moins, avoir fait des études régulières dans une faculté française et avoir été régulièrement consacré. Les pasteurs sont inamovibles, mais le Directoire peut prononcer la suspension ou la révocation, sous réserve de l'approbation du Gouvernement.

VI. (20-22.) L'*Inspection* est formée par la réunion de plusieurs Consistoires. L'assemblée inspectorale est la réunion des assemblées consistoriales. Elle nomme les délégués au Consistoire général et peut émettre des vœux et des avis. *Elle choisit dans son sein, pour huit ans, l'inspecteur ecclésiastique et deux inspecteurs laïques.* Ils sont rééligibles une fois, puis passent de droit inspecteurs honoraires. Ils ont la haute surveillance des pasteurs et des églises. L'inspecteur ecclésiastique consacre les candidats, installe les pasteurs et inaugure les églises.

VII. (25-27.) Le *Consistoire général* (C. G.) comprend les délégués des assemblées d'inspection : deux pasteurs et quatre laïques pour chacune, élus pour huit ans avec renouvellement par moitié tous les quatre ans et rééligibles, plus un délégué du séminaire. Il nomme son bureau à chaque session et se réunit tous les ans à Strasbourg. Il est l'autorité suprême de l'Église, veille au maintien de la Constitution, à la discipline, à l'instruction religieuse, approuve les livres d'édification et d'instruction, agendas et formulaires, juge en dernier ressort sur l'application des règlements, nomme les professeurs du séminaire et fait les présentations aux chaires de la faculté de théologie.

VIII. (28-30.) Le *Directoire* est l'autorité administrative supérieure. Il comprend : un président laïque nommé à vie par le Président de la République, sur une liste de trois candidats présentés par le Consistoire général et révocable sur la demande de celui-ci ; deux membres ecclésiastiques et quatre laïques, nommés pour huit ans par le Consistoire général, renouvelés par moitié tous les quatre ans et rééligibles.

On ne peut être en même temps membre du Consistoire général et du Directoire.

Les fonctions de président du Directoire sont incompatibles avec toute profession civile et toute fonction publique autre que les fonctions électives.

Le Directoire rend tous les ans compte de sa gestion au Consistoire général.

Ce projet comprend huit titres et trente articles. Il a été discuté et voté par une assemblée de délégués (ecclésiastiques et laïques) des Consistoires, élus par le suffrage universel des paroisses au nombre de plus de cent. Il devait être soumis au Gouvernement.

B. *Projet voté le 14 octobre 1909.*

I. (1-59.) La *Paroisse* est autonome et s'administre elle-même, conformément aux lois et règlements, par le moyen d'un *Conseil presbytéral* (C. P.). Celui-ci comprend le ou les pasteurs, et des laïques élus. Sont électeurs et éligibles tous les paroissiens (*hommes et femmes*) ayant vingt-cinq ans révolus et jouissant des droits civils. Le nombre des femmes élues ne peut dépasser un tiers du Conseil presbytéral. Tous les six ans, le Conseil est renouvelé en entier. L'élection a lieu au scrutin de liste. La vérification des pouvoirs appartient au Consistoire. Le pasteur le plus ancien préside de droit le Conseil presbytéral.

Le Conseil presbytéral veille au développement de la vie religieuse, il connaît de l'exercice du culte, de la discipline ecclésiastique, de l'entretien des bâtiments; il administre les biens, *vote le budget*, statue sur les quêtes et collectes.

II. (60-85.) Le *Consistoire* représente l'union consistoriale, groupement de plusieurs paroisses. Il comprend les pasteurs du ressort et les délégués élus par le Conseil presbytéral dans leur sein, depuis un jusqu'à six par la paroisse, selon la population.

Le Consistoire vérifie les pouvoirs de ses membres. Les séances ne sont pas publiques.

Le Consistoire élit : un président, pasteur; un secrétaire laïque; cinq assesseurs (deux ecclésiastiques et trois laïques) qui, avec le président et le secrétaire, forment le comité (Ausschuss) du Consistoire, ou sa commission exécutive; le président est confirmé par le Statthalter.

Le Consistoire s'occupe de la vie religieuse et de l'administration de l'Église. Il élit une Commission de fabriques (Schaffneikommission) pour administrer les biens communs à plusieurs paroisses.

III. (86-102.) Le *Consistoire supérieur* (C. S.) comprend : le président du Directoire, les présidents des Consistoires; les délégués élus (un ecclésiastique et trois laïques par Consistoire); un représentant de la faculté de théologie, un représentant de la fondation de Saint-Thomas.

Pour l'élection des membres laïques il est permis d'écrire deux fois le même nom sur le même bulletin (*représentation des minorités*).

Le Consistoire supérieur représente les intérêts généraux de l'Église vis-à-vis des paroisses, des Consistoires, de l'État et des autres communautés religieuses. Il a le contrôle des Consistoires et Conseils presbytéraux, interprète et peut modifier la constitution, surveille les études ecclésiastiques, édicte des dispositions sur la discipline (Sainte-Cène, mariage, etc.), approuve livres et agendas, institue des collectes, bref, exerce le gouvernement général de l'Église. Il élit la majorité du Directoire et les membres du tribunal ecclésiastique.

IV. (103-115.) Le *Directoire* comprend :

Un président nommé à vie par le Gouvernement; ne peut être relevé de ses fonctions que par le Gouvernement, et, si c'est contre son gré, sur avis conforme du Consistoire supérieur ;

Quatre membres (deux ecclésiastiques, deux laïques), choisis par le Consistoire supérieur dans son sein; l'élection a lieu par listes séparées pour les ecclésiastiques et les laïques ; chaque bulletin porte deux noms *ou deux fois le même nom*.

Le Directoire administre l'Église conformément aux lois et aux décisions du Consistoire supérieur. Il contrôle les Conseils presbytéraux et Consistoires, peut dissoudre les Conseils presbytéraux et révoquer leurs membres; surveillance générale des pasteurs, vicaires, candidats, contrôle des fonds de Saint-Thomas, nomme les professeurs du séminaire et du gymnase, donne son avis pour la nomination des professeurs de la faculté de théologie.

V. (116-121.) Le titre d'*Inspecteur ecclésiastique* est attribué au président (Vorsitzender) du Consistoire.

Les inspecteurs ecclésiastiques ont la surveillance du service des pasteurs, de la gestion des Conseils presbytéraux, l'ordination des candidats, l'installation des pasteurs, l'inauguration des églises. Ils font au Directoire un rapport annuel et tous les rapports qui leur sont demandés. Ils peuvent prêcher dans toutes les églises et convoquer les Conseils presbytéraux dans leur circonscription. Ils instruisent les plaintes portées contre les pasteurs.

VI. (122-153.) Les *Pasteurs*.

Les candidats au saint ministère sont placés sous l'autorité du Directoire qui est armé de droits disciplinaires.

Pour la nomination des pasteurs, le Directoire proclame la vacance reçoit les inscriptions de candidats et établit la liste de ceux qu'il estime éligibles.

Il communique cette liste à l'inspecteur, lequel ordonne les élections pour le doublement du Conseil presbytéral. L'inspecteur convoque le Conseil presbytéral ainsi doublé, préside la séance et fait procéder au vote : majorité absolue au premier tour, relative au ballottage.

Le Directoire provoque la confirmation par le Gouvernement du pasteur élu et son installation.

Le Directoire peut ordonner la permutation de deux pasteurs si les Conseils presbytéraux des deux paroisses sont consentants.

VII. *L'approbation des délibérations des Conseils presbytéraux et Consistoires* est réservée au Directoire pour les objets ci-après :

Budgets ordinaires et extraordinaires des Conseils presbytéraux, Consistoires et Commissions de fabrique, fixation des traitements, aliénation ou mise en gage des biens-fonds, objets mobiliers de valeur, hypothèques, emprunts, acceptation de dons et legs, constructions neuves et grosses réparations, actions en justice, introduction de livres nouveaux, cantiques, agendas, liturgies.

Cette constitution ne change rien à l'état confessionnel de l'Église.

III
SOUS-COMMISSIONS

SOUS-COMMISSION DE L'INTÉRIEUR,
DES AFFAIRES COMMUNALES ET DES FINANCES.

PROCÈS-VERBAL DE LA DEUXIÈME SÉANCE,

TENUE LE 1ᵉʳ MARS 1915,

SOUS LA PRÉSIDENCE DE M. HELMER.

Nota. — Il n'a pas été dressé de procès-verbal de la première séance.

Présents : MM. Helmer, Godart, Souchon, l'abbé Wetterlé, Sergent, Laugel, Weill, Blumenthal et Kammerer.

M. Helmer donne la parole à M. Wetterlé pour la lecture d'un avant-projet de rapport financier destiné à servir de base à la discussion de la sous-commission.

M. Weill, après avoir entendu lecture de ce document qui expose le système actuel des impôts en Alsace, exprime le désir que le rapport soit dactylographié, vu la difficulté de suivre de mémoire les discussions de cet ordre.

M. Blumenthal dit que la solution à donner au problème du système des impôts dépend en grande partie de celle qui sera donnée par la sous-commission de justice, c'est-à-dire qu'il s'agit de savoir si l'on appliquera ou non la législation allemande.

M. Souchon estime que la Conférence d'Alsace-Lorraine s'est déjà prononcée pour le maintien provisoire de la législation locale.

D'après M. Blumenthal, au contraire, M. Tissier aurait formellement réservé la question en ce qui concerne les juridictions à organiser en Alsace-Lorraine, étant donné que les tribunaux locaux ont disparu. Il serait donc utile que l'on attendît, pour conclure en matière financière, de connaître les décisions de la sous-commission de justice afin de mettre toutes les solutions en harmonie.

M. WETTERLÉ estime que ce serait aller trop loin que de se limiter à l'examen des questions de la période transitoire. La sous-commission devra donner des conclusions visant le régime après la paix, car, pour la période intermédiaire, il n'y a qu'à appliquer le règlement de La Haye, c'est-à-dire maintenir dans ses grandes lignes le système en vigueur.

M. GODART approuve cette suggestion ; l'essentiel est précisément d'avoir une opinion sur ce qui se passera après la paix.

M. SOUCHON rappelle qu'à la première séance de la sous-commission il a été décidé de régler d'abord les questions qu'on peut appeler « d'aujourd'hui », c'est-à-dire celles du temps de l'occupation, et ensuite seulement les questions de « demain », c'est-à-dire d'après la paix. C'est le Gouvernement français qui en aura la charge, mais la Conférence n'en est pas moins consultée et doit avoir une opinion.

M. SERGENT estime seulement qu'il faut régler de suite le régime applicable immédiatement et en conséquence manifester une opinion. A cet égard la première des choses à faire est d'avoir une connaissance exacte de la situation existante, familière à tous les membres alsaciens-lorrains de la sous-commission, mais non aux autres. Pour cela la communication en dactylographie du rapport de M. Wetterlé paraît nécessaire.

M. WETTERLÉ dit qu'il ne demande pas mieux que de communiquer son rapport. Toutefois ce travail n'a aucun caractère définitif, mais un simple caractère préliminaire devant servir à nourrir la discussion, et c'est après la discussion qu'il saura ce qu'il doit mettre dans le rapport définitif.

M. WEILL prend acte de ce que le rapport a un caractère préliminaire. Cet exposé devrait, d'après lui, comprendre deux parties, visant, la première, la période d'occupation, et, la seconde, la période après la paix. Sans doute, comme le relève M. Godart, il y a peu de choses à dire de la période actuelle : mais cela n'empêche pas que l'avis de la sous-commission ait été sollicité.

M. LAUGEL appuie cette opinion : la question urgente est celle des impôts à percevoir de suite, c'est-à-dire celle de l'établissement des feuilles d'impositions ;

elle est d'autant plus urgente que l'exercice financier commence au 1ᵉʳ avril prochain. Pour les problèmes de demain nous aurons le temps de les étudier à loisir ; ils consisteront à dire comment seront conciliées la législation fiscale actuelle d'Alsace et la législation fiscale française introduite en Alsace.

M. Wetterlé dit que, s'il en est ainsi, son rapport est fait d'avance ; il se bornera à reconnaître d'abord que le régime actuel est provisoirement maintenu. Il n'y aurait plus alors à régler que la question des feuilles d'imposition et la date d'ouverture de l'année financière.

M. Souchon rappelle que M. Tirard a montré dans son rapport l'impossibilité absolue de percevoir dès maintenant les impôts actuels. Il a conclu que seules étaient susceptibles de perceptions les patentes et les licences. On peut donc se demander à partir de quand on pourra songer à des perceptions effectives pendant l'occupation.

M. Sergent montre qu'à cette question se lie aussi celle du numéraire, car la monnaie allemande a en grande partie disparu et l'on peut manquer dans certains cas de numéraire français. Cette question des deux monnaies est tout à fait capitale.

M. Kammerer annonce qu'il pourra prochainement distribuer en dactylographie le rapport de M. Tirard qui a donné sur la question du numéraire toutes les informations connues actuellement.

M. Wetterlé constate que l'on est d'accord sur le maintien des impôts actuels pour la période d'occupation, mais il demande l'opinion de la sous-commission à propos de l'impôt de guerre établi par l'Allemagne et qui a un caractère très spécial. Cet impôt doit-il être également perçu actuellement ?

M. Blumenthal estime dangereux de dispenser les Allemands immigrés en Alsace de payer l'impôt de guerre. Peu importe que cet impôt ait un caractère exceptionnel. Il était dû à l'Allemagne, il restera dû à la France.

M. Laugel approuve ce point de vue.

M. Wetterlé. — D'après la loi, le premier tiers de l'impôt a déjà été payé, le deuxième tiers devrait être payé le 1ᵉʳ avril prochain sans délai (c'est-à-dire qu'il était « fällig » au 1ᵉʳ avril), le troisième tiers n'était pas encore dû. Admettra-t-on que ceux qui auront payé à l'Allemagne seront libérés ? En réalité on ne devrait en dispenser que les vrais Alsaciens.

M. Weill rappelle qu'il s'agit non d'un impôt d'État, mais d'un impôt d'Em pire : il serait sage de spécifier que l'impôt de guerre est dû à la France dans les parties occupées, sans préciser aucune distinction entre les immigrés et les Alsaciens proprement dits. Il suffira de dire que de larges exemptions seront accordées dans les cas intéressants, et en fait ce sont les Alsaciens proprement dits qui seuls profiteront de l'exonération.

M. Helmer se rallie à cette proposition ainsi que les autres membres.

M. Wetterlé proposera cette solution dans son rapport. Il demande l'avis de la sous-commission en ce qui concerne l'établissement des rôles des impôts.

M. Helmer dit qu'en 1870 les Allemands avaient fixé une date (le 15 août) à partir de laquelle les impôts seraient dus à l'Allemagne substituée à la France : ceux qui avaient payé par avance ou qui ont payé ultérieurement à la France eurent à s'acquitter *deux* fois.

M. Sergent estime que la question des rôles ne soulève aucune difficulté, s'il est exact qu'on ait pu retrouver partout ces rôles. Ils sont établis dans tous les pays pour un an et il n'y a rien à changer au régime actuel qui les fait partir du 1er avril. Il demande s'il existe sur place des agents capables de dresser effectivement ces rôles.

M. Helmer répond qu'en 1870 tous les fonctionnaires français des finances et perceptions qui avaient détruit leurs rôles ont passé devant les conseils de guerre allemands. Nous pourrions faire de même. D'ailleurs, en fait, jusqu'ici les rôles ont été retrouvés, le personnel étant surtout composé d'Alsaciens très sûrs pour nos intérêts.

M. Wetterlé demande s'il y aura un recours contre ceux qui auront déjà payé à l'Allemagne.

M. Souchon dit que, bien qu'en 1870 les Allemands aient forcé à repayer ceux qui s'étaient acquittés vis-à-vis de la France, nous pourrons nous montrer moins rigoureux en Alsace, pays ami.

M. Sergent estime également que ceux qui pourront produire une quittance devront être considérés comme quittes.

M. Wetterlé demande en quelle monnaie le contribuable devra s'acquitter.

M. Sergent pense que le contribuable pourra choisir. S'il a des marks, il se libérera en payant le nombre de marks spécifié sur sa feuille d'impôts. S'il n'en a pas, il pourra payer en francs; dans ce cas se posera une question délicate de change. Il est équitable que le contribuable verse 1 fr. 25 pour un mark, c'est le cours officiel, et il n'y a pas lieu de faire ici application d'un cours réel. Il en est autrement lorsqu'un habitant se présente devant un guichet de poste pour faire une opération de trésorerie. Cette opération (envoi d'un mandat par exemple) ne peut se faire qu'au cours réel, au change du jour, déterminé par exemple par la cote officielle de Bâle.

M. Wetterlé pense que le système proposé par M. Sergent aboutit à punir ceux qui n'ont plus de marks; car le mark, en pratique, n'est pris aujourd'hui que pour un franc.

M. Sergent estime, au contraire, que cette règle sera favorable au contribuable : c'est lui qui bénéficiera du change, s'il donne des marks, car la dépréciation sera subie par le fisc, et du moment qu'au point de vue impôts le mark sera pris au-dessus de sa valeur réelle, on en trouvera toujours.

M. Sergent promet de remettre une étude sur la question du change.

M. Wetterlé note que les feuilles d'impositions seront établies en marks et payables soit en marks, soit en francs, à raison de 1 fr. 25 par mark.

M. Helmer demande à M. Sergent pourquoi la Banque de France, sollicitée par la Banque Nationale du Crédit, qui a une succursale à Thann, d'y importer 300,000 francs de monnaie française, ne lui a accordé que 20,000 francs.

M. Sergent explique que ce n'est pas mauvaise volonté, mais seulement par suite des difficultés de la crise de la monnaie divisionnaire. C'est aussi pour des raisons purement matérielles que la Monnaie, qui par suite de l'accroissement du nombre des habitants peut augmenter la frappe de monnaie divisionnaire, n'en frappe pas davantage. La situation s'améliorera assez rapidement.

M. Wetterlé, après avoir noté le résultat de cette discussion, *promet d'établir son rapport sur les bases indiquées. Il est entendu qu'il se limitera à la question des impôt directs.*

M. Helmer dit que d'autres questions très délicates devront faire l'objet d'études spéciales, notamment celles des impôts indirects, des finances communales, des chemins de fer, des assurances ouvrières, de l'enregistrement, du timbre, des domaines, des successions, du change.

L'étude de ces questions est répartie comme suit :

M. Wetterlé se charge du rapport sur les impôts directs, comme il a été dit plus haut.

M. Weill se charge des impôts indirects.

M. Helmer fera un rapport sur l'enregistrement, le timbre, les domaines, les successions.

M. Sergent traitera la question du change.

M. Souchon traitera celle des douanes.

M. Blumenthal traitera celle de l'administration et des finances des communes.

La question des chemins de fer d'Alsace-Lorraine est renvoyée à la sous-commission des Travaux publics.

Il est décidé que, dans chaque rapport, la question douanière sera traitée d'abord au point de vue de la situation présente et non au point de vue de la situation postérieure à la paix.

M. Wetterlé passe ensuite à la lecture de la seconde partie de son rapport, qui traite de la question des fonctionnaires des pays annexés. Lors de la première séance de la sous-commission, il avait été décidé que tous les fonctionnaires actuellement en service seraient licenciés. Cela va de soi pour les fonctionnaires allemands. On avait admis alors qu'il fallait poser la même règle en ce qui concerne les vrais Alsaciens, quitte à les reprendre, dans la mesure utile, c'est-à-dire très largement, car depuis une vingtaine d'années les éléments les plus francophiles avaient eux-mêmes poussé les Alsaciens-Lorrains à entrer dans les administrations publiques où ils ont rendu de sérieux services en occupant des places qu'auraient prises de jeunes Allemands. Ils seraient donc repris par la France, mais aux mêmes conditions de traitements et d'avantages matériels que les agents français, afin d'éviter d'avoir dans la même administration deux catégories ayant les mêmes fonctions et des situations pécuniaires très différentes. En effet, les fonctionnaires allemands ont souvent des traitements de moitié supérieurs à ceux des fonctionnaires français. Et la disproportion est encore plus forte pour certaines catégories subalternes, comme les secrétaires de mairie, éclusiers, etc., pris parmi les Militäranwärter et qui touchent jusqu'à 7,000 francs. De plus le statut des fonctionnaires est infiniment différent, les conditions de pension étant bien supérieures en Allemagne où les employés sont en outre propriétaires de leurs emplois dont seuls des jugements rendus par des tribunaux spéciaux peuvent les déposséder.

La sous-commission avait admis que les pensions des fonctionnaires licenciés seraient mises à la charge de l'Allemagne. En effet, la France n'a aucune obligation vis-à-vis d'eux.

M. Helmer insiste sur la nécessité de ne pas mécontenter les fonctionnaires alsaciens qui ont rendu de grands services : ils ont étudié en vue d'une situation avantageuse et n'ont accepté des fonctions publiques qu'à la suite d'une campagne politique qui doit finalement profiter à la France. Il serait injuste de les réduire ou de les acculer au départ, ce qui en ferait des déclassés. Il ne faut pas qu'aucune des catégories de gens qui ont rendu des services ait à se plaindre de la réunion à la France. D'autre part, les Français qui seraient admis dans les services d'Alsace-Lorraine ne pourraient trouver injuste d'avoir des traitements moindres, car il ne s'agirait que de maintenir des situations acquises. Comme, d'autre part, il est difficile de poser en principe que deux emplois identiques seront payés différemment, on pourrait chercher la péréquation en accordant aux Alsaciens repris un supplément de traitement attaché à leur personne et disparaissant avec eux, égal à la différence entre les deux traitements. Ce serait justifié en partie par la cherté de la vie locale.

M. Souchon pense qu'il ne faut pas faire de cette indemnité spéciale une indemnité de cherté de vie; car alors elle serait due à tous, même aux Français admis nouvellement dans les services alsaciens. Le mieux serait de déclarer franchement que certains fonctionnaires, en raison du passé, ont des droits acquis. Mais on pourrait peut-être aussi chercher un remède plus facile par la voie de l'avancement. Beaucoup de fonctionnaires disparaîtront, notamment tous les Allemands ; ceux qui resteront ne toucheront plus que les traitements français, mais ils pourraient recevoir un avancement immédiat qui les compenserait sensiblement. Cela permettrait d'éviter des indemnités spéciales.

M. Wetterlé trouve le système ingénieux, mais observe que pour bien des catégories de petits fonctionnaires telles que les postes, les instituteurs, dont le personnel est très nombreux et en majorité alsacien, il sera difficile de recourir à l'avancement.

La sous-commission, après délibération, décide de proposer à la Conférence les principes suivants :

Tous les fonctionnaires d'Alsace-Lorraine seront licenciés. Le Gouvernement reprendra ceux qui lui plairont. Les fonctionnaires réengagés toucheront les traitements français. On cherchera à égaliser leur nouvelle situation avec l'ancienne par un avancement immédiat au moyen des places devenues vacantes.

Les pensions des fonctionnaires liquidés seront mises à la charge de l'Allemagne. Les fonctionnaires repris seront considérés en vue de leur retraite comme ayant effectué leurs versements d'après la loi française, pour les années de service écoulées qui leur seront comptées.

La situation des fonctionnaires communaux sera réglée par les communes laissée libres de leurs décisions.

M. Wetterlé lit ensuite la fin de son rapport qui traite du régime du tabac. Il estime qu'il ne serait pas raisonnable d'appliquer en Alsace le système des zones frontières. On mettrait en vigueur le plus tôt possible le régime ordinaire de la Régie. La manufacture de l'État à Strasbourg deviendrait propriété française, les manufactures privées seraient rachetées ou indemnisées, les débitants recevraient un délai pour se débarrasser de leurs anciens stocks.

La Commission se rallie à ces conclusions et décide de les soumettre à la Conférence plénière.

M. Helmer dit qu'il y a une question très importante qui n'a pas encore été abordée : c'est celle du dédommagement à accorder en Alsace-Lorraine aux particuliers victimes des destructions de propriétés du fait des opérations de guerre.

M. Kammerer explique que déjà cette question a été posée au Ministère des Affaires étrangères. Le département, tout en admettant en principe et par avance la légitimité et la nécessité de l'indemnisation, a répondu qu'il était prématuré de chercher à faire constater dès maintenant les dommages selon une procédure analogue à celle prévue par le décret du 2 février qui présuppose l'organisation administrative française. Il résulte d'ailleurs des renseignements parvenus qu'il n'y a, dans la zone occupée actuellement par nos troupes en Alsace, que très peu de dégâts de guerre, sauf sur la ligne de feu, naturellement, où le moment n'est pas encore venu de procéder à des constatation matérielles. De plus il est difficile de prendre dès maintenant des engagements publics, parce que des problèmes délicats seront posés, par exemple celui de savoir à quelles catégories de personnes seront réservées les indemnités.

M. Blumenthal comprend très bien ces raisons, il estime cependant qu'on pourrait admettre dès maintenant le principe du dédommagement nécessaire mais limité aux annexés et à leurs descendants.

M. Godart se charge de présenter un rapport à ce sujet.

La sous-commission s'ajourne au samedi 6 mars à 3 h. 1/2.

PROCÈS-VERBAL DE LA TROISIÈME SÉANCE,

TENUE LE 6 MARS 1915

SOUS LA PRÉSIDENCE DE M. HELMER.

Présents : MM. Helmer, Godart, Sergent, Weill, Souchon, Blumenthal, Wetterlé et Kammerer.

M. le Président donne la parole à M. Kammerer pour la lecture du procès-verbal. *Ce procès-verbal est adopté.*

M. Godart demande qu'on distribue le plus tôt possible le recueil de législation d'Alsace-Lorraine dont a parlé M. Tirard. Il serait indispensable d'activer l'impression de ce recueil confiée à l'Imprimerie Nationale.

A titre documentaire, M. Blumenthal rappelle qu'il a publié, sans signature, dans la *Revue de Paris* du 15 janvier 1914, un article intitulé « La vérité sur l'Alsace », dans lequel il examine la question de savoir quelle serait l'attitude probable de l'Alsace-Lorraine en cas de retour à la France. Il a conclu que tout était prêt pour ce retour. Aussi la question d'un plébiscite ou référendum en Alsace ne vise-t-elle nullement une crainte éventuelle qui ne vient à l'esprit de personne que l'Alsace-Lorraine ne ratifierait pas son retour à la France. Il s'agit seulement de savoir sous quelle forme juridique ce retour serait constaté, et l'on est arrivé à la conclusion que la forme de la réintégration ne peut pas comporter de plébiscite. M. Blumenthal s'élève contre certaines idées fausses qui ont cours dans les meilleurs journaux, même dans le *Temps*, d'après lesquelles les Allemands auraient réussi en Alsace à supplanter les éléments indigènes. Il évalue à 250 ou 300,000 au plus les immigrés sur une population totale de 1,700,000 habitants.

M. l'abbé Wetterlé donne lecture de son rapport financier.

M. le Président soumet à une nouvelle discussion la question du change auquel serait pris le mark ou le franc pour le paiement des impôts.

M. Sergent renouvelle ses explications précédentes d'après lesquelles chacun, devant en principe s'acquitter en marks, pourrait aussi se libérer en payant en francs, à raison de 1 fr. 25 par mark.

D'après M. Weill bien des Alsaciens auront déjà échangé leurs marks en francs avec une perte sérieuse, probablement à raison de 1 fr. 10 ou 1 fr. 15 par mark. S'ils n'ont plus de marks, ils devront payer leurs impôts à raison de 1 fr. 25 par mark et perdront un nouveau change assez onéreux ; il faut favoriser au contraire ceux qui voudront faciliter la circulation des francs, et l'on risquerait en donnant une valeur officielle trop élevée au mark de favoriser le cours de la monnaie ennemie ; les Alsaciens devraient donc être autorisés à payer en francs mais à un cours se rapprochant du cours réel, par exemple celui de Bâle.

M. Sergent pense que les Alsaciens trouveront toujours des marks véritables pour payer leurs impôts ; après 1870 les deux monnaies ont eu cours très longtemps en Alsace. Cependant il reconnaît que le système d'abord préconisé par lui n'est pas celui qui a été adopté par le Ministère des Finances. Celui-ci a fixé le cours provisoirement très bas et a admis la parité du franc au mark. Cela paraît excessif : il faudrait en tout cas se rapprocher davantage du cours réel. A la réflexion il lui paraît possible d'appliquer au paiement des impôts un système analogue à celui des mandats-poste, c'est-à-dire un change se rapprochant de la réalité. Il se demande cependant si cela n'entraînera pas de très grandes difficultés pratiques.

M. Helmer trouve inadmissible que la France déclare accepter que la valeur du franc soit fixée par le cours de Bâle. D'après lui ce n'est pas la valeur du mark qu'il s'agit de fixer puisque le contribuable doit en principe payer en marks, mais bien celle du franc.

M. Sergent trouve cet argument très puissant et même décisif.

M. Wetterlé propose qu'on fixe une fois pour toutes le cours du franc par rapport au mark, par exemple à 1 fr. 10 ; ce serait un cours suffisamment bas et assez conforme au cours réel.

M. Sergent pense que ce système n'est pas assez souple car le mark peut très bien subir dans l'avenir de grandes dépréciations : si l'on ne s'en rapporte pas à la valeur nominale, qui est de 1 fr. 25 par mark, force sera d'en arriver à un change variable.

M. Blumenthal admettrait que le change soit fixé, cela existe déjà dans certains cas ; les guichets des chemins de fer prennent les monnaies étrangères à des cours fixes ; on pourrait décider, par exemple, que le franc vaut 0 m. 84.

M. Souchon préfère que le change soit variable, on le fixerait de manière à laisser un petit bénéfice aux populations; elles bénéficieraient ainsi d'une petite faveur. Or, donner le choix à une population de payer en deux monnaies, c'est toujours une faveur, ces intéressés sachant presque infailliblement tirer le meilleur parti de ce choix.

M. WEILL dit que ce ne serait pas forcément une faveur, certaines gens peuvent se trouver obligées de payer leurs impôts en francs, et l'on ne peut être certain à l'avance qu'ils n'éprouveront pas une perte. Pour la fixation d'un change on pourrait peut-être s'en remettre au Commandement militaire.

M. SERGENT se rallie définitivement à l'idée que le paiement des impôts puisse être effectué en francs au cours réel, et que ce cours soit fixé par exemple par le Commandement militaire. Mais cela ne lèvera pas toutes les difficultés, car les discussions peuvent naître autour du taux du cours réel.

M. WETTERLÉ propose qu'on s'abstienne de spécifier par quelles autorités sera fixé le cours réel.

M. WEILL insiste sur la nécessité que ce cours constitue un avantage pour la population locale.

M. KAMMERER dit que l'établissement d'un cours variable se rapprochant d'assez près du cours réel n'est pas si difficile qu'on le croit. La fixation, pour des opérations financières administratives, de cours variables, se présente dans tous les pays où le change est très variable, notamment dans les pays à monnaie d'argent comme la Chine, dans la comptabilité des chancelleries du Ministère des Affaires étrangères. Ce change est établi trimestriellement par le chef de poste diplomatique ou consulaire à un cours aussi moyen que possible. Pour certains pays où le change varie journellement, le chef de poste est autorisé à changer le taux aussi souvent que la chose lui paraît nécessaire. C'est aussi le cas des bureaux de poste des mêmes pays; le change y est souvent établi par ordonnances consulaires. On pourrait pratiquer un système analogue en Alsace-Lorraine. Le cours y serait, par exemple, fixé pour chaque quinzaine par le Commandement militaire. Il serait affiché et servirait aussi bien pour les opérations aux guichets des bureaux de poste que pour le paiement des impôts, ou bien le cours une fois fixé serait en quelque sorte maintenu par tacite reconduction jusqu'à ce qu'une variation appréciable du change réel mène le Commandement à modifier son cours officiel.

M. SOUCHON verrait des inconvénients, si le cours du mark se relevait, à ce qu'il en soit fait état, en quelque sorte officiellement, par un affichage public.

M. KAMMERER pense qu'en ce cas il serait facile à l'autorité militaire, maîtresse de ses décisions, de considérer que le côté politique l'emporte sur le côté monétaire et de maintenir le cours fixé précédemment ; mais il y a autant d'inconvénients à fixer le cours trop haut qu'à le fixer trop bas, car, dans les deux cas, l'on ne peut savoir à l'avance si ce sera favorable ou défavorable à la population. Ceux qui ont échangé déjà leurs marks ont droit à ce que leur première perte de change ne se double pas d'une seconde, mais ceux qui ont gardé des marks ont intérêt à ce que leur monnaie ne soit pas avilie d'une manière arbitraire. Tous les raisonnements qu'on peut tenir seront vrais dans certain cas et faux dans d'autres.

La sous-commission se range à l'opinion suivante que M. Wetterlé se charge d'exprimer dans son rapport : l'impôt sera payable en marks; toutefois le PAIEMENT EN FRANCS SERA ADMIS *selon un taux de change établi périodiquement par les autorités compétentes.*

M. KAMMERER demande quelle sera cette autorité compétente, et d'après lui ce ne peut être que le Commandement militaire.

M. HELMER pense qu'il ne faut pas préjuger de la question; cela dépendra des organisations qui seront établies : il préfère qu'on ne précise pas.

La sous-commission se range à cet avis.

M. SERGENT demande quel emploi l'on fera du produit des impôts en Alsace-Lorraine.

M. HELMER dit que selon les principes ordinaires et du moment qu'on a, ainsi que l'a exposé M. Tirard, constitué un budget des pays annexés, les impôts iront au budget général français qui supportera, d'autre part, les dépenses locales.

M. GODART demande à la sous-commission de discuter l'attitude à proposer à la Conférence en ce qui concerne la question des dommages matériels résultant des faits de guerre en Alsace. Le droit à la réparation dans les territoires français a été proclamé à la Chambre des Députés en décembre 1914. Une loi doit d'ailleurs intervenir à nouveau. Mais la Chambre et le Sénat ont voté l'ouverture d'un crédit de 300 millions pour pallier aux besoins les plus urgents. Un décret du 4 février dernier a organisé la procédure des constatations matérielles par l'institution de Commissions administratives locales. Or le territoire alsacien devra être assimilé en cette matière au territoire national. Des besoins tout aussi urgents peuvent s'y révéler et la sous-commission doit s'en préoccuper. Il est très nécessaire que la Conférence se prononce sur le droit des Alsaciens à obtenir réparation immédiate. M. Godart donne lecture d'un projet de motion qu'il a préparé à ce sujet.

M. KAMMERER pense qu'il n'y a aucun doute et que tout le monde est d'accord sur la nécessité d'accorder aux Alsaciens la réparation de leurs pertes, mais le décret du 4 février a prévu uniquement des organisations administratives françaises, qui n'existent pas encore en Alsace. Or en matière d'indemnités la procédure à employer est à peu près inséparable du droit à l'indemnité.

M. GODART insiste sur le point qu'il ne s'agit, pour le moment, que du principe du droit à l'indemnité et nullement de la procédure des constatations matérielles.

M. SOUCHON pense aussi que la portée pratique de la reconnaissance du droit à l'indemnité est inséparable d'une fixation au moins sommaire de la procédure des constatations matérielles. Il estime qu'il est facile d'en tenir compte en insérant à ce sujet une formule dans le projet de motion présenté par M. Godart : on indiquerait, par exemple, que les évaluations provisoires des dommages seront faites par le Commandement de l'armée d'occupation. Le Conseil d'État ne pourrait, en effet, étendre par décret la portée du décret du 4 février à l'Alsace-Lorraine. Si l'on ne veut pas que la reconnaissance du droit des Alsaciens reste lettre morte, il faut parler dès maintenant du mode d'évaluation des dommages.

M. HELMER appuie cette opinion. A son avis, du moment que le Conseil d'État n'est pas compétent pour étendre l'application du décret du 4 février, il faut qu'il se trouve quelque autorité ayant pouvoir de faire les constatations matérielles, et cette autorité paraît être pour l'instant le Commandement militaire.

Les membres de la Commission paraissent d'accord, et la motion de M. Godart, complétée dans le sens des considérations ci-dessus, est mise aux voix sous la forme suivante :

La Conférence d'Alsace-Lorraine émet l'avis que les Alsaciens-Lorrains non immigrés doivent obtenir la réparation des dommages matériels résultant des faits de guerre, et, en attendant, doivent être compris dans la répartition des crédits ouverts par l'article 1er de la loi du 6 décembre 1914 pour les besoins les plus urgents.

Il appartiendra au Commandant de l'armée française d'occupation de faire les constatations nécessaires et de fixer les indemnités qui pourraient être immédiatement versées dans les cas les plus urgents.

Cette motion est adoptée à l'unanimité pour être soumise à l'examen de la Conférence d'Alsace-Lorraine.

La sous-commission des Finances s'ajourne au samedi 13 mars, à 3 h. 30.

SOUS-COMMISSION DE JUSTICE.

24 avril 1915.

Nota. Au cours de la première séance de la sous-commission tenue le 3 avril 1915, la discussion a porté sur les questions de nationalité. Cette discussion ayant abouti à la rédaction d'un important rapport sur la nationalité, de M. Souchon, il n'a pas été dressé de procès-verbal de la séance.

Au cours de la seconde séance tenue le 17 avril, M. Blumenthal a fait un exposé de l'organisation judiciaire en Alsace-Lorraine. Les données dont il s'agit figurant avec beaucoup de détails dans l'ouvrage sur l'Alsace-Lorraine préparé sous la direction de M. Dubois et distribué en épreuves aux membres de la Conférence, il n'a pas été dressé de procès-verbal de la seconde séance.

PROCÈS-VERBAL DE LA TROISIÈME SÉANCE,

TENUE AU MINISTÈRE DE LA JUSTICE

SOUS LA PRÉSIDENCE DE M. HELMER.

Présents : MM. Helmer, Blumenthal, Th. Tissier, Ballot-Beaupré, Souchon et Kammerer; assistaient en outre à la séance MM. Pichat et Tibard, du Grand Quartier général.

M. Helmer donne la parole à M. Th. Tissier qui se propose de faire un exposé sur l'organisation des juridictions à instituer pendant la période transitoire de l'occupation militaire en Alsace-Lorraine.

Une question préalable aurait dû se poser : à savoir celle du caractère juridique des territoires occupés par nous, et s'ils doivent être considérés comme des territoires ennemis ou comme des territoires français. Mais ce problème a été résolu par la Conférence d'Alsace-Lorraine, laquelle, après l'avoir longuement discuté, a déclaré qu'il y avait lieu d'y appliquer pendant la période d'occupation militaire les règles de l'article 43 de la Convention de La Haye, d'après lesquelles l'autorité du pouvoir légal ayant passé en fait entre les mains de l'occupant, celui-ci doit maintenir en vigueur autant que possible l'organisation et les institutions du pays occupé.

L'Alsace-Lorraine se trouve par là assimilée à un territoire étranger occupé.

Les juridictions du pays occupé doivent donc continuer à fonctionner jusqu'à ce que l'autorité occupante les requière de rendre la justice en son nom : c'est d'ailleurs le principe que les Allemands ont appliqué en 1870 à l'Alsace-Lorraine; c'est aussi la pratique admise par la France en vertu d'un arrêt rendu par la Cour de cassation française du 21 septembre 1871, à l'occasion d'un jugement de la Cour d'assises de Colmar, du 21 novembre 1870, portant condamnation contre un Français coupable de crimes de droit commun. Les Allemands avaient occupé Colmar à la date du 14 septembre 1870. C'est par un accord officieux entre les belligérants que les Allemands ont admis la Cour d'assises à siéger encore une fois, et son arrêt a été rendu au nom de l'autorité française. La Cour de cassation a estimé que le condamné avait le droit, même après l'occupation allemande, même après la paix de Francfort, et le territoire du Haut-Rhin n'étant plus français, d'user de la voie du recours en cassation français.

Appliquant la même règle en Alsace-Lorraine notre devoir serait de laisser subsister et fonctionner, conformément au règlement annexe de la Convention de La Haye, les juridictions instituées avant la guerre, avec application de la loi et de la procédure locale au civil et au pénal, sauf le cas expressément réservé où cela serait impossible.

Il y a d'autres tempéraments encore à cette règle. Le pays occupant n'est pas obligé de maintenir en vigueur ce qui dans les organisations existantes serait contraire à son propre ordre public et encore moins tout ce qui est contraire à la sécurité de l'armée d'occupation. L'autorité militaire peut même édicter des règlements locaux, soit pour suspendre certaines lois locales, soit pour y substituer dans la mesure nécessaire les siennes propres. Elle peut ainsi édicter les dispositions répressives nécessaires à assurer sa sécurité.

Mais le maintien en fonctions en Alsace-Lorraine de l'organisation judiciaire antérieure se heurte, dans les parties occupées, à un grave empêchement de fait, résultant de la disposition de tous les tribunaux locaux dont les magistrats ont pris la fuite souvent sur l'ordre de l'autorité allemande. A défaut de juridiction locale, comment la justice peut-elle être rendue?

Conseils de guerre. Elle l'est d'abord par les conseils de guerre, dépendance de l'autorité militaire, et qui fonctionnent en vertu des lois françaises avec application de la législation française. Quel que soit le système judiciaire local, il va de soi que ces juridictions ont un domaine propre et intangible quand il s'agit de la répression d'actes commis par des militaires et contre des militaires ou contre la sûreté de l'armée.

Mais pour définir exactement leur compétence à l'égard des civils ou des habitants de territoire occupé, il importe de se reporter aux termes du Code de justice militaire du 9 juin 1857, en tenant compte aussi de la jurisprudence de la Cour de cassation dont les principaux arrêts remontent à 1864-65-66 et visent des cas d'espèces qui se sont produits au cours de l'occupation française à Rome, au Mexique et en Cochinchine.

Au point de vue des textes législatifs, le plus important à citer est celui de l'article 63 du Code de justice militaire : « Sont justiciables des conseils de guerre, *si l'armée est sur le territoire ennemi*, tous individus prévenus soit comme auteurs, soit comme complices, d'un des crimes ou délits prévus par le titre II du livre IV du présent code » (ce titre, article 204 à 266, vise uniquement les crimes et délits ayant un caractère militaire, espionnage, trahison, manquements aux devoirs militaires, révolte, désertion, vols d'effets militaires, pillages, etc...).

Mais le titre II est loin de contenir toutes les infractions à poursuivre : la Cour de cassation a été bien plus loin, elle a admis que les conseils de guerre peuvent juger toutes infractions intéressant la sécurité de l'armée, c'est-à-dire pratiquement en présence de l'ennemi, toutes infractions et à l'égard de toutes personnes. Les conseils de guerre peuvent alors faire application de toutes les lois pénales et du Code pénal tout entier. A citer dans ce sens un arrêt de la Cour de cassation de 1865 — cas Gonzalès — où la Cour de cassation a reconnu compétence au conseil de guerre pour juger un civil mexicain inculpé d'empoisonnement contre trois soldats français ; chose curieuse, cet arrêt ne se base pas uniquement sur le fait que la sécurité de l'armée était en cause, mais tire argument de ce que, toute autorité répressive ayant disparu, il fallait que le crime restât punissable, « conformément aux règles supérieures du droit naturel et de la morale publique ». Le seul article de loi invoqué visait l'article 77 du Code de justice militaire qui figure sous le titre « compétence en cas de complicité ». Cet article ne constitue pas une base très solide pour établir la compétence du conseil de guerre, précisément parce qu'il ne vise point les règles de compétence à l'encontre de l'auteur du crime ou délit, mais seulement le cas de connexité et de complicité entre civils et militaires. Voici d'ailleurs le texte de cet article 77 :

« *Tous* les prévenus indistinctement (c'est-à-dire individus justiciables et individus non justiciables, en vertu de l'article 76, des tribunaux militaires) sont traduits devant les tribunaux militaires :

« 1° Lorsqu'ils sont tous militaires ou assimilés aux militaires, alors même qu'un ou plusieurs d'entre eux ne seraient pas justiciables de ces tribunaux, en raison de leur position au moment du crime ou du délit.

« 2° S'il s'agit de crimes ou délits commis par des justiciables des conseils de guerre et *par des étrangers*.

« 3° S'ils s'agit de crimes et délits commis *aux armées en pays étrangers*.

« 4° S'il s'agit de crimes ou délits commis à l'armée sur le territoire français, en présence de l'ennemi. »

M. Ballot-Beaupré estime qu'il faut donner aux explications de M. Tissier un sens plus large encore. A son avis, la compétence unique et exclusive des conseils de guerre en territoire étranger, à l'égard de tous crimes et contre toutes personnes, même civiles, résulte clairement de cet article 77. Ce sont *tous* les prévenus indistinctement (alinéa 1er) et *tous les crimes et délits* (alinéa 3) qui sont justiciables des conseils de guerre s'ils sont commis en *pays étrangers*, *aux armées*. Or, en pays d'occupation, l'on est toujours aux armées. Il n'y a même pas besoin de faire intervenir l'idée de l'état de siège, qui donne compétence dans tous les cas aux conseils de guerre, dans les parties du territoire soumises à l'état de siège. Il n'y a pas davantage besoin de considérer les pays occupés comme en état de siège, car pour cela il faudrait que cet état ait été édicté régulièrement selon les procédures prévues à la loi de 1849 et au décret du 24 décembre 1811, ce qui n'est pas le cas. Bien que la situation régnant en pays occupé ait une analogie avec celle résultant de l'état de siège, elle ne se confond pas avec ce dernier et la compétence du conseil de guerre doit être déterminée par les article 63, 76 et 77 du Code de justice militaire.

M. Théodore Tissier reprend son exposé en faisant ses réserves sur l'interprétation donnée par M. Ballot-Beaupré de l'article 77 qui vise uniquement les cas de complicité entre civils et militaires : le problème étudié ici est différent ; il s'agit de savoir si un tribunal militaire peut se voir reconnaître une compétence revenant normalement à un tribunal civil. D'après lui, c'est plutôt sur la jurisprudence de la Cour de cassation qu'il faut s'appuyer, cette dernière ayant établi une théorie dont elle ne s'est plus départie. En 1865 et 1866 deux arrêts rendus dans des cas visant l'occupation de Rome ont établi qu'il n'y a pas lieu de distinguer si l'occupation militaire résulte de l'état de guerre ou non. Les deux arrêts visaient des cas où des prévenus étaient inculpés de faire partie d'association de malfaiteurs et leurs actes, quoique non visés au livre IV, titre II du Code de justice militaire, avaient nui à la sécurité de l'armée qui, en pays étranger, doit trouver en elle-même tous les éléments nécessaires à sa défense et à sa sûreté.

En 1907, le Ministère de la guerre dut se préoccuper d'organiser des tribunaux militaires au Maroc, bien qu'il n'y eût pas guerre déclarée avec ce pays.

Des instructions sur la compétence du conseil de guerre de Casablanca furent adressées au commandant des troupes débarquées (on avait évité de dire *corps d'occupation*). Les premières, qui datent d'août 1907, limitaient la compétence du conseil de guerre aux cas prévus à l'article 62 du Code de justice militaire, article qui détermine les justiciables des conseils de guerre des circonscriptions territoriales et vise les civils à la suite des armées. Ces instructions se trouvèrent rapidement inopérantes et furent complétées le 26 septembre 1907 par le directeur du contentieux au Ministère de la guerre (alors M. Tissier lui-même). La compétence cette fois fut basée sur l'article 63 qui vise le cas de l'armée en territoire ennemi, et l'on soumit à la justice militaire en toutes matières intéressant la sécurité de l'armée les Marocains mais non les *étrangers ordinaires*. (Les circonstances politiques obligeaient d'éviter tout conflit de compétence avec les juridictions consulaires étrangères.) L'attribution de compétence concernant les Marocains était conforme à la jurisprudence de la Cour de cassation qui, lorsque la sécurité de l'armée est en jeu, soumet les habitants du pays occupé à cette compétence pour tous crimes ou délits et non pas seulement pour ceux visés au titre II du livre IV. C. J. M. C'est d'ailleurs aussi ce que recommande le manuel d'instructions remis aux autorités militaires pour déterminer les droits de l'occupant.

Dans les cas n'intéressant pas la sécurité de l'armée, les indigènes marocains devaient, d'après l'instruction de septembre 1907, être remis pour la répression aux tribunaux indigènes du sultan.

De la doctrine exposée ci-dessus, il résulte que les conseils de guerre sont en mesure d'appliquer le Code pénal en dehors des cas prévus au Code de justice militaire, et — pour le dire en passant — c'est la raison pour laquelle le Code pénal n'a jamais été promulgué en Algérie. Il y a été introduit par les armées françaises au moment de la conquête et y a été depuis considéré comme promulgué.

Mais s'il n'y a aucun doute sur la compétence des conseils de guerre quand l'ordre public ou la sécurité de l'armée, entendus dans le sens le plus large, sont en cause, la détermination des règles de compétence quand la sécurité de l'armée ne peut être en cause est plus délicate.

Dans ce cas, l'on peut rechercher d'abord l'effet des dispositions visant l'état de siège. L'article 8 de la loi du 9 août 1849 donne compétence aux tribunaux militaires pour tous crimes ou délits « contre l'ordre et la paix publique quelle que soit la qualité des auteurs principaux et des complices ». Cette compétence couvre pratiquement tous les cas, mais elle n'est incontestable que pour les places de guerre et postes militaires de la frontière et de l'intérieur (art. 5) et « en cas de guerre étrangère » (art. 10). Pour qu'elle soit incontestable sur un territoire étranger occupé, il faut que l'état de siège ait été proclamé. Un arrêt curieux de la Cour de cassation du 24 novembre 1864 vise l'état de siège en Cochinchine. L'intéressé n'était ni militaire ni poursuivi pour crime militaire, mais le vice-amiral commandant les forces en guerre contre l'Annam avait proclamé l'état de siège et, malgré le traité de paix du 5 juin 1862, cet état de siège n'avait pas été abrogé. (L'article 4 de la loi de 1849 donne d'ailleurs aux gouverneurs de colonies le pouvoir de le proclamer.) A titre de conséquence, le conseil de guerre se voyait reconnaître une compétence universelle et s'était prononcé à l'occasion d'un faux en écritures de commerce intéressant, il est vrai, « la perception d'une branche du revenu public ».

Touchant la guerre actuelle, bien que l'état de siège ait été édicté depuis le mois d'août 1914 pour la totalité des 86 départements français, cette proclamation n'a pas d'effet directement hors de France sur le territoire occupé ; la situation y est analogue sans être identique. Les pouvoirs que détient l'armée d'occupation y reposent tous sur la nécessité d'assurer sa sécurité. Il paraît cependant inadmissible que les conseils de guerre aient, en Alsace, une compétence inférieure à celle qui leur est reconnue en France en vertu de l'état de siège. (En vertu d'un *modus vivendi* entre l'autorité civile et l'autorité militaire, toutes les instructions judiciaires sont communiquées par la justice civile à la justice militaire qui se borne, pour des raisons pratiques, à ne retenir que les affaires intéressant à un degré quelconque la sécurité de l'armée.)

En combinant les règles de compétence expliquées plus haut avec la jurisprudence de la Cour de cassation et l'article 77, surtout si on lui donne l'interprétation qu'à donnée M. Ballot-Beaupré, on admettrait que les conseils de guerre sont pratiquement compétents en toutes matières répressives, sauf peut-être en matière de contravention, lesquelles peuvent, à l'égard de militaires, être réprimées disciplinairement et sont d'ailleurs déférées très souvent dans la pratique aux conseils de guerre.

Affaires civiles. — Mais il est malheureusement impossible de reconnaître une compétence normale en matière civile aux conseils de guerre. L'on est donc acculé à la nécessité de suppléer à la disparition des tribunaux locaux et de les remplacer par de nouvelles organisations. Le petit traité de Jacomet recommande, conformément aux règles de La Haye, de laisser fonctionner les juridictions locales au nom de la souveraineté de l'occupé ; s'il n'y a plus de juridictions locales, il conseille d'organiser des juridictions faisant application de la législation locale en matière civile. Cette prescription trouve sa validation dans un arrêt de la Cour de cassation, qui a déclaré exécutoires les jugements rendus par les tribunaux anglais organisés en Corse lors de l'occupation de cette île par l'Angleterre (1793-1797). Cependant Jacomet ne considère les jugements de pareils tribunaux comme exécutoires que pendant l'occupation.

Si l'on se décide à créer des juridictions de remplacement, on peut le concevoir soit comme faisant partie de la hiérarchie judiciaire du pays occupant (qui introduit alors son organisation nationale), soit comme une résurrection des juridictions locales du pays occupé lesquelles fonctionnent avec un personnel de l'État occupant. On peut, dans ce dernier cas, se demander si l'on se trouverait en présence de juridictions allemandes ou de juridictions françaises, et quelle législation elles devraient appliquer. M. Tissier a passé par de grandes hésitations. Il lui paraissait préférable, d'abord, d'introduire le droit français au moins en matière pénale, l'ordre public pouvant toujours être considéré comme intéressé. Peu à peu, en pesant les inconvénients des deux systèmes, il a fini par préférer l'application des lois locales, même au pénal, pour éviter un disparate non sans inconvénient entre la justice civile et la justice répressive alors que la solutions des lois locales s'impose forcément pour tout le droit privé et le statut personnel. La règle de la législation locale impliquerait d'ailleurs en matière pénale un double correctif, consistant à ne pas faire application de tout ce qui serait contraire aux intérêts français et à édicter toutes dispositions nouvelles nécessaires à la sécurité de nos armées.

Si l'on examine maintenant la solution intervenue en fait en Alsace-Lorraine sur les instructions du généralissime, il convient de noter que le problème à résoudre qui présentait la plus grande difficulté a été abordé avec un louable esprit de décision.

La solution a été l'institution d'une juridiction qui n'est ni du type français ni du type allemand, mais d'un type intermédiaire. Cette constatation n'implique nullement une critique.

Le généralissime a créé une justice de paix à compétence étendue, dont le titulaire est un officier qualifié, auquel a été donnée la compétence des justices de paix étendues du Maroc; la législation applicable est la législation allemande tant au civil qu'au pénal, sauf en ce qui concerne la procédure qui, à titre provisoire, il est vrai, est la procédure française, parce qu'il n'a pas été possible de se procurer sur place les auxiliaires de la justice nécessaires et parce que le personnel français n'est pas au fait de cette procédure allemande. Cette juridiction rend la justice au nom du peuple français.

Bien entendu, cette organisation, qui ne repose ni sur la théorie de la Cour de cassation basée sur la sécurité de l'armée, ni sur le Code de justice militaire ni sur les règles dérivées de l'état de siège, mais uniquement sur des nécessités de fait, celles de remplacer les juridictions anciennes dont les juges ont fui comporte de nombreuses lacunes. C'est ainsi que la justice de paix à compétence étendue (qui a pratiquement les pouvoirs de l'Amtsgericht), ne comporte pas de voies de recours : on ne sait encore si l'on pourra rappeler à la vie le tribunal régional et la Cour d'appel de Colmar. Est-il possible, en attendant, d'organiser un appel devant un tribunal français, Belfort ou Besançon, par exemple, comme le suggère M. Blumenthal? Cette proposition se heurte au fait que l'organisation, en vertu des pouvoir du généralissime, d'un tribunal sur le territoire occupé ne permettrait pas de rien changer, sans une loi française, aux règles de compétence et à l'organisation de tribunaux français sur le sol français. D'autre part, la question du recours en cassation soulève un problème du même ordre, quoique plus simple. En effet, la Cour de cassation admet qu'aucune juridiction quelle qu'elle soit, ayant le caractère français, ne peut se voir refuser la voie du recours en cassation (arrêt de 1910 visant les tribunaux du Laos français; organisation des tribunaux français du Maroc). Il pourrait donc en être de même de l'organisation judiciaire provisoire d'Alsace-Lorraine, à condition qu'on lui reconnaisse le caractère d'une institution française et non celui du rappel à la vie d'une institution allemande.

M. Helmer remercie M. Tissier de l'exposé si complet qu'il a bien voulu faire. Cet exposé ne traite pas la question de la législation à introduire en Alsace-Lorraine, mais celle de l'organisation judiciaire provisoire pendant la période d'occupation militaire.

M. Helmer constate que sur ce point la théorie de M. Tissier se ramène à ceci. Ce sont les conseils de guerre institués par le Code de justice militaire qui introduisent en Alsace la législation française par laquelle ils sont eux-mêmes introduits sur le territoire occupé, ce qui est un peu paradoxal. Il lui semble que l'on doit arriver pratiquement au même résultat par d'autres considérations. D'après lui, toutes les lois locales restent en vigueur pendant l'occupation, à l'exception de celles visant le pouvoir central politique de l'État occupé et son administration politique. Le Code pénal allemand est donc aussi resté en vigueur, sauf celles de ses dispositions qui visent la haute trahison, la lèse-majesté, etc... L'autorité centrale défaillante est remplacée par celle de la France, c'est-à-dire par l'armée française, car là où est le drapeau, là est la France. Cette armée règle elle-même souverainement tout ce qui concerne sa sécurité ; elle assure sa propre défense, soit par des mesures militaires, soit par des conseils de guerre, mais le conseil de guerre est lui-même une concession, une faveur aux inculpés, autorisés à se défendre dans une mesure déterminée.

Tel est le droit pour tout ce qui touche la sécurité de l'armée. Mais pour tout ce qui ne la concerne pas, les tribunaux anciens doivent être rétablis (art. 43 de la Convention de La Haye); s'ils ont disparu, il y a lieu de les reconstituer dans la mesure du possible, en tenant compte, naturellement, des difficultés matérielles. Une fois reconstitués, ils appliquent naturellement la législation antérieure, civile, pénale, ainsi que leur ancienne procédure. Le problème se résout donc en un examen des difficultés de fait. Y a-t-il en Alsace empêchement absolu à reconstituer les juridictions antérieures? Y a-t-il suppression effective des organismes prévus pour leur fonctionnement? La réponse à ces questions ne relève que de l'autorité du généralissime, qui représente la France. Il n'est pas obligé de reconstituer les juridictions exactement comme elles étaient avant la guerre, puisque les nécessités de fait s'imposent à lui tandis que la théorie les ignore. Il doit, dans cette œuvre de réorganisation, tenir compte des besoins de la sécurité de l'armée d'abord, puis des raisons d'opportunité politique. Ses pouvoirs sont moins limités lorsque les juridictions locales ont disparu que si elles étaient restées à leur poste. Le généralissime jouit, en outre, de tous les pouvoirs inhérents à l'état de siège, bien qu'il n'y ait pas état de siège légal, parce que la situation normale d'une armée en campagne est celle de l'état de siège.

M. Ballot-Beaupré conteste à nouveau l'argument tiré de l'état de siège pour régler la compétence des conseils de guerre, celle-ci résultant directement des dispositions de l'article 77, al. 3, C. J. M., cité plus haut.

M. Helmer est d'accord avec M. le Premier Président pour reconnaître qu'il n'y a pas état de siège légal en Alsace-Lorraine. Il continue son développement.

C'est en se basant sur ce qui précède que le généralissime, de lui-même et sans délégation spéciale de pouvoirs à ces fins, a cru nécessaire d'organiser une justice de paix à compétence étendue: il faut que soient précisées toutes les conditions de fonctionnement de cette juridiction qui se substitue à l'Amtsgericht disparu, lequel avait dans sa compétence notamment les affaires immobilières (Grundbuch), les registres matrimoniaux, les tutelles, etc.; si vraiment, comme le dit M. Tirard, la justice de paix à compétence étendue a toute la compétence de l'Amtsgericht, il serait peut-être plus clair de le dire; en tout cas, la difficulté de recruter un personnel allemand ne justifierait pas l'emploi de la législation française. Quant à la question de l'appel soulevée incidemment dans l'exposé de M. Tissier, elle est secondaire pour le moment, vu la faible étendue du territoire occupé.

M. Tirard précise les conditions exposées sommairement par M. Tissier dans lesquelles a été créée la justice de paix à compétence étendue. C'est le 6 décembre 1914 que le Grand Quartier général a communiqué au Ministère de la Guerre ses instructions, dont le projet lui avait été adressé le 10 novembre. Ce dernier a donné son approbation entière aux principes adoptés, en observant que le fait de confier provisoirement à Thann, à un attaché de l'Intendance, les fonctions de juge de paix à compétence étendue sur le type marocain, avec le pouvoir d'appliquer la législation allemande sauf en matière de procédure, et de statuer au nom du peuple français, réservait toutes les solutions définitives ; une seule réserve était faite au sujet de l'application de la procédure française, application qui était non pas intentionnelle et désirée de la part de ceux qui ont eu à proposer les solutions, mais imposée par les difficultés de fait. Aussi le généralissime a-t-il répondu, dès le 18 décembre, qu'il mettait à l'étude la possibilité de substituer la procédure allemande à la procédure française, et le problème a fait quelques progrès, car M. Tirard espère pouvoir communiquer prochainement un projet à ce sujet. La portée du problème n'est donc nullement méconnue et toute l'organisation nouvelle, quoique instituée par le généralissime seul, ne l'a été qu'après communication au Ministère de la Guerre et approbation de ce dernier. Elle a été communiquée aussi à une Commission du Parlement.

M. Tirard constate, et tout le monde le reconnaît, qu'entre les théories soutenues par MM. Th. Tissier et Helmer et les applications faites par le G. Q. G., l'écart est extrêmement minime. M. Tissier a exposé ses hésitations dans le choix entre l'application des institutions judiciaires et des lois françaises, qui lui paraissait d'abord désirable, et l'application des institutions judiciaires et des lois allemandes, il a fini par se décider pour ces dernières. Il a reconnu que la mise à exécution du deuxième système exigeait elle-même de grands tempéraments et il a fait des réserves (questions d'appel auxiliaires de la justice, personnel à nommer, etc.). Bref, il n'a pu formuler de règle précise et surtout de règle absolue. M Helmer a conclu dans un sens plus net en ce qui concerne la nécessité d'appliquer la législation allemande, mais il a convenu, lui aussi, de la nécessité d'y apporter toute une série de tempéraments (sécurité de l'armée, question visant la souveraineté politique, institutions locales, etc.). En réalité, ce n'est pas, comme on pourrait le croire à première vue, une troisième solution qu'a adoptée le Quartier général. Il a fait précisément ce que conseillaient MM. Tissier et Helmer. La juridiction constituée, à part le nom qui lui est donné provisoirement, a les pouvoirs de l'Amtsgericht, elle doit appliquer la législation allemande aussi bien au civil qu'au pénal, c'est la solution de M. Th. Tissier. Elle ne statue, il est vrai, qu'en premier ressort et sans appel. Mais comme on ne pouvait songer à organiser dès maintenant toutes les juridictions d'appel, celles-ci sont d'ailleurs suspendues en matière de justice militaire en temps de guerre, elle se borne pour les affaires qui dépassent sa compétence aux mesures conservatoires, c'est l'application d'un des tempéraments demandés par M. Helmer. En réalité, l'on se borne bien à faire revivre une juridiction allemande en l'adaptant aux inéluctables nécessités du moment. La seule divergence de point de vue concerne la procédure, qui est française. Mais là encore la divergence n'est qu'apparente puisque le G. Q. G. reconnaît qu'il serait préférable d'appliquer la procédure allemande et compte y parvenir rapidement. Il n'a adopté cette solution qu'à titre provisoire et pour aller vite, pour combler une grave lacune dans la vie locale.

M. Tissier rend à nouveau hommage à la rapidité et à l'efficacité de l'œuvre accomplie; il ne fait aucune critique et témoigne au contraire son admiration pour cette œuvre. Il estime, lui aussi, qu'il n'y a nulle divergence véritable entre les divers points de vue soutenus à la sous-commission; tout au plus exprime-t-il une légère préférence pour que cette justice de paix à compétence étendue soit identifiée encore plus complètement avec l'ancien Amstgericht.

Il cite encore pour être complet quelques-uns des problèmes soulevés en matière de juridiction en Alsace-Lorraine. On peut d'abord se demander si les juridictions instituées doivent statuer au nom du peuple français, comme c'est le cas aujourd'hui, ou au nom de l'Allemagne, si l'ancien Amtsgericht était intégralement rétabli. M. Tirard fait observer que les Russes, en Galicie, d'après les journaux, font rendre la justice par les tribunaux locaux au nom de la loi, formule nouvelle.

Enfin la question du recours en grâce a été posée récemment à propos d'un jugement rendu à Massevaux. Le droit de grâce, qui appartient au Président de la République en vertu de la Constitution, peut-il être exercé, quand il s'agit de sentences rendues par une juridiction dont le caractère français n'est pas certain? Enfin, le Ministère de la Justice, qui devrait contresigner un décret de grâce, a-t-il une existence légale en Alsace-Lorraine?

M. Tirard dit que parmi les questions qui peuvent se poser figure aussi celle de l'introduction de la loi de sursis; on peut, dans une certaine mesure, la considérer comme d'ordre public. Il a mis la question à l'étude.

M. Helmer estime que, pour déblayer le terrain, la sous-commission pourrait se prononcer sur plusieurs questions sur lesquelles l'accord est complet.

Après délibération, la sous-commission se met d'accord pour proposer ce qui suit :

1° *Il n'y a pas lieu d'introduire en Alsace-Lorraine le système judiciaire français; on doit reconstituer les juridictions antérieures, sauf application des tempéraments nécessaires vu les circonstances de fait.*

2° *La législation à appliquer par les tribunaux qui seront rétablis est la législation allemande, sauf les dérogations ou les extensions commandées par les circonstances.*

SOUS-COMMISSION
DES AFFAIRES INTÉRIEURES ET FINANCIÈRES.

SÉANCE DU 1ᵉʳ MAI 1915
TENUE SOUS LA PRÉSIDENCE DE M. HELMER.

Présents : MM. Helmer, Wetterlé, Souchon, Blumenthal, Laugel, Bluzet et Kammerer.

M. Helmer rappelle que la Conférence a renvoyé à l'examen de la sous-commission deux lettres reçues de M. le Ministre des Affaires étrangères, concernant deux questions douanières très analogues.

La première lettre émane de la maison Dollfus-Mieg et Cⁱᵉ (D. M. C.) qui désire être autorisée à faire transiter des marchandises originaires de ses fabriques de Mulhouse à travers la France ou à travers des pays neutres pour les faire embarquer à destination de l'Amérique. Elle voudrait obtenir l'assurance que ces marchandises ne tomberont pas sous le coup des interdictions de commerce avec l'Allemagne édictées par l'Angleterre et la France et ne seront pas saisies comme marchandises allemandes. La maison Dollfus-Mieg et Cⁱᵉ offre de consigner la valeur en or des exportations ainsi autorisées afin de garantir que leur montant ne parviendra pas en Allemagne.

La seconde lettre concerne la demande d'un certain Pujadas y Amigo qui, désireux d'expédier d'Italie en Espagne des produits de la « Fabrique de produits chimiques de Thann et de Mulhouse », société purement alsacienne, espère obtenir un laissez-passer lui permettant d'éviter la saisie en mer.

M. Helmer estime qu'il n'y a pas à s'occuper de ce second cas, la demande n'étant pas faite directement par les producteurs alsaciens, mais par un simple intermédiaire. Sous cette réserve, qui d'ailleurs implique le rejet de la demande, le cas serait sensiblement le même.

Revenant à la demande de la maison D. M. C., M. Helmer croit devoir combattre d'abord une affirmation de la lettre de cette société, d'après laquelle la

demande ne formerait pas précédent, peu d'industriels étant dans le même ca[s]
La demande Pujadas y Amigo est déjà un premier démenti à cette opinion. [Il]
est à craindre au contraire que cette sollicitation ne soit suivie de nombreus[es]
demandes du même ordre, et il faut examiner la question à la lumière d[es]
principes en faisant complètement abstraction du caractère incontestableme[nt]
alsacien et des tendances absolument francophiles de cette société.

M. Souchon fait remarquer d'abord, qu'à son avis, la question ne concer[ne]
pas seulement la France. Sur mer, les marchandises qui auraient obtenu u[ne]
sécurité de notre part pourraient encore être saisies par les croiseurs anglais.

M. Kammerer dit qu'en fait ce risque n'existe guère. Il est en mesure d'e[x]
pliquer la genèse de la question. La maison Dollfus-Mieg s'est adressée [au]
Ministère des Affaires étrangères qui, par l'intermédiaire de M. Gout, sou[s]
directeur, a saisi le Comité de restriction des exportations au Ministère de [la]
Marine. Ce Comité peut, dans certains cas, permettre des relations commercial[es]
interdites normalement. Un Comité analogue anglais siège à Londres et l'Am[
bassade française est en contact permanent avec lui. On peut donc poser [le]
principe que si la maison Dollfus-Mieg obtenait du Gouvernement français d[es]
autorisations de transit ou d'exportation, elle obtiendrait les mêmes faveurs d[u]
Comité anglais. Mais le Comité de restriction français n'a pas voulu prendre [de]
décision sur la demande de la maison D. M. C. puisque des problèmes spécia[
lement alsaciens étaient posés et qu'il lui a paru utile de les faire élucid[er]
d'abord. C'est pourquoi la Conférence d'Alsace-Lorraine a été saisie.

M. Helmer en revient à la question de principe. Il faut examiner, en premi[er]
lieu, quelles personnes seraient appelées à bénéficier de la faveur sollicitée : c[e]
serait la population alsacienne de Mulhouse, les 5,000 ouvriers de la maiso[n]
D. M. C. à qui nous ne voulons que du bien, car ils sont, sinon tous, du moin[s]
en grande majorité alsaciens. Mais ils ne devraient en aucun cas jouir de faveu[rs]
supérieures à celles des populations se trouvant dans les lignes françaises. Or, l[e]
Gouvernement français a refusé de laisser ravitailler par les États-Unis ses propre[s]
nationaux des régions de la France occupées par les Allemands, estimant que c[e]
ravitaillement est à la charge de l'Allemagne. Dans l'espèce, la faveur demandé[e]
équivaut à un ravitaillement indirect : il s'agit de distribuer des salaires, ce qu[i]
implique une impression de sécurité que l'on n'a pas quand on bénéficie seu[
lement d'un ravitaillement bénévole, irrégulier.

La maison D. M. C. offre bien, il est vrai, de ne pas envoyer l'or produit pa[r]
ses ventes en Allemagne. Elle l'a fait de peur qu'on lui reproche d'augmenter l[a]
richesse de l'Allemagne. Mais sa promesse ne suffit pas, il faudrait au moin[s]

qu'elle s'engage à consigner en or, *en France,* les valeurs desdites marchandises ; et même dans ce cas, on pourrait encore prétendre qu'en raison de sa puissance d'emprunt, cette maison fait envoyer par d'autres voies des capitaux équivalents en Allemagne, où l'on surveille de très près ce que deviennent les marchandises et les capitaux des sociétés travaillant avec des capitaux français, fût-ce dans une faible proportion. Toutes les sociétés où figurent à un titre quelconque des intérêts français ont reçu depuis la guerre un contrôleur allemand, et la maison D. M. C. aurait bien des chances de voir découvrir les facilités qu'elle aurait obtenues.

Pour ces raisons, M. Helmer conclut nettement au rejet de la demande de MM. Dollfus-Mieg.

M. Souchon expose une opinion contraire en examinant, lui aussi, la question au point de vue général. Tout le monde est unanime à penser qu'il faut témoigner par des faits que nous considérons les Alsaciens-Lorrains comme des compatriotes. Si Mulhouse était occupé par nos troupes, il est certain que les produits de la maison Dollfus-Mieg profiteraient des faveurs qu'elle sollicite, et s'il est en notre pouvoir de faire disparaître en fait les conséquences de cette non occupation, nous devons le tenter.

Quelles sont les raisons qui s'opposent? La première serait tirée de l'intérêt privé des industries similaires concurrentes sur le versant français des Vosges. Ceux-là ont intérêt à ce que les exportations de la maison D. M. C. ne soient pas poussées tant que l'Alsace ne sera pas réunie à la France. Mais M. Souchon estime que ce ne serait pas là un intérêt légitime, car les concurrents français ne doivent pas exploiter contre les Alsaciens la guerre.

D'autres raisons seraient tirées de l'intérêt général. Nous ne devons ravitailler ou faciliter le ravitaillement de l'Allemagne sous aucune forme. Mais il s'agit ici d'autre chose. — La faveur demandée ne fera pas entrer en Allemagne un grain de blé. Nous pouvons, d'autre part, renforcer les garanties qui sont offertes quant à l'envoi en Allemagne du produit des exportations de la maison D. M. C., de manière à ce que cela ne fasse pas entrer en Allemagne une pièce d'or.

Il est vrai que la faveur en question fera travailler des ouvriers. C'est en effet le passif de la thèse favorable à la maison D. M. C., mais il ne faut pas en exagérer l'importance. Cette maison est très puissante, elle a d'autres débouchés que l'Amérique, elle pourrait même travailler à se constituer des stocks pendant la guerre. C'et donc dans une faible partie que notre faveur fera vivre 5,000 ouvriers auxquels il a été fait allusion. Cet inconvénient même, s'il existe, est compensé par des avantages réels pour nous, qui sont la consignation d'or en France, laquelle contribuerait à faciliter la circulation monétaire.

Pour toutes ces raisons, M. Souchon propose que la Conférence émette un avis favorable aux demandes du même genre, à condition :

1° Que le caractère alsacien du demandeur soit nettement établi;

2° Qu'aucune fraude, ni contestation ne soit possible quant à l'origine des marchandises;

3° Qu'il y ait consignation en or et consignation en France du produit des marchandises bénéficiant de la faveur.

M. BLUMENTHAL est d'un avis opposé et appuie les conclusions de M. Helmer. La maison D. M. C. ne demande pas un avantage d'ordre général, mais un avantage d'ordre particulier. Elle estime que cet avantage ne profitera sensiblement qu'à elle. Or, il est contraire aux intérêts des filateurs français de ce côté-ci des Vosges, et ces intérêts sont extrêmement respectables, car l'industrie française est profondément éprouvée par la guerre.

Une raison très forte s'oppose à ce qu'il lui soit donné satisfaction, c'est l'intérêt de l'Allemagne, si la maison D. M. C. est en mesure de livrer en Suisse pour être exportés en transit par les pays neutres ou par la France, ses produits, c'est que l'Allemagne y consentira et y trouvera son compte. Cette maison est sous une stricte surveillance et ne peut espérer dissimuler les faveurs dont elle profitera. L'Allemagne n'y consentira que s'il en résulte un renforcement de ses intérêts économiques, et ce renforcement est certain. Déjà elle fait valoir que dans les vallées des Vosges occupées par la France l'industrie est arrêtée. Elle fera état du fait que l'industrie mulhousienne sera restée florissante, et se gardera de mentionner que c'est en partie grâce à une faveur de la France.

Si on accorde cette faveur, elle sera demandée par 20 maisons qui se la verront sans aucun doute accorder, tandis qu'aucune ne pourra y avoir les mêmes titres que la maison Dollfus-Mieg.

M. KAMMERER ne pense pas qu'on puisse invoquer pour ou contre la maison D. M. C. l'intérêt des industriels français. Il donne lecture d'une lettre du Ministre de la Guerre, d'après laquelle le général commandant le corps d'Alsace estime impossible d'établir une barrière douanière quelconque entre la France et les pays occupés d'Alsace; si les produits fabriqués par une société à Thann doivent être soumis à un régime douanier autre que ceux de la même société, fabriqués à Mulhouse (et la maison D. M. C. a précisément des usines dans les deux villes), ce n'est pas pour tenir compte des intérêts des maisons françaises. Il suffirait que nos troupes avancent jusqu'à Mulhouse pour que le régime devienne le même. Nos industriels français ne sauraient s'en plaindre. La raison qu'il y a lieu d'invoquer, c'est l'intérêt de l'Allemagne; avant de donner cours à notre désir de favoriser les intérêts purement alsaciens, notre devoir absolu est de refuser à nos ennemis tout avantage si indirect qu'il soit. Or, le fait révélé, d'abord par M. Helmer et sur lequel a insisté M. Blumenthal, qu'il y a un contrôleur allemand dans toute entreprise d'Alsace travaillant avec des capitaux français, nous donne la certitude absolue que la maison D.M.C. ne sera autorisée par l'Allemagne à bénéficier de la faveur demandée au Gouvernement français que si cela est favorable aux intérêts allemands; nous ne devons pas nous figurer qu'une telle facilité échappera à leur perspicacité. Et, vu sous cet angle, notre examen ne permet qu'une seule réponse. Nous devons, tout en déplorant qu'il ne soit possible d'agir autrement, rejeter la demande qui nous est présentée.

M. l'abbé WETTERLÉ est tout à fait du même avis. Quels que soient les sentiments français des maisons alsaciennes, elles ont cessé d'être françaises. Le Gouvernement allemand a su imposer la germanisation de la direction locale. La faveur sollicitée n'amènerait sans doute aucune importation d'or en Allemagne, mais augmenterait le crédit de la société, et, par suite, de l'industrie allemande.

M. SOUCHON est très frappé de l'argument tiré de la présence des contrôleurs allemands dans les sociétés à capitaux français.

Renonçant quoiqu'à regret à défendre les intérêts purement alsaciens de la maison Dollfus-Mieg, il se rallie sans réserve aux opinions exprimées par MM. Helmer, Blumenthal et Kammerer.

M. HELMER constate que la sous-commission est arrivée à l'unanimité sur cette question, et regrette, lui aussi, que le rejet de la demande s'impose. M. Blumenthal accepte de rapporter l'affaire devant la Conférence d'Alsace-Lorraine dans la réunion du 3 mai.

IV
RÉSOLUTIONS ADOPTÉES.

VOEUX AYANT UN CARACTÈRE POLITIQUE OU GÉNÉRAL.

I.
RÉINTÉGRATION DE L'ALSACE-LORRAINE.

La Conférence d'Alsace-Lorraine émet à l'unanimité l'avis que la déclaration de guerre de l'Allemagne à la France a entraîné la rupture du traité de Francfort.

En conséquence,

L'Alsace-Lorraine, qui a toujours protesté contre la conquête allemande, ne peut qu'être réintégrée dans la souveraineté française, sans rétrocession, sans plébiscite, ou tout autre mode de consultation. (Séance du 1er mars 1915.)

II.
APPLICATION DES RÈGLES DE LA HAYE
PENDANT LA PÉRIODE D'OCCUPATION.

Jusqu'à la conclusion du traité de paix, la France tiendra, conformément d'ailleurs aux instructions du Général en chef, à appliquer dans les régions occupées d'Alsace-Lorraine les règles posées en matière d'occupation militaire par la Convention de La Haye, au bas de laquelle la France a apposé sa signature qu'elle entend respecter en toute occasion. (Séance du 1er mars 1915.)

III.
RÉPARATION DES DOMMAGES CAUSÉS PAR LA GUERRE.

La Conférence d'Alsace-Lorraine émet l'avis que les Alsaciens-Lorrains non immigrés doivent obtenir la réparation des dommages matériels résultant des faits de guerre et, en attendant, doivent être compris dans la répartition des crédits ouverts par l'article 1ᵉʳ de la loi du 26 décembre 1914 pour les besoins les plus urgents.

Il appartient au commandant de l'armée française d'occupation de faire les constatations nécessaires et de fixer les indemnités qui pourraient être immédiatement versées dans les cas les plus urgents. (Séance du 15 mars 1915.)

Nota. — Ce vœu a été transmis à M. le Président du Conseil à la date du 24 mars 1915.

IV.

TRAITEMENT COMMERCIAL SPÉCIAL
POUR LES MAISONS DE COMMERCE ALSACIENNES-LORRAINES.

Il n'y a pas lieu d'excepter les maisons alsaciennes-lorraines des mesures décrétées contre l'ensemble du commerce allemand. (Séance du 3 mai 1915.)

(Question posée à l'occasion d'une demande de dispense de la saisie sur mer par la marine de guerre française pour des produits notoirement d'origine alsacienne-lorraine.)

Nota. — Ce vœu a été transmis à M. le Ministre des Affaires étrangères le 5 mai 1915.

RÉSOLUTIONS CONCERNANT LES FONCTIONNAIRES.

Les résolutions ci-dessous visent la période postérieure à celle de l'occupation militaire.

I.

Les fonctionnaires d'Alsace-Lorraine devront être licenciés sauf à être ensuite réinvestis individuellement s'ils présentent au Gouvernement de la République toutes les garanties désirables et s'ils acceptent les conditions nouvelles qui leur seront faites. (Séance du 8 mars 1915.)

II.

La Conférence examinera ultérieurement, catégorie par catégorie, la situation faite aux fonctionnaires qui auront été réinvestis par le Gouvernement français. (Séance du 8 mars 1915.)

(Question de l'indemnité compensatrice pour le cas où les traitements français seraient inférieurs aux anciens traitements. 8 mars 1915.)

III.

Les années de service accomplies avant l'investiture française par les fonctionnaires réinvestis leur seront comptées pour la retraite sans qu'ils aient à verser rétroactivement les retenues exigées par les lois françaises sur les pensions civiles. (Séance du 15 mars 1915.)

IV.

La France ne sera pas tenue de payer les pensions de retraite acquises au service de l'Empire allemand ou de l'Alsace-Lorraine. (Séance du 15 mars 1915.)

RÉSOLUTIONS

VOTÉES PAR LA CONFÉRENCE D'ALSACE-LORRAINE
SUR LES QUESTIONS D'ENSEIGNEMENT.

(Séances des 22 et 29 mars et 12 avril 1915.)

QUESTIONS GÉNÉRALES.

I.

Bien que l'Alsace et les parties annexées de la Lorraine ne soient pas destinées, une fois redevenues françaises, à constituer une unité administrative, quarante-quatre années de malheur commun ont créé entre elles des liens qu'il importe de ne pas rompre tous. Les liens à conserver sont en particulier ceux qui présentent un caractère moral, comme l'administration de l'enseignement. Aussi conviendra-t-il de comprendre dans l'académie de Strasbourg rétablie les territoires qui forment actuellement l'Alsace-Lorraine.

II.

Il y aura lieu d'appliquer aux territoires formant aujourd'hui l'Alsace-Lorraine les lois françaises relatives à la liberté de l'enseignement au degré primaire, au degré secondaire, au degré supérieur.

ENSEIGNEMENT SUPÉRIEUR.

I.

Il conviendra d'établir à Strasbourg une Université investie de tous les droits et privilèges résultant des lois et règlements français sur les Universités, de la composer d'une faculté de droit et de sciences politiques, d'une faculté de médecine, d'une faculté des sciences, d'une faculté des lettres, d'une école supérieure de pharmacie empruntant à la faculté de médecine et à la faculté des sciences certains de leurs enseignements.

II.

Suivant le vœu des protestants d'Alsace et leurs traditions séculaires, il serait opportun de maintenir une faculté de théologie protestante dans l'Université de Strasbourg.

Si la chose paraît impossible, et s'il est créé à Strasbourg, par application des lois de 1875 et de 1880 sur la liberté de l'enseignement supérieur, un établissement libre de théologie protestante, il conviendra de lui attribuer une subvention pendant une période à déterminer, et de le reconnaître d'utilité publique, pour lui permettre de recevoir des dons et des legs.

III.

Les catholiques d'Alsace-Lorraine, considérant que la faculté de théologie catholique de l'Université allemande de Strasbourg a été créée récemment pour être un instrument de propagande allemande dans le clergé alsacien, ne demandent pas qu'une faculté de cet ordre soit maintenue dans l'Université française de Strasbourg. Il leur sera possible, par le jeu de la loi sur la liberté de l'enseignement supérieur, de créer un ou plusieurs établissements supérieurs de théologie, qui devront, le cas échéant, être traités par l'État français, notamment en matière de subvention et de reconnaissance d'utilité publique, de la même façon que l'établissement libre de théologie protestante.

IV.

Il conviendra d'assurer à l'Université française de Strasbourg des ressources de nature à lui permettre de se placer dès le début à un niveau élevé,

De la pourvoir d'un personnel d'une valeur et d'une autorité scientifiques éprouvées.

V.

Il conviendra d'y organiser les études de façon à attirer vers elle le plus grand nombre possible d'étudiants étrangers.

Il conviendra également d'encourager les étudiants des autres Universités de France à aller faire à Strasbourg quelques trimestres de leurs études.

VI.

Les certificats allemands de maturité délivrés à Strasbourg à la sortie des lycées, gymnases et écoles réales supérieures d'Alsace-Lorraine à une date antérieure à celle de la constitution de la nouvelle Université de Strasbourg, ainsi que ceux qui seront délivrés postérieurement par mesure transitoire, aux élèves de ces établissements, donneront, au même titre que le baccalauréat français, le droit de prendre inscription en vue des grades d'État dans les Universités françaises.

VII.

Le régime des études et des examens français sera appliqué aux étudiants de 1re année, dès l'ouverture de la nouvelle Université, et continué progressivement d'année en année.

Les étudiants qui justifieront de quatre semestres d'études dans une Université allemande pourront opter entre ce régime et le mode allemand des examens d'État, réserve faite des modifications de programmes qui devront être apportées dans certains de ces examens.

VIII.

En principe, l'enseignement sera donné en français. Mais il y aura avantage à ce que certains enseignements soient donnés en allemand, ne fût-ce que comme moyen d'attirer à Strasbourg des étudiants des autres Universités françaises, désireux de se perfectionner dans l'usage de la langue allemande.

ENSEIGNEMENT SECONDAIRE.

I.

Il conviendra de maintenir, à titre provisoire, des lycées et des collèges dans toutes les villes où existent des lycées, des collèges et des écoles réales supérieures, jusqu'à ce que l'expérience ait montré si tous doivent être définitivement maintenus.

II.

L'internat ayant disparu de presque tous les établissements d'enseignement secondaires d'Alsace-Lorraine, il n'y aura pas lieu de le rétablir.

III.

Il conviendra de maintenir la séparation et la distinction des établissements classiques et des écoles réales.

IV.

L'enseignement religieux sera donné dans les lycées, collèges et écoles réales par les ministres des différents cultes, à titre facultatif, selon le vœu des familles, ainsi qu'il est fait dans les lycées de France.

V.

Il conviendra d'établir aussitôt que possible dans les principaux lycées et collèges des classes préparatoires aux écoles du Gouvernement français.

VI.

Il conviendra de mettre en vigueur, dès la 1re année, pour les débutants, les programmes français d'enseignement secondaire et d'en poursuivre progressivement l'application.

VII.

Il conviendra de maintenir, pendant une période de quatre ans au moins, les programmes allemands pour les élèves en cours d'études.

VIII.

Corrélativement il conviendra de maintenir pour ces élèves, pendant la même période, le régime intérieur du certificat de maturité.

IX.

Il conviendra de donner immédiatement en français tous les enseignements, dans toutes les classes. Une large place sera faite à l'étude de la langue allemande.

X.

Il conviendra de créer des lycées ou collèges de jeunes filles dans les principales villes, et, par mesure transitoire, de continuer d'admettre, dans les villes où il n'en sera pas établi, les jeunes filles à suivre, en vertu d'autorisations individuelles, les classes des lycées, gymnases et écoles réales.

ENSEIGNEMENT PRIMAIRE.

I.

D'une manière générale, il y aura lieu d'appliquer aux territoires actuellement compris dans l'Alsace-Lorraine les lois françaises sur l'organisation, la gratuité, l'obligation et la laïcité de l'enseignement primaire, sauf les exceptions et mesures transitoires indiquées plus loin.

II.

Il conviendra de maintenir les catégories suivantes d'écoles :

Écoles maternelles, écoles élémentaires, cours et écoles post-scolaires, écoles primaires supérieures.

Par suite de l'établissement de la gratuité dans tous les établissements d'enseignement primaire, les écoles moyennes (Mittelschulen) deviendront inutiles. Elles seront d'ailleurs remplacées avantageusement par des écoles primaires supérieures de garçons.

III.

Il conviendra d'avoir, par département, une école normale d'instituteurs et une école normale d'institutrices et d'y maintenir des internats.

IV.

Les instituteurs que l'Administration française croira devoir réinvestir le seront avec leurs titres allemands de capacité.

Il conviendra d'établir immédiatement le régime français des titres de capacité pour l'enseignement primaire.

V.

Il conviendra d'organiser immédiatement les conseils départementaux de l'enseignement primaire et d'en assurer le fonctionnement.

VI.

Suivant le vœu des Alsaciens, et pour respecter leurs habitudes et leurs mœurs, il conviendra de maintenir, au moins pendant une période transitoire, les comités communaux des écoles et de leur confier les attributions des caisses des écoles et des délégations cantonales.

VII.

Pour la nomination des instituteurs et des institutrices, il n'y aura pas lieu de maintenir la consultation préalable des conseils municipaux, laquelle d'ailleurs est, en fait, une pure formalité ou une fiction légale.

VIII.

Sous réserve d'une indemnité compensatrice pour les instituteurs alsaciens et lorrains qui seraient réinvestis, il y aura lieu d'appliquer aux instituteurs le régime français des traitements et indemnités diverses.

Les obligations des communes touchant l'enseignement primaire seront immédiatement régies par les dispositions des lois françaises.

IX.

La gratuité devra être établie immédiatement dans toutes les écoles d'enseignement primaire.

X.

Le régime de l'obligation scolaire appliqué en Alsace-Lorraine ayant donné des résultats satisfaisants, il conviendra de le maintenir entièrement.

XI.

Les établissements d'enseignement primaire seront ouverts indifféremment à tous les élèves, sans distinction de confession religieuse.

XII.

Il conviendra de maintenir les congrégations enseignantes, au moins pendant une période de dix ans, égale à celle qui avait été prévue pour l'application en France de la loi du 7 juillet 1904.

XIII.

Il conviendra d'appliquer immédiatement les programmes français des écoles primaires. Toutefois comme ces programmes ne comprennent pas l'enseignement religieux, il conviendra, pour respecter les mœurs et les traditions des Alsaciens et Lorrains, d'autoriser les ministres des cultes à donner l'enseignement religieux dans les locaux scolaires en dehors des heures de classe, et sans qu'aucun élève puisse être astreint à y assister contre le vœu de ses parents.

XIV.

Pour prévenir l'introduction dans les écoles de manuels contraires à l'esprit français, il conviendra, tout en laissant aux maîtres la libre proposition des livres qu'ils désirent employer, d'en remettre le choix à l'autorité académique.

XV.

Il conviendra d'introduire sans délai dans toutes les écoles l'usage de la langue française conjointement avec celui de la langue allemande. L'allemand pourra être enseigné facultativement dans les communes de langue française.

LA NATIONALITÉ EN ALSACE-LORRAINE.

RÉSOLUTIONS
VOTÉES PAR LA CONFÉRENCE D'ALSACE-LORRAINE
AU COURS DES SÉANCES DES 19 ET 26 AVRIL 1915.

I.

A partir du jour de la signature des préliminaires du futur traité de paix, les Alsaciens-Lorrains qui possèderont à cette date la nationalité allemande seront de plein droit réintégrés dans la nationalité française.

II.

Sont considérés comme Alsaciens-Lorrains :

1° Tout individu qui, né avant le 20 mai 1871, a perdu la nationalité française par le fait du traité de Francfort;

2° Tout individu né postérieurement au 20 mai 1871, dont tous les ascendants vivants à cette date étaient Alsaciens-Lorrains au sens du paragraphe précédent;

3° Tout individu né en Alsace-Lorraine de parents inconnus.

III.

Les individus nés postérieurement au 20 mai 1871, dont les ascendants vivants à cette date étaient les uns étrangers, les autres Alsaciens-Lorrains, ne seront pas réintégrés de plein droit dans la nationalité française; mais ils pourront réclamer la qualité de Français dans les conditions prévues par l'article 9, paragraphe 1er du Code civil : s'ils sont majeurs, dans l'année suivant la signature des préliminaires du traité de paix; et s'ils sont mineurs, dans l'année suivant leur majorité.

Toute Alsacienne-Lorraine ayant épousé un Allemand aura la faculté de décliner la nationalité française dans les conditions prévues par l'article 8, paragraphe 4 du Code civil.

IV.

Les Allemands domiciliés en Alsace-Lorraine n'acquerront pas la nationalité française par le fait du retour de l'Alsace-Lorraine à la France. Ils ne pourront obtenir cette nationalité que par voie de naturalisation. Les demandes de naturalisation ne pourront être faites que trois ans après la signature des préliminaires du traité de paix; mais les conditions de résidence fixées par le Code civil dans l'article 8, paragraphe 5, ne seront pas exigées; et il suffira que l'Allemand demandant sa naturalisation eût été fixé en Alsace-Lorraine avant le 2 août 1914.

V.

Tout Allemand ayant épousé une Alsacienne-Lorraine antérieurement à la signature des préliminaires du traité de paix pourra obtenir la naturalisation française dans les conditions prévues par l'article 8, paragraphe 5, alinéa 4, du Code civil, et toute Allemande ayant, dans les mêmes délais, épousé un Alsacien-Lorrain dans celles prévues par l'article 12, paragraphe 2, du Code civil.

VI.

Tout individu né en Alsace-Lorraine, avant le 20 mai 1871, de parents étrangers pourra, dans l'année qui suivra le retour de l'Alsace-Lorraine à la France, réclamer la qualité de Français dans les formes et sous les conditions prévues par l'ancien article 9 du Code civil.

VOEUX.

La Conférence d'Alsace-Lorraine émet les vœux suivants:

1° Les règles concernant la nationalité seront insérées dans le traité de paix avec assez de détails pour éviter, autant que possible, des interprétations arbitraires comme celles de l'Allemagne après le traité de Francfort;

2° L'Allemagne s'engagera à ne pas maintenir dans sa nationalité ceux que la France considérera comme Français;

3° L'Allemagne devra s'engager aussi à ne pas astreindre aux obligations du service militaire, avant qu'il ait été statué sur leur demande, les personnes qui auront déclaré vouloir demander leur naturalisation française.

RÉSOLUTIONS

VOTÉES PAR LA CONFÉRENCE D'ALSACE-LORRAINE

SUR LA VITICULTURE.

(SÉANCE DU 17 MAI 1915.)

I.

Il n'y a pas à redouter que la suppression des droits, en partie prohibitifs, du tarif douanier allemand, qui rendent actuellement difficile l'introduction des vins français en Alsace-Lorraine, ait pour le vignoble de ce pays une influence préjudiciable à ses intérêts.

II.

Le droit de circulation sur les vins, édicté par la législation allemande, serait à maintenir; son tarif (actuellement de 1 m. 50) serait ramené au tarif français (1 fr. 50 par hectolitre).

III.

La loi française sur le régime des vins, contenant des dispositions qui paraissent suffisantes pour assurer la répression de la fraude, pourra être introduite immédiatement.

IV.

La loi allemande actuelle concernant le phylloxéra sera purement et simplement abrogée et remplacée par des règlements par lesquels l'Administration française, s'inspirant des idées émises dans le rapport, chercherait à faciliter en Alsace-Lorraine la replantation en cépages américains greffés et convenablement choisis.

RÉSOLUTIONS

VOTÉES PAR LA CONFÉRENCE D'ALSACE-LORRAINE
EN MATIÈRE DE RÉGLEMENTATION DU TRAVAIL,
LIBERTÉ DU COMMERCE ET LOIS SOCIALES.

I.

En Alsace-Lorraine, l'âge d'admission des enfants au travail sera fixé à 14 ans.

II.

Le régime des lois françaises de 1848 et de 1900 sera substitué à celui de la Gewerbeordnung pour les enfants, les femmes et les hommes adultes.

Toutefois, il conviendra de conserver les dispositions de la loi allemande qui fixent à 8 heures, pour les femmes, la durée de la journée de travail des samedis et veilles de fêtes.

III.

Il convient de maintenir en Alsace-Lorraine la législation relative au repos des employés et à la fermeture des magasins.

IV.

ÉCOLES TECHNIQUES ET DE PERFECTIONNEMENT.

Les écoles de perfectionnement d'Alsace-Lorraine continueront à exister et recevront largement les subventions nécessaires à leur entretien.

Les municipalités conserveront le pouvoir d'imposer aux ouvriers et ouvrières mineurs de 16 ans, sous la responsabilité du patron, la fréquentation de ces écoles.

Il est désirable que l'École technique et l'École des Arts décoratifs de Strasbourg soient maintenues.

V.

LIBERTÉ DE LA PHARMACIE.

Le commerce de la pharmacie sera libre en Alsace-Lorraine.

Si l'établissement de la liberté du commerce de la pharmacie porte un préjudice aux pharmaciens établis avant les hostilités, il y aura lieu de les indemniser.

Il conviendra, d'après des règles à établir, de répartir ces indemnités sur les pharmaciens venant s'installer en Alsace-Lorraine.

VI.

CORPORATIONS.

Il n'y a pas lieu de proposer le maintien du régime corporatif alsacien-lorrain.

RÉSOLUTIONS
VOTÉES PAR LA CONFÉRENCE D'ALSACE-LORRAINE
EN MATIÈRE DE CRÉDIT AGRICOLE ET CAISSES D'ÉPARGNE.

CRÉDIT AGRICOLE.

I.

Les sociétés de crédit agricole continueront à exister; mais on aura soin de tenir compte des observations suivantes :

1° Les sommes que les caisses dites Raiffeisen (Spar und Darlehenskassen) auront, par l'intermédiaire de la Caisse centrale de Strasbourg, versées à l'Union générale des caisses Raiffeisen, à Berlin, devront être restituées par cette dernière;

2° La situation des caisses affiliées au Revisionsverband sera réglée en ayant égard aux obligations contractées vis-à-vis d'elles par la Caisse des dépôts et consignations d'Alsace-Lorraine;

3° On s'efforcera de réunir sous une même direction les caisses appartenant aux deux organisations rivales.

II.

Les Caisses officielles d'avances (Vorschusskassen) devront être liquidées.

CAISSES D'ÉPARGNE.

Les caisses d'épargne seront replacées sans tarder sous le régime français.

RÉSOLUTIONS

VOTÉES PAR LA CONFÉRENCE D'ALSACE-LORRAINE EN MATIÈRE D'ASSURANCES OUVRIÈRES.

I.

ASSURANCE-MALADIE.

Il convient de conserver en Alsace-Lorraine l'assurance-maladie telle qu'elle a été organisée par la loi allemande du 19 juillet 1911.

II.

ASSURANCE CONTRE LES ACCIDENTS AGRICOLES.

Il convient de conserver également l'assurance contre les accidents agricoles, telle qu'elle a été organisée par la loi allemande du 19 juillet 1911.

III.

ASSURANCE DES INVALIDES ET SURVIVANTS.

On appliquera la loi française sur les retraites ouvrières et paysannes dès que cette application sera pratiquement possible. Jusque-là, on conservera en Alsace-Lorraine l'assurance des invalides et survivants comme elle est organisée par la législation allemande.

IV.

ASSURANCE CONTRE LES ACCIDENTS INDUSTRIELS.

Il convient de maintenir en Alsace-Lorraine l'assurance contre les accidents industriels, organisée corporativement avec l'obligation pour les patrons de faire partie de la corporation limitée à l'Alsace-Lorraine, sauf la faculté pour les corporations alsaciennes-lorraines de fusionner avec les caisses corporatives françaises d'assurance contre les accidents.

Dans les cas où les corporations alsaciennes-lorraines feront usage de cette faculté, les risques-accidents seront éliminés des obligations des caisses de malades, l'assurance française assurant des indemnités aux victimes d'accidents dès le moment où l'accident se produit.

Une liquidation du fonds de réserve des assurances contre les accidents industriels institué en 1884 devra être prévue dans le traité de paix.

V.

ASSURANCE-INVALIDITÉ DES EMPLOYÉS.

Il convient de liquider l'assurance-invalidité instituée spécialement pour les employés par la loi du 20 décembre 1912 et pour laquelle des cotisations ont été versées. Ces cotisations seront restituées aux ayants droit.

VI.

TRIBUNAUX ARBITRAUX DES ASSURANCES.

Il convient de maintenir les tribunaux arbitraux en matière d'assurances établis à Strasbourg, Metz, Colmar et Mulhouse et de porter l'appel de leurs décisions devant une Chambre spéciale du tribunal arbitral de Strasbourg.

VII.

RENTES ET INDEMNITÉS ÉCHUES.

Pendant la période d'occupation, il importe de payer, au moyen d'avances à récupérer par l'État français, les indemnités pour accidents du travail, les rentes d'invalidité et de vieillesse acquises par les Alsaciens-Lorrains résidant en territoire occupé et de faire fonctionner, dès que cela sera possible, et sans attendre le traité de paix, les caisses locales de maladie.

RÉSOLUTIONS

VOTÉES PAR LA CONFÉRENCE D'ALSACE-LORRAINE
EN MATIÈRE D'IMPÔTS.

*A. — Résolutions visant le régime des impôts directs
pendant la période d'occupation seulement.*

I.

Tous les impôts directs existants seront maintenus (8 mars 1915). L'impôt exceptionnel sur la fortune dit *Impôt de Guerre* sera également maintenu, sauf à accorder de larges remises aux Alsaciens-Lorrains (10 mai 1915).

II.

Les rôles des impôts seront établis du 1er avril 1915 au 31 mars 1916 et en marks (8 mars 1915).

III.

Les impôts seront payables en marks. Le paiement en francs sera toutefois admis selon le cours du change établi périodiquement par les autorités compétentes (8 mars 1915).

IV.

Les quittances des payements effectués au fisc allemand seront libératoires (8 mars 1915).

V.

Les administrateurs des territoires occupés seront autorisés à accorder des remises d'impôts dans les parties du territoire particulièrement éprouvées par la guerre (8 mars 1915).

*B. — Résolutions visant le régime de certains impôts directs
et de tous les impôts indirects,
soit pendant la période transitoire, soit pendant la période ultérieure.*

I.

Impôt sur les colporteurs (Wandergewerbessteuer). Aucune décision n'a été prise.

II.

Les droits de succession (Erbschaftssteuer) seront perçus d'après la loi allemande pendant la période d'occupation et d'après la législation successorale française, y compris les tarifs, après la signature du traité de paix (10 mai 1915).

III.

Les droits de mutation (Verkehrssteuer) seront perçus selon leur mode actuel pendant la période d'occupation. La législation française sera appliquée dès la signature du traité de paix (10 mai 1915).

IV.

L'impôt sur les vins (Weinsteuer, droit de circulation), sera maintenu aussi bien pendant la période transitoire qu'après la signature du traité de paix (10 et 17 mai 1915).

V.

Le droit de licence des aubergistes (Lizenzsteuer), ainsi que la limitation des débits telle qu'elle résulte du régime actuel, seront maintenus aussi bien pendant la période transitoire qu'après la signature du traité de paix (10 mai 1915).

VI.

L'impôt sur la bière (Biersteuer) sera maintenu pendant la période d'occupation sans tenir compte des compensations et ristournes actuelles.
Le régime définitif de la bière est réservé pour être soumis à une étude spéciale (10 mai 1915).

VII.

Le mode actuel d'imposition sur l'eau-de-vie (Branntweinsteuer) sera maintenu aussi bien pendant la période transitoire qu'après la signature du traité de paix (10 mai 1915).

VIII.

L'impôt allemand sur les vins mousseux sera abrogé immédiatement (10 mai 1915).

IX.

Le monopole français des tabacs et allumettes sera introduit dans les pays occupés (8 mars 1915).

Il n'y a pas lieu d'établir en Alsace-Lorraine le régime des zones pour le tabac (8 mai 1915).

Les débitants seront autorisés à écouler leurs stocks de tabacs (8 mars 1915).

La question de l'indemnité aux débitants actuels est réservée (8 mars 1915).

X.

L'introduction du régime de la régie française entraînera *ipso facto* l'abrogation de l'impôt allemand sur les allumettes. Les débitants seront autorisés à écouler leurs stocks avec interdiction de majorer leurs prix.

XI.

L'impôt français sur les cartes à jouer entrera en vigueur dès la période d'occupation. Les débitants seront autorisés à écouler leurs stocks (10 mai 1915).

XII.

L'impôt allemand sur le timbre (Stempelsteuer) sera maintenu pendant la période d'occupation et remplacé par la législation française dès la signature du traité de paix (10 mai 1915).

XIII.

L'impôt sur le sel sera prélevé immédiatement d'après le système français.

XIV.

L'impôt sur le sucre sera prélevé immédiatement d'après le système français.

XV.

L'impôt sur les billets de chemin de fer et sur les lettres de voiture sera maintenu pendant la période d'occupation aux taux actuels, auxquels la population est habituée.

XVI.

L'impôt allemand du timbre sur les valeurs étrangères sera supprimé immédiatement.

XVII.

L'impôt sur les lettres de change et les chèques sera maintenu pendant la période transitoire.

XVIII.

L'impôt sur les appareils d'éclairage (lampes électriques, manchons à incandescence) sera abrogé immédiatement (séance du 10 mai 1915).

XIX.

L'impôt sur les loteries sera abrogé immédiatement (la question des loteries en cours des cathédrales de Metz et Strasbourg est réservée).

XX.

L'impôt sur les plus-values des propriétés foncières au moment de leur vente (Wertzuwachssteuer) ne pourra être maintenu que comme impôt communal (question réservée pour le moment).

XXI.

La Conférence examinera plus tard, s'il y a lieu, de réserver aux communes le bénéfice de l'impôt foncier renforcé sur les terrains de construction (Grundwertabgabe).

XXII.

La Conférence examinera plus tard, s'il y a lieu, de rétablir au profit des communes l'octroi sur les denrées alimentaires les plus usuelles.

PROJET DE RÉSOLUTION

EN MATIÈRE D'IMPÔTS DIRECTS ET INDIRECTS.

I.

PÉRIODE D'OCCUPATION.

Pendant la période d'occupation, tous les impôts directs et indirects existants en Alsace-Lorraine doivent continuer, en principe et dans la mesure du possible, à être établis et perçus conformément aux lois et règlements en vigueur.

Notamment l'impôt exceptionnel sur la fortune, dit impôt de guerre, restera exigible, étant entendu que de larges remises pourront être accordées aux Alsaciens-Lorrains.

Toutefois le principe du maintien des impôts existants comportera, pour des motifs d'ordre divers, les dérogations suivantes :

a) Le monopole français des tabacs et allumettes et le régime français des cartes à jouer seront introduits immédiatement dans les pays occupés, sans qu'il y ait lieu pour le tabac d'instituer le régime des zones ; les débitants seront d'ailleurs autorisés à écouler leurs stocks avec interdiction de majorer les prix.

b) Les impôts sur le sel et le sucre seront immédiatement établis et perçus d'après la loi française.

c) Cesseront immédiatement d'être applicables :

L'impôt allemand sur les vins mousseux ;
L'impôt allemand du timbre sur les valeurs étrangères ;
L'impôt sur les appareils d'éclairage (lampes électriques, manchons à incandescence) ;
L'impôt sur les loteries.

d) L'impôt sur la bière continuera d'être perçu, sans tenir compte des compensations et ristournes actuelles.

Pour les impôts perçus au moyen de rôles, les rôles continueront à être établis pour l'année financière allemande (1ᵉʳ avril 1915-31 mars 1916) et en marks.

Les impôts seront payables en marks. Le payement en francs sera toutefois admis au cours du change officiel établi périodiquement par les autorités compétentes.

Les quittances régulièrement délivrées par le fisc allemand seront libératoires.

Les administrateurs des territoires occupés pourront accorder des remises d'impôts dans les parties du territoire particulièrement éprouvées par la guerre.

II.

APRÈS LA PAIX.

D'une manière générale, à titre provisoire et en attendant la refonte inévitable de tout le système des impôts français, les impôts directs et indirects devront continuer à être établis et perçus en Alsace-Lorraine comme pendant la période d'occupation.

Toutefois, dès la signature du traité de paix, la législation française (y compris les tarifs) devra s'appliquer en matière de droits de succession, de droits de mutation (Verkehrssteuer), de timbre (Stempelsteuer), d'impôt sur les lettres de change et les chèques, d'impôt sur les vins (droit de circulation).

Pour les impôts qui continueront à être établis et perçus d'après la législation allemande ou alsacienne-lorraine, les tarifs et les contributions inscrites aux rôles devront être convertis en francs à la parité.

Les impôts seront payables en francs, le payement en marks étant admis, pendant deux ans, au cours du change officiel établi périodiquement par les autorités compétentes.

Les premiers rôles annuels à établir ne comprendront que les $9/12^{es}$ des taxes, de manière à restituer la concordance avec l'année financière française.

En matière de contributions indirectes, il semble désirable à la Conférence que le régime actuellement en vigueur en Alsace-Lorraine concernant la limitation des débits, le droit de licence des aubergistes (Lizenzsteuer) et l'impôt sur l'eau-de-vie (Branntweinsteuer) soit maintenu jusqu'à ce que des dispositions au moins équivalentes au point de vue restrictif soient introduites dans la législation française.

La Conférence a réservé :

1° La question du régime définitif de la bière ;

2° Celle de l'indemnité aux débitants actuels de tabac et d'allumettes ;

3° Celle de la liquidation des loteries en cours des cathédrales de Metz et de Strasbourg ;

4° Celle du maintien et de l'attribution éventuelle aux communes :

a) De l'impôt sur les plus-values des propriétés foncières au moment de leur vente (Wertzuwachssteuer) et de l'impôt foncier renforcé sur les terrains de construction (Grundwertagabe) ;

5° Celle du rétablissement au profit des communes des droits d'octroi sur les denrées alimentaires les plus usuelles ;

6° Celle des douanes.

www.ingramcontent.com/pod-product-compliance
Lightning Source LLC
Chambersburg PA
CBHW070433170426
43201CB00010B/1070